Wir widmen dieses Buch allen System- und Produktingenieuren, die uns
mit ihrer Begabung, die richtigen Probleme zu erkennen und
erstklassige Lösungen zu finden, immer wieder
in Erstaunen versetzen.
Wir hoffen, es entspricht Ihren Erwartungen.

Anerkennung und Dank

Diese Arbeit repräsentiert eine Ideensammlung, die wir über einen Zeitraum von sechzig Jahren mit Organisationen, wie der IBM, Pacific Telesis, McDonnell Douglas, Phillips, Ericsson und anderen Firmen, im Rahmen unserer Beratertätigkeit entwickelt, verbessert und getestet haben. Wir danken diesen Organisationen für die Unterstützung unserer Arbeit.

Wir würdigen auch die besonderen Anstrengungen von Patty Terrien, die unsere ersten Manuskripte geprüft hat und kritische Fragen stellte; Ken de Lavigne und Eric Minch für die Klärung einer großen Anzahl von Mehrdeutigkeiten; Stiles Roberts, Jim Wessel und Janice Warmington für ihre Hilfe bei unseren ersten Entwürfen; und Marty Fisher und Howie Roth für die ständige Zuführung von Designern mit realen Problemen. Ein besonderer Dank geht an Judy Noe, die genügend Weitblick hatte, den Wald dieses Buches inmitten der vielen Bäume zu erkennen.

Am meisten wollen wir uns bei den vielen tausend Teilnehmern unserer Seminare bedanken, die sich nicht scheuten, ihre beruflichen Erfolgserlebnisse, Frustrationen und Erkenntnisse mit uns zu teilen.

Inhaltsverzeichnis

Vorwort

"Es lohnt sich nicht, genau zu sein, wenn man nicht weiß, worüber man spricht."

- John von Neumann

Entwicklung ist ein Prozeß, der Wünsche einzelner in Produkte umwandelt. Dieses Buch hat den Anforderungsprozeß zum Thema, den Teil der Entwicklung, in dem die eigentlichen Kundenwünsche definiert werden.

Um diesen Prozeß zu verstehen, sollte sich der Leser auf fünf kritische Punkte konzentrieren: Wunsch, Produkt, Mensch, Versuch und Erkennen.

Zuerst betrachten wir uns den "Wunsch" etwas genauer. Einige Leser würden es vorziehen, wenn wir von dem "Versuch sprechen würden, herauszufinden was tatsächlich benötigt wird". Es ist aber viel schwieriger zu erkennen, was vom Kunden gebraucht wird, als seine Wünsche zu verstehen. Außerdem wird nicht immer das gekauft, was auch benötigt wird, aber vor dem Kauf existiert zunächst immer ein Wunsch, auch wenn der Wunsch nur von vorübergehender Natur ist. Wir beobachten jedoch, daß wir über die Kenntnis der Wünsche ein viel besseres Bild der tatsächlichen Bedürfnisse bekommen.

Unter einem "Produkt" verstehen wir den Versuch, ein bestehendes Volumen an Wünschen zu befriedigen. Die Wünsche stellen sich deshalb als so umfangreich dar, weil so viele Individuen daran beteiligt sind. Wenn wir ein Produkt herstellen, um unsere eigenen Wünsche zu erfüllen, wenn wir zum Beispiel einen Garten anlegen, oder ein Bücherregal bauen, benötigen wir häufig keinen Anforderungsprozeß. Wir fangen an zu basteln, schauen uns das Ergebnis an und verändern es so lange, bis wir damit zufrieden sind.

Der Begriff "Mensch" kann viele unterschiedliche Leute umfassen, und es ist einer der wichtigsten Teile des Anforderungsprozesses festzustellen, wer diese Menschen sind. Sind sehr viele Menschen daran beteiligt oder davon betroffen und handelt es sich um ein komplexeres Produkt, kann ein iterativer Prozeß zu langwierig sein, zu teuer und zu riskant.

Was hat der "Versuch" nun in diesem Zusammenhang für eine Bedeutung? Wenn wir schon ein Buch schreiben, sollten wir dann nicht spezifischer sein, positiver? Sollten wir nicht Ergebnisse präsentieren? Wir haben Methoden in diesem Buch verwendet, um unseren Kunden dabei zu helfen, alle möglichen Produkte zu entwickeln - Computer-Hardware, Computer-Software, Autos, Möbel, Gebäude, Artikel des täglichen Bedarfs, Bücher, Filme, Organisationen, Trainingskurse und Entwicklungspläne. Niemand hat bisher sein Geld zurückverlangt. Dies können wir natürlich nicht für alle Zukunft garantieren, weil wir nicht wissen, wie wir die Produktentwicklung zu einer exakten Disziplin machen können.

Bevor sie anfingen mit uns zusammenzuarbeiten, hofften viele unserer Kunden, daß die Produktentwicklung eine exakte Disziplin sein würde. Viele dieser Kunden kamen aus dem Softwarebereich, ein Bereich, der reich an kranken Vorstellungen über die Entwicklung von Produkten als genaue Disziplin ist. Wir zitieren gerne John von Neumann, weil viele ihn als Vater der Software betrachten. Es hat Gewicht, wenn er sagt: "Es lohnt sich nicht genau zu sein, wenn man nicht weiß, worüber man spricht."

Wenn die Ziele nicht klar genug bestimmt werden, kann kein Entwicklungsprozeß sie erfüllen, egal wie genau, intelligent und effizient er definiert sein mag. Darum kümmern wir uns um die Anforderungen. Wir entwerfen also kein System, das nicht tatsächlich auch gewollt wird.

Effektivität kommt immer vor Effizienz. Sogar wenn Effizienz eine hohe Priorität bei Ihnen haben sollte, führt der beste Weg dazu über die Eliminierung von Produkten, die niemand haben wollte. Anders gesagt:

Alles was es nicht wert ist getan zu werden, muß auch nicht unbedingt richtig gemacht werden.

Das führt uns zu dem Wort "Erkennen", dem kritischsten Wort. Mit diesem Buch versuchen wir Menschen zu helfen herauszufinden, was sich wirklich lohnt.

Dwight Eisenhower sagte einmal: "Der Plan ist unwichtig, aber die Planung selbst ist wesentlich." Wir stimmen damit überein und weiten diesen Gedanken auf den Anforderungsprozeß aus:

Das Produkt ist nichts, der Prozeß hingegen alles.

Oder mit anderen Worten gesagt;

Die Erkenntnis ist nichts, der Erkenntnisprozeß hingegen alles.

Mit Hilfe eines Data Dictionaries zum Beispiel können Sie Ihre Definitionen schützen, die Sie sorgfältig, mit Hilfe von Methoden aus diesem Buch, zusammengetragen haben. In der Praxis jedoch wird kaum jemand das Data Dictionary lesen oder auch ein Dokument, das im Rahmen des Anforderungsprozesses entwickelt wurde. Diese Feststellung beunruhigt einige, uns jedoch nicht. Wir glauben nämlich:

Das Dokument ist nichts, das Dokumentieren hingegen alles.

Wenn Sie beobachten, wie Systeme entwickelt werden, dann können Sie feststellen, daß der Prozeß zur Entwicklung von Anforderungen eigentlich ein Prozeß zur Zusammenstellung eines Teams ist, das

1. die Anforderungen versteht

2. den größten Teil ihrer Zeit zusammen an Projekten arbeitet

3. effektiv als Team zusammenarbeiten kann

Wenn eine dieser Bedingungen nicht zutrifft, wird das Projekt höchstwahrscheinlich fehlschlagen. Natürlich können auch eine Reihe anderer Gründe dazu führen und es gibt eine große Anzahl von Büchern, die sich mit der Methode zur Vermeidung solcher Fallen beschäftigen. Dieses Buch wird sich jedoch auf die kritischen menschlichen Aspekte im Anforderungsprozeß konzentrieren:

1. Entwicklung eines gemeinsamen Verständnisses unter allen Beteiligten

2. Entwicklung des Wunsches als Team an einem Projekt zu arbeiten

3. Entwicklung der notwendigen Kenntnisse und Werkzeuge, um effektiv als Team die Anforderungen zu definieren

Weil diese Themen in der Literatur über die Entwicklung von Systemen vernachlässigt werden, können Sie dieses Buch als Ergänzung zu jedem Anforderungsprozeß verwenden, egal ob formell oder informell. Die meisten Kapitel sind als einzelne Blöcke verfaßt, sie beinhalten Werkzeuge und Methoden, die den Anforderungsprozeß verbessern können. Lesen Sie dieses Buch Kapitel für Kapitel durch, oder aber auch nur ein Kapitel für sich. In jedem Fall sollte Ihnen das Buch helfen, besser zu erkennen, worüber Sie reden.

Teil 1

Ein gemeinsames Verständnis erreichen

Ehe Sie Ihre Zeit mit diesem Buch verbringen, möchten Sie sicher wissen, welchen Nutzen Sie daraus ziehen können. Dieses Buch beschäftigt sich mit Entwicklungsprojekten. Genauer gesagt, es geht hier um den Anfang von Entwicklungsprojekten oder zumindest darum, wie angefangen werden sollte.

Gleichermaßen, in der Anfangsphase eines Entwicklungsprojektes, also bevor man zuviel Zeit investiert, möchte man wissen, welche Resultate man erwarten kann. Das heißt, bevor Sie Ihr Ziel nicht genau festgelegt haben, werden Sie nicht wissen, was tatsächlich verwirklicht werden kann.

Wenn Sie Mitarbeiter beschäftigen, die Ihnen helfen sollen, Produkte zu entwickeln, dann werden Sie beschreiben müssen, was Sie von ihnen erwarten. Diese Beschreibung wird als Problem Statement bezeichnet oder auch als Anforderungskatalog, und damit beschäftigt sich dieses Buch. Anforderungen sind also wichtig, weil sie Ihnen helfen, Ihre Ziele zu verwirklichen.

Vor einigen Jahren haben wir Experimente durchgeführt, die herausfinden sollten, wie Computer-Programmierer von ihrer Aufgabenstellung beeinflußt werden.[1]
Die Experimente waren einfach, aber sie offenbarten die wichtigen dynamischen Prozesse, die sämtliche Arbeiten, die in Zusammenhang mit Anforderungen stehen, prägen.

- Wenn Sie Ihr Ziel kennen, so ist es sehr wahrscheinlich, daß Sie es auch erreichen können.

- Wenn Sie Ihr Ziel nicht genau kennen, so ist es sehr unwahrscheinlich, daß Sie es erreichen können.

In einem typischen Experiment, wurden fünf verschiedenen Gruppen die gleichen Anforderungen für ein Computer-Programm gegeben, mit Ausnahme eines unterschiedlichen Satzes.

---

[1] G.M. Weinberg und E.L. Schulman, "Goals and Performance in Computer Programming," *Human Factors*, Vol. 16, No.1 (1974), pp. 70-77. Nachdruck bei Bill Curtis, ed. *Tutorial: Human Factors in Software Development* (Los Angeles: IEEE Computer Society, 1981).

Eine Gruppe wurde beauftragt, eine Aufgabe mit der geringsten Anzahl von Programmierstunden zu erledigen. Eine andere Gruppe erhielt den Auftrag, möglichst wenige Programmbefehle zu verwenden. Eine dritte Gruppe sollte möglichst wenig Speicherplatz verwenden, und eine weitere Gruppe wiederum sollte eine möglichst übersichtliche Programmstruktur wählen, und die fünfte Gruppe sollte um die übersichtlichste Ausgabeform bemüht sein. Die Resultate werden in Abbildung I-1 dargestellt.

Wichtigste Zielsetzung	**Gewichtung**
Speicherplatzminimierung	**1**
Übersichtlichste Ausgabe	**1**
Übersichtlichste Programmstruktur	**1–2**
Möglichst wenige Befehle	**1**
Geringste Anzahl Stunden	**1**

Abbildung I-1. Experimente zeigen, daß sich die Leistung von Programmierern stark an den definierten Anforderungen orientiert.

Um es kurz zu machen - jede Gruppe legte genau das gewünschte Resultat vor. Bevor wir diese Experimente durchführten, hörten wir häufig Klagen von Kunden, *daß Programmierer nicht in der Lage sind, kundenspezifische Anforderungen zu erfüllen.* Die Experimente überzeugten uns, daß Kunden in vielen Fällen ihre Wünsche nicht klar genug zum Ausdruck bringen konnten.

In den darauffolgenden Jahren haben wir diese Beobachtung in Softwareentwicklungsorganisationen auf der ganzen Welt verifizieren können. Weiterhin haben wir herausgefunden, daß die Schwierigkeit, Anforderungen klar zu definieren, nicht auf die Softwareentwicklung beschränkt ist, sondern immer dann auftritt, wenn Menschen Produkte für andere entwerfen und produzieren. Die beiden Autoren haben zusammen mehr als sechzig Jahre damit verbracht Problemlösungen zu finden. Wir haben Techniken entwickelt, um den Menschen zu helfen, ein gemeinsames Verständnis für ihre Zielsetzungen zu erlangen. Wenn Sie solche Methoden benötigen, dann wurde dieses Buch für Sie geschrieben.

1

Methoden allein reichen nicht aus

Einige unserer Leser werden bereitwillig mit uns übereinstimmen, daß Mehrdeutigkeiten bei der Definition von Anforderungen vermieden werden müssen. Die Probleme liegen aber nicht in den verwendeten Techniken, sondern bei den *Technikern* selbst. Um eine bessere Definition von Anforderungen zu erzielen, ist es notwendig, den Menschen vom Prozeß auszuklammern und stattdessen Methoden einzusetzen. In der Tat würden sie eine völlig automatisierte Methodik vorziehen, ohne menschliche Einwirkung auf den Entwicklungsprozeß.

Als wir 1958 begannen über Software-Entwicklung zu lehren, gab es nur wenige strukturierte Entwicklungsmethoden. Heute überfluten Methoden den Markt und nahezu jeder, der Software entwickelt, hat irgendeinen Prozeß etabliert. Es dominieren die Begriffe Computer Aided Software Engineering (CASE) und Computer Aided Design (CAD) die Schlagzeilen. Beide versprechen, den menschlichen Einfluß auf den Entwicklungsprozeß weitgehend zu eliminieren. Also warum benötigen wir immer noch Menschen, um die Anforderungen besser zu verstehen? Wer braucht ein Buch über Werkzeuge, die das menschliche Verhalten beeinflussen? Würden CASE und CAD nicht sicherstellen, daß jeder die richtigen Anforderungen stellen kann? Wir glauben nicht daran und die Geschichte über den Küchenschabenvernichter wird ihnen sagen warum.

1.1 CASE, CAD und der Küchenschabenvernichter

Ein Mann in New York hat über viele Jahre hinweg seinen Lebensunterhalt damit verdient, über Zeitungsanzeigen Küchenschabenvernichter zu verkaufen.
Nachdem er von seinen Kunden einen Scheck über $ 5 erhalten hatte, löste er diesen schnell ein und verschickte eine Anleitung zur Vernichtung von Küchenschaben, wie in Abbildung 1-1 zu sehen ist.

Die Gebrauchsanleitung liest sich wie folgt:

1. Setze die Küchenschabe auf Teil A

2. Erschlage die Küchenschabe mit Teil B

Wenn seine Kunden dieser Anleitung folgten, so konnten sie sicher sein, daß damit die Küchenschabe garantiert vernichtet werden würde. Von Rechts wegen hätte er noch eine dritte Anweisung geben müssen:

3. Den Abfall beseitigen

Abbildung 1-1 Der Küchenschabenvernichter mit Garantie. Alles was Sie tun müssen, ist die Schabe auf Teil A legen und mit Teil B zuschlagen.

Wahrscheinlich hat niemand die dritte Anweisung benötigt, was soviel heißt, daß niemand einen Garantiefall daraus machen wollte.

Nun, was hat der Küchenschabenvernichter mit CASE und CAD Werkzeugen zu tun? In einem CASE-Handbuch lesen wir, daß sich CASE Werkzeuge aus drei grundlegenden Applikations-Entwicklungstechnologien zusammensetzen:

1. Analyse- und Designarbeitsplatz, der die Erfassung der Spezifikationen ermöglicht

2. Dictionaries, welche die Informationen der Spezifikationen verwalten und kontrollieren

3. Generatoren, die Spezifikationen in Maschinencode und Dokumentationen umsetzen

Aus unserer Erfahrung heraus entsprechen die "Analyse- und Designarbeitsplätze" dem Teil A des Küchenschabenvernichters. Die Dictionaries entsprechen dem Teil B. Wenn Sie die Spezifikationen irgendwie zusammenstellen könnten, würden diese an den Arbeitsplätzen erfaßt und von den Dictionaries verwaltet werden. Nachdem diese beiden Schritte getan wären, würde der Programmgenerator den Abfall beseitigen und das eigentliche Produkt erstellen.

Diese CASE- und CAD-Werkzeuge leisten garantiert die Arbeit, die von ihnen erwartet werden kann. Dieses Buch spricht von Ihrer Aufgabe: die Schabe auf Teil A zu bekommen und sie davon zu überzeugen, solange stillzuhalten, bis Sie zugeschlagen haben.

Ob es nun Schaben oder Anforderungen sind, die Schwierigkeit liegt darin, sie einzufangen und sie dazu zu bringen, stillzuhalten. Den Maschinencode zu generieren oder die zerquetschte Schabe zu beseitigen ist "schmutzige Arbeit" und unterscheidet sich zu den ersten beiden Schritten. Darum glauben wir, daß Sie die Werkzeuge, die in diesem Buch beschrieben sind, benötigen, obwohl CASE- und CAD-Werkzeuge zur Verfügung stehen. Nicht nur das, je besser die CASE-Werkzeuge sind, um so dringender benötigen Sie unsere Werkzeuge. Lassen Sie uns herausfinden warum.

1.2 Methodenauswirkungen auf Probleme

Ohne Zweifel, formale Methoden, insbesondere automatisierte formale Methoden, haben die Arbeit innerhalb der Systementwicklung verändert. Heute beobachten wir unsere Kunden, wie sie Systeme innerhalb weniger Stunden erstellen, deren Erstellung im Jahre 1958 noch Wochen in Anspruch genommen hat.

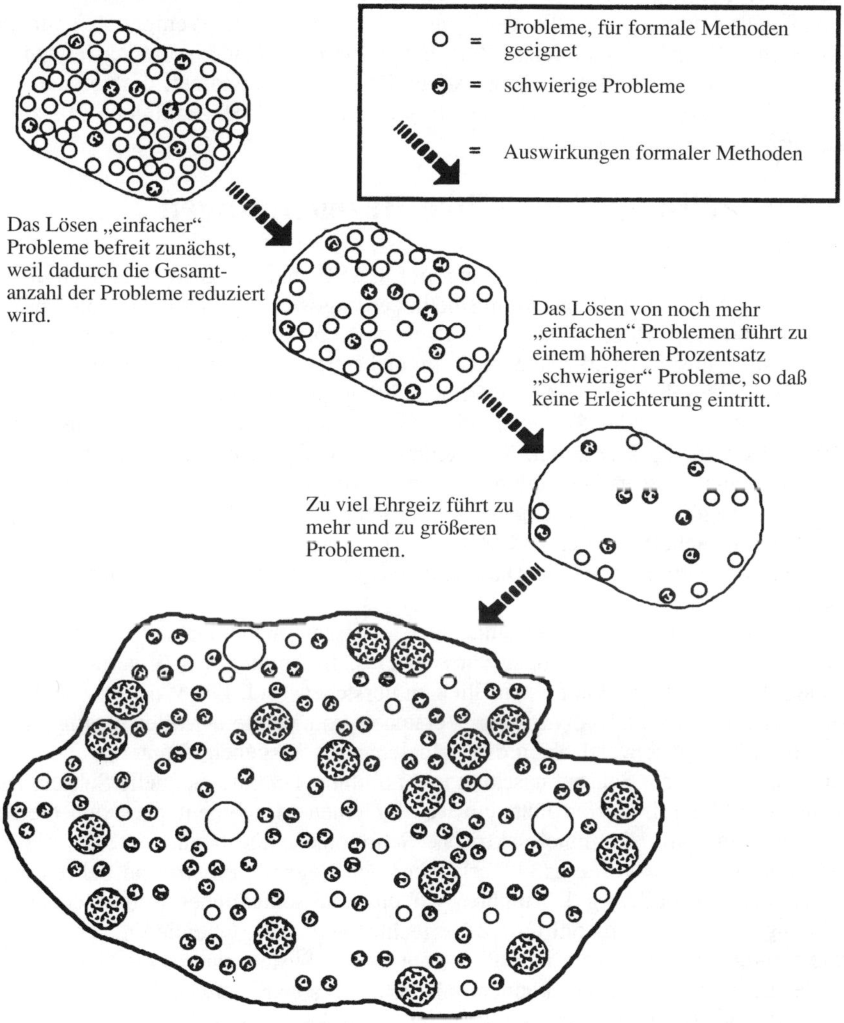

Abbildung 1-2. Wie Methoden die Probleme verändern. Probleme, die formalen Methoden zugänglich sind, werden eliminiert und haben einen höheren Prozentsatz an "schwierigen" Problemen zur Folge. Daraufhin entstehen alle möglichen Probleme aufgrund der Versprechungen, die formale Methoden machen.

Weil es heute hochentwickelte Werkzeuge und Methoden gibt, versuchen sich Entwickler an Systemen, die im Jahre 1958 noch undenkbar gewesen wären. Nicht nur das, innerhalb der gleichen Systeme sind die Probleme, die am ehesten formale Lösungen finden, schnell eliminiert. Es bleiben die Probleme, die nicht zu formalen Lösungen führen. Als Resultat dieser beiden Effekte hat sich die Art und Weise des Problems verändert, wie in Abbildung 1-2 dargestellt wird.

Leute, die jahrelang in der Produkt- und Systementwicklung tätig waren, haben diese Veränderungen bei ihrer täglichen Arbeit festgestellt. Sie verwenden weniger Zeit für technische Aufgaben und mehr Zeit für den Umgang mit Menschen. Weniger Zeit für kleinere, abgeschlossene Aufgaben und mehr Zeit für größere Aufgaben, die nie enden wollen. Unsere Arbeit, ebenso wie dieses Buch, ist den Problemen gewidmet, die von den formalen Methoden nicht berührt werden und den Problemen, die daher kommen, daß zuviel von formalen Methoden erwartet wird.

1.3 Darstellungen und ihre Bezeichnungen

Unsere Methoden wurden in Verbindung mit CASE und CAD Werkzeugen und vielen unterschiedlichen formalen Entwicklungsmethoden angewendet. Wir haben mit Ansätzen wie Warnier-Orr, Jackson, Ross's SADT (TM), Yourdon-Constantine und Gane-Sarson gearbeitet. Wir haben aber unsere Werkzeuge auch in mehr traditionellen Ingenieurdisziplinen wie Elektrotechnik, Maschinenbau, Architektur und Stadtplanung eingesetzt.

Ein wichtiger Teil jeder Systementwicklungsmethode ist die Beschreibung, ihre eigene Symbolik, Ideen zu repräsentieren. Wir stellen fest, daß es viele Darstellungssysteme gibt. In der Stadtplanung gibt es Darstellungen, die als konventionelle Karten erkennbar sind. In der Architektur gibt es Zeichnungen, wie Grundrisse und Entwürfe, die aussagefähige Bilder darstellen. Schaltschemen und Materiallisten sind eher abstrakt. Die Bezeichnung von Maschinen und Teilen sind solche Darstellungen, ebenso wie Tabellen über die Stärke von Materialien.

Die Abbildungen 1-3 und 1-4 sind zwei unterschiedliche Darstellungen des gleichen Prozesses - Schreiben und Versenden eines Briefes. In Abbildung 1-3 werden Bildelemente verwendet, die leichter, und auf einen Blick zu verstehen sind. Die Wörter in Abbildung 1-4 erlauben ein schnelles und universelles Verstehen und vermeiden gleichzeitig nicht beabsichtigte Implikationen, welche von den Bildelementen ausgehen könnten.

Zum Beispiel ist die Schreibmaschine in Abbildung 1-3 eine manuelle Schreibmaschine, wobei die Abbildung 1-4 offen läßt, um was für einen Maschinentyp es sich hier handelt. Wenn es wichtig wäre, daß eine elektrische Schreibmaschine benutzt würde, die Bezeichnung in Abbildung 1-4 würde es uns erlauben, den Begriff "Elektrische Schreibmaschine" zu verwenden. In Abbildung 1-3 müßten wir ein unterschiedliches Bild zeichnen. Welche Bezeichnung ist besser? Obwohl CASE-Verfechter endlos argumentieren, gibt es hier nicht nur eine richtige Antwort, weil jede Bezeichnung das System unterschiedlich darstellt.

Beide Betrachtungsweisen können nützlich, ja sogar notwendig sein. Eine andere wichtige Eigenschaft einer guten Bezeichnung ist die leichte Veränderbarkeit von Diagrammen, so daß sie nicht den Fluß des Anforderungsprozesses beeinträchtigen. Wir würden ungern eine zu starre Bezeichnung in der Beschreibung belassen, nur weil sie schwierig zu verändern wäre. Gute CASE- und CAD-Werkzeuge können hier glänzen. Sie erlauben uns, immer die neuesten Beschreibungen vor Augen zu haben, zu jeder Zeit.

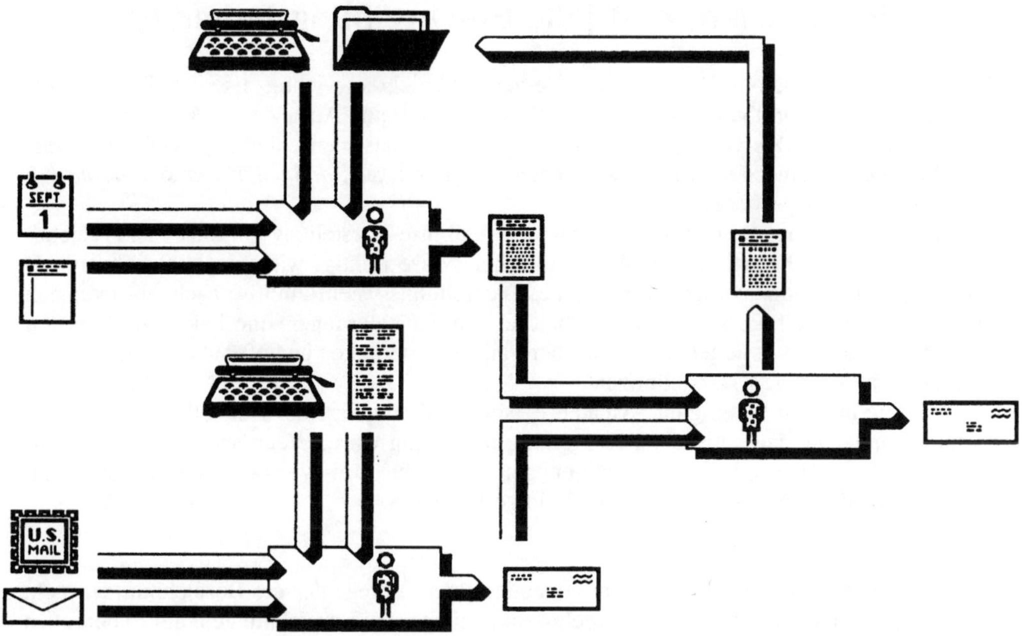

Abbildung 1-3. Eine Darstellung über den Prozeß des Briefeschreibens. Die grafische Form macht es leicht, die Darstellung während einer Präsentation schnell zu verstehen. Modifikationen sind allerdings schwieriger durchzuführen.

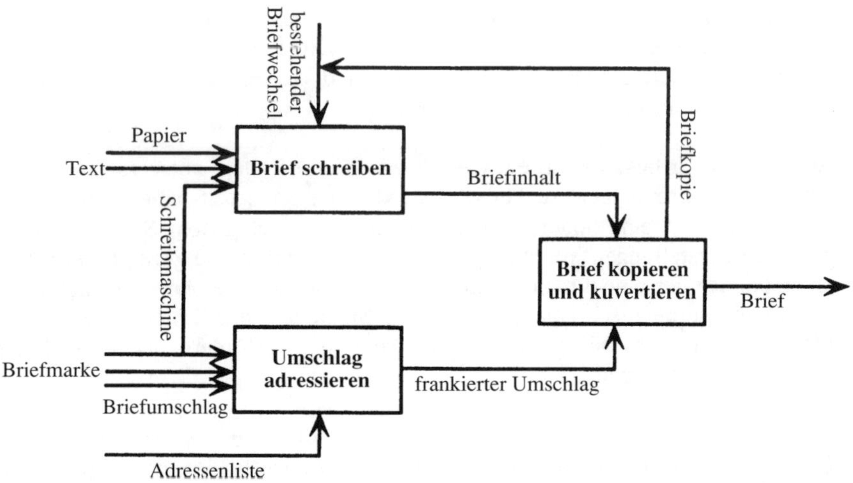

Abbildung 1-4. Eine andere Darstellung des Prozesses. Sie ist weniger visuell als die Darstellung in Abbildung 1-3, aber leichter zu modifizieren.

1.4 Sicherstellen, daß jede Beschreibung lesbar ist

Die speziellen Symbole in Darstellungssystemen sind nicht so wichtig, wie ihre Befürworter glauben. Jede Beschreibung hat Vorteile, Nachteile und eine Anzahl von Werkzeugen, um damit zu arbeiten. Das wichtigste Werkzeug jedoch ist das menschliche Bewußtsein. Deshalb, die Qualität einer Darstellung zeichnet sich dadurch aus, *daß jeder, der sich damit beschäftigt, sie auch verstehen kann.*

Befürworter jeder Beschreibung behaupten, daß ihre Darstellung "intuitiv" und "leicht" zu lesen ist. Diese Feststellungen sind in gleicher Weise richtig, wie chinesisch intuitiv ist, in Peking. Im Grunde genommen wird jedes Darstellungssystem intuitiv, nachdem man sich häufig damit beschäftigt hat. Bei der Arbeit an den Anforderungen sind jedoch die meisten Beteiligten keine professionellen Beschreiber von Anforderungen und oftmals arbeiten sie das erste Mal an derartigen Darstellungen.

Weil die meisten Beteiligten "Amateure" sind, sollten einige der Darstellungen bei allen bekannt sein, ohne daß ein spezielles Training notwendig wäre. Wenn spezielle Darstellungen benutzt werden müssen, sollte genügend Zeit für das Vertrautmachen eingeplant werden. Aus diesem Grund nachfolgend einige Übungen:

1. Man läßt jede Darstellung von jemanden präsentieren, der die Bezeichnungen nicht kennt. Dieser Ansatz deckt Mehrdeutigkeiten von Bezeichnungen auf, aber auch Mehrdeutigkeiten in der Spezifikation selbst.

2. Weil jede Methode unterschiedliche Aspekte aufzeigt und gleichzeitig verborgen hält, sollte jeder idealerweise verschiedene Methoden kennen. Um dies zu erreichen, sollte jeder gebeten werden, eine Darstellung von einer Bezeichnungsweise in eine andere zu übertragen. Bei der Umsetzung von Abbildung 1-3 in Abbildung 1-4 hat der Übersetzer angenommen, daß für das Schreiben des Briefes, sowie des Umschlags die gleiche Schreibmaschine verwendet wird. Diese Annahme rief eine Diskussion hervor, die andere Annahmen über die Art und Weise, wie Brief und Umschlag zu schreiben wären, offenlegte.

3. Es würde sogar besser sein, ein CASE- oder CAD-System mit verschiedenen eingebetteten Beschreibungen zu verwenden, das die Fähigkeit hätte, eine Darstellung unverzüglich in eine andere umzuwandeln. Mit solch einem System könnten die gleichen Darstellungen in unterschiedlichster Art und Weise gezeigt werden, so daß jeder Teilnehmer eine ihm bekannte Form erkennen könnte. Andererseits kann dieser vollständig automatisch ablaufende Prozeß Methode 1 und 2 nicht ersetzen, die eine mehr vertraute Beschäftigung mit der Darstellung erfordern und deshalb ein vertieftes Lernen anregen.

4. Die am meisten verbreitete Methode, die das Problem der Gewöhnung anspricht (wenn es überhaupt angesprochen wird), ist den Arbeitsbeginn an den Anforderungen zu verschieben, bis jeder einen Kurs über gemeinsame Beschreibungen besucht hat. Obwohl wir der Erkennung dieses Problems zustimmen, mißbilligen wir diese Lösungsmethode. Inzwischen wird jeder verplant und erneut verplant und wegen der sich verändernden Pläne verliert der Anforderungsprozeß an Momentum. Es wäre

besser, einen Kurs als Teil der Anforderungsbesprechung abzuhalten, vielleicht mit spezifischen Beispielen über das System, das entwickelt werden soll.

1.5 Darstellungen von Anforderungen sind keine Anforderungen

Während des Anforderungsprozesses arbeiten Entwickler mit der Darstellung von Anforderungen und nicht mit den Anforderungen selbst. Während der Zusammenarbeit mit einem schwedischen Kunden lernten wir eine brauchbare Regel kennen, die jedem Rekruten in der schwedischen Armee beigebracht wird.

Wenn die Karte und das Territorium nicht übereinstimmen, dann richte Dich immer nach dem Territorium.

Wenn Teilnehmer in die formelle Systementwicklung eingebunden werden, besonders wenn dies von automatischen Darstellungswerkzeugen unterstützt wird, dann vergessen sie häufig das Territorium und fangen an zu glauben, daß die Darstellung das Territorium ist. Zum Beispiel könnten Sie unbewußt annehmen, daß es sich bei der Person, welche die Schritte in Abbildung 1-3 durchzuführen hat, um eine Frau handelt, weil immer wieder das gleiche Symbol verwendet wird.

Oder Sie könnten wie in Abbildung 1-4 annehmen, daß das Kopieren von Dateien im gleichen Schritt abgewickelt werden muß, wie das Eintüten in den Umschlag. Dies würde ein System ausschließen, bei dem die Briefkopie entweder über einen Durchschlag oder aber durch einen Laserdrucker erzeugt wird. Abbildung 1-5 stellt ein Diagramm mit der gleichen Beschreibung dar, die einen Prozeß zeigt, indem das Erstellen der Kopien im gleichen Schritt erfolgt wie das Schreiben der Briefe.

Abbildung 1-6 zeigt eine Version von Abbildung 1-5 in einer anderen beliebten Beschreibung, den Prozeß darzustellen. Es gibt Leute, die glauben, diese Beschreibung ist klarer als die in Abbildung 1-5 gezeigte; andere wiederum glauben das Gegenteil.
Wir meinen, daß es abhängig vom jeweiligen Geschmack ist und der Erfahrung mit den entsprechenden Beschreibungen. Aber hauptsächlich ist es eine Frage der Absicht, welche Arten von Untersuchungen durchgeführt werden und welche Fehlerarten vermieden werden sollen.

1.6 Hilfreiche Hinweise

- Eine andere Quelle der Komplexität bei Entwicklungsprojekten ist der Wunsch von Laien in das Design von komplexen Produkten miteinbezogen zu werden. Die meisten Benutzer bevorzugen naturgemäß, so wenig wie möglich über Produktdesign zu lernen, möchten aber alle ihre Wünsche im Anforderungsprozeß berücksichtigt sehen. Wenn Benutzer es bevorzugen ihrer Naivität bezüglich des Produktdesign-Prozesses zu bewahren, so bleibt die größte Verantwortung an der Beschreibung hängen. Das Problem der Design-Komplexität kann durch das Erstellen eines Tutorials behoben werden, das naive Benutzer in Experten verwandelt, aber nicht, wenn der Benutzer diesen Aufwand nicht betreiben möchte.

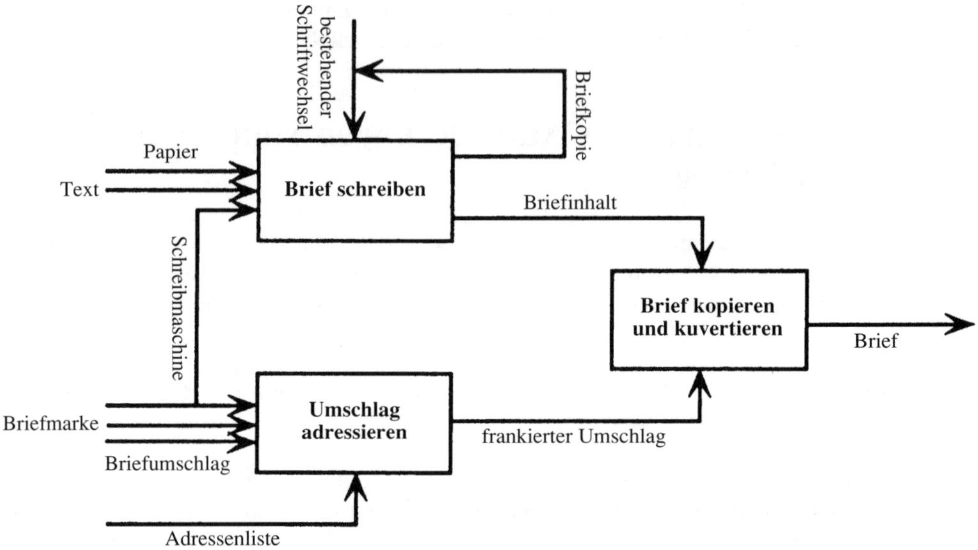

Abbildung 1-5. Noch eine andere Darstellung über das Briefeschreiben, ähnlich der in Abbildung 1-4, aber mit einer zusätzliche Beschreibung über die Abspeicherung der Dateien. Beide Abbildungen zeigen eine größere Genauigkeit als vorgesehen.

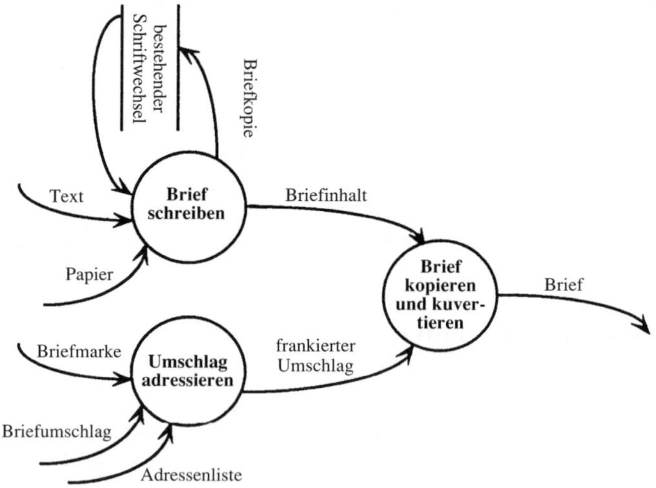

Abbildung 1-6. Die gleiche Beschreibung wie in Abbildung 1-5, aber in unterschiedlicher Darstellung. Hier wird nichts über die Geräte gesagt, die verwendet werden. Einige bevorzugen geschwungene Linien, andere gerade.

- Ein Grund, warum sich Kunden vom Designprozeß abwenden, liegt darin begründet, daß sie von professionellen Designern eher herablassend behandelt werden. Denken Sie daran, daß die meisten Teilnehmer nur unbefangen bezüglich des Entwicklungsprozesses sind, dagegen aber Experten auf anderen Gebieten. Deshalb ist ihre Teilnahme notwendig. Wir erreichen viel eher ihre Mitwirkung, wenn wir ein Umfeld schaffen, wo unterschiedliche Expertise gefragt ist.

- Methoden-Experten unterschätzen die Schwierigkeiten, ihre Beschreibungen zu verstehen. Sie glauben, sie sind intuitiv. Um zu verstehen, wie schwierig es wirklich ist, intuitive Beschreibungen zu erstellen, denken Sie an die Schwierigkeit, internationale Verkehrszeichen zu entwerfen, die von allen verstanden werden.

- Wenn zwei unterschiedliche Expertengruppen am gleichen Anforderungsprozeß mitwirken, dann kommt es häufig zu dem Konflikt, welche Beschreibung denn nun wirklich intuitiv ist. Kinder, die in Paris erzogen werden, meinen, daß die französische Sprache intuitiv ist, aber Kinder, die in Montreal erzogen werden, glauben, daß die französische und die englische Sprache intuitiv sind. In der gleichen Art und Weise teilen Experten häufig ein "first love"-Syndrom für Beschreibungen.
  Dieses Vorurteil kann verhindert werden, wie bei zweisprachig erzogenen Kindern die Vorliebe für nur eine Sprache. Wenn Sie Menschen in Beschreibungen unterrichten, dann instruieren Sie in zweien zur gleichen Zeit. Erklären Sie alle Darstellungen in beiden Beschreibungen und vergleichen Sie die Darstellungspaare ausdrücklich.

- Das Wissen um die Beschreibungen kann einem Teil die Dominanz im Anforderungsprozeß verschaffen und jene ausschließen, die die Beschreibungen nicht beherrschen. Wenn Sie politische Grabenkämpfe vermeiden wollen, dann müssen Sie der Entpolitisierung des Sprachenproblems viel Aufmerksamkeit widmen. Probieren Sie folgendes Schweizer Beispiel aus: Alle Beschreibungen, die "first love"-Beschreibungen der Teilnehmer sind, werden als offizielle Sprache im Anforderungsprozeß deklariert. Jedes offizielle Dokument muß in allen möglichen Sprachen vorgelegt werden, bevor der Prozeß als abgeschlossen betrachtet werden kann.

  Obwohl dieser multilinguale Ansatz beschwerlich erscheint, so kann er funktionieren, wenn er im richtigen Geist angewendet wird, wie das Schweizer Beispiel zeigt. In der Tat bringen Menschen in der Schweiz, die die dominante Sprache sprechen, ihre Ideen in der zweiten Sprache vor, aus Höflichkeit der Minorität gegenüber und als starken Hinweis darauf, wie sehr sie die Mitwirkung der anderen schätzen. Aus unserer Erfahrung heraus bringt dieser multilinguale Ansatz immer eine genauere Definition von Anforderungen, als auch eine stärkere Beteiligung aller Mitwirkenden.

- Unser Kollege Eric Minch schlägt ein theoretisches Modell vor, in welchem alle Beschreibungen von einem entworfenen System, die verschiedenen Anforderungen, Befriedigungen, Einschränkungen und Entscheidungen und die endgültigen Spezifikationen für die Einführung eingeschlossen, als unterschiedliche "Sprachen" festgehalten werden.

Mit anderen Worten, anstatt alles dies als unterschiedliche Beschreibung in einer Sprache zu betrachten, können wir uns vorstellen dies als gleiche Beschreibung in unterschiedlichen Sprachen zu sehen. Bei der Arbeit am Design muß ein Weg gefunden werden, wie die gleiche Beschreibung in unterschiedlichen Sprachen dargestellt werden kann und das Endprodukt ist eine solche Übersetzungsstrategie. Diese Idee regte uns zu der Feststellung an, daß "Übersetzungen" nicht so einfach sind, wie wir häufig annehmen. Einige Übersetzungen sind Kunstwerke, wie Edward FitzGerald's Übersetzung von "The Rubaiyat of Omar Khayyam".

Erinnern Sie sich an den berühmten Vierzeiler:

A Book of Verses underneath the Bough,
A Jug of Wine, a Loaf of Bread - and Thou
Beside me singing in the Wilderness -
Oh, Wilderness were Paradise enow!

Welcher Teil stammt von Omar dem Zeltmacher, Astronomen und Mathematiker aus dem elften Jahrhundert Persiens? Welcher Teil wurde von FitzGerald, einem Gentleman aus dem Suffolk des 19. Jahrhunderts hinzugefügt (weggelassen)? Welcher Teil wurde von uns beim Lesen hinzugefügt?

Bei der Erfahrung mit einem fertigen Produkt kümmern wir uns nicht so sehr um die genaueste Übersetzung, sondern darum, ob wir das Produkt mögen. Dies soll uns daran erinnern, daß neue Werte während jeder Phase des Produktentwicklungszyklus entstehen können, und daß die Anforderungen nur als Richtschnur dienen. Sie sollten wörtlich genommen werden, aber nicht zu wörtlich. Es gibt viele Wege ins Paradies.

- Diese Beobachtungen stehen in direktem Zusammenhang mit den Bemerkungen von Ken de Lavigne, unserem Kollegen von der IBM: "Ihre Diskussion über Darstellungen führt zu dem großen Problem, das durch den Ansatz der schrittweisen Verfeinerung entstanden ist: Obwohl sie behaupten, Entscheidungen zu verschieben, die eigentlich getroffen werden sollten, werden in der Tat die weitreichendsten Entscheidung zuerst getroffen, wenn die wenigsten Informationen vorliegen." Seien Sie jederzeit vorbereitet die Übersetzung oder die Darstellung zu revidieren, wenn sich zeigen sollte, daß ein falscher Zweig höher im Entscheidungsbaum festgestellt wurde. Hierzu müssen Sie die Idee des "richtigen Weges" oder der "perfekten Übersetzung" aufgeben.

1.7 Zusammenfassung

Warum?
Dieses Buch resultiert aus der Idee, mit der Darstellung von Anforderungen zu arbeiten und nicht mit den Anforderungen selbst. Menschen forschen, um Darstellungen zu erarbeiten und schließlich eine (einzige) Darstellung zu erhalten, die der Realität in ausreichendem Maß nahekommt, um sie zu repräsentieren.

Wann?
Arbeiten Sie immer mit Darstellungen und nicht mit der Realität selbst und stellen Sie sicher, daß ein gemeinsames Verständnis aller verwendeten Darstellungen erreicht wird. Niemand sollte sich scheuen, die Frage "Würden Sie bitte Ihre Darstellung erklären?" im Anforderungsprozeß zu stellen.

Wie?
Die Art der Darstellung ist weniger ein Prozeß als die Gewißheit und die erklärte Absicht zur Kommunikation. Um Kommunikationsprobleme zu vermeiden, ist folgendes zu beachten:

1. Überlassen Sie nicht alle schwierigen Aspekte anderen, wie im Küchenschabenbeispiel beschrieben.

2. Seien Sie auf Veränderungen vorbereitet. Unterschätzen Sie nicht die Schwierigkeiten einiger Menschen neue Methoden und Darstellungen zu akzeptieren.

3. Denken Sie daran, daß alle Menschen unterschiedlich auf Darstellungstechniken reagieren. Akzeptieren Sie diese Unterschiede und versuchen Sie nicht, Menschen zu überreden oder sie für "dumm" zu verkaufen.

4. Stellen Sie stattdessen sicher, daß jeder die Darstellungen verstehen kann.

5. Wenn Sie "empfindlich" auf verschiedene Darstellungsformen reagieren, erinnern Sie sich daran, Darstellungen nicht mit der Wirklichkeit zu verwechseln. Es gibt außerdem keine perfekte Übersetzung.

Wer?
Jeder verwendet Darstellungen aber jedem fallen verschiedene Darstellungssysteme unterschiedlich leicht. Diejenigen, denen es leichter fällt, sollten die anderen unterstützen, ohne dabei herablassend zu sein.

2

Mehrdeutigkeiten von Anforderungen

Immer wenn Sie Werkzeuge verwenden, welche den Menschen außer acht lassen, werden Anforderungen ungenau beschrieben und es entstehen Mehrdeutigkeiten. Mehrdeutigkeiten aber führen zu unterschiedlichen Interpretationen gleicher Anforderungen.

2.1 Beispiele für Mehrdeutigkeiten

Die Abbildungen 2-1, 2-2 und 2-3 zeigen drei verschiedene Strukturen des Hausbaus als Antwort auf die mehrdeutig auslegbare Problembeschreibung:

Finde einen Weg, um eine kleine Menschengruppe vor ihrer feindlichen Umwelt zu bewahren.

Abbildung 2-1. Ein Iglu - ein Heim, gebaut aus Material, das in der Umgebung zu finden war.

Abbildung 2-2. Ein bayerisches Schloß - ein Gebäude, um die Nachbarn zu beeindrucken.

Abbildung 2-3. Eine Raumstation - ein bewegliches Zuhause mit Ausblick.

Die drei beschriebenen Strukturen stellen effektive Lösungen zum beschriebenen Problem dar, obwohl sie unterschiedlich sind. Wenn wir die Unterschiede untersuchen, finden wir einige Hinweise auf die Mehrdeutigkeiten von Anforderungsbeschreibungen.

2.1.1 Fehlende Anforderungen

Zuweilen fehlen Anforderungen. Zum Beispiel gibt es keine Anforderungen bezüglich der Eigentümlichkeiten von Rohstoffen, wie lokale Verfügbarkeit, Haltbarkeit oder Kosten. Deshalb überrascht es nicht, daß bei diesen drei Lösungen unterschiedliche Materialien verwendet werden.

Die Problembeschreibung ist ähnlich mehrdeutig wie die Struktur oder wie die Zusammenstellung der Baumaterialien. Wir kennen weder die gewünschte Größe, die Gestalt, das Gewicht oder die Langlebigkeit der Bauwerke.

Nur wenig wird über die Funktionen innerhalb der Gebäude gesagt. Die Frage bezüglich spezieller funktioneller Elemente wie Öfen, Dienstbotenunterbringung, Betten und Ballsäle wird offen gelassen.

Nichts wird über die innere und äußere Umgebung gesagt. Die Gebäude könnten sich an Land, auf See, in der Luft, auf einer Eisscholle oder im Weltraum befinden. Außerdem kennen wir die Gefahren nicht, vor denen wir die Bewohner beschützen sollen.

Das soziale und kulturelle Umfeld ist nicht bekannt. Ist diese kleine Gruppe von Bewohnern eine Familie, und wenn, was konstituiert eine Familie in dieser speziellen Kultur? Vielleicht ist es eine Arbeitsgruppe, etwa Jäger oder Bohrspezialisten für Erdöl, oder möglicherweise eine Gruppe von Pokerspielern oder Volkstänzern.

2.1.2 Mehrdeutige Wörter

Auch wenn Anforderungen klar dargelegt werden, kann dies durch mehrdeutige Wörter geschehen. Zum Beispiel kann das Wort "klein" nicht in angemessener Weise die Größe einer Gruppe spezifizieren. Achten Sie auf vergleichende Wörter wie "klein" oder "preiswert" in Problembeschreibungen. Eine Gruppe von 25.000 Personen würden wir als klein bezeichnen, wenn wir über die Anzahl von Fußballfans während eines Heimspiels an der Universität von Nebraska sprechen würden.

Ein anderes gefährliches Wort in einer Problembeschreibung ist "Gruppe", welches andeutet, daß Menschen aufeinander einwirken, aber es ist nicht klar, wie. Eine Gruppe von Menschen, die in DIE HOCHZEIT DES FIGARO mitwirken, agiert anders als Menschen, die einen Kaffee im Cafe Figaro trinken. Eine Struktur für die eine Gruppe zu entwerfen, ist etwas ganz anderes, als dies für die andere Gruppe zu tun.

Schon der Begriff "Struktur" beinhaltet Mehrdeutigkeiten. Einige Leser könnten meinen, der Begriff "Struktur" bedeutet so etwas wie hart, haltbar, solide, undurchlässig und möglicherweise schwer. Wenn wir unbewußt diese Schlußfolgerungen ziehen, dann nehmen wir unterschwellig an, daß dieses Problem mit traditionellen Baumaterialien gelöst werden kann. Das begrenzt von vornherein die Anzahl der möglichen, effektiven Entwürfe.

2.1.3 Eingeführte Elemente

Natürlich können wir uns gegen mehrdeutige Wörter durch sorgsame Aufnahme von Alternativen für jedes Wort schützen. Dies hingegen schützt uns nicht vor einem anderen

Problem. Der Begriff "Struktur" erschien niemals in der Problembeschreibung. Irgendwie kam er aber in die Diskussion, ohne daß wir es bemerkten. Die Problembeschreibung sagt "finde Wege" und nicht "entwerfe eine Struktur".

Einige Mehrdeutigkeiten sind so offensichtlich, daß sie während einer zwanglosen Unterhaltung geklärt würden, bevor der eigentliche Designprozeß beginnt. Andere Mehrdeutigkeiten werden unbewußt im Kopf des Designers klargestellt. In diesem Fall könnte eine innovative aber unstrukturierte "Lösung" zum Schutze einer kleineren Gruppe übersehen werden.

Zum Beispiel könnte der Designer sie

1. gegen den Regen schützen, durch eine elektrostatische Aufladung der Regentropfen und deren Zurückdrängung mit elektrisch aufgeladenen Feldern,

2. gegen streitsüchtige Gruppen schützen, durch eine Maxime wie "Wer im Glashaus sitzt, sollte nicht mit Steinen werfen", oder "Wer anderen eine Grube gräbt, fällt selbst hinein",

3. gegen den Winter schützen, durch den Umzug in den Süden und durch Umzug in den Norden vor dem Sommer.

2.2 Kosten aufgrund von Mehrdeutigkeiten

Diese wenigen elementaren Beispiele von Mehrdeutigkeiten in Anforderungen können nur die Auswirkungen des Problems aufzeigen. Milliarden von Dollars werden jedes Jahr dafür ausgegeben, Produkte herzustellen, die nicht den Anforderungen entsprechen, weil die Anforderungen meistens nicht richtig verstanden wurden.

Tabelle 2.1

Relative Kosten für die Behebung von Fehlern

Fehlerphase	Kostenverhältnis
Anforderungen	1
Entwurf	3-6
Kodierung	10
Entwicklungstest	15-40
Akzeptanztest	30-70
Betrieb	40-10000

Zum Beispiel analysierte Boehm[2] dreiundsechzig Softwareentwicklungsprojekte in Firmen wie IBM, GTE und TRW. Er bestimmte die Kosten, die durch falsche Annahmen in der Anforderungsphase entstanden und erst später festgestellt wurden. (Tabelle 2.1 und Abbildung 2-4).

Obwohl die Tabelle 2.1 zeigt, wie wichtig es ist, Mehrdeutigkeiten bereits bei den Anforderungen festzustellen, sind die Zahlen wahrscheinlich eher konservativ. Boehm hat nur Projekte untersucht, die auch abgeschlossen wurden. Beobachter schätzen jedoch, daß ungefähr ein Drittel von großen Softwareprojekten niemals fertiggestellt wird. Der größte Teil der Verluste aus diesen abgebrochenen Projekten kann auf nicht zufriedenstellende Definition von Anforderungen zurückgeführt werden.

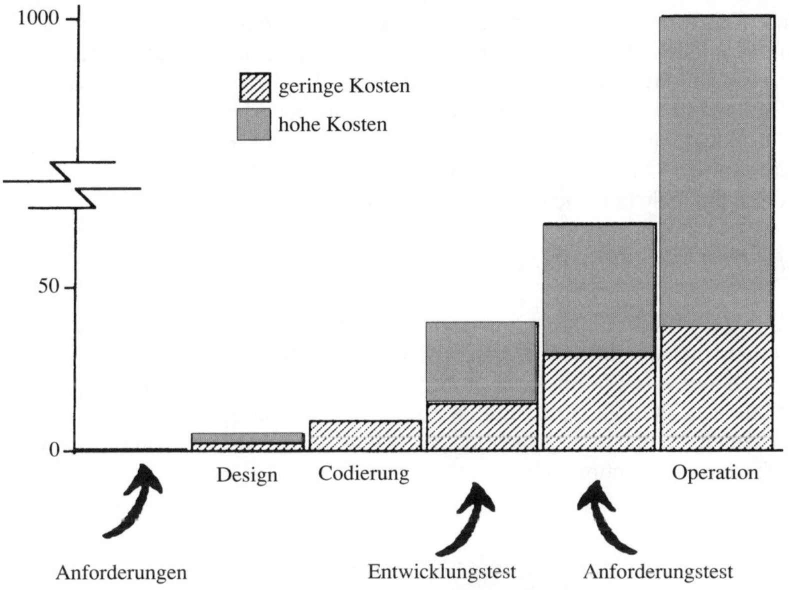

Abbildung 2-4. Boehm's Beobachtungen an Projektkosten.

Die Situation sieht sogar noch düsterer aus, wenn wir die katastrophalen Resultate anschauen, die aus falschen Designentscheidungen resultieren, die auf der Basis falscher Annahmen getroffen werden. Zum Beispiel wurde beim Ford Pinto, der in den 70er Jahren hergestellt wurde, angenommen, daß Kollisionen am Heck des Wagens recht unwahrscheinlich sein würden und so wurde der Benzintank entsprechend plaziert. Als sich diese Annahme als falsch herausstellte, mußte die Firma Ford nach eigenen Schätzungen ungefähr $ 100 Millionen für Prozesse und Rückrufaktionen aufwenden. Und welchen Wert stellen wir denen gegenüber, die ihr Leben lassen mußten?

Nehmen wir einen anderen Fall. Die Entscheidung der Johns-Manville Corporation Baumaterialien aus Asbest zu entwickeln, herzustellen und zu vermarkten basierte auf der Annahme, daß Asbest keine Gesundheitsschäden hervorrufen könnte. Viele gute Ideen

---

2 Barry W. Boehm, *Software Engineering Economics* (Englewood Cliffs, N.J.: Prentice-Hall, 1981).

wurden bei Johns-Manville in Produkte umgesetzt, die, wie wir es heute verstehen, auf falschen Annahmen beruhten. Epidemiology Resources, Inc. in Cambridge, Massachusetts schätzen, daß diese High-level-Entscheidung ungefähr 52.000 Gerichtsverfahren nach sich zog, die zirka 2 Milliarden Dollar kosteten. In der Tat war die Organisation der Firma, die Kultur und das Kapitalinvestment auf die Produktion von Asbest eingestellt, so daß die Firma bankrott machte und sich schließlich in die Manville Company umwandelte.

2.3 Untersuchungen zur Vermeidung von Mehrdeutigkeiten

In den letzten drei Jahrzehnten haben wir Leuten geholfen, teure Fehler, nicht erfolgreiche Projekte und Katastrophen zu vermeiden. Viele dieser Fehler wären durch mehrdeutige Anforderungen entstanden. Wir haben dieses Buch geschrieben, um Ihnen erfolgreiche Methoden vorzustellen, wie man Eindeutigkeit bei der Erforschung von Anforderungen erzwingt. Es handelt sich hier um allgemeine Methoden, die nahezu für alle Arten von Projekten zur Anwendung kommen können; ob es sich um ein Haus in Peoria oder ein Schloß in Bayern, ein Online-Informationssystem, eine Fertigungsorganisation, eine Werbekampagne oder um Fahrradferien in Neuseeland handelt.

2.3.1 Ein Bild der Anforderungen

Abbildung 2-5 stellt bildhaft dar, was wir unter Anforderungen verstehen. Die Menschen im Altertum nahmen an, daß unser Universum sich aus einem großen Ei herausbildete. Deshalb verwenden auch wir das Ei, um darzustellen, was alles möglich ist. Wir haben eine Linie durch die Mitte des Eies gezogen, um das was wir beabsichtigen, von dem was wir nicht wollen, zu trennen. Wenn wir tatsächlich solch eine Linie ziehen könnten, hätten wir eine perfekte Anforderungsbeschreibung.

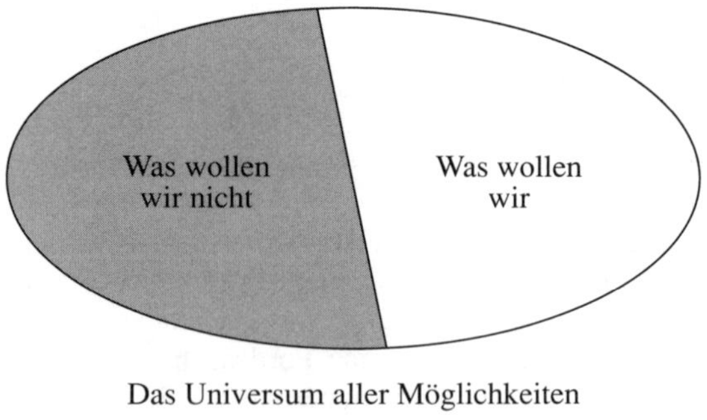

Abbildung 2-5. Was wir unter Anforderungen verstehen.

In Abbildung 2-6 ist illustriert, was wir unter einer Anforderungsdefinition verstehen. Das erste Ei zeigt eine eher wellenförmige Grenze. Sie repräsentiert die erste Annäherung zu der Anforderungslinie. Diese Linie könnte die erste vage Problembeschreibung sein. Das zweite Ei zeigt die Resultate von früheren Untersuchungstechniken. Die Linie ist immer noch gewellt, das heißt es gibt immer noch Dinge, die wir nicht wollen und andere Dinge, die wir wollen, die aber noch nicht eindeutig beschrieben sind. Zumindest sind die meisten potentiellen Fehler (damit ist der Bereich gemeint, der am weitesten von der Anforderungslinie entfernt ist) bereits eliminiert.

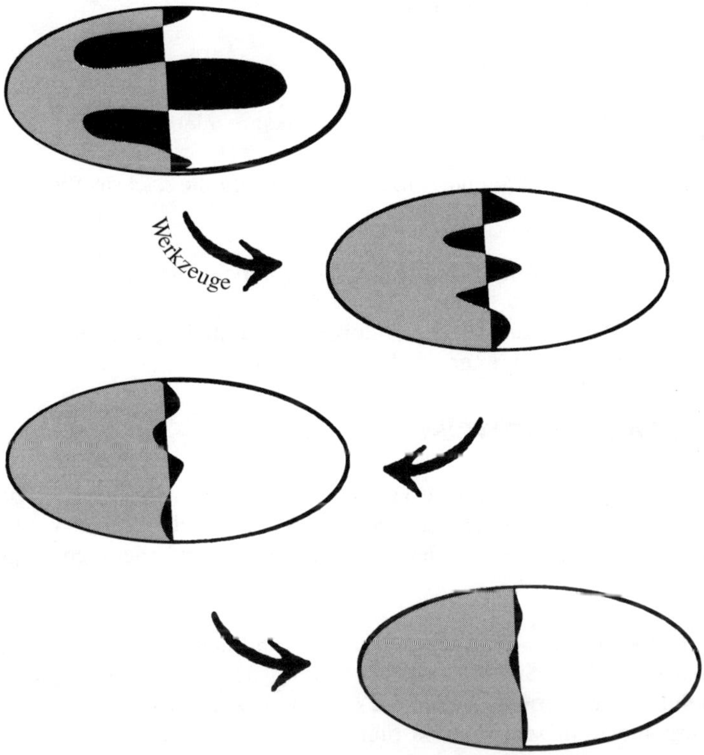

Abbildung 2-6. Der dunkle Bereich beschreibt was wir wollen, wonach wir aber nicht fragen oder wonach wir fragen, was wir aber nicht wollen. Durch den wiederholten Gebrauch von Anforderungswerkzeugen reduzieren wir diese Bereiche und kommen dem, was wir tatsächlich wollen, näher.

Jedes neue Ei, das einen nächsten Schritt im Anforderungsprozeß darstellt, führt zu einer besseren Annäherung an die wahre Anforderungslinie. Unglücklicherweise wird sich diese Linie nie mit den wahren Anforderungen decken. Im realen Leben ist das eine nahezu unlösbare Aufgabe. Durch Untersuchungen versuchen es die Entwickler, die Linie einigermaßen gerade zu bekommen, bevor die Schlangenlinie ihnen zu teuer zu stehen kommt.

2.3.2 *Ein Untersuchungsmodell*

Der Prozeß, der notwendig ist, die gewellte Linie zu begradigen, kann mit der Vorgehensweise großer Entdecker wie Marco Polo, Columbus oder Lewis und Clark verglichen werden. Hier wird grob beschrieben, wie Forscher generell handeln:

1. Gehen in eine bestimmte Richtung

2. Beobachten, was sie dort vorfinden

3. Aufzeichnen des Vorgefundenen

4. Analyse der Beobachtungen im Hinblick auf ihre Zielsetzungen

5. Verwenden der Analyse und Aufzeichnungen, um die nächste Richtung einzuschlagen

6. Zurückgehen zu Schritt 1 um die Forschungsarbeit fortzusetzen

Dies ist der gleiche Prozeß, der bei der Anforderungsdefinition Verwendung findet und im weiteren Verlauf des Buches immer wieder erwähnt wird.

2.4 Hilfreiche Hinweise

- Unser Kollege Ken de Lavigne verweist auf die guten Beispiele in Deming's Buch "Out of the Crisis".[3] Unter der Rubrik "operational definition" wird dort über die Konsequenzen, die sich aus Mehrdeutigkeiten von Anforderungen ergeben, gesprochen.

- Es ist aber sicher sinnvoller eigene Beispiele zu finden, als nur auf die anderer Leute zu schauen. Wenn Sie das nächste Mal feststellen, daß Ihr Produkt nicht Ihren Vorstellungen entspricht, stellen Sie sich die Frage "Wie waren die Anforderungen definiert, die zu diesem Produkt führten?"

2.5 Zusammenfassung

Warum?
Vermeide Mehrdeutigkeiten, weil sie teuer werden können.

Wann?
Beseitige Mehrdeutigkeiten so bald wie möglich, weil die Kosten einer frühzeitigen Korrektur wesentlich geringer sind, als zu einem späteren Zeitpunkt.

---

[3] W. Edwards Deming, *Out of the Crisis* (Cambridge, Mass.: MIT Center for Advanced Engineering Study, 1986).

Wie?
Wie Mehrdeutigkeiten vermieden werden können, ist das Thema dieses Buches. Über alledem jedoch sollte spielerisch vorgegangen werden. Der Spaß sollte nicht zu kurz kommen.

Wer?
Sie, natürlich.

3

Quellen für Mehrdeutigkeiten

Es ist nicht einfach, Mehrdeutigkeiten zu lokalisieren. Wenn Sie Mehrdeutigkeiten feststellen, müssen Sie deren Quelle ausfindig machen. Um Ihnen zu helfen, Quellen für Mehrdeutigkeiten zu klassifizieren, sollten wir uns eine kleine Unterbrechung für eines unserer Experimente gestatten. Stellen Sie sich vor, selbst Teilnehmer am Experiment zu sein, dann können Sie den größten Nutzen daraus ziehen.

3.1 Ein Beispiel: Vortrag über den Convergent Design Prozeß

Stellen Sie sich vor, Sie haben gerade eine längere Autofahrt hinter sich, um das Seminar von Professor Donald C. Gause über den "Convergent Design Prozeß, oder wie Mehrdeutigkeiten vermieden werden können" zu besuchen. Sie erwarten, zusammen mit den anderen Teilnehmern einen angenehmen Tag zu verbringen, gespickt mit Designbeispielen. Sie haben keine besonders hohe Meinung von Professoren in Bezug auf ihre Orientierung zur Praxis. Mit ein wenig Glück jedoch würde der Vortragende nicht allzuviel Langeweile aufkommen lassen. Vielleicht bekommen Sie sogar einige neue Ideen mit auf den Weg. Immerhin verspricht Ihnen der Seminartitel Hilfe bei der Identifizierung und der Definition von realen Designproblemen.

Ihr Bewußtsein ist angespannt. Sie stellen bei einem Blick auf Ihre Ralph-Lauren-Uhr (designed für ein Höchstmaß an Snob Appeal) fest, daß es 8:55 Uhr ist. Sie haben es sich gerade auf Ihrem stapelbaren Plastikstuhl (designed, um den Lagerraum in Hotels zu minimieren) bequem gemacht. Sie wärmen Ihre Hand an einem Kaffeebecher aus Styropor (designed, um die Bedienungskosten so niedrig wie möglich zu halten), der bis zum Rand mit einer kaffeeähnlichen Flüssigkeit gefüllt ist (designed, um Kaffee-abhängige Spätaufsteher zu beruhigen). Sie schauen gerade noch einmal auf die Uhr, als eine seriös aussehende Dame in einem marineblauen Kostüm aus Polyester und einer roten Fliege zum Rednerpult schreitet und einige Bemerkungen zur Lage der Toiletten, der Notausgänge und der geplanten Pausen macht. Dann stellt Sie in enthusiastischer Weise Professor Gause vor. Sie warten erst einmal ab.

Das erste, was Ihnen an Professor Gause auffällt, ist, daß er nicht wie seine Vorrednerin gekleidet ist. Er verbreitet auch nicht die gleiche Aura einer absolut organisierten Effizienz. Wenn überhaupt, so ist seine Aura eher etwas zerzaust. Er trägt ein zerknittertes

Harris-Tweed-Jacket, Wanderschuhe und Hosen, die aussehen, als hätte er gestern abend damit Tennis gespielt und anschließend damit geschlafen. Er wirkt ziemlich zwanglos und scheint die Situation unter Kontrolle zu haben. Mit einer Ausnahme.

Er untersucht den Overhead-Projektor als wäre er vom Mars. Ohne aufzusehen bemerkt er: "Ich freue mich, daß Sie so zahlreich erschienen sind". Dann legt er die erste Folie auf.

Sie stellen fest, daß die Folie nicht gut fokussiert ist. Genug, um Sie zu irritieren, aber nicht genug um irgendeinen Kommentar zu provozieren. Ohne auf die Folie zu schauen, sagt Gause ganz beiläufig: "Ich werde diese Folie als meine Fokusfolie verwenden".

Abbildung 3-1. Die Fokusfolie.

Sie binden Ihren Schnürsenkel zu und als Sie wieder aufschauen sehen Sie, daß er schon die nächste Folie aufgelegt hat. Temperamentvoll beginnt er: "Sie besuchen ein Seminar über Convergent Design. Darunter verstehe ich einen Designprozeß, der bewußt und sichtbar Mehrdeutigkeiten so effektiv wie möglich identifiziert, definiert und entfernt".

Dabei dreht sich Gause herum und bemerkt, daß die Folie nicht vernünftig fokusiert ist. Er hantiert geschickt am Overhead-Projektor herum, so daß die Folie nun klar und deutlich zu erkennen ist. Welch eine Erleichterung für die Augen! Es wäre schon eine Zumutung, einer Vorlesung über Design zuzuhören, wenn man den Eindruck hätte, daß sich der Vortragende nicht besonders um sein eigenes Design sorgt.

Sie lehnen sich zurück, mit dem Gefühl, daß alles unter Kontrolle ist, als Gause ein Transportmittelbeispiel benutzt, um zu zeigen, wie man Meßkriterien für Mehrdeutigkeiten

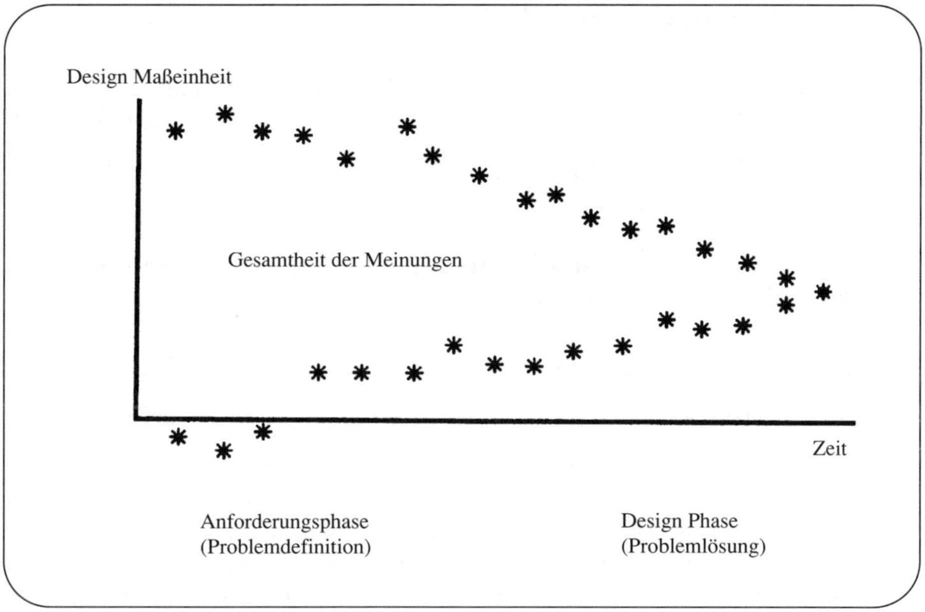

Abbildung 3-2. Die Convergent Design Prozeß Folie.

erzeugen kann. Danach bittet er Sie, sich auf verschiedene Gruppen aufzuteilen, um an diesem Beispiel zu arbeiten. Eine angenehme Abwechslung vom Vortrag, von dem Sie erwartet hatten, daß er den ganzen Tag lang dauern würde. Sie sind davon fasziniert, wie sich in Ihrer Gruppe die ersten Schätzungen für die Marktkosten für eine Transportmittellösung zwischen $ 1 und $ 1 Million bewegen. Danach arbeitet jede Gruppe an einem Fragenkatalog, der von Gause ausgeteilt wurde. Die Schätzungen schwanken jetzt zwischen $ 49,95 und $ 1 Million.

Sie fühlen sich gut und die Vorschläge des Vortragenden, wie Mehrdeutigkeiten erkannt werden können, erscheinen einleuchtend. Es wird erst etwas verworrener, als der Vortrag sich mehr mit relativ unklaren Designtheorien befaßt. Dann hören Sie: "Es ist nun Zeit für eine geplante Pause, denn wir wollen unsere Anforderungen erfüllen. Schließlich bedeutet Qualität, daß man die Anforderungen erfüllt, nicht wahr?"

Während der Pause teilen Sie die Erfrischungen mit den anderen Teilnehmern und stellen fest, daß jeder den Vortragenden mit "Don" anredet. Nach einer Viertelstunde meint Don: " Ihre Pause ist nun zu 100% erfüllt. Sind Sie noch im Zeitplan?" Alle nicken und Don erklärt: "Es ist jetzt an der Zeit, neue Richtungen einzuschlagen."

3.2 Ein Aufmerksamkeitstest

Als sich alle wieder hingesetzt haben, bittet Don die Teilnehmer, die Frage auf der nächsten Folie zu beantworten. "Es arbeitet jeder für sich", sagt er. "Sie notieren Ihre beste Schätzung, um sich eindeutig festzulegen und um sie nicht zu vergessen, wenn Sie andere Meinungen hören." Auf der nächsten Folie ist folgendes zu lesen:

Wie viele Punkte waren in dem Stern zu erkennen, der auf der Fokusfolie für diese Präsentation zu sehen war?

Leser: Schreiben Sie bitte Ihre eigene Schätzung auf, ohne zurückzublättern.

Sie haben ein ungutes Gefühl, aber Sie entscheiden sich mitzumachen. Don legt eine leere Folie auf und sagt: "Diese Frage hat natürlich etwas mit Design zu tun. Stellen Sie sich vor, wir simulierten eine kritische Designentscheidung, die von einer richtigen Antwort auf diese Frage abhängt. Es könnte eine Situation eintreten, bei der Sie ein Ereignis zunächst nicht richtig eingeschätzt hatten. Jeder muß dann dazu beitragen, soviele Informationen beizusteuern wie möglich. Nachdem Sie Ihre Antwort notiert haben", verspricht er, "werde ich Ihnen einige spezifische Beispiele nennen. Schreiben Sie bitte jetzt Ihre Antwort auf die Frage, die Sie auf der Folie sehen, nieder."

Nachdem Sie Ihre Antwort niedergeschrieben haben, kommt Don zu dem versprochenen Beispiel. "Erinnern Sie sich an die Legionärskrankheit, von der zahlreiche Teilnehmer einer Tagung im Bellevue Stratford Hotel in Philadelphia nach ihrer Heimkehr befallen wurden? Menschen starben, bevor man auch nur einen Zusammenhang erkennen konnte. Obwohl dort ein wichtiges medizinisches Ereignis stattfand, hat dies niemand so richtig realisiert, sondern erst einige Zeit später. Genau wie Sie zunächst nicht erkennen konnten, wie wichtig die Fokusfolie für Sie werden sollte. Erst als die Wichtigkeit erkennbar wurde, konnten sie auf die Suche nach den möglichen Ursachen gehen und Vorkehrungen für die Zukunft treffen."

"Es gibt viele solcher Beispiele", fährt Don fort, "wie der Einsturz von Häusern, der Mißbrauch von Sicherheitsplänen und Unfälle aller Art, bei der Designer die Ereignisse nicht nachvollziehen können. Sie versuchen sie aber zu verstehen und beim nächsten Design zu berücksichtigen. Tatsächlich waren die Leute unter keinen Umständen mehr dazu bereit, ins Bellevue Stratford Hotel zurückzugehen. Das schöne alte Gebäude mußte schließlich abgerissen werden."

Ein Test für den Leser

Leser: Sie haben sich gerade vorgestellt, Teilnehmer in einem unserer Seminare zu sein. Bitte beantworten Sie die folgenden Fragen ohne vor- oder zurückzublättern. Beantworten Sie jede Frage für sich, in der vorgegebenen Reihenfolge, ohne auf die jeweils nächste Frage zu achten.

1. Welches ist Ihrer Meinung nach die richtige Antwort auf die Frage, die auf der Folie zu sehen ist?

2. Nehmen Sie an, daß 100 Teilnehmer das Seminar besuchten. Wieviele verschiedene Antworten würden Sie erwarten?

3. Welche Faktoren machen Sie für die unterschiedlichen Antworten verantwortlich?

4. Schreiben Sie wörtlich die Frage in Aufgabe 1 auf, so gut Sie sich erinnern können.

5. Schreiben Sie alle Varianten auf, welche von den Seminarteilnehmern auf die Frage für Aufgabe 1, gegeben wurden.

3.3 Die Gruppierungsmethode

Wie Sie sicherlich bereits angenommen haben, fand das Seminar tatsächlich statt. Wir verwendeten einige Beispiele daraus, um Ihnen Quellen für Mehrdeutigkeiten aus erster Hand zu liefern.

1. *Welches ist Ihrer Meinung nach die Antwort auf die Frage, die auf der Folie zu lesen ist?*
   Nur Sie wissen die Antwort. Merken Sie sich die Antwort, da wir jetzt die Seminarresultate besprechen.

2. *Nehmen Sie an, daß 100 Teilnehmer das Seminar besuchten. Wieviele verschiedene Antworten würden Sie erwarten?*
   Von den 100 Teilnehmer kamen 18 verschiedene Antworten, wie in Abbildung 3-3 dargestellt.

3. *Welche Faktoren machen Sie für die unterschiedlichen Antworten verantwortlich?*
   Es ist für Sie verständlich, warum manche Antworten Ihrer eigenen Schätzung

gleichen oder ähnlich sind, aber von einigen Antworten in Abbildung 3-3 werden Sie überrascht sein. Um zu verstehen, was in diesen Leuten vorging, ist es sinnvoll, die Resultate in Gruppen zusammenzufassen, basierend auf den Lücken im Histogramm (siehe auch Abbildung 3-4). Aufgrund unserer Erfahrung können wir vier mögliche Ursachen für diese Unterschiede nennen: Beobachtung, Erinnerung, Interpretationsfehler und die Mehrdeutigkeit in der Problemaussage.

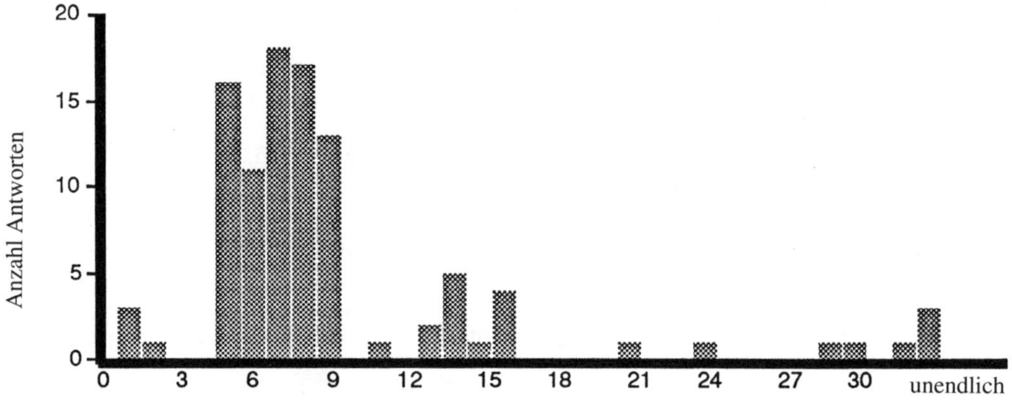

Abbildung 3-3. Histogramm der Antworten auf die "wieviele Punkte" Frage.

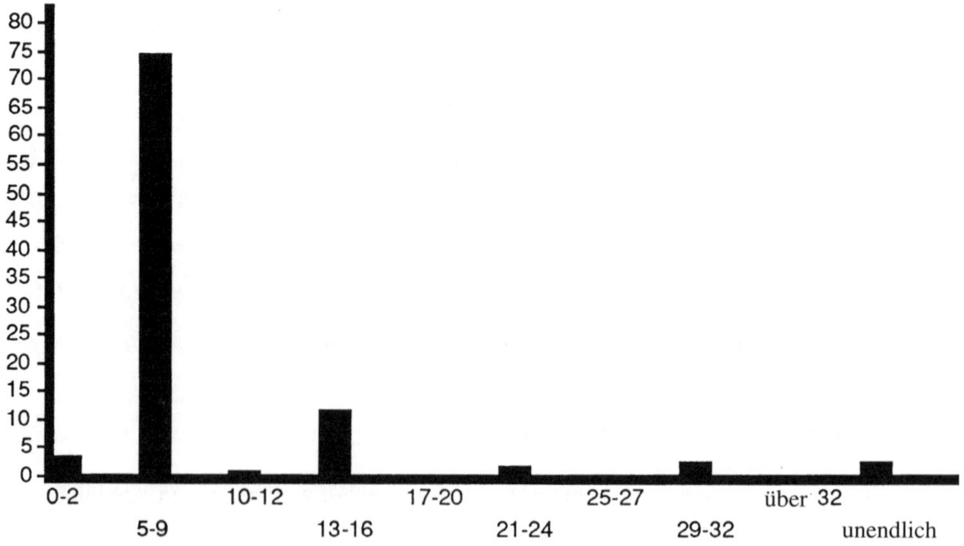

Abbildung 3-4. Histogramm der zusammengefaßten Antworten.

3.3.1 Beobachtungs- und Erinnerungsfehler

Man kann nicht erwarten, daß auch nur zwei Menschen die gleichen Dinge identisch wahrnehmen (Beobachtungsfehler) oder identisch im Gedächtnis behalten (Erinnerungsfehler). Wenn Sie nicht zu egoistisch sind, werden Sie akzeptieren, daß der Fehler sowohl bei Ihnen als auch bei den anderen liegen könnte. Erinnern Sie sich, daß die Folie ziemlich beiläufig aufgelegt wurde, für weniger als eine Minute, als die meisten Teilnehmer noch nicht richtig bei der Sache waren. Erinnern Sie sich außerdem, daß sich einige scheinbar nicht zusammenhängende Ereignisse abspielten, einschließlich einer fünfzehn Minuten dauernden Pause, zwischen dem Zeitpunkt an dem die Folie gezeigt und die Frage gestellt wurde. So hatte niemand einen Grund zu glauben, daß der Folie noch einmal Beachtung geschenkt werden würde.

3.3.2 Interpretationsfehler

All dies kann die Zahlen erklären, die sich im Mittel bewegen. Aber wie kommen die extremen Antworten zustande? Wenn Sie zur Gruppe mit den häufigsten Antworten gehören, dann hätten Sie mit Ihrer Antwort zwischen fünf und neun Punkten gelegen. Sie können sich leicht einen Stern mit fünf Endpunkten vorstellen, aber der Stern auf der Folie sah eher ungleichmäßig oder asymmetrisch aus. Deshalb haben Sie vermutet, daß der Stern aus mindestens fünf Endpunkten bestehen würde, oder aus einigen mehr. Wie könnte ein durchschnittlich intelligenter Mensch annehmen, daß der Stern nur aus einem oder zwei Punkten bestünde, oder aus welchem Grund aus 29, 30 oder 32 Punkten!? Offensichtlich hat Don hier ein paar Fallen eingebaut.

Könnte es sein, daß es an seiner *Frage* lag, daß so viele Interpretationen zustande kamen. Die drei Teilnehmer, die behaupteten, daß der Stern aus unendlich vielen Punkten besteht, *müssen* angenommen haben, er bestünde aus einer fortlaufenden Linie. Wie wir aus der Schule aus dem Geometrieunterricht wissen, bestehen alle fortlaufenden Linien aus einer unendlichen Zahl von Punkten. Unter diesem Aspekt sind diese drei Antworten durchaus korrekt und verständlich.

Jede Antwortengruppe kann also durch eine andere Interpretation der Frage erklärt werden. Das ist nun die dritte Hauptursache für Mehrdeutigkeiten, neben der Beobachtung und der Erinnerung. Hätte es nur Antworten im Rahmen einer einzigen Gruppe gegeben, wären die Mehrdeutigkeiten durch Interpretationen unbemerkt geblieben. Wir stellen Unterschiede in der Interpretation durch das Vorhandensein von verschiedenen Gruppen fest und jede Gruppe könnte auf eine unterschiedliche Auslegung der Frage hindeuten.

Wäre die Folie korrekt fokusiert aufgelegt worden und hätten die Teilnehmer zu diesem Zeitpunkt mehr Aufmerksamkeit darauf verwandt, hätte es wahrscheinlich ausschließlich Unterschiede in der Interpretation und der Erinnerung gegeben und weniger in der Beobachtung. Wäre die Frage gestellt worden, als die Folie noch auflag, so könnten wir auch Erinnerungsfehler ausschließen. Es würden somit nur Unterschiede in der Interpretation übrigbleiben. Das Histogramm würde keine Schwankungen innerhalb der Gruppen zeigen.

Mit anderen Worten, Interpretationsfehler führen zu separaten Gruppen, während Beobachtungs- und Erinnerungsfehler sich zu Unterschieden innerhalb jeder Gruppe manifestieren. Diese Unterschiede können wir auf die Ergebnisse jeder Mehrdeutigkeitsbefragung anwenden, um die Ursachen herauszufinden, statt nur die Quantität einer Mehrdeutigkeit zu messen.

3.3.3 Unterschiedliche Fehlerursachen

Natürlich kann die Art, wie wir Gruppen interpretiert haben, nicht als ausnahmsloser Grundsatz betrachtet werden. Die Gruppierung selbst ist ein visueller und intuitiver Prozeß. Wir könnten uns also in der Definition der Grenzen irren. Ein Teilnehmer in unserem Beispiel sagte, der Stern bestünde aus 11 Punkten und wir entschieden uns, seine Antwort in eine separate Kategorie einzuordnen, weil es keine Antwort mit zehn oder zwölf gab. Es könnte aber sein, daß diese Person die gleiche Interpretation gebrauchte, wie die Personen der Gruppe 5-9, beziehungsweise 13-16, mit dem Unterschied des schwächeren Gedächtnisses oder einer geringeren Beobachtungsgabe.

Auch zwei unterschiedliche Interpretationen innerhalb einer Gruppe hätten zur gleichen Schätzung führen können. Solche unterschiedlichen Interpretationen bleiben bei der Gruppenuntersuchung unbemerkt. Die Gruppierungsmethode kann deshalb nur als sinnvoller Indikator für Mehrdeutigkeiten verstanden werden und ist somit kein wissenschaftlich abgesichertes Mittel zur Identifikation und Definition der Ursachen von Mehrdeutigkeit.

3.3.4 Einflüsse menschlicher Interaktionen

In dem Seminar hatten wir den Vorteil, die Teilnehmer fragen zu können, was sie dachten, während sie jede einzelne Frage beantworteten. In der Realität ist diese Art zu fragen nicht nur von Vorteil, sondern absolut notwendig. Der wichtigste Grund für die Zusammenstellung der Antworten in einem Histogramm, ist nicht die Darstellung selbst, sondern die anschließende Diskussion. Nach dieser Diskussion führten wir eine erneute Befragung durch. Die Resultate sind in Abbildung 3-5 zu sehen.

Die Antworten der ersten Befragung wurden von den Teilnehmern unbeeinflußt gegeben. Einige Teilnehmer könnten die Sternfolie allerdings in der Pause miteinander besprochen haben, andere hingegen könnten sogar von ihren Tischnachbarn abgeschrieben haben. Gemessen an der Struktur dieses Beispiels ist der Abhängigkeitseffekt vermutlich jedoch zu vernachlässigen.

Nachdem das Histogramm gezeigt wurde und die verschiedenen Interpretationen diskutiert waren, stellte sich dies jedoch anders dar. Das Histogramm in Abbildung 3-5 zeigt eine Reihe von Veränderungen. Die eindeutigste Veränderung zeigt sich in der Abkehr von der Betrachtungsweise der Mehrheit (5-9) zu mehr extremen Meinungen (0-2 oder unendlich). Bei der Diskussion über die Abweichungen bestätigten die Teilnehmer, daß sie Ihre Antworten geändert hatten, weil sie das Problem unter neuen Gesichtspunkten gesehen haben. Grund für die veränderten Antworten war eine neue Probleminterpretation, also nicht ein verändertes Erinnerungsvermögen oder eine verbesserte Beobachtung. Haben Sie daran gedacht, Ihre Interpretation zu ändern, nachdem Sie diese Diskussion verfolgten?

3.4 Mehrdeutigkeiten in der Problemaussage

Wenden wir uns nun der vierten Frage zu:

4. *Schreiben Sie wörtlich, aus Ihrer Erinnerung heraus, die Frage 1 auf, die Sie Ihrer Meinung nach vorher beantwortet haben.* Nur Sie wissen, was Sie geantwortet haben. Legen Sie jetzt das Resultat vor sich hin. Wir diskutieren Ihr Ergebnis zusammen mit der Frage 5.

5. *Schreiben Sie die Unterschiede in der Fragestellung nieder, die von den Seminarteilnehmern auf die Frage 1 gegeben wurden.* Erinnern Sie sich, daß die exakte Frage ausgeblendet wurde, als die Teilnehmer danach gefragt wurden. "Nun schreiben Sie das letzte Mal die Antwort zu der Frage auf, die auf der Folie zu sehen war." Weil die Frage also für Sie nicht sichtbar ist, ergibt sich eine neue Ursache für Mehrdeutigkeit: *Die Mehrdeutigkeit in der Problemaussage.*

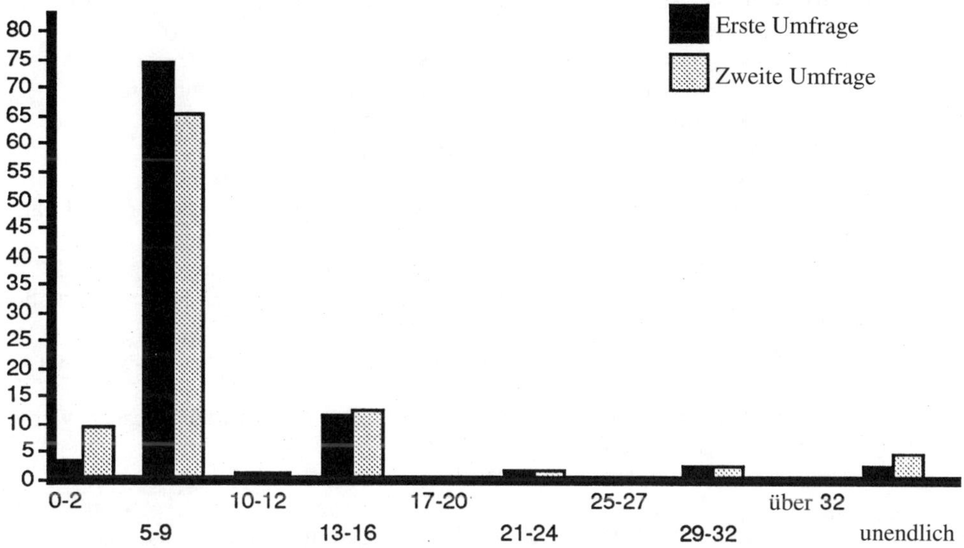

Abbildung 3-5. Resultatgruppen aus der zweiten Befragung verglichen mit der ersten.

Wir können uns leicht vorstellen, daß die Teilnehmer ohne die Fragestellung an der Hand nicht alle am gleichen Problem arbeiteten. Immerhin hatten die Teilnehmer bis zum Zeitpunkt, als die Fragen 4 und 5 gestellt wurden, nicht bemerkt, daß sie es hier mit einer Mehrdeutigkeit in der Problemaussage zu tun haben. Jeder für sich war mit seiner Lösung zufrieden und in einigen Fällen verteidigten sie sogar ihre Lösung gegenüber anderen Teilnehmern, ohne zu realisieren, daß sie eigentlich an gänzlich unterschiedlichen Problemen arbeiteten.

Zu diesem Zeitpunkt sammelten wir in dem Seminar die Antworten zu Frage 4 ein. Hier eine Auswahl der Antworten:

- Wieviele Punkte hatte der Stern?
- Wieviele Punkte waren auf der ersten Folie?
- Wieviele Punkte hatte der Stern auf der ersten Folie?
- Wieviele Punkte waren auf dem Stern, der auf der Fokusfolie gezeigt wurde?
- Wieviele Punkte waren auf dem Stern auf der ersten Folie der Präsentation?
- Wieviele Punkte waren auf dem Fokusstern, der zu Beginn der Präsentation zu sehen war?
- Wieviele Punkte waren auf dem Stern, der zur Fokusierung verwendet wurde?

- Wieviele Punkte hatte der Stern, der zu Beginn der Präsentation zur Fokusierung verwendet wurde?
- Wieviele Punkte hatte der Stern (extern), den ich zur Fokusierung benutzte?
- Wieviele Punkte waren auf jedem Stern auf der Folie, die zur Fokusierung verwendet wurde?
- Wieviele Punkte hatte der Stern, der auf der Fokusfolie zu sehen war?
- Wieviel Punkte waren auf dem Stern, der zu Beginn des Seminars zum fokusieren verwendet wurde?
- Wie groß war die Anzahl der Punkte auf der Sternfolie, die zum Fokusieren verwendet wurde?
- Wieviele Punkte waren auf der Fokusfolie Stern?
- Wieviele Punkte waren auf der Sternabbildung, die als Folie benutzt wurde?
- Wieviele Punkte waren in dem Stern auf der Folie?
- Wieviele Punkte wurden auf dem Teststern gezeigt?
- Wieviele Punkte waren auf dem Stern, der als Fokusfolie Verwendung fand?
- Wieviele Punkte waren auf der Sternfolie, die zum Fokusieren zu Beginn der Folienpräsentation verwendet wurde?
- Wieviele Punkte hatte der Stern, der zu Beginn der Präsentation gezeigt wurde?
- Bestimme, wieviel Punkte der Stern hatte, der zu Beginn der Folienpräsentation gezeigt wurde?
- Wieviele Punkte waren auf der Originalfolie, die benutzt wurde, um die Folien zu fokusieren?
- Wieviele Punkte waren auf dem Stern, der zu Beginn des Vortrages gezeigt wurde?
- Wieviele Punkte waren auf der Fokusfolie?
- Wieviele Punkte waren auf dem Stern, der auf der ersten Folie zu sehen war?

Sie könnten versucht sein zu glauben, daß alle diese Fragen mehr oder weniger der Grundfragestellung ähneln. Wenn wir die Frage im Rahmen unserer Seminarübungen sehen, so erscheint sie uns als äußert trivial. Betrachten wir die Übung aber als Simulation, als Modell der realen Welt, dann kann uns die exakte Wortwahl nicht gleichgültig sein. In realen Situationen, wie im Beispiel über die Legionärskrankheit, ist die Fragestellung viel komplexer und die Lage viel ernster. Die Übung untertreibt bei weitem das Ausmaß und die Wichtigkeit möglicher Mehrdeutigkeiten in der realen Welt.

Unsere Problemaussage muß absolut präzise sein, denn noch immer erzeugt jede unterschiedliche Aussage zu diesem relativ trivialen Problem eine unterschiedliche Sichtweise, die zu verschiedenartigen Lösungen führt. In realen Situationen werden so subtile Unterschiede wie diese die erfolgreichen Projekte von den Katastrophen trennen.

3.5 Hilfreiche Hinweise

- Setzen Sie die Erinnerungsmethode direkt ein, wenn Sie mit Anforderungen arbeiten. Legen Sie das niedergeschriebene Dokument über die Anforderungen beiseite und bitten Sie jeden Teilnehmer den Inhalt aus dem Gedächtnis aufzuschreiben. Stellen, die Erinnerungsunterschiede aufweisen, sind Kandidaten für Mehrdeutigkeiten. Dies ist ein wichtiger Schritt, denn die meisten Leute arbeiten nicht direkt mit einem Dokument, sondern sie bevorzugen mit der Erinnerung zu arbeiten, mit der Erinnerung an das Gelesene. Deshalb führt ein Dokument, das zu rekapitulieren ist, leicht zu weniger Designfehlern.

- Verwenden Sie das Sternenbeispiel zur Demonstration frühzeitig im Anforderungsprozeß, um die Teilnehmer für Mehrdeutigkeiten sensibel zu machen.

3.6 Zusammenfassung

Warum?
Die Erstellung von Histogrammen dient uns nicht zum Selbstzweck. Die tabellarische Darstellung und die Visualisierung der Verteilung soll zur Diskussion über die Quellen von Mehrdeutigkeiten beitragen. Mehrdeutigkeiten bei der Interpretation führen zu der Bildung von *separaten* Ergebnisgruppen, während Mehrdeutigkeiten die auf Beobachtungs- und Erinnerungsfehler zurückzuführen sind, zu Unterschieden *innerhalb* einer Ergebnisgruppe führen.

Versuche, Anforderungen oder Problemaussagen wörtlich aus dem Gedächtnis abzurufen scheitern und enden in Mehrdeutigkeit. Nur ohne derartige Probleme kann eine erfolgreiche Anforderung entwickelt werden.

Wann?
Wenden Sie die Gruppierungsmethode bei jeder Mehrdeutigkeitsbefragung an, um die Ursachen für Mehrdeutigkeiten zu isolieren. Die nur mengenmäßige Erfassung ist wenig hilfreich.

Wie?

1. Fragen Sie die Teilnehmer nach ihrer Interpretation einer schriftlich formulierten Anforderung und teilen Sie die Resultate in Gruppen auf.

2. Analysieren Sie die Gruppen, indem Sie die Leute nach ihrer Meinung fragen.

3. Isolieren Sie *Beobachtungsfehler*, wenn Teilnehmer Ereignisse unterschiedlich gesehen haben, und *Erinnerungsfehler*, wenn Leute das Gesehene nicht entsprechend abrufen können. Dies kann zu einer Streuung innerhalb einer Gruppe führen.

4. Um die Streuung zwischen den Gruppen näher zu verifizieren, bitten Sie die Teilnehmer, sich an die Fragestellung zu erinnern, ohne sie noch einmal gelesen zu haben.

5. Nachdem die Leute ihre Beobachtungen diskutiert haben, wird es wegen neuer Probleminterpretationen zu Änderungen kommen und nicht wegen verändertem Erinnerungsvermögen oder verbesserter Beobachtungtechnik.

Wer?
Jeder, der die Anforderungen verstehen muß, kann an solchen Übungen teilnehmen, um die Ursachen von Mehrdeutigkeiten zu identifizieren.

4

Direkte Fragen - Ein ungeeigneter Versuch?

Zu diesem Zeitpunkt sind Sie vielleicht eher skeptisch und wundern sich über den Sinn und Zweck dieses Buches. Sicher werden Sie denken: "Es ist wesentlich, Mehrdeutigkeiten zu vermeiden, um ein erfolgreiches Produkt herzustellen zu können. Aber ich weiß doch nun bereits, wie Mehrdeutigkeiten vermieden werden können: Zuerst die schriftlich niedergelegten Anforderungen studieren, um danach mit dem Kunden zusammenzusitzen und einige scharfsinnige Fragen zu stellen. Sollte der Kunde schwer zu erreichen sein, so kann ich ihm die Fragen zusenden und er wird mir schriftlich antworten. Was ist also falsch an direkten Fragen? Warum benötige ich noch andere Techniken?"

Die Antwort ist ziemlich einfach: Direkte Fragen zu stellen ist nicht falsch. Wenn Sie tatsächlich ein kompetenter Designer sein wollen, ist es wichtig, die Technik der direkten Fragen, aber auch die der direkten Beobachtung und andere Interviewtechniken zu beherrschen. Diese Themen werden allerdings schon anderweitig[4] behandelt. Wir verwenden nunmehr ein anschauliches Beispiel, um Ihnen zu demonstrieren, warum die Befragung - mit oder ohne Werkzeuge und Techniken - niemals ausreicht, die Anforderungen zutreffend darzustellen.

4.1 Entscheidungsbäume

Das Entscheidungsbaummodell ist ein solches Werkzeug, das die direkte Befragung wirksam unterstützen kann. Dieses Modell hilft dabei, die Resultate der Antworten besser nachvollziehen zu können.

Wie in Abbildung 4-1 zu sehen ist, beginnt die Forschungsreise an der Wurzel des Baumes, mit einer ersten vagen Beschreibung des Problems. Jeder Ast des Baumes soll eine Entscheidung darstellen. Die Blätter spezifizieren die möglichen Lösungen. Die Reise endet, wenn Sie bei einem einzelnen Blatt angelangt sind. Sie durchkämmen Gabel für Gabel, re-

---

[4] Zusätzliche Informationen finden Sie in den Teilen III und IV, "Observation" and "Interviewing", beziehungsweise in Gerald M. Weinberg's *Rethinking Systems Analysis & Design* (New York: Dorset House Publishing, 1988), Seite 43-86.

duzieren dabei die Mehrdeutigkeiten und kommen letztlich zu einer Lösung, einem einzelnen Blatt.

Je weiter Sie sich am Entscheidungsbaum hochhangeln, desto weniger Mehrdeutigkeiten sind zu beheben. Wenn Sie sich dann für eine spezielle Lösung (Blatt) entschieden haben, dann haben Sie alle Ihre Designentscheidungen (Äste) getroffen, und somit dürften keine Mehrdeutigkeiten mehr existieren.

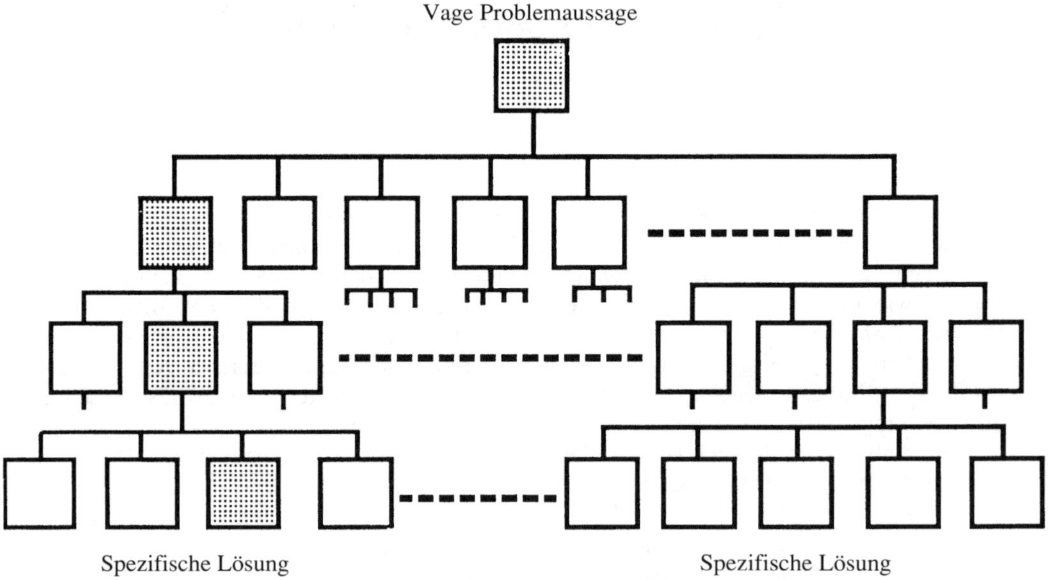

Abbildung 4-1. Der Entscheidungsbaum, auf dem Kopf stehend. Mit der Wurzel (vage Problemaussage) ganz oben und den Blättern (spezifische Lösungen) unten.

In den Augen des Kunden jedoch könnte diese Lösung nicht die *richtige* sein. Hätten Sie nur eine falsche Annahme (aus Kundenperspektive) gemacht, oder nur eine falsche Verzweigungsentscheidung getroffen, so hätten sie möglicherweise das falsche Problem gelöst.

Designarbeit in der Realität folgt solch einem einfachen Modell allerdings nicht. Wir machen häufig Fehler im Designprozeß (falsche Verzweigung), stellen den Fehler später fest und korrigieren ihn (zurückgehen und die richtige Verzweigung wählen). In diesem Modell führen fehlerhafte Annahmen nicht notwendigerweise zu den falschen Lösungen (falsches Blatt), aber zu *ineffizienter* Arbeit (unnötiges Durchgehen von verschiedenen Verzweigungen). Durch die Verbesserung unserer Fähigkeiten, Mehrdeutigkeiten zu vermeiden, eliminieren wir Designfehler. Zumindest verbessern wir die Effektivität unserer Arbeit.

Basierend auf dem Entscheidungsbaummodell ist ein Blatt, das nicht exakt dem Kundenwunsch entspricht, ein Designfehler. Eine mehr generelle Beschreibung wäre: Jedes Blatt am Baum repräsentiert eine richtige Lösung, möglicherweise eine richtige Lösung für das falsche Problem. Mit anderen Worten: Jedes Blatt ist eine richtige Lösung. Die meisten Lösungen sind aber nicht akzeptabel.

4.1.1 Reihenfolge der Fragen

Wir wissen alle, daß es bei der Designarbeit auch Grautöne gibt. In der Praxis können einige der weniger akzeptablen Lösungen durchaus brauchbarer sein als andere. Wenn der Kunde nach einem grünen Fahrrad fragt, dann wäre ein rotes Fahrrad eher akzeptabel als ein grünes Skateboard. Wenn dies der Fall sein sollte, dann muß die Frage nach der Farbe erst relativ am Ende des Designs gestellt werden. Die Frage, ob Fahrrad oder Skateboard, dagegen früher im Designprozeß.

Dieses Beispiel zeigt, das die Reihenfolge der Fragen nahezu ebenso wichtig ist, wie die Fragen selbst. Eine vernünftige Reihenfolge trägt sicher dazu bei, daß die Lösung eher "perfekt" ausfällt, und minimiert den notwendigen Korrekturaufwand für falsche Annahmen.

Diese Diskussion gibt einen Teil der Antwort auf die zweite Frage der Skeptiker: "Warum benötige ich andere Techniken?" Das Stellen direkter Fragen reicht nicht aus. Sie müssen Techniken verwenden, *die Ihnen helfen, die Fragen in der richtigen Reihenfolge zu stellen.*

Unglücklicherweise werden die falschen Annahmen, die zu Designfehlern führen, in der Regel dicht an der Wurzel getroffen, sie werden aber eher erkannt, wenn sie dichter an den Blättern liegen. Deshalb müssen wir der Anfangsphase eines Designprozesses mehr Beachtung schenken.

Realistisch betrachtet kann auch ein großer Aufwand zu Beginn nicht verhindern, daß von fehlerhaften Annahmen ausgegangen wird. Für die Designarbeit benötigen wir also Techniken, die uns bei der Fehlerkorrektur helfen können. Wenn Zeit, Geld und eigene Energie in die Verfolgung fruchtloser Verästelungen investiert wurden, so kann die Fehlerkorrektur erhebliche finanzielle und psychologische Folgen haben. Unsere Techniken zur Erkennung von Mehrdeutigkeiten minimieren derartige Folgen.

4.1.2 Wanderung durch den Entscheidungsbaum: Ein Beispiel

Um die Methoden zur Reduzierung von Mehrdeutigkeiten noch besser zu erklären, lassen Sie uns eine äußerst mehrdeutige Anforderung stellen. Stellen wir uns vor, eine kleine Designfirma gegründet zu haben, und unser erster Kunde präsentiert uns die erste Anforderung:

Design eines Transportmittels

Diese erste Aussage ist die Wurzel des Entscheidungsbaumes. Lassen Sie uns nun nachvollziehen, wie unsere Firma durch eine Reihe von direkten Fragen zu einer potentiellen Problemlösung kommt. Wir zeigen Ihnen, wie sich unsere Position im Entscheidungsbaum, bedingt durch zusätzliche Informationen, verändert. Wir beginnen bei der Wurzel, der Definition (Transportmittel):

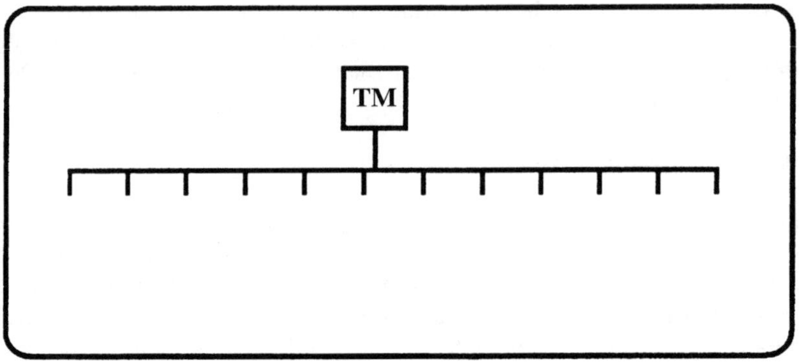

Abbildung 4-2. Die Wurzel des Baumes "Design eines Transportmittels (TM) verzweigt sich hin zu den verschiedenen Lösungsmöglichkeiten.

Designer: Wann wird die Lösung gebraucht?
Kunde: Innerhalb von 18 Monaten (18).

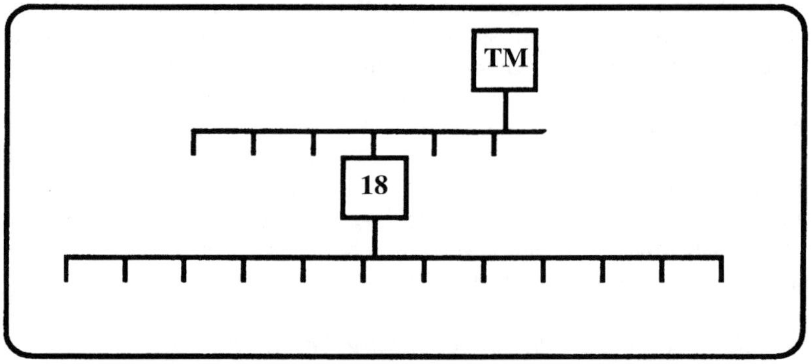

Abbildung 4-3. Die Antwort auf die Frage "Wann wird die Lösung gebraucht?" verzweigt in einen Ast, der wiederum viele Möglichkeiten aufweist.

Designer: Was soll transportiert werden?
Kunde: Leute (L).

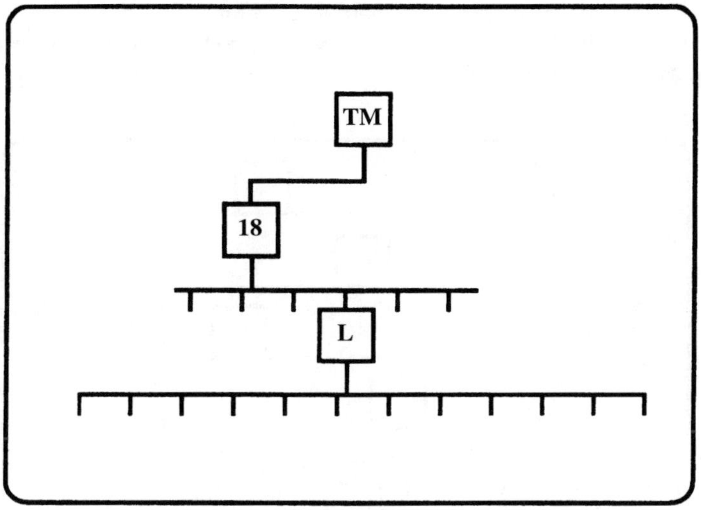

Abbildung 4-4. Die Antwort auf die Frage: "Was soll transportiert werden?" führt wiederum zu einer anderen Verzweigung mit ihren vielen Möglichkeiten.

Designer: Wieviele Leute müssen zur gleichen Zeit transportiert werden können?
Kunde: Eine Person (1).

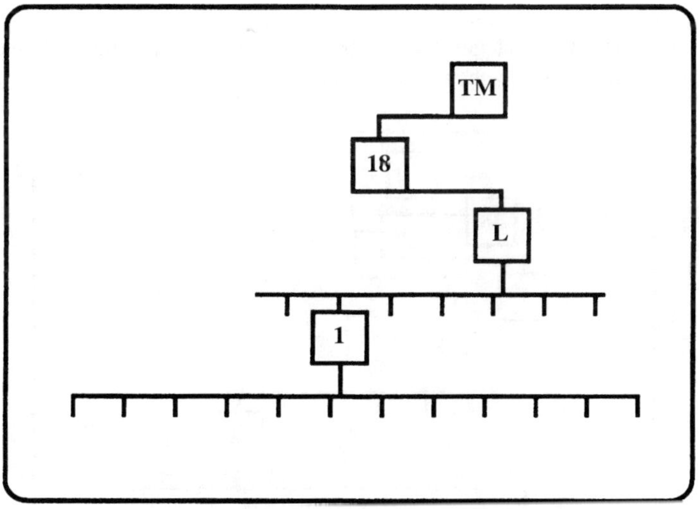

Abbildung 4-5. Die Antwort auf die Frage: "Wieviele Leute müssen zur gleichen Zeit transportiert werden können?" führt wiederum zu einer anderen Verzweigung, eine Ebene tiefer im Entscheidungsbaum.

Designer: Wie soll das Transportmittel angetrieben werden?
Kunde: Nur durch die Person, die transport werden soll; durch natürliche Energien, die jederzeit verfügbar sind (NE).

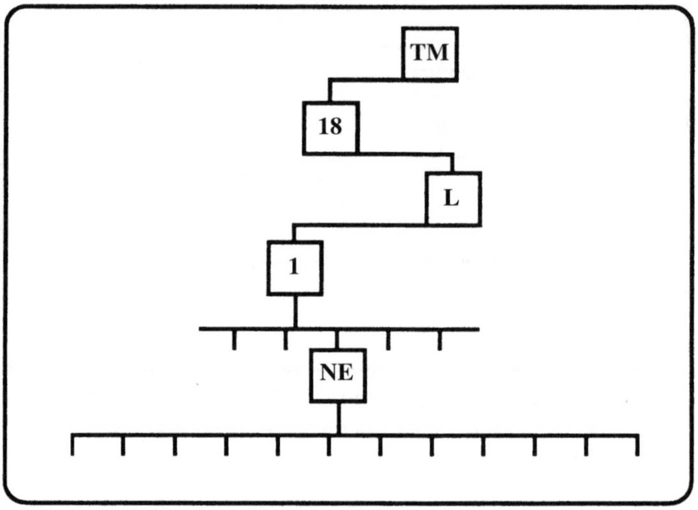

Abbildung 4-6. Die Antwort auf die Frage: "Wie soll das Transportmittel angetrieben werden?", läßt den Baum weiter wachsen.

Designer: Über welche Oberflächenstruktur soll sich das Transportmittel bewegen können?
Kunde: Auf einem festen, flachen Untergrund (FU).

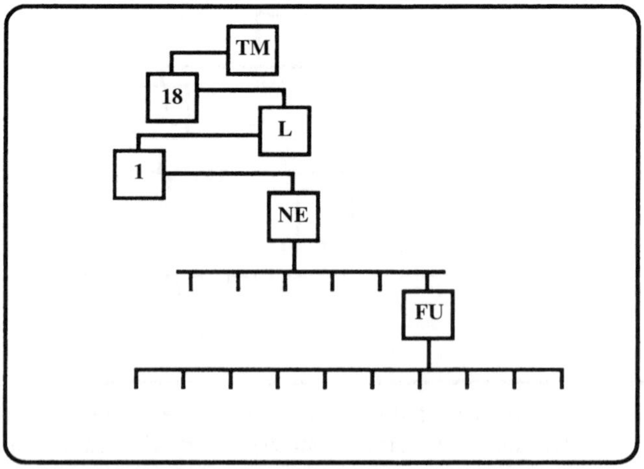

Abbildung 4-7. "Über welche Oberflächenstruktur soll sich das Transportmittel bewegen können?" Antwort: "Auf einem festen, flachen Untergrund."

Designer: Wie weit soll die Person transportiert werden?
Kunde: Über 1,2 Kilometer (1,2).

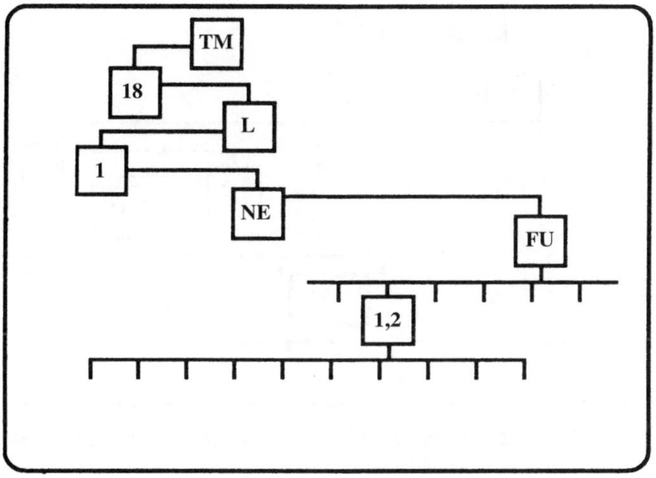

Abbildung 4-8. "Wie weit soll die Person transportiert werden?" Antwort: "1,2 Kilometer."

Designer: Wie schnell soll das Transportmittel sein?
Kunde: Mindestens 1,4 Kilometer in vier Stunden (0,35).

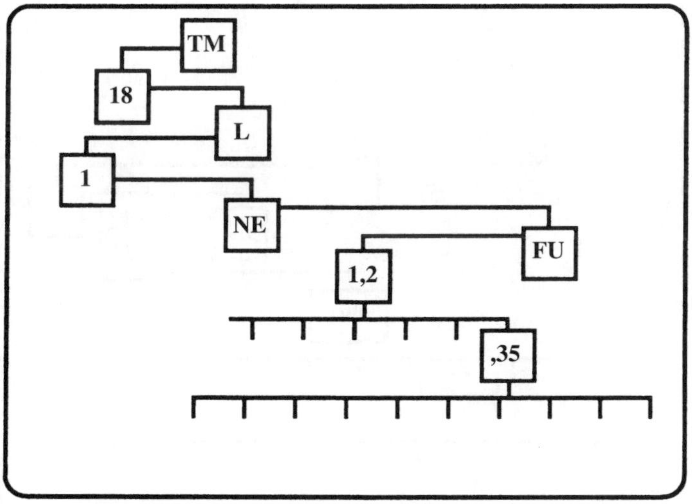

Abbildung 4-9. "Wie schnell soll das Transportmittel sein?" Antwort: "0,35 km/h".

Designer: Wie zuverlässig muß das Transportmittel sein?
Kunde: Es sollte nicht mehr als ein Problem auf eintausend Kilometer auftreten. Der Reisende soll dadurch nicht gefährdet werden (1/1000, oder 0,001).

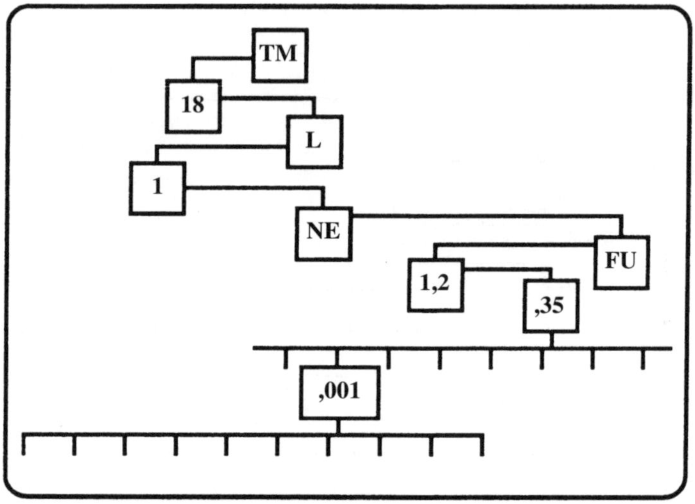

Abbildung 4-10. "Wie zuverlässig muß das Transportmittel sein?" Antwort: "1 Problem auf 1000 km".

Designer: Gibt es eine Kostenbegrenzung?
Kunde: Das Transportmittel muß so designed, entwickelt und hergestellt werden, daß sich die Kosten jeder Nutzung um 300 Schweizer Franken herum bewegen (Sfr 300).

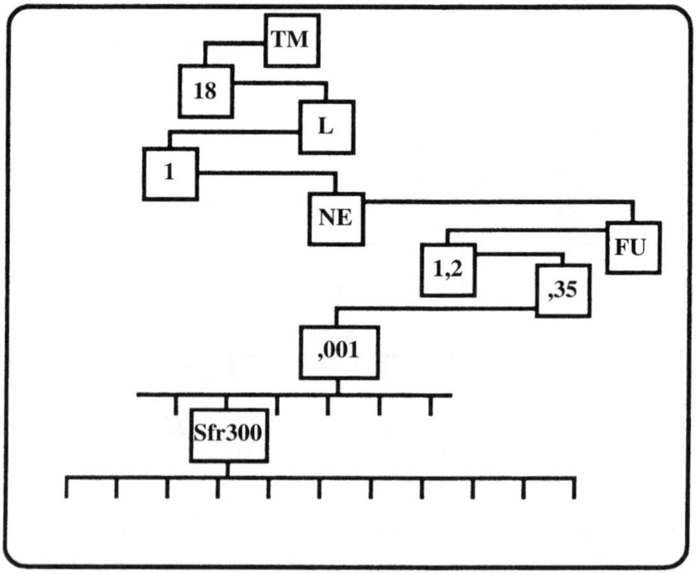

Abbildung 4-11. "Gibt es eine Kostenbegrenzung?" Antwort: "300 Schweizer Franken pro Reise."

4.2 Resultate einer Umfrage

War die Reihenfolge der Fragen in Ordnung? Wir gehen davon aus, denn dieser Dialog wurde aus Fragen, die von mehr als tausend professionellen Systemdesignern gestellt wurden, ausgewählt, nachdem sie zunächst die Herstellungskosten für ein "Transportmittel" geschätzt hatten. Ihre Schätzungen reflektieren die Ungenauigkeit dieser einfachen Aussage. Sie lagen zwischen $ 10 und $ 15 Milliarden.

Nach dieser Umfrage wurden die professionellen Designer erneut nach den Kosten befragt. Der Kostenrahmen veränderte sich von ursprünglich $ 10 bis $ 15 Milliarden auf $ 20 bis $ 10.000. Ihre Fragen haben die Mehrdeutigkeiten der Anforderung substantiell verringert.

Waren diese Spezialisten nunmehr in der Lage mit dem Design zu beginnen? Nachdem ihnen diese Frage gestellt wurde, antworteten sie mit: "Laßt uns den Dialog fortsetzen."

Wir fragten weiter: "Wie gut ist nun ihr Verständnis des Problems?" Die meisten der Teilnehmer meinten, sie würden das Problem jetzt gut verstehen. Nach Überprüfung der geschätzten Herstellungskosten konnten wir zwei Hauptgruppen unterscheiden: $ 40 bis $ 100 und $ 700 bis $ 1.200. Die Designer aus der Gruppe mit den geringeren Kostenangaben dachten bei der Wahl ihrer Transportmittel an Skateboards oder Rollschuhe. Die anderen stellten sich eher Fahrräder oder Dreiräder vor. Wir kennzeichneten die beiden Gruppen als "Gruppe der *kleinen Räder"* und als "Gruppe der *großen Räder*".

Die geringen Abweichungen bei den Herstellungskosten lassen uns folgern, daß die Designer annahmen, das Transportmittel würde in Stückzahlen produziert, bei der die Design- und Entwicklungskosten zu vernachlässigen seien. Es wurde nie vorher über die Anzahl der zu produzierenden Transportmittel diskutiert, so daß wir ohne weiteres davon ausgehen können, daß die Designer diese Mehrdeutigkeit von vornherein ausgeschlossen hatten.

Obwohl die meisten Designer nun von Transportmitteln auf Rädern ausgingen, wurde die Notwendigkeit, Räder zu verwenden vorher nie ausdrücklich diskutiert. Aus Gesprächen mit den Designern ergab sich, daß Boote nicht in Betracht kommen würden, da der Transport über eine feste und flache Oberfläche verwirklicht werden sollte. Für einige Leute wurden so auch Flugzeuge eliminiert, obwohl sie sich das Fliegen über die definierte Oberfläche durchaus als Transport vorstellen konnten. Aufgrund der Anforderung, daß die Person selbst das Transportmittel antreiben sollte, wurde das Flugzeug als Idee fallengelassen, obwohl Versuche dieser Art in letzter Zeit immer wieder publiziert[5] wurden.

Nachdem die Flugzeuge eliminiert waren ergab sich, daß Räder auf einer festen, und ebenen Oberfläche notwendig sein würden, obwohl Schlittschuhe und Schlitten seit Jahrhunderten in Gebrauch sind und dies den Designern bekannt gewesen sein sollte. Diese Darstellung führt zu einer weiteren Antwort auf die Frage: "Warum benötige ich andere Techniken?"

Ungeachtet unseres Wissens können wir nicht daraus schließen, daß wir die Verbindung von unserem Wissen zu den tatsächlichen Anforderungen immer herstellen können.

---

[5] Über die Geschichte mit Muskelkraft angetriebener Flugzeuge finden Sie eine ausgezeichnete Beschreibung bei M. Grosser, *Gossamer Odyssey* (Boston: Houghton Mifflin, 1981).

4.3 Was könnte möglicherweise falsch sein?

Alle Designer waren zu diesem Zeitpunkt der Meinung, die Anforderungen gut verstanden zu haben. Stellen Sie sich vor, daß unsere kleine Firma etwa den gleichen Erkenntnisstand hätte und so mit dem Design fortfahren würde. Nehmen wir an, wir würden uns weiter durch den Entscheidungsbaum bewegen, bis zu einer bestimmten Verzweigung. Das Designresultat würde zu Papier gebracht, der Herstellungsprozeß hätte begonnen und das erste Produkt würde vom Band rollen. Es sei ein kompaktes, leichtes und zerlegbares Dreirad, das man in seinem Rucksack transportieren kann.

Zu diesem Zeitpunkt hätte unsere unerfahrene Designfirma allen Grund sich selbst zu beglückwünschen. Es hätte ihre erste Designaufgabe gelöst, und zwar recht erfolgreich. Dieses kompakte und zusammenlegbare Dreirad entsprach genau der Anforderung und sei konsistent mit den Antworten aus dem Dialog. Wir schätzten, daß es sich für $ 49,95 mit Gewinn verkaufen ließe, mit einem Verkaufsvolumen von 100.000 Stück pro Jahr über einen Zeitraum von 5 Jahren. Marketingschätzungen ergeben, daß wir diese Stückzahl ohne weiteres erreichen könnten. Die Dreiräder sollten sich wie *warme Semmeln* verkaufen lassen! Eine raffinierte Lösung!

Aber entspricht diese Lösung tatsächlich den Anforderungen unserer Kunden? Wir vereinbarten einen Besprechungstermin mit unseren beiden Kunden, den Bürgermeistern der Schweizer Orte Grindelwald und Wengen. Nach der Vorführung des fantastischen, zerlegbaren Dreirads äußerten sie sich hocherfreut über die Rentabilität. Obwohl wir nie ausdrücklich über die Beweglichkeit des Produktes gesprochen hatten, beglückwünschten wir uns zu dieser sinnvollen Annahme.

Unsere Träume endeten abrupt, als der Bürgermeister von Grindelwald die Frage stellte: "Ich bin begeistert von der Beweglichkeit dieses Transportmittels, aber erklären sie mir bitte, wie wir damit einen Bergsteiger retten können, der in der Eigernordwand in Not geraten ist?" Offensichtlich hatten wir irgend etwas vergessen.

Unsere Kunden erklärten uns, daß sie sich ein Rettungsgerät für die Berge vorgestellt hatten. Dies ist verständlich, wenn man bedenkt, daß Grindelwald und Wengen in hohem Maße vom Tourismus abhängig sind, vor allen Dingen vom Bergtourismus. Um das Geschäft nicht zu gefährden, muß sichergestellt werden, daß Bergsteiger sicher zurückkehren, und daß Verunglückte gerettet werden. Es wird immer schwieriger, qualifizierte Führer zu finden, die ihr Leben dafür aufs Spiel setzen. Die Existenz der Orte wäre gefährdet, könnten sie nicht eine adäquate Lösung anbieten.

Folglich benötigten die Bürgermeister ein Rettungsgerät, das bei der Bergung an der Eigernordwand zum Einsatz kommen könnte. Wann immer Bergsteiger zur Rückkehr gezwungen sein würden, sei es aufgrund schlechten Wetters, Erschöpfung, Verletzung, Furcht oder schlechter Ausrüstung, das Gerät würde sie auf einer festen, ebenen Oberfläche zurückbringen müssen. Das Gerät könnte in jedem Ort gemietet und nach jeder Benutzung überprüft werden. Mit einem Mietpreis von Sfr 500 könnte der Ferienort einen Gewinn von Sfr 200 pro Vermietung machen, zusätzlich zu der Tatsache, daß damit Menschenleben gerettet werden könnten.

Wie peinlich! Unsere treuherzige Lösung basierte auf einer falschen Annahme. Stelle ein bewegliches Transportmittel zur Verfügung, das sich *auf* einer *horizontalen*, festen und ebenen Oberfläche bewegen kann! Die Anforderung unserer Kunden unterscheidet sich um 90 Grad von unserer Vorstellung: Stelle ein bewegliches Transportmittel zur Verfügung, das sich auf einer *vertikalen*, festen und ebenen Oberfläche *abwärts* bewegen kann!

4.4 Die Realität ist realer als wir annehmen wollen

Zugegeben, dies ist ein eigenwilliges Beispiel. Wieviele Orte auf der Welt gibt es, wo Hunderte von Leuten versuchen, eine tausend Meter hohe Wand zu erklimmen? Dieses Beispiel wurde verwendet, um die Designer im Seminarraum ein wenig an der Nase herumzuführen. Wir haben es ausgewählt, weil es die Mehrdeutigkeiten in einem Designprojekt, auf ein Seminar zugeschnitten, im Hinblick auf das reale Leben gut simulieren kann. Bei einem Produktentwicklungsprojekt sind die Mehrdeutigkeiten wahrscheinlich weniger offensichtlich, aber kommen in der Anzahl häufiger vor.

Ein relativ "normales" Gehaltsabrechnungssystem könnte Zehntausende von Annahmen in den Anforderungen versteckt halten. Während der Überprüfung eines acht Seiten langen Kapitels eines On-line Banksystems stellten wir 121 Mehrdeutigkeiten fest, die von verschiedenen Prüfern unterschiedlich interpretiert wurden. Dieses Kapitel war nur ein Kapitel von 886. Wenn wir diese Teilüberprüfung auf das Gesamtsystem extrapolieren, kommen wir auf 107.206 Designentscheidungen, die einen riesigen Baum darstellen. Um zum richtigen Blatt zu gelangen, ohne die Anforderungen vorher zu klären, müßte jede der 107.206 Entscheidungen auf der Basis von Annahmen getroffen werden. Wie hoch ist die Wahrscheinlichkeit jedes Mal die richte Annahme zu treffen?

Es gibt natürlich keine realistische Chance alle 107.206 Entscheidungen richtig zu schätzen. Wie können wir also die skeptische zweite Frage beantworten: "Warum benötige ich andere Techniken?" Unsere Designer nahmen an, daß der Transport horizontal vor sich gehen sollte, zumindest mit nur leichten Steigungen und leichtem Gefälle. Diese Annahme wurde ziemlich dicht an der Wurzel des Entscheidungsbaums getroffen. Spätere Entscheidungen wurden dadurch falsch oder völlig belanglos. Wenn es sich bei unserer Designfirma um eine echte Firma gehandelt hätte, so hätten wir viel Zeit und Energie verloren, und wahrscheinlich auch einige Kunden.

Wir benötigen also andere Werkzeuge und Methoden, um Mehrdeutigkeiten zu reduzieren. *Wir als normale Menschen, haben nicht sehr ausgeprägte Fähigkeiten, um feststellen zu können, was wir übersehen haben.* Aus welchen Gründen auch immer, beeinflussen diese psychologischen Tatsachen viele Designer, Leute, die unfähig sind, Röntgenstrahlen mit ungeschützten Augen zu sehen, Überschall mit ungeschützten Ohren zu ertragen, oder Nägel mit blanken Fäusten einzuschlagen. Bevor wir uns neue Werkzeuge zu eigen machen, sollten wir lernen, daß wir als Menschen nicht perfekt sind.

Um sicherzustellen, daß direkte Fragen erfolgreich sind, muß der Fragesteller alle bisherigen Teile des Entscheidungsbaumes verstehen. Das kann nicht allein mit direkten Fragen erreicht werden. Obwohl die direkten Fragen zu unseren *prinzipiellen* Werkzeugen gehören, benötigen wir doch ergänzende Hilfe, um unseren direkten Fragen mehr Bedeutung zu verleihen.

Da wir nun die Einführung zu diesem Buch beendet haben, wenden wir uns diesen Hilfen zu.

4.5 Hilfreiche Hinweise

- Einer der Hauptfehler, die begangen werden, ist dem Kunden das zu geben, was er braucht, und nicht das was er möchte. Wenn Sie von sich den Eindruck bekommen, besser zu wissen, was der Kunde braucht, dann denken Sie daran, daß Sie nicht schlauer als der Kunde sind. Statt dessen versuchen Sie Ihren Kunden davon zu überzeugen, daß er das braucht, wovon Sie glauben, daß er es braucht. Wenn Sie ihn nicht überzeugen können, dann stellen Sie das Produkt her, das er möchte oder finden Sie einen anderen Kunden. Es ist nicht gut für Leute zu arbeiten, die eine andere Art von Verständnis haben als Sie, in der einen oder anderen Richtung.

- Wenn ein Produkt an unbekannte Kaufinteressenten verkauft werden soll, dann werden Sie nicht in der Lage sein, Sie für das Produkt schon zur Zeit der Anforderungsdefinition zu interessieren, weil zu diesem Zeitpunkt noch kein Produkt zu sehen ist. Sie wissen noch nicht einmal, wer Ihre Kunden sind. Statt dessen müssen Sie die Aussage: "Überzeugen Sie den Kunden, daß er das Produkt braucht" in Ihre Anforderungsliste aufnehmen. Wenn Ihr Kunde nicht der Meinung ist, daß diese neue Anforderung notwendig ist, müssen Sie ihn zunächst davon überzeugen.

- Wenn Sie Fragen stellen, um die Anforderungen zu definieren, so verwenden Sie direkt den Entscheidungsbaum dazu. Wann immer eine Person eine Frage beantwortet, skizzieren Sie die Konsequenzen in ein wachsendes Baumdiagramm, wie wir es getan haben, und zeigen Sie es der Person, die geantwortet hat. Die Frage: "Ist es das, was Sie meinen?" wird Ihnen häufig überraschende Informationen über die Ursachen von Mehrdeutigkeiten geben.

- Wir haben viele Skeptiker von den Limitationen direkter Fragen durch unser Transportmittelbeispiel und andere, ähnliche Geschichten überzeugen können. Wenn Sie an Anforderungen arbeiten, dann müssen Sie andere Leute davon überzeugen, daß Ihre direkten Fragen nicht verlorene Zeit bedeuten. Sammeln Sie für Ihren Werkzeugkoffer lebendige Beispiele über das Erklimmen von falschen Ästen oder gar das Besteigen von völlig falschen Bäumen, um solchen Aussagen effektvoll begegnen zu können. Die Beispiele werden umso effektiver, wenn Sie aus der Organisation des Kunden kommen, ohne den Kunden jedoch persönlich zu treffen.

4.6 Zusammenfassung

Warum?
Sie benötigen zusätzliche Werkzeuge und Methoden, um Ihre direkten Fragen zu unterstützen. Die ausschließliche Anwendung direkter Fragen erfordert den perfekten Menschen, um erfolgreich zu sein.

Wann?
Wann immer Sie auch direkte Fragen stellen, benötigen Sie Werkzeuge, die Ihnen helfen, zwischen den direkten Fragen auswählen zu können und die Bedeutung der Antworten zu verifizieren.

Wie?
Das Entscheidungsbaummodell ist ein hervorragendes Werkzeug, um den direkten Frageprozeß zu unterstützen. Ein anderes Werkzeug ist das Erzählen von Anekdoten, um den Kunden davon zu überzeugen, daß mehr als nur direkte Fragen gestellt werden müssen (in den Folgekapiteln werden wir Ihnen weitere effektive Methoden vorstellen).

Wer?
Jeder, der direkte Fragen stellt oder dem direkte Fragen gestellt werden, sollte die menschlichen Limitationen kennen und über alternative Wege unterrichtet sein, Informationen zu bekommen.

Teil 2

Ein guter Start

Doris, Larry und Todd von BLT-Design haben nie solch einen Seminarraum gesehen. Es ist mehr eine Höhle als ein Raum, mit gewölbten Kalkwänden, verziert mit Basrelief, das die großen Lehrer wie Sokrates und Sagan zeigt. Es befinden sich vier große Wandtafeln im Raum, eine an jeder Seite, oder besser gesagt, eine in jeder Himmelsrichtung, weil der runde Raum keine Seitenflächen hat. Byron, einer der Gastgeber, bittet sie, sich zu setzen, damit die Besprechung beginnen kann. Die anderen Gastgeber, Wilma und John, nehmen ebenfalls Platz.

Byron: Wir sind hier, um ein neues Produkt zu entwickeln, das ich "Superkreide" nennen möchte. John ist hier, um die Sicht der Benutzer zu vertreten. Er unterrichtet Geometrie und Sport an der Realschule. Wilma ist in zweifacher Mission hier. Sie ist Professorin für Materialwissenschaften am State College. Sie kennt also die Eigenschaften von Kreide sehr gut, und sie verwendet auch Kreide. Gibt es hierzu noch Fragen?

Doris: John, sollten wir verschiedene Farben von Superkreide in einen Karton verpacken?

John: Ich weiß nicht genau. Ich könnte mir vorstellen, daß es gut für Geometrieklassen wäre.

Larry: Sind die Anforderungen für Geometrie unterschiedlich zu Sport?

John: Ich habe mir nie Gedanken darüber gemacht. Ich glaube nicht, aber laß mich darüber nachdenken.

Doris: Gut, wir wollen uns nicht vorzeitig auf irgendwelche Annahmen festlegen.

Todd: Wilma, stehlen College-Studenten mehr Kreide als High School Studenten?

Wilma: (*hochmütig*) Meine Studenten stehlen keine Kreide!

Todd: Ich habe gelesen, daß Kreide psychologische Eigenschaften hat. Es ist Mode geworden, Kreide auf die Haut zu reiben.

John: Ich denke, sie wollen damit ihren Körper schmücken. Unsere Studenten wollen so wie die Australischen Aborigines aussehen.

Todd: Sollten wir Superkreide so designen, daß sie nicht mehr für den Körper verwendet werden kann? Wir könnten zum Beispiel ein Material benutzen, das übel riecht, wenn es mit der Haut in Berührung kommt.

Doris: Der übel riechende Bestandteil könnte mit in die Farbe gemixt werden. Könnte das funktionieren, John?

John: Ich weiß nicht genau. Würden meine Hände nicht auch riechen, wenn ich die Kreide in der Klasse benutzen würde?

Larry: Wir könnten zusammen mit der Superkreide ein paar Superhandschuhe vermarkten.

Byron: Meine Damen und Herren, es ist sehr interessant über Kreide zu reden aber wann fangen wir an, über die Probleme meiner Firma zu diskutieren?

Doris, Larry, Todd, zusammen: Oh, haben wir nicht bereits damit begonnen?

5

Ausgangspunkte

Wenn Sie sich auf ein Abenteuer wie "Design von Superkreide" einlassen, dann kann ein guter Start sehr wichtig sein. Jeder Arbeit an Anforderungen geht ein *Initiierungsprozeß* voraus. Irgendjemand hat eine Idee für ein neues Produkt. Egal wo die Idee auch herkommt, sie ist der Ausgangspunkt für den Anforderungsprozeß.

Unglücklicherweise hat jeder Mensch seine eigene Denkweise, und es kann viele verschiedene Interpretationen der Idee geben und somit verschiedene Ausgangspunkte. Das kann katastrophale Folgen für den Anforderungsprozeß haben.

Wenn wir nicht aufpassen, kann die Grundidee einen unproduktiven Prozeß in Gang setzen, von dem wir uns nicht mehr lösen können. Sollten Sie die Teilnehmer nicht zu einer gemeinsamen Denkweise motivieren könnnen, so wird es schwierig sein, sie für sich einzunehmen. Wie die Evangelisten sagen: "Gehen Sie auf die Leute ein. Wenn sie erst einmal gewonnen sind, können sie auch bekehrt werden."

In diesem Kapitel beschäftigen wir uns mit verschiedenen Ideen, um zu unterschiedlichen Ausgangspunkten zu gelangen. Wir werden darüber sprechen, warum wir einen gemeinsamen Ausgangspunkt benötigen, mit der Notwendigkeit, der Beteiligung von Anfang an.

5.1 Ein universeller Ausgangspunkt

Wie können wir die große Bandbreite an möglichen Ausgangspunkten reduzieren? Eine vorstellbare Lösung ist, jedes Designprojekt als einen Versuch zu betrachten, ein bestimmtes Problem zu lösen. Dann wird jeder Ausgangspunkt auf eine gemeinsame Problemaussage reduziert. Ein Problem kann als

die Differenz zwischen Wahrnehmung und Wunsch[6] *definiert werden.*

[6] Eine ausführliche Diskussion über die Problemdefinition finden Sie in Donald C. Gause und Gerald M. Weinberg *Are Your Lights on? How to Know What the Problem Really Is*, 2. Ausgabe (New York: Dorset House Publishing, 1989).

Abbildung 5-1. Ein Problem kann am besten als die Differenz zwischen Wahrnehmung und Wunsch definiert werden.

Diese Definition kann als eine Schablone für das Messen von Ideen am Beginn eines Entwicklungsprojektes verwendet werden. Wenn die Idee nicht zu dieser Definition paßt, dann können wir mit dem Ideengeber daran arbeiten, diese Idee universeller zu gestalten.

5.2 Globalisierung verschiedener Ausgangspunkte

Lassen Sie uns verfolgen, wie durch den Globalisierungsprozeß sechs verschiedene Ausgangspunkte auf eine gemeinsame Problemdefinition reduziert werden können.

5.2.1 Der Lösungsvorschlag

Der Ausgangspunkt mit der Chance auf eine größte Gemeinsamkeit kann durch das Nachdenken über ein Problem erreicht werden, für das eine Lösung gefunden werden soll. Hier sind einige Beispiele aus unserer Erfahrung.

Ein Marketing-Manager sagte zu seinem Systemanalytiker: "Wir benötigen deutlichere Durchschläge von unserem Verkaufsreport." Bevor der Systemanalytiker sich unverzüglich auf die Suche nach dem Problem machte, stellte er folgende Frage: "Welches der Probleme könnte mit deutlicheren Durchschlägen gelöst werden?" Der Manager erklärte, daß man von den Durchschlägen keine guten Fotokopien anfertigen könnte und die Vertriebsleute Probleme hätten sie zu lesen. Der Systemanalytiker bestätigte: "Sie brauchen also für jede Vertriebsperson eine deutlich lesbare Kopie? Im Moment fertigen Sie zusätzliche Kopien von dem Report an, den Sie von uns geliefert bekommen." Letztlich, durch einen Prozeß des Gebens und Nehmens konnte das Problem neu definiert werden. Die Vertriebsorganisation benötigte demnach aktuelle, leicht vergleichbare Informationen. Dies konnte durch eine kleine Modifikation des On-line-Abfrageprogramms verwirklicht werden. Das Design bestand also nicht in deutlicheren Durchschlägen, sondern möglicherweise in einer Lösung, die ohne die Verwendung von Papier auskam.

In einem anderen Fall sagte ein Universitätsdekan: "Wir müssen einen Weg finden, um unsere Universität für Studenten attraktiver zu gestalten." Der Dekan äußerte niemals, *warum* mehr Studenten benötigt würden und jedes Mitglied der Fakultät bildete sich daraus seine eigene Meinung. Einige meinten: "Mehr Studenten" bedeutet höher qualifizierte Studenten. Andere meinten: "Mehr Studenten" bedeutet, daß die Assistenten mehr Unterstützung in den verschiedenen Abteilungen bekommen würden. Andere wiederum nahmen an, daß "mehr Studenten" die freien Schlafplätze im Studentenwohnheim füllen könnten.

Nachdem monatelang über die Möglichkeiten debattiert wurde, wie mehr Studenten an die Universität geholt werden könnten, fand die Fakultät schließlich heraus, was der Dekan tatsächlich mit seiner Aussage beabsichtigt hatte: Er wollte beim Landesparlament den Eindruck erwecken, daß die Universität strengere Qualitätsmaßstäbe ansetzt und somit mehr Studienbewerber abweist. Die Universität sollte durch diese Maßnahmen zu höheren finanziellen Zuwendungen gelangen. Nachdem alle diese Zielsetzung verstanden hatten, versuchte die Fakultät eine Lösung zu finden. Keiner der Lösungsansätze ging jedoch von einer Erhöhung der Studentenzahl aus.

5.2.2 Technologie

Manchmal kennen wir das Problem noch nicht genau und wir haben bereits die Lösung in der Hand: Eine Lösung sucht also ihr Problem. Haben Sie nicht auch schon beim Abreißen der äußeren Perforation am Computerpapier daran gedacht, wie man diese Streifen nützlich weiterverwenden könnte? Die Perforationsstreifen sind die Lösung und das Problem ist: "Wozu kann man sie gebrauchen?" Dreißig Jahre lang suchte Jerry nach einem Schäferhundwelpen, den er dann schließlich für Honey kaufte. Plötzlich entdeckte er das Problem, wonach er schon so lange suchte. Zusammengeknüllte Computerpapierstreifen ergeben eine perfekte Unterlage für Welpenunterkünfte.

Neue Technologien sind oftmals Lösungen, die nach Problemen suchen. Die Post-it™ Haftnotizblocks, die von 3M entwickelt wurden, sind ein auffallendes Beispiel. Die Teilbeschichtung war ursprünglich ein Fehlversuch bei der Entwicklung eines neuen Klebers. Anstatt dieses Projekt als einen weiteren Fehlversuch abzuschreiben, haben die 3M Leute über Probleme nachgedacht, für die eine solche Eigenschaft eine gute Lösung wäre. Sie riefen Post-it Blocks ins Leben, aber der Prozeß der Lösung-für-das-Problem endete hier noch nicht. Sobald die Post-it Blöcke in den Büros auftauchten, erkannten Tausende von Leuten Probleme, die sie damit lösen konnten.

Einige der High-Tech Firmen, mit denen wir zusammenarbeiten, werden von dem "Lösung-für-das-Problem-Phänomen" dominiert. Tatsächlich nehmen ihre Probleme die folgende Form von Wahrnehmung und Wunsch an:

- *Wahrnehmung*: Uns gehört ein einzigartiges Stück Technologie, aber niemand will dafür Geld investieren. Zum Beispiel kauft Byrons Kreidefirma die Rechte an einer Kreideader, die eine außergewöhnliche Reinheit und Stärke aufweist. Für die meisten Leute ist Kreide allerdings weiter nichts als Kreide.

- *Wunsch*: Andere würden uns viel Geld für die Nutzung dieser Technologie bezahlen. Wenn Byron zum Beispiel die Idee der Superkreide in der Öffentlichkeit etablieren könnte, dann bekäme die einzigartige Reinheit und Stärke einen zunehmenden Wert.

  Solch eine Problemaussage macht die Technologie zu einem Kern, um das viele Designmöglichkeiten herumgebaut werden können. Technologiefirmen begehen häufig den Fehler zu glauben, daß sich "Technologie von selbst verkauft", obwohl dies in einigen Fällen zutreffend sein kann. Normalerweise erfordert es einen enormen Aufwand an Anforderungsarbeit und Design, um für eine Lösung das passende Problem zu finden - zum Beispiel um Lehrern glaubhaft zu machen, daß sie ohne die Superkreide nicht vernünftig unterrichten können.

5.2.3 Der Vergleich

Viele Produktentwicklungszyklen beginnen mit einer Vielzahl bildlicher Darstellungen - mit Vergleichen. Jemand sagt: "Konstruiere mir etwas, das so aussieht wie *dies*." Obwohl der Kunde seine Betonung auf "dies" legt, sollte im Anforderungsprozeß nach dem "wie" gefragt werden.

Maureen, Leiterin eines Software-Projektes, erklärte ihrem Team, daß sie ein neues Benutzerinterface entwickeln möchte, das "wie ein Welpe" sein sollte. "Erstens", sagte sie, "wenn jemand einen Welpen sieht, möchte er sofort mit ihm spielen. Keiner hat Angst vor einem Welpen und normalerweise macht es niemandem etwas aus, von einem Welpen gezwickt oder gar von ihm angepinkelt zu werden. Welpenbisse verursachen keine ernsthaften Verletzungen und von Welpenpipi ist noch niemand gestorben. Außerdem können Sie keinem Welpen weh tun, wenn Sie mit ihm spielen."

Obwohl das Team aufgrund dieser Anforderung noch kein System erstellen konnte, so inspirierte sie der Vergleich doch zu weiteren forschenden Fragen wie: "Was könnte mit Einbrechern passieren und braucht der Welpe eine Hundeschulung?" Maureen dachte einen Augenblick lang nach und meinte: "Ja, ein Interfacetraining sollte möglich sein, es wäre wie bei einem eigenen Hund."

"Ok", sagte jemand anderes. "Wird es ein Welpe bleiben oder zu einem Hund heranwachsen?"

"Das ist einfach", sagte sie. "Es wird ein Welpe bleiben, wenn wir es wollen, oder aber auch zu einem richtigen Hund heranwachsen."

"Was für ein Hund?"

"Ein Wachhund. Er sollte Dich vor möglichen Gefahren bewahren."

"Ein Schäferhund wäre auch nicht schlecht", sagte ein anderer. "Er könnte deine Schafe behüten und sie in dem Verschlag zusammentreiben und sie vor Dieben beschützen.

Zu diesem Zeitpunkt beteiligten sich alle an der Diskussion und der Anforderungsprozeß dampfte vorwärts wie ein D-Zug. Es lief nicht immer alles geradlinig als jemand fragte: "Was für ein Fell sollte er haben? Sollte er kurzhaarig oder langhaarig sein?" Niemand konnte damit direkt etwas anfangen, es führte aber zu der Diskussion über Sensorbildschirme und andere Interface-Hardware, die sie vorher noch nie verwendet hatten. Schließlich beendete jemand dieses Thema mit der Bemerkung: "Ich glaube, unser Schwanz fängt an mit dem Hund zu wedeln."

Der Vergleich ist sehr gut dafür geeignet Ideen zu generieren, aber letztlich muß die Gruppe ihre Ideen so aufbereiten, als wollte sie damit den ersten Preis gewinnen. Das erfordert wiederum den Einsatz von Werkzeugen. Sie werden den Zeitpunkt erkennen müssen, zu dem es keine ergiebigen Verbindungen zwischen dem Vergleich und dem eigentlichen Produkt mehr gibt. Sie sollten den Prozeß jedoch über diesen Punkt hinaus weitertreiben, um sicherzustellen, daß genügend viel Ideen generiert werden.

5.2.4 Die Norm

Viele Leute wollen nicht glauben, daß ihr Denken eher bildhaft abläuft. Im Anforderungsprozeß würden sie vielmehr sagen: "Hier ist ein Stuhl. Entwerfe mir einen besseren Stuhl", oder "Hier ist normale Kreide. Entwerfe mir die Superkreide." Tatsächlich ist *die Norm auch eine Metapher,* aber eine, die ziemlich "dicht" am Wunsch liegt. Normen engen aber auch immer unsere Denkweise ein und können deshalb auch gefährlich werden, wenn wir annähernd herausgefunden haben, was den Kunden zufriedenstellen könnte.

Eine andere große Gefahr könnte in einem großer Sprung in der Logik bis hin zum Endresultat liegen. Wenn wir allerdings mit der Norm beginnen, und uns langsam vorantasten, dann können wir den kolossalen Mißgriff vermeiden. Die Gebrüder Wright waren Fahrradhersteller, und sie verwendeten viele ihrer Normen aus der Fahrradkonstruktion für ihren Kitty Hawk Erfolg.

Wenn wir mit den falschen Normen beginnen, kann das dazu führen, daß wir den großen Sprung nach vorne nicht schaffen, obwohl er möglich wäre. Orville und Wilber Wright benutzten die Eisenbahn, um ihr Flugzeug zu starten, aber sie wurden nicht die ersten Schwerer-als-Luft-Flieger, indem sie Flügel an die Lokomotive montierten (Abbildung 5-2).

5.2.5 Das Modell

Wenn wir den Stuhl als Norm verwenden, dann könnte Ihr geistiges Bild eines Stuhls anders aussehen als bei mir. Ein Modell kann uns vor Mehrdeutigkeiten schützen. Wir können außerdem davon profitieren, indem wir das Modell für Demonstrationszwecke oder als Studienobjekt verwenden, oder um das Produkt zu testen, bevor es gebaut wird.

Wenn es keine Norm gibt, ist es sinnvoll ein Modell zu haben. Es hat dann alle Vor- und Nachteile einer Norm. Es hat auch die Vor- und Nachteile eines Phantasieproduktes. Wenn wir ein Modell bauen, sind wir nicht auf das beschränkt, was bereits existiert. Andererseits können wir auch ein Modell erstellen, das niemals realisiert werden wird.

Abbildung 5-2. Die Norm sollte nicht die Form diktieren. Wenn die Gebrüder Wright Eisenbahnen hergestellt hätten, dann wäre vielleicht ein Flugzeug entstanden, wie in dieser Abbildung zu sehen ist.

Beim Drucken und im Computerbereich zum Beispiel werden Ausdrucke oder Darstellungen auf dem Bildschirm als Modelle verwendet. Der Kunde kann direkt auf den Entwurf zeigen und sagen: "Ja, das ist es, was ich möchte" oder "Nein, was soll das hier?" Mit Hilfe des Modells können wir seine emotionale Reaktion - seinen Wunsch - gut testen. Mit dem Modell können wir folgendes erreichen: "So, glauben wir, wird das Produkt aussehen. Laßt uns sehen, wie sie darauf reagieren!"

5.2.6 Der Name

Viele Ideen für ein Designprojekt beginnen mit einem Namen. Entwerfe Superkreide. Stelle mir einen Tisch, einen Stuhl, eine Uhr, einen Aufzug, ein Steuerrad oder ein Fahrrad her. Obwohl der Name für alle Teilnehmer eine schnelle Verbindung zum möglichen Produkt herstellt, ergeben sich daraus auch eine Reihe von Nebenbedeutungen. Wir haben gesehen, daß sich aus jedem Wort tausend Bilder erstellen lassen, und daß jede Nebenbedeutung eines Namens zu entsprechenden Annahmen führen kann.

Zum Beispiel hat Jerry deshalb dreißig Jahre lang danach gesucht, wie man die Randstreifen vom Computerpapier verwenden könnte, weil der Name sein Denken unnötigerweise eingeschränkt hat. Unser Kollege Jim Wessel hat derartige Limitationen bei seiner vierjährigen Tochter hingegen nicht beobachten können.
Sie schneidet die Streifen in kleinere Stücke und nennt sie "Tickets". Wir wären gut beraten, wenn wir der Vierjährigen nacheifern würden. Sie hat nämlich keine Probleme entsprechende Namen für Dinge zu finden, die diese vorher noch nicht besessen haben.

5.3 Die Existenz-Annahme

Wo stehen wir nun bei der Suche nach einer universellen Art und Weise ein Projekt zu beginnen? Nachdem wir uns mit Lösungsideen, Technologien, Vergleichen, Normen, Modellen und Namen beschäftigt haben, scheint es so, als wären wir immer noch weit von einem universellen Ausgangspunkt entfernt.
Wenn wir aber auf die verschiedenen Ausgangspunkte zurückblicken, so können wir feststellen, daß sie alle etwas gemeinsames haben, *die Annahme, daß sie tatsächlich vorhanden sind.*

Für ein Entwicklungsprojekt ist das Vorhandensein die erste Annahme, weil das, was wir entwickeln wollen, noch nicht existiert. Was haben also alle Ausgangspunkte gemeinsam? Sie machen glauben, daß ein erfolgreiches Produkt möglich ist. Leute würden niemals ein Projekt beginnen, wenn sie nicht davon überzeugt wären, daß mindestens eine Lösung möglich sein *kann.*

Hier ist also unser universeller Ausgangspunkt (Abbildung 5-3):

Jede Entwicklung beginnt mit der Annahme, daß eine Lösung zum Problem existieren kann.

Die verbliebene Anforderungsarbeit kann als eine Klärung dieser Annahme gesehen werden. Im weiteren Verlauf dieses Buches werden wir Ihnen eine Reihe von Werkzeugen und Methoden vorstellen, die mit "es könnte sein" beginnen. Wir werden mit der Annahme arbeiten, daß eine Lösung existiert, und wir werden jede Annahme einzeln durchgehen.

5.4 Das Fahrstuhlbeispiel

Lassen Sie uns das Gerüst für ein Produktentwicklungsbeispiel aufbauen, das wir in den folgenden Kapiteln verwenden wollen. In diesem Beispiel bewegen wir uns durch die ersten Phasen von Designaktivitäten:

- Stellen Sie sich vor, Sie wurden ausgewählt, an einem zweitägigen Seminar teilzunehmen, um nach neuen Wegen in der Technologie für Kontrolle, Informationsverarbeitung und Informationsanzeige zu suchen. Das Ergebnis dieser zwei Tage soll ein solides Anforderungsdokument sein, in dem soviel Mehrdeutigkeiten wie möglich bereits erkannt und eliminiert wurden.

- Während dieser zwei Tage entwickeln Sie Konzepte für die Steuerung und die Informationsanzeige für Fahrstühle in Hochhäusern, die zwischen zehn und einhundert Stockwerke hoch sind. Das System muß Informationen und die Steuerung für jedes einzelne Stockwerk bereitstellen, so wie es von der Gebäudeverwaltung vorgeschrieben wird.

- Das System muß über die modernsten Sensortechniken, Kontrollmechanismen, Informationstransfers und Anzeigetechnologien verfügen, und es muß innerhalb von sechs Monaten als Prototyp realisierbar sein. Ein gut funktionierendes Werk muß in der Lage sein, das System innerhalb von 18 Monaten zu produzieren. Weiterhin soll das System die einzigartige Funktionalität für die Steuerung und die Informationsanzeige besitzen, um den Fahrstuhlmarkt für die vorhersehbare Zukunft beherrschen zu können.

Abbildung 5-3. Jede Entwicklung beginnt mit der Annahme, daß eine Lösung zum Problem existieren kann.

5.4.1 Der Projektname

Wenn wir uns über unser Projekt unterhalten wollen, brauchen wir einen eindeutigen Namen. In Kapitel 12 werden wir Wegweiser für die Namensgebung entwickeln. Für den Augenblick lassen Sie uns einen eindeutigen Namen verwenden, denn wenn wir unserem Projekt keinen Namen geben, wird es jemand anderes tun. Später werden wir sehen, warum diese Methodik für uns sinnvolle Dienste leistet.
Nehmen wir an, unser erster Name lautet "Fahrstuhlsteuereinheit". Hier ist eine Liste von Gründen, warum dieser Name keine gute Wahl wäre:

- Wir wollen mehr als nur den Fahrstuhl steuern.

- Wir wollen vielleicht mehr als nur den Fahrstuhl steuern. Wir wollen vielleicht auch Leute innerhalb und außerhalb des Fahrstuhls steuern, sowie seine Umgebung.

- Nichts im Namen sagt etwas über die Informationsanzeige aus, obwohl dies ein wichtiges Element in der Problemaussage verkörpert.

Nachdem wir diese Nachteile festgestellt haben, bieten wir einen zweiten Namen an: "Fahrstuhlanzeigeeinheit". Dieser Name zeigt folgende Schwierigkeiten:

- Der Name beinhaltet einen visuellen Transfer von Informationen, und wir wollen unser Denken so frühzeitig noch nicht limitieren. Wir wollen ihm vielleicht die Information über verschiedene Sensorkanäle mitgeben, wie Töne und Gerüche.

- Das Wort "Anzeige" könnte auch Verbindungen zur traditionellen Bildschirmdarstellung herstellen.

- Dieses System muß, laut Problemaussage, den Fluß von Informationen vom Fahrstuhl nach außen (Anzeige) als auch den Fluß von Informationen außerhalb des Fahrstuhls nach innen (Steuerung) ermöglichen.

Nachdem wir zwei Namen ausprobiert haben, lassen Sie uns "Fahrstuhlinformationssystem" als Arbeitstitel verwenden. Wir könnten versuchen, einen noch passenderen Namen zu finden, aber wir möchten uns jetzt anderen Anforderungswerkzeugen zuwenden. Wenn Sie die nachfolgenden Kapitel lesen, versuchen Sie festzuhalten, wie sich Ihr Verständnis von dem Projekt "Fahrstuhlinformationssystem" nach jeder neuen Methode verändert. In Kapitel 12, bei den Wegweisern für die Namensgebung, werden wir versuchen, einen besseren Namen zu finden.

5.5 Hilfreiche Hinweise

- Wenn Sie realisieren, daß ein Projekt begonnen hat, dann ist der Zeitpunkt des eigentlichen Projektbeginns bereits verstrichen. In dem Moment, in dem Sie feststellen, daß Sie tatsächlich angefangen haben etwas zu entwickeln, machen Sie eine Pause und schreiben Sie alles auf, was zu diesem Beginn geführt hat. Danach sprechen Sie mit anderen und finden heraus, woran diese sich erinnern können, denn die meisten Annahmen werden getroffen, bevor das eigentliche Projekt beginnt.

- Wenn Sie sich für einen bestimmten Anfang entschieden haben, dann spielen Sie einfach das Projekt mit anderen Anfängen erneut durch. Haben Sie zum Beispiel mit dem Namen begonnen, dann entscheiden Sie sich jetzt für das Modell, die Metapher oder die Norm und tun so, als würden Sie von vorne beginnen.

- Es ist natürlich nicht immer so, daß Entwicklungen unter der Annahme beginnen, daß eine Lösung für ein Problem existieren kann. Zum Beispiel werden Forschungsprojekte als "Entwicklung" etikettiert, um die Finanzierung sicherzustellen. Vielleicht ist das der eigentliche Unterschied zwischen Forschung und Entwicklung - die Annahme, daß letztlich ein Produkt entsteht. Natürlich ist es mehr eine Annahme, als von Daten unterlegt, daß nur weniger als ein Drittel aller Entwicklungsprojekte ein Produkt hervorbringen. Deshalb nehmen Sie sich ein wenig Zeit herauszufinden, ob Sie an einem Forschungsprojekt oder an einem Entwicklungsprojekt arbeiten.

- Einige Projekte beginnen mit einer "Durchführbarkeitsstudie", um die Annahmen zu testen. Solch eine Studie muß in jedem Fall die Wurzel und die ersten Zweige des Designbaumes miteinbeziehen. Eine Durchführbarkeitsstudie ist also tatsächlich eine frühzeitige Anforderungsdefinition.

5.6 Zusammenfassung

Warum?
Schenken Sie dem Projektbeginn besondere Beachtung, denn das ist der Zeitpunkt, wo der Designbaum seine Wurzeln schlägt. Am Anfang ist es besonders leicht, auf falsche Anforderungen hereinzufallen. Gewöhnen Sie sich also an, Ihren Ausgangspunkt genauestens zu überprüfen.

Wann?
Es ist niemals zu früh auf den Beginn zu achten. Tatsächlich haben Sie in der Regel schon begonnen, bevor Sie dies realisiert haben. Wie können Sie feststellen, wann Sie das Ende vom Anfang erreicht haben? Sobald Sie davon reden, daß es keine Frage mehr ist, für dieses Projekt eine Lösung zu finden.

Wie?
Die Startphase zu verlangsamen ist eine fundamentale Idee, damit die Anforderungen besser gesehen und verstanden werden können. Die Zen-Priester sagen, man sollte sich so lange wie möglich wie ein "Anfänger" geben. Für einen Anfänger sind die meisten neuen Dinge gleichermaßen erstaunlich und unwahrscheinlich.

Wer?
Jemand, der von Beginn an am Projekt beteiligt war.

6

Kontextfreie Fragen

Nun, da wir unseren Ausgangspunkt und einen entsprechenden Arbeitstitel ausgewählt haben, wenden wir uns den kontextfreien Fragen zu. Diese Fragen sollten zu Beginn eines Projektes gestellt werden, um Informationen über die globalen Merkmale eines Designproblems zu erhalten und um potentielle Lösungen ausfindig zu machen. Kontextfreie Fragen sind für jede Art von Produktdesign zulässig, ob es sich nun um Automobile, Flugzeuge, Schiffe, Gebäude, einen Werbespot für Kaugummi oder eine Glühbirne handelt.

Kontextfreie Fragen helfen bei der Entscheidung, welcher Hauptast im Entscheidungsbaum zu erklimmen ist. Weil kontextfreie Fragen völlig unabhängig vom jeweiligen Designstatus sind, können sie sozusagen als der Werkzeugkasten für den Designer bezeichnet werden, bevor der sich zu stark von den Details einfangen läßt.

6.1 Kontextfreie Fragen im Designprozeß

Einige kontextfreie Fragen beziehen sich mehr auf den Designprozeß als auf das Produkt selbst. Nachfolgend finden Sie einige typische kontextfreie Fragen für den Designprozeß, zusammen mit möglichen Antworten für das Projekt: Fahrstuhlinformationssystem. Damit Sie den generellen Wert dieser Fragen besser einschätzen können, versuchen Sie hiermit doch einfach Antworten für eines Ihrer laufenden Projekte zu finden.

F: *Wie heißt der Kunde für das zu entwickelnde Fahrstuhlinformationssystem?*
A: Der Kunde ist die Firma HAL, eine der größten Firmen auf diesem Gebiet.

F: *Welchen Nutzen kann der Kunde aus einer erfolgreichen Lösung ziehen?*
A: Zwischen $ 10 und $ 100 Million Gewinnzuwachs für einen Zeitraum von fünf bis zehn Jahren. Das Produkt sollte in etwa zwei Jahren seinen Teil zum Firmenumsatz beitragen können.

F: (Stellen Sie diese Frage, falls die vorherige Frage keine lohnende Antwort gibt:) *Aus welchem Grund brauchen Sie für dieses spezielle Problem eine Lösung?*
A: Das Fahrstuhlinformationssystem ist ein Pilotprojekt für eine Reihe anderer Informationsübertragungssysteme (möglicherweise auch für Zuhause). Wenn sich während der Entwicklungs- und frühen Marketingphase herausstellen sollte, daß mit einem Erfolg dieses Projektes zu rechnen ist, könnte mit einem Bruttoumsatz von $ 2 Milliarden, innerhalb von sieben Jahren, gerechnet werden.

F: *Sollten wir ein oder mehrere Designerteams bilden? Wie sollte das Team zusammengesetzt sein?*

A: Wählen Sie Ihre Gruppenstruktur so aus, daß möglichst ein Fachmann dabei ist, der die konventionellen Technologien kennt, und ein Teilnehmer, der aus dem Bereich Hausverwaltung kommt.

F: *Wieviel Zeit steht für das Projekt zur Verfügung?*

A: Das System sollte spätestens nach zwei Jahren zur Verfügung stehen. Diesen Zeitraum benötigen wir, um das Produkt vermarkten zu können. Jedes Jahr Verzögerung halbiert unseren möglichen Marktanteil.

F: *Gibt es andere Möglichkeiten eine Lösung für unser Designproblem zu finden? Können wir etwas bereits Existierendes kopieren?*

A: Es gibt heute eine Vielzahl von Lösungen. Wir suchen jedoch nach der neuesten Technologie in den Bereichen Sensortechnik, Steuerung, Informationsanzeige und Informationsverarbeitung. Kopieren ist in unserem Fall also nicht angebracht. Es sollte Ihnen bekannt sein, welche Möglichkeiten es auf diesem Gebiet gibt, um das vorhandene Know-how voll ausschöpfen zu können.

6.2 Potentieller Einfluß kontextfreier Fragen

Sind kontextfreie Fragen wirklich notwendig, und warum sollten sie so frühzeitig wie möglich gestellt werden? Lassen Sie uns dies an einem extremen, aber realen Beispiel anhand der zweiten Frage: "*Welchen Nutzen kann der Kunde aus einer erfolgreichen Lösung ziehen?*" beschreiben.

Um drei Uhr morgens erscheint ein Mann mit schmutzigen Jeans und Cowboystiefeln vor dem Servicebüro eines großen Computerherstellers. Durch die geschlossene Tür hindurch fragt er nach drei Stunden Computerzeit auf der größten Anlage für diese Nacht. Der Angestellte wollte ihn schon abweisen, antwortete dann aber: "Eine Stunde kostet $ 800. Ist Ihnen der Service $ 2.400 wert?"

"Auf jeden Fall", antwortete der Cowboy und zog gleichzeitig ein Bündel mit $ 100 Scheinen aus der Tasche und winkte damit dem Angestellten auf der anderen Seite der Glastür. Der Angestellte öffnete die Tür und ließ den Kunden herein. Später stellte sich heraus, daß dieser Kunde der Eigentümer einiger Ölquellen war. Als Ergebnis seiner Computerberechnungen und speziell aufgrund des Entgegenkommens, das ihm erwiesen wurde, *kaufte* er drei große Computersysteme im Wert von $ 10 Millionen. Wenn der Angestellte die Antwort auf die Frage "Was ist Ihnen der Service wert?" für sich vorweggenommen hätte, wäre dieser Verkauf sicherlich nie zustandegekommen.

Abbildung 6-1. Schmutzige Stiefel können Stadtmenschen verunsichern; bei der Arbeit an Anforderungen kann man lernen, den Schein und echte Werte auseinanderzuhalten.

6.3 Kontextfreie Produktfragen

Es gibt kontextfreie Fragen, die beziehen sich direkt auf das Produkt und nicht auf den Prozeß. Nachfolgend sind einige kontextfreie Fragen zum Produkt (Fahrstuhlinformationssystem) aufgelistet. Beachten Sie, daß diese Fragen zu jeder Zeit gestellt werden können, ungeachtet eines bestimmten Prozesses oder Produktes.

F: *Welches Problem soll dieses System lösen?*

A: Man sollte sich in diesem Fahrstuhl wohl und sicher fühlen können und die Informationen zur Verfügung gestellt bekommen, die notwendig sind. Der Benutzer des Fahrstuhls sollte bequem jedes Stockwerk des Gebäudes erreichen können. Er sollte außerdem genügend Informationen über sein Zielstockwerk erhalten.
Alle gesetzeswidrigen Handlungen wie Raub, Vergewaltigung oder das widerrechtliche Betreten des Gebäudes, sollten eingeschränkt werden können.

F: *Welches Problem könnte dieses System verursachen?*

A: Wenn wir nicht aufpassen, könnte das System einen außerordentlichen Bedarf an Platz beanspruchen, wenn Leute den Fahrstuhl nur aus reinem Vergnügen benutzen

würden. Wenn wichtige Informationen falsch angezeigt würden, könnten Fehlinterpretationen zu einer Reihe von Problemen führen.
Aufgrund des wachsenden Bedürfnisses an Platz und Informationen würden die Herstellungskosten für einen solchen Fahrstuhl enorm steigen.

F: *Wie sieht das Umfeld eines solchen Systems aus?*
A: Dieses System könnte in Gebäuden installiert werden, die für bestimmte Zwecke hergestellt wurden, z.B. für Büros, Wohnungen oder Hotels. Es ist auch denkbar, dieses System in Gebäuden einzubauen, in denen Wohnungen, Geschäfte, Krankenhäuser und andere Serviceeinrichtungen untergebracht sind. Das System wäre in normale Personenaufzüge, aber auch in Lastenaufzüge einzubauen. Bedient würde das System von dem Personal, das heute bereits dafür verantwortlich ist.

Es wird außerdem erwartet, daß das Fahrstuhlinformationssystem schon während der Bauphase eingesetzt werden kann. Solange dürfen nur Bauarbeiter mit entsprechenden Ausweisen den Fahrstuhl benutzen. Diese Ausweise werden je nach Baufortschritt abgeändert. Da Aufzüge gelegentlich überladen werden können, muß ein entsprechendes Warnsystem dafür sorgen, daß die Sicherheit nicht gefährdet wird.

F: *Welche Genauigkeit muß bei der Herstellung des Produktes eingehalten werden?*
A: Es handelt sich hier um eine Informationseinheit und weniger um eine Steuerungseinheit. Die Präzisionsanforderungen sind deshalb nicht sehr bedeutend. Fehlinformationen vom System im Rahmen von 1:100 wären akzeptabel, solange dies keine ernsthaften Auswirkungen auf die Benutzer hätte. Wenn es aber hier um Sicherheitsaspekte geht, dann darf die Fehlerrate nicht höher als 1:10.000 sein.

6.4 Übergeordnete Fragen

Die dritte Kategorie kontextfreier Fragen sind übergeordnete Fragen, oder Fragen über Fragen. Nachfolgend sind einige dieser Fragentypen im Zusammenhang mit unserem Fahrstuhlprojekt dargestellt.

F: *Stelle ich zu viele Fragen?*
A: Im Moment habe ich damit kein Problem. Ich sage Ihnen aber Bescheid, wenn ich mich wieder meinen anderen Aufgaben zuwenden muß.

F: *Sind meine Fragen für Sie wichtig?*
A: Ja, die meisten. (Wenn die Frage negativ beantwortet worden wäre, sollten Sie fragen: *Welche?* Mit diesen Fragen können Mißverständnisse gut ausgeräumt werden).

F: *Sind Sie der richtige Ansprechpartner? Sind Ihre Antworten verbindlich?*
A: Ja, ich kann Ihnen am meisten dazu sagen. Mein Vorgesetzter muß allerdings noch seine Zustimmung erteilen. (Seien Sie an dieser Stelle vorsichtig. *Es könnte sein, daß Sie hier keine exakte Antwort bekommen. Niemand gibt gerne zu, nur über einen begrenzten Verantwortungsspielraum zu verfügen).*

F: *Um sicher zu sein, daß wir beide eine Sprache sprechen, würde ich unser Gespräch gerne protokollieren. Darf ich mir Ihre Antworten aufschreiben und sie Ihnen als Kopie später zur Genehmigung vorlegen?*

A: Eigentlich würde ich mir gerne Notizen machen und sie Ihnen zur Genehmigung zuschicken. Geht das in Ordnung? *(Diese Frage könnte für einige schwer zu beantworten sein. In diesem Zusammenhang ist es nicht wesentlich, wer protokolliert. Es ist aber wichtig, daß die Fragen und Antworten aufgeschrieben und von der jeweils anderen Seite bestätigt werden).*

F: (Verwenden Sie diese Frage, wenn bisher noch keine verbale Kommunikation stattgefunden hat:) *Unser Schriftwechsel hat uns weitergeholfen. Ich kann aber bestimmte Zusammenhänge besser verstehen, wenn wir uns persönlich gegenüber sitzen. Können wir uns treffen und die noch unklaren Punkte klären?*

A. Natürlich. Wir könnten uns morgen zum Mittagessen treffen und unsere Besprechung in meinem Büro fortsetzen.

F: *Können Sie mir noch andere Personen nennen, die mir weiterhelfen können?*

A: Morgen, nach dem Mittagessen werde ich Ihnen einige unserer Spezialisten vorstellen, die Ihnen mehr Detailinformationen geben können als ich.

F: *Gibt es bei Ihnen eine Umgebung, in welcher das Produkt später eine Verwendung finden wird?*

A: Unser Bürogebäude wäre ein gutes Beispiel. Lassen Sie uns gleich morgen früh damit beginnen.

F: *Haben Sie den Eindruck, ich habe vergessen, Sie etwas zu fragen?*

A: Es gibt eine ganze Reihe von Detailfragen zu klären, aber ich nehme an, Sie kommen später noch darauf zu sprechen.
(Diese Frage können Sie immer am Ende einer Unterredung stellen).

F: *Haben Sie noch Fragen an mich?*

A: Ich möchte noch etwas mehr über Ihre Firma erfahren und über Ihre Ausbildung, so daß ich besser abschätzen kann, was Sie bereits wissen. Ich werde darüber nachdenken und später darauf zurückkommen. *(Diese Frage können Sie ebenfalls am Ende einer Unterredung stellen).*

F: *Darf ich mich noch einmal mit Ihnen in Verbindung setzen, falls noch nicht alle Fragen geklärt sein sollten? (Abbildung 6-2).*

A: Sicherlich. Hier ist meine Telefonnummer. Montag morgens und Freitag nachmittags bin ich allerdings nicht zu erreichen. *(Diese Frage sollten Sie auf jeden Fall am Ende einer Besprechung stellen).*

Abbildung 6-2. Die vielleicht wichtigste Frage ist: "Darf ich mich noch einmal mit Ihnen in Verbindung setzen, falls noch nicht alle Fragen geklärt sein sollten?"

6.5 Die Vorteile kontextfreier Fragen

Die kontextfreien Fragen aus dem Beispiel haben uns gezeigt, wie schnell sich unser Verständnis für das Projekt Fahrstuhlinformationssystem verbessert hat, und zwar nur durch einen geringen Aufwand. Der Vorteil kontextfreier Fragen liegt darin, daß sie im voraus vorbereitet werden können, noch bevor genügend Informationen über das Projekt vorliegen. Zusätzlich helfen sie dabei, über die ersten Hürden eines neuen Projektes zu springen.

Im Verlauf des Prozesses lenken kontextfreie Fragen die Aufmerksamkeit auf die globalen Kernfragen und auf den Designprozeß selbst. Die Antworten auf die übergeordneten Fragen zeigen allen Beteiligten den richtigen Weg im Hinblick auf die Anforderungen. Übergeordnete Fragen verdeutlichen die Streitpunkte, die sonst stillschweigend übergangen werden und deshalb zu Mehrdeutigkeiten führen. In Produktbereichen mit langer Vergangenheit wie Hoch- und Tiefbau sind übergeordnete Fragen schon Tradition. Wenn wir die Kernfragen nicht ausdrücklich stellen, dann hören wir am Ende des Projektes: "Oh, wir haben angenommen, Sie wußten darüber Bescheid. Wir haben das immer so gemacht." (Abbildung 6-3).

Abbildung 6-3. Durch kontextfreie Fragen vermeiden wir folgendes zu hören: "Oh, wir haben angenommen, Sie wußten darüber Bescheid. Wir haben das immer so gemacht."

6.6 Hilfreiche Hinweise

- Hier ist eine Liste mit kontextfreien Fragen, die sehr hilfreich sein können:
  Wer ist der Kunde?
  Was hat der Kunde für einen Nutzen?
  Was ist der reale Hintergrund für den Lösungsansatz?
  Sollten wir eines oder mehre Teams bilden?
  Wer sollte Teammitglied werden?
  Wieviel Zeit haben wir für dieses Projekt zur Verfügung?
  Wo sonst können wir nach einer Lösung suchen?
  Können wir existierende Lösungen miteinbeziehen?

- Hier ist eine Liste mit kontextfreien Fragen in Bezug auf das Produkt:
  Welches Problem wollen wir mit dem Produkt lösen?
  Welche Probleme könnte das Produkt verursachen?
  In welcher Umgebung wird das Produkt eingesetzt?
  Wieviel Genauigkeit ist erforderlich?

- Die folgenden übergeordneten Fragen wurden mit großem Erfolg eingesetzt:
  Stelle ich Ihnen zu viele Fragen?

Sind meine Fragen für Sie wichtig?
Sind Sie der richtige Ansprechpartner?
Sind Ihre Antworten verbindlich?
Um sicher zu sein, daß wir eine Sprache sprechen, würde ich unser Gespräch gerne protokollieren. Darf ich mir Ihre Antworten aufschreiben und sie Ihnen später als Kopie zur Genehmigung vorlegen?

- Verwenden Sie diese Frage, wenn bisher noch keine verbale Kommunikation stattgefunden haben sollte:
  Unser Schriftwechsel hat uns weitergeholfen. Ich kann aber bestimmte Zusammenhänge besser verstehen, wenn wir uns persönlich gegenübersitzen. Können wir uns treffen und die noch unklaren Punkte klären?
  Können Sie mir noch andere Personen nennen, die mir weiterhelfen können?
  Gibt es bei Ihnen eine Umgebung, in welcher das Produkt später Verwendung finden könnte?

- Die folgenden übergeordneten Fragen sollten am Ende einer jeden Besprechung gestellt werden:
  Haben Sie den Eindruck, ich habe vergessen, Sie etwas zu fragen?
  Haben Sie noch Fragen an mich?
  Darf ich mich noch einmal mit Ihnen in Verbindung setzen, falls noch nicht alle Fragen geklärt sein sollten?

- Mit kontextfreien Fragen bringt man die wesentlichen Information selbst aus den subtilsten Annahmen heraus.
  Sie könnten wichtige Informationen übergehen, wenn Sie verbale Reaktionen, Zaudern, besorgte oder erfreute Minen, Freude, Ärger, Veränderungen der Körperhaltung außer acht lassen würden.
  Wenn möglich, sollten zwei Personen an der Befragung teilnehmen. Einer, der die Fragen stellt und einer, der die nicht verbalen Reaktionen beobachtet und notiert. Der Beobachter könnte übergeordnete Fragen stellen, wie: *Ich habe bemerkt, daß Sie sich mit der Beantwortung der Frage lange Zeit gelassen haben. Fehlen uns in diesem Zusammenhang noch andere Informationen?*

- Kontextfreie Fragen bringen strittige Annahmen zwischen verschiedenen Parteien ans Tageslicht. Weil Sie die Fragen vorbereiten konnten, können Sie die Antworten leichter vergleichen und das sollten Sie auch immer so handhaben. Dann können Sie folgende Frage stellen:
  Als ich X befragte, antwortete sie mit Y. Haben Sie eine Vorstellung davon, warum sie mit Y antwortete?

- Um verschiedenartige Antworten vergleichen zu können, sollten Sie mehrere Personen gleichzeitig befragen. Unterschiedliche Annahmen können Sie aus ihren Reaktionen herauslesen.
  Dann stellen Sie die folgende übergeordnete Frage:
  Ich habe bemerkt, daß Sie offensichtlich nicht mit der Antwort übereinstimmen können. Würden Sie uns das näher erklären?

- Wenn Sie mehrere Personen gleichzeitig befragen, besteht allerdings die Gefahr, daß eine Person die andere bei der Beantwortung der Fragen behindert. Von derartigen Störungen werden Sie im Verlauf des Projektes immer wieder heimgesucht. Benutzen Sie deshalb die erste Gelegenheit um zu fragen:
  Glauben Sie, daß der Prozeß zufriedenstellend für Sie abläuft?
  Gibt es irgendeinen Grund, aus dem Sie meine Fragen nicht frei beantworten können?
  Wenn sich die Befragten beim Interview nicht wohl fühlen, werden sie dies nicht unbedingt offen zum Ausdruck bringen können. Sollten Sie feststellen, daß dies der Fall ist, so stellen Sie die Fragen jedem einzelnen separat.

- Das führt uns zu einer anderen Gruppe von übergeordneten Fragen, die nicht immer direkt gestellt werden dürfen:
  Was können Sie mir über die anderen am Projekt beteiligten Personen sagen?
  Wie denken Sie über die anderen am Projekt mitwirkenden Personen?
  Gibt es eine Person, die Sie gerne am Projekt beteiligt sehen würden?
  Gibt es am Projekt beteiligte Personen, die Ihrer Meinung nach nicht gebraucht werden?
  Wenn es schwierig ist diese Fragen zu stellen, dann versuchen Sie die Antworten aus anderen gegebenen Antworten herauszulesen. Wenn jemand eine andere Person erwähnt, machen Sie sich eine Notiz und fragen folgendes:
  Können Sie mir mehr über diese Person sagen?

6.7 Zusammenfassung

Warum?
Kontextfreie Fragen zwingen dazu, sich auf die Kernpunkte im Designprozeß zu konzentrieren. Sie können vorbereitet werden und sind für jedes Designprojekt anwendbar.

Wann?
Kontextfreie Fragen werden sehr früh im Anforderungsprozeß gestellt, bevor spezielle Entscheidungen getroffen wurden.

Wie?
Folgen Sie dieser Anleitung:

1. Nachdem eine Atmosphäre des Vertrauens aufgebaut wurde, erklären Sie, daß Sie einige generelle Fragen stellen möchten. Erläutern Sie die Wichtigkeit Ihrer Fragen und stellen Sie sicher, daß alle den Prozeß verstehen und unterstützen.

2. Einige Personen werden nicht verstehen können, warum Ihre Fragen sinnvoll sind. Wenn notwendig, gehen Sie langsam voran. Stellen Sie eine Frage, versuchen Sie eine Antwort auf Ihre Frage zu bekommen und erklären Sie, warum die erhaltene Information wichtig für Sie ist.

Wer?

Kontextfreie Fragen bringen den größten Nutzen bei Leuten, die ein breites Wissen über bestehende Produkte oder über künftige Anforderungen besitzen. Sie realisieren oftmals nicht, daß sie ein solches Wissen haben oder können sich nicht vorstellen, daß dieses Wissen von Wichtigkeit sein könnte.

7

Die richtigen Personen beteiligen

Ein bestimmter Fehler wird bei der Entwicklung gewöhnlich am häufigsten gemacht: Es werden nicht immer die richtigen Personen beteiligt. Wir verwenden kontextfreie Fragen, um herauszufinden, welcher Personenkreis uns die besten Informationen liefern kann:

Wer ist unser Kunde?
Wen sollten wir mit ins Team aufnehmen?
Welches Problem kann ich mit diesem Produkt lösen (für wen?)?
Sind Sie der geeignete Ansprechpartner für meine Fragen?

7.1 Identifikation der passenden Personen

Die letzten beiden Fragen sind Schlüsselfragen, die von den wenigsten Personen vollständig beantwortet werden können. Deshalb benötigen wir bestimmte Werkzeuge, um die passenden Personen auszuwählen.

7.1.1 Kunden oder Benutzer

Die erste kontextfreie Frage ist jeweils: "Wer ist der Kunde?" (in bestimmten Geschäftsbereichen würden wir vom "Klienten" reden - beide Begriffe sind beliebig austauschbar). Warum ist das unsere erste Frage? Weil der Kunde uns für die Definition der Anforderungen bezahlt.

Die Produktentwicklung ist ohne den Kunden nicht denkbar, Sie könnten allerdings auch Ihr eigener Kunde sein. Das heißt, Sie müssen für die Arbeit bezahlen, sei es als Freiwilliger oder als Unternehmer. In jedem Fall bezahlt immer der Kunde, und er trifft auch letztendlich die Entscheidungen.

Jemanden, der von einem Produkt in irgendeiner Weise betroffen ist oder auf das Produktdesign Einfluß ausübt, bezeichnen wir als Benutzer. In unserem Beispiel aus dem Superkreideprojekt haben die Leute von BLT dieser Tatsache keine große Bedeutung beigemessen und deshalb gab es beim ersten Zusammentreffen einige Probleme. Byron, der Geschäftsführer, ist der Kunde. Wilma und John wurden von Byron eingeladen, weil sie beide als Lehrer einen repräsentativen Teil der Bevölkerung ausmachen.
Wilma ist auch noch ein anderer Benutzer - ein "Materialexperte" mit viel Erfahrung auf dem Gebiet von kreideähnlichen Materialien.

Kunden sind also auch Benutzer, aber nicht alle Benutzer sind auch Kunden. Wenn Sie zum Beispiel an die Spielwarenbranche denken. Im Jahre 1945 startete Jerrys Vater Harry sein Geschäft. Er verkaufte Holzspielzeug, das vorher von Hunderten von Kindern an der Northwestern Universität getestet wurde. Im Jahre 1945 war er damit nicht sehr erfolgreich, weil die Kinder zwar *Benutzer* waren, aber keine *Kunden.* Zu dieser Zeit zahlten die Eltern nicht nur das Spielzeug, sie wollten es auch auswählen.

Zwei Generationen später änderte sich das Bild schlagartig. Obwohl die Eltern immer noch die Spielsachen kaufen, wählen heute doch die Kinder meist selbst aus. Über die Fernsehwerbung angeregt und mit der Erlaubnis ihrer Eltern, fällen die Kinder meist selbst ihre Entscheidung. Kinder sind heute also nicht mehr nur Benutzer, sondern auch Kunden. Viele traditionelle Spielwarenhersteller mußten ihr Geschäft aufgeben, weil sie diese Veränderungen zu spät bemerkt haben.

7.1.2 Warum werden Benutzer miteinbezogen?

Es ist wichtig, frühzeitig herauszufinden, wer der eigentliche Kunde ist. Der Kunde entscheidet, wieviel ihm ein bestimmtes Produkt wert ist. Er kann seine Designer einstellen und wieder entlassen. Aber warum sollten die Benutzer in den Anforderungsprozeß miteinbezogen werden? Würde das Leben nicht viel einfacher sein, wenn man dem Benutzer das geben würde, von dem man meint, daß es gut für ihn sei?

Ja, das Leben wäre einfacher - bis zu dem Zeitpunkt an dem das Produkt benutzt werden würde. Erst Benutzer machen ein Design zu einem erfolgreichen Produkt. Das Ergebnis einer Kundenstudie zeigt, daß etwa 70% aller verkauften Softwarewerkzeuge niemals benutzt werden. Darüberhinaus werden 90% der benutzten Werkzeuge nur von einer Person oder einer kleinen Gruppe eingesetzt. Dies trifft auch auf größere Organisationen zu.

Nach unserer Erfahrung fängt die enorme Geldverschwendung damit an, daß Benutzer nicht in den Anforderungsprozeß miteinbezogen werden. Vielfach zielen die Werkzeuge an den Anforderungen vorbei. Die potentiellen Benutzer fühlen sich nicht in den Prozeß integriert und halten es daher auch nicht für notwendig, ein Werkzeug zumindest einmal auszuprobieren.

Wenn Sie sich von diesem Beispiel nicht beeindrucken lassen, dann denken Sie an die vielen Weihnachtsgeschenke, die niemals ausgepackt sondern gleich umgetauscht wurden.

7.1.3 Das Eisenbahnparadox

Wenn wir versuchen unsere Benutzer zu identifizieren, sollten wir uns über das Eisenbahnparadox[7] im klaren sein. Wenn Eisenbahngesellschaften darüber zu entscheiden haben, ob zusätzliche Stationen in den Fahrplan aufgenommen werden sollen, dann studieren sie zunächst die "Anforderungen". Sie schicken jemanden zu den betreffenden Zeiten zum Bahnhof, um zu sehen, ob genügend Passagiere auf den Zug warten. Natürlich wird niemand warten, weil die Station bisher nicht im Fahrplan aufgeführt ist. Die Eisenbahngesellschaft wird also diese Anfrage ablehnen, weil offensichtlich kein Bedarf besteht.

---

[7] Eine umfangreiche Beschreibung zum Eisenbahnparadox ist in Gerald M. Weinbergs, *Rethinking Systems Analysis & Design* (New York: Dorset House Publishing, 1988), S. 56-69, zu finden.

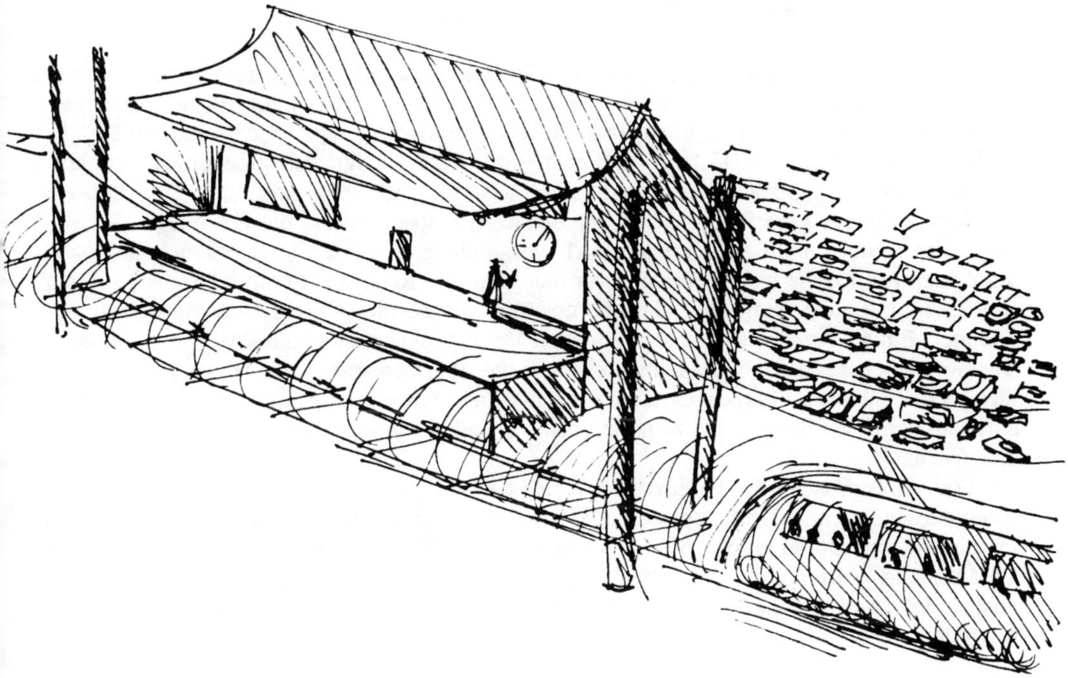

Abbildung 7-1. Das Eisenbahnparadox: Passagiere werden nicht auf einen Zug warten, der im Fahrplan nicht aufgeführt ist.

Das Eisenbahnparadox finden wir überall dort, wo:

1. Das Produkt nicht zufriedenstellt.

2. Potentielle Benutzer das Produkt nicht verwenden (wegen 1.).

3. Potentielle Benutzer nach einem besseren Produkt fragen.

4. Anfragen abgelehnt werden (wegen 3.).

Wenn das Produkt nicht den Anforderungen bestimmter Benutzer entspricht, und sie auch nicht konsultiert werden, dann wird es schlecht um das Produkt bestellt bleiben.

7.1.4 Das Produkt kann Benutzer hervorbringen

Wie das Eisenbahnparadox zeigt, kann ein Produkt tatsächlich Benutzergruppen hervorbringen, die vorher nicht existent waren. Als bestimmte Geschwindigkeitsbegrenzungen eingeführt wurden, um den Kraftstoffverbrauch zu reduzieren, sank gleichzeitig die Unfallhäufigkeit. Personen, die sich vorher nicht um Geschwindigkeitsbegrenzungen sorgten, interessierten sich plötzlich dafür, weil es nun um Menschenleben ging.

Sogar weniger gute Systeme bringen Benutzergruppen hervor, die ein Interesse daran haben das System nicht zu verändern. Als vorgeschlagen wurde die Brückengebühr nach Manhattan Island, die bisher einmalig für den Hin- und Rückweg zu entrichten war, durch eine Gebühr für den einfachen Weg zu ersetzen, wurde dies als perfekte Maßnahme bezeichnet. Einige Personen gewinnen so einen Vorteil, ohne daß andere Nachteile erleiden. Die Gewerkschaft der Gebühreneinnehmer und die Abschleppunternehmer waren von dieser Idee jedoch nicht zu überzeugen. Auch die Eis- und Zeitungsverkäufer, die ihren Lebensunterhalt damit verdienen, sich zwischen den wartenden Autos hindurchzuschlängeln, waren unzufrieden.

Der Volkswirtschaftler Pareto hat sich zuerst mit Situationen beschäftigt, in denen durch Veränderungen einige Leute Vorteile erzielten, andere hingegen keine Nachteile hinnehmen mußten (Pareto Optimierung). Der Nationalökonom Veblen dagegen beobachtete, daß jede Veränderung Vorteile für die Einen, aber auch Nachteile für Andere bringt. Aufgrund unserer Erfahrung können wir heute feststellen, daß Pareto ein Träumer, Veblen ein Realist war (siehe Abbildung 7-2).

Abbildung 7-2. Veblens Prinzip: Es gibt keine negative Veränderung, die nicht auch Einigen Vorteile bietet, und es gibt keine positive Veränderung, die nicht auch Einigen Nachteile bringt.

7.1.5 Können Benutzer auch Verlierer sein?

Aus Veblens Beobachtung lernen wir, daß Produkte nicht nur Vorteile für den Benutzer bringen, sondern ihn auch negativ betreffen können. Wer wird hierbei verlieren? Was wird er verlieren? Wenn wir nicht im voraus darüber nachdenken, kann es später zu Schwierigkeiten mit dem Produkt führen. Die Einführung der Brückengebühr für die einfache Überquerung wurde von den Gewerkschaften immer wieder verschoben, und auch die Veränderung der Geschwindigkeitsbegrenzung für ausgewählte Straßen resultierte in einer wachsenden Opposition.

Wir hören oftmals von "benutzerfreundlichen" Produkten. Es kann jedoch Benutzergruppen geben, die man eher "unfreundlich" behandeln möchte. Zum Beispiel sollen die Verschlüsse für Arzneimittelfläschchen für Kinder nicht zu öffnen sein. Kinder sind also für dieses Produkt die "Verlierergruppe" zu ihrer eigenen Sicherheit. Manchmal müssen wir Verlierergruppen in Kauf nehmen, um andere zu beschützen. Patienteninformationen, persönliche Daten und Kreditinformationen müssen vor dem Zugriff nichtberechtigter Personen geschützt werden. Wenn wir solche Informationssysteme erstellen wollen, müssen wir Verlierergruppen identifizieren und entsprechende Anforderungen definieren, um sicherzustellen, daß die Systeme "unfreundlich" auf diese Gruppen reagieren.

In einigen Fällen möchten wir sogar, daß ein Produkt für bestimmte Verlierergruppen nicht als existent erscheint. Dies trifft in jedem Fall für viele Sicherheitssysteme zu, die am besten funktionieren, wenn potentielle Eindringlinge über deren Existenz nicht Bescheid wissen. Es könnte auch Produkte geben, die wir nicht kennen, weil auch wir zu einer bestimmten Verlierergruppe gehören.

7.2 Miteinbeziehung von Benutzern

Unser Interesse besteht also nicht nur darin alle Benutzer zu erkennen, sondern auch zu wissen, wie sie behandelt werden sollten - freundlich, unfreundlich, unbeachtet, usw.

7.2.1 Eine Auflistung möglicher Benutzergruppen

Brainstorming wäre eine Möglichkeit, um unsere Sichtweise bezüglich verschiedener Benutzergruppen nicht einzuengen. Manchmal können Benutzer nach Namen aufgelistet werden. Wir wollen uns auf Gruppen von Namen oder Kategorien konzentrieren. Nachfolgend finden Sie eine Liste, die aus einer Brainstormingveranstaltung im Rahmen des Projekts Fahrstuhlinformationssystem resultierte:

Studenten	Manager	Professionals
Kinder	Behinderte	Programmierer
Wagnisunternehmer	Männer	Frauen
Elektriker	Aktienbesitzer	Käufer
Ladenbesitzer	Touristen	Polizisten
Ausländer	Parlamentarier	Rechtsanwälte
Bauherren	Lehrer	Arbeiter
Mechaniker	Besatzungsarmeen	Terroristen
Ärzte	Russische Spione	Industriespione
Hunde	Blinde mit Hunden	Feuerwehrleute

Faulenzer	Eltern	Alte Menschen
Kirchgänger	Pförtner	Surfer
Spieler	Athleten	Spediteure
Börsenhändler	Ladendiebe	Kleinkinder
Arbeitende Menschen	Fahrstuhlführer	Hausverwaltungen
Rettungspersonal	Töpfer	Lieferanten
Tierfreunde	Tierbesitzer	Tischler
Kranke Menschen	Frustrierte	Ungeduldige
Vandalen	Graffitikünstler	Graffitigegner
Kunstliebhaber	Redner	Passagiere
Klaustrophobiker	Nachbarn	Architekten
Hausbesitzer	Aufzugsinspektoren	Reinigungspersonal
Elektrizitätswerke	Versicherungen	Aufzugsdesigner
Informatiker	Prostituierte	Komponisten
Frachtspediteure	Blinde ohne Hunde	Taube Menschen
Rollstuhlfahrer	Raucher	Fremde

Wenn wir solche Listen zu Beginn des Designprozesses erstellen, denken wir häufig an innovative Eigenschaften und Funktionen. Es gibt einige Gruppen auf der Liste, wie Prostituierte oder Aktienbesitzer, die nie vorhergesehene Eigenschaften oder Funktionen vorschlagen würden.

7.2.2 Verkürzen der Liste

Durch die Auflistung potentieller Benutzer schärfen wir unser Bewußtsein bezüglich möglicher Probleme beim Design eines Fahrstuhlinformationssystems. Das ist aber noch nicht alles, was wir mit der Liste anfangen können. Wir haben nun annähernd einhundert potentielle Benutzergruppen definiert. Es ist aber auch einleuchtend, daß kein Design einhundert verschiedene Benutzergruppen zufriedenstellen kann. Was ist also zu tun?

Erstens, überlappen sich einige Gruppen. Ein Passagier könnte sowohl blind als auch ein Mann, ungeduldig oder ein Kunstliebhaber sein.

Zweitens, sind die Kategorien nicht unabhängig von der Designlösung. Eine Lösung, die sich auf Arbeiter oder Athleten konzentriert, könnte Funktionalitäten unberücksichtigt lassen, die Behinderten helfen würden und umgekehrt.

Um mit solchen Konflikten fertig zu werden, muß der Designer an die alte Maxime denken: *Es gibt nichts umsonst*, und die Anforderungen einer Benutzergruppe mit den anderen abwägen. Ein gangbarer Weg ist, die Benutzer miteinzubeziehen.

Der erste Schritt dieser Strategie ist es, alle möglichen Benutzer aufzulisten, was wir getan haben. Der zweite Schritt ist, jeder Benutzergruppe einen von drei Werten zuzuordnen.

F sei sehr **F**reundlich zu ihnen

I **I**gnoriere sie

U sei sehr **U**nfreundlich zu ihnen

Wenn wir von 100 Gruppen ausgehen, dann gibt es 3^{100} Möglichkeiten, einen Buchstaben zuzuordnen. Die Anzahl der möglichen Designziele ist so groß, daß man 48 Stellen benötigte, um sie auszuschreiben, und jeder Fokus könnte zu einer unterschiedlichen Lösung führen.

Nehmen wir an, daß mit Ausnahme von Programmierern, Fahrstuhldesignern, Informatikern und Komponisten alle anderen Benutzer zu ignorieren wären. Das Ergebnis unserer Designbemühungen wäre eine exzellente Bestätigung für unsere Fähigkeiten moderne Aufzüge zu konzipieren. Es könnte aber sein, daß die Wünsche Behinderter oder die der Versicherer unberücksichtigt blieben. Eine Lösung, bei der die Wünsche von Terroristen, Spionen, Faulenzern, Ladendieben und Vandalen miteingeflossen wären, hätte bestimmt völlig anders ausgesehen. In diesen Fällen hätten wir mit Absicht benutzerunfreundliche Funktionen stärker berücksichtigt.

Der Prozeß der Miteinbeziehung von Benutzern lenkt unsere Aufmerksamkeit auch auf sonst akzeptierte Gruppen, für die wir das System dennoch gern unfreundlich gestalten würden. Wir könnten vielleicht Funktionalitäten integrieren, die Kinder oder Blinde davor bewahren, den Aufzug zu benutzen, solange noch gebaut wird. Wir bezeichnen ein derartiges Design als unfreundlich, oder besser gesagt als "fürsorglich".

Natürlich definiert sich jeder Designer Benutzergruppen, aber ohne spezielle Einbeziehung von Benutzern. Wenn die Einbeziehung oder der Ausschluß bestimmter Gruppen sehr spät im Prozeß erfolgt, so kann dies zu teuren Korrekturmaßnahmen führen. Als Lösung könnte ein Aufzug entstehen, der nicht von Linkshändern bedient werden kann, mit dem Rollstuhlfahrer nicht transportiert werden können oder der gute Voraussetzungen für Räuber und Unholde bietet.

7.3 Teilnahme

Nicht alle Benutzer sind gleich. Nicht alle Benutzer beeinflussen das Produkt oder werden von ihm in gleicher Weise beeinflußt. Sie nehmen auch nicht gleichermaßen an der Produktentwicklung teil. Um Ihnen bei der Planung für die Teilnahme von Benutzern zu helfen, haben wir die Teilnahme in drei mögliche Dimensionen klassifiziert (Abbildung 7-3).

1. Wer: Ersatzweise Beteiligung, Auswahl, vollständige Beteiligung?

2. Wann: Kontinuierliche Beteiligung oder in Intervallen?

3. Wie: Basieren die Informationen auf Erfahrungen oder Experimenten?

7.3.1 Welche Teilnehmer?

Idealerweise sollte jeder bekannte oder potentielle Benutzer am Anforderungsprozeß teilnehmen. Für bestimmte Produkte, wie bei individuellen Informationssystemen oder beim Eigenheimbau, ist eine vollständige Beteiligung möglich, meistens sogar die Norm. Bei anderen Produkten jedoch kann die Teilnahme im besten Fall vollständig sein, im schlechteren Fall hingegen nur teilweise.

Eine Möglichkeit um Geld und Zeit zu sparen besteht darin, den angenommenen Benutzerkreis repräsentativ darzustellen. Auf der einen Seite gibt es das wissenschaftliche

Stichprobenverfahren, auf der anderen Seite greifen wir uns die Personen heraus, die gerade in der Nähe sind. Nachfolgend finden Sie die wichtigsten Regeln:

1. Seien Sie sich bewußt, daß Sie Stichproben nehmen.

2. Seien Sie sich bewußt, welche Methode Sie einsetzen.

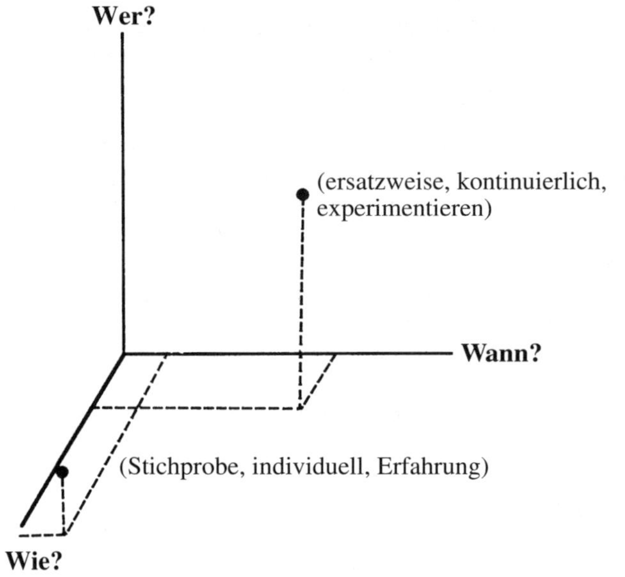

Abbildung 7-3. Wir können die Teilnahme in drei Dimensionen darstellen.

Nach Regel 1 sollten wir auf folgenden Satz achten: "Wir haben mit allen gesprochen." Es ist eher unwahrscheinlich mit allen Benutzern eines neuen Produktes sprechen zu können. Die Planung nimmt einen breiteren Raum ein als das Nehmen der Stichprobe selbst. Die verantwortlichen Stellen für die Volkszählung in den Vereinigten Staaten behaupten, es wäre viel teurer und weniger zuverlässig, jeden einzelnen zu zählen, als sorgfältige Stichproben zu nehmen. "Wir haben mit allen gesprochen" kann generell in "Wir haben uns nicht genug Gedanken gemacht, mit wem wir sprechen wollten und haben uns deshalb mit all denen unterhalten, die gerade verfügbar waren" übersetzt werden.

Jede Art und Weise Benutzer zu befragen, kann als Stichprobe verstanden werden und jede unterschiedliche Methode schließt verschiedene Benutzergruppen in unterschiedlicher Weise ein. Eine Gruppe von Architekten präsentierte das Modell des neuen Bürogebäudes in der Halle des alten Gebäudes. Sie legte dazu Fragebogen aus und bat "alle" um ihre Stellungnahme. Jedoch nicht "alle", die in dem Bürohaus arbeiten, betreten es auch durch die Halle. Dieses Stichprobenverfahren schloß all diejenigen aus, die auf andere Weise in das Gebäude gelangen und auch die Personen, die erst später im neuen Gebäude arbeiten werden.

Es ist kein Fehler die gleiche Methode zu verwenden, wie bei dem Modell für das neue Bürogebäude - dies ist tatsächlich eine gute Idee. Allerdings ist es falsch zu glauben, daß es sich hier um eine erschöpfende Methode handelt, um an Benutzerinformationen zu gelangen. Deshalb bemerkten auch die Architekten die Unzulänglichkeiten ihrer Methode nicht und versäumten somit, die Informationen von wichtigen Benutzergruppen einzuholen.

Ein anderer Fehler, der immer wieder gemacht wird, besteht in dem Befragen von Stellvertretern, ohne dies zu realisieren. Ein Stellvertreter ist kein realer Benutzer. Leute aus Marketingorganisationen agieren generell als Stellvertreter für eine große Anzahl potentieller Käufer, die direkt anzusprechen praktisch unmöglich ist. Probleme entstehen erst dann, wenn die Marketingleute vergessen, daß sie eigentlich nur als Stellvertreter fungieren und anfangen zu glauben, daß sie selbst die Benutzer sind. Das ist der Anfang aller größeren Marketingfehler.

7.3.2 Wann nehmen sie teil?

Die zweite Dimension der Beteiligung von Benutzern ist die *Zeit*. Die Benutzer oder ihre Stellvertreter können kontinuierlich in den Anforderungsprozeß eingebunden sein oder aber in Intervallen. In einem Fall sind sie Teammitglieder, im anderen Fall werden sie vom Team hinzugezogen.

Normalerweise agieren Benutzer als Teammitglieder nur bei solchen Projekten, bei denen die Benutzer von vornherein bekannt sind. Nicht alle Benutzer können als Teammitglieder miteinbezogen werden. Erinnern Sie sich daran, daß Ihr Teammitglied nur stellvertretend für die Gesamtpopulation teilnimmt. Es könnte unangenehm werden, wenn Sie andere Benutzer, die nicht Teammitglieder sind, nach der Bestätigung von Meinungen fragen, ohne daß die Mitglieder des Teams darüber Bescheid wissen.

Die zeitweilige Teilnahme ist weit verbreitet. Das Risiko dabei ist, daß die zeitweilige Teilnahme schnell in eine Verweigerung der Teilnahme umschlagen kann. Benutzer werden einmal befragt und dann vergessen. Der Grund dafür könnte sein, daß beim Anforderungsteam der Eindruck entsteht, die Benutzer möchten nicht gestört werden, was allerdings selten der Fall ist.

Um die Probleme auszuschließen, die sich aus einer zeitweiligen Teilnahme ergeben, wird die Arbeit an den Anforderungen auf einer zeitlich limitierten Vollzeitbasis durchgeführt. Nachdem entschieden wurde, wer die Benutzer repräsentieren wird, finden die Besprechungen außerhalb des Büros statt und zwar für ein paar Tage oder Wochen, abhängig von der Größe und Komplexität des Projektes. Durch diese intensive Vorgehensweise kann die Hauptarbeit, das Sammeln von Information, abgeschlossen werden. Was bleibt ist das Testen, Überprüfen und Zusammenstellen der Anforderungen.

7.3.3 Wie erfahren wir ihre Meinung?

Meistens bilden sich Benutzer ihr Urteil basierend auf ihrer Wahrnehmung. Wie wir bereits gesehen haben, experimentieren Benutzer gerne mit den Anforderungen, indem sie Modelle und Prototypen testen. Architekten, zum Beispiel, verwenden Computer-Simulationen, um Personen durch Gebäude oder Einkaufszentren zu führen, die nur in ihrer Vorstellung existieren und als Daten im Computer abgespeichert werden.

Also ist es wichtig festzustellen, ob die Informationen auf Meinungen oder Versuchen basieren. Daraufhin muß überprüft werden, ob die Simulationen realistisch genug waren. Wenn Architekten maßstabgetreue Modelle erstellen, dann können die Modelle bestimmte Aspekte erklären, andere wiederum verschleiern. Deshalb wird häufig viel Aufwand betrieben, die obersten Gebäudeteile reichlich zu verzieren. Für das Chryslergebäude in New York muß ein reizvolles Modell existiert haben. Allerdings kann niemand auf der Straße die Schönheit der obersten Fassadenteile bewundern.

7.4 Der Plan zum Gewinnen von Benutzern

Bei der Arbeit an den Anforderungen können Benutzer vielfältig eingebunden werden. Wir können kontinuierlich Informationen über die Marketingorganisation bekommen, ergänzt durch monatliche Umfragen auf breiter Basis. Experimente mit einer kleinen Anzahl von Benutzern können die Ergebnisse verfeinern. Wir benötigen eine Strategie, die Benutzer miteinbezieht, damit wir wissen, in welche Gruppe jeder einzelne von ihnen eingeordnet werden muß: freundlich oder unfreundlich.

Allein einen Plan zu haben, der Benutzer miteinbezieht, ist aber nicht ausreichend. Wir müssen auch in der Lage sein, den Plan auszuführen. Ein Teil unserer Aufgabe ist es, Benutzer auszuwählen, ein anderer Teil ist es, sie zu der Mitwirkung zu bewegen, die wir von ihnen erwarten. Es kann schon schwierig genug sein, sie überhaupt ausfindig zu machen.

Unseren Klienten empfehlen wir die Rundfunk-Technik anzuwenden, um Benutzer einzunehmen. Im Laufe des Anforderungsprozesses veröffentlichen wir eine Ankündigung in der Firmenzeitung, an schwarzen Brettern, über die elektronische Post, oder über welche Kommunikationsmittel die jeweilige Firma auch verfügt. Die Ankündigung beschreibt, an welchem Projekt wir arbeiten und bittet gleichzeitig um Mitwirkung. Die Resonanz ist in der Regel nicht besonders groß. Die wenigen Rückmeldungen, die wir bekommen, können aber außerordentlich wertvoll sein. In einer großen Firma antwortete nur ein einziger Mitarbeiter auf unsere Anfrage im Rahmen der Planungsphase für ein großes Einkaufssystem. Es stellte sich heraus, daß die Rückmeldung aus der Revisionsabteilung kam, die bei unserer Planung völlig übersehen worden war. So kam es dazu, daß das Projekt abgebrochen werden mußte, weil der Systemansatz eine buchmäßige Nachprüfbarkeit nicht sicherstellte. Das Team war sehr enttäuscht. Die Enttäuschung wäre aber noch größer gewesen, wenn der Entwicklungsprozeß schon abgeschlossen gewesen wäre, mit Gesamtkosten von $ 20 Millionen!

7.5 Hilfreiche Hinweise

- Einige Consultingbüros bieten kurze Intensivkurse für den Anforderungsprozeß an. Viele unserer Klienten haben allerdings keine guten Erfahrungen damit gemacht.[8]

---

[8] Folgende fünf Organisationen mit denen wir gute Erfahrungen gemacht haben, bieten diese Dienstleistung an: Western Institute for Software Engineering, 11911 NE 1st St., Suite 206, Bellevue, WA 98005; SPS Sweden, Salviigrand 1, Box 2129, S-10314 Stockholm, Schweden; The Strategic Advantage, 3601 W. 29th St., Topeka, KS 66614; Swirczek & Assoc., 1710 Chaise Court, Carson City, NV 89703; CASEware Inc., P.O. Box 8669, Portland, OR 97207.

- Wenn Sie es mit unfreundlichen Benutzergruppen zu tun haben, müssen Sie sich entscheiden, ob sie ihnen glauben und vertrauen können. Im Gegensatz dazu: Können Sie Stellvertretern trauen, die nicht selber Diebe oder Räuber sind? Um zuverlässige Informationen zu bekommen, wenden sich Organisationen zuweilen an Personen, die ihr Sicherheitssystem verletzt haben. Sie setzen sie als zuverlässige Tester ein, anstatt sie ins Gefängnis zu schicken.

- Nicht jeder möchte es mit Kriminellen zu tun bekommen, deshalb engagieren Organisationen Personen, die versuchen sollen, ihre Sicherheitssysteme zu knacken. Durch einen attraktiven Preis kann eine entsprechende Unfreundlichkeit simuliert werden und so zu zuverlässigen Resultaten führen.

- Eine andere wirksame Methode ist die "Teilnehmerbeobachtung" aus der Anthropologie. Mitglieder des Teams gehen zu den Benutzern und arbeiten mit ihnen für einen bestimmten Zeitraum zusammen. Ihre Beobachtungen bringen sie in die Anforderungen mit ein. Es lohnt sich, diese Methode auszuprobieren.[9]

- Wenden Sie Veblens abstraktes Prinzip in praktischer Weise an: Wenn Sie jemanden sagen hören: "Niemand kann durch dieses Produkt Schaden nehmen", dann initiieren Sie umgehend ein Brainstorming über "Wie können Verlierer identifiziert werden"?

7.6 Zusammenfassung

Warum?
Definieren Sie eine Strategie, wie Benutzer in den Prozeß miteinbezogen werden können und stellen Sie sicher, daß sie regelmäßig teilnehmen.

Wann?
Beziehen Sie Benutzer so früh wie möglich mit ein, noch bevor Designentscheidungen getroffen wurden.

Wie?

1. Finden Sie einen Konsens im Anforderungsteam, daß es die Verantwortung für die Miteinbeziehung von Benutzern übernimmt.

2. Stellen Sie eine Liste potentieller Benutzer zusammen.

3. Reduzieren Sie Ihre Liste durch das Klassifizieren in freundliche, unfreundliche und zu ignorierende Benutzer.

4. Verwenden Sie die drei Dimension der Teilnahme und entwickeln Sie eine für jede Benutzergruppe, die Sie nicht ignorieren wollen.

[9] Eine ausgezeichnete Einführung in die Beobachtung von Teilnehmern, ohne daß sozialwissenschaftliche Kenntnisse erforderlich sind, gibt James P. Spradley, *Participant Observation* (New York: Rinehart & Winston, 1980).

5. Führen Sie Ihren Plan aus und benutzen Sie Ihre Vorstellungskraft und Ihren Takt, um den Grad an Teilnahme zu erreichen, den Sie benötigen.

Wer?
Es ist Sinn einer Strategie der Miteinbeziehung von Benutzern herauszufinden, "wer" teilnehmen sollte.

8

Sinnvolle Besprechungen für jedermann

Wir kennen zwei Abenteuergeschichten aus der Forschung. In der ersten steht der einsame Forscher den Elementen gegenüber, zeigt Scharfsinn und ist in der Lage, Probleme auch in schwierigen Situationen zu lösen. In der zweiten steht eine Personengruppe den Elementen gegenüber. Sie profitiert von ihren verschiedenen Fähigkeiten und Ansichten und hadert mit den Schwierigkeiten, miteinander auszukommen.

Der einsame Forscher ist das Idealbild, das viele von uns seit der Schulzeit mit sich herumtragen. Kooperative Zusammenarbeit wurde vielfach mit "Mogelei" gleichgesetzt. Viele Organisationen fördern noch das negative Image kooperativer Zusammenarbeit und verstärken dies durch die Vergabe individueller Leistungsprämien.

Jedes größere Entwicklungsprojekt kann nicht mehr allein durchgeführt werden. Wir müssen unsere heroischen Phantasien aufgeben und den Preis dafür bezahlen, mit anderen zusammenarbeiten zu müssen, mit dem Vorteil der Vielschichtigkeit, die nur ein Team bieten kann. Der Preis, den wir bezahlen müssen wird nirgendwo so deutlich wie in Besprechungen. In diesem Kapitel beschäftigen wir uns mit der Besprechung als Werkzeug: wie können wir sie produktiver und weniger lästig gestalten.

8.1 Besprechungen: Werkzeuge, mit denen wir leben können oder nicht?

Besprechungen können schrecklich sein. Einmal in seinem Leben hat sich jeder schon geschworen, niemals wieder an einer Besprechung teilzunehmen. Wir beklagen uns, daß sie zu lang und zu langweilig sind, daß sie vom Thema abschweifen, und daß sie sinnlos sind. Dann lassen wir uns jedoch wieder erweichen, weil wir ohne Besprechungen nicht leben können. Besprechungen sind Werkzeuge - soziale Werkzeuge - und ohne sie könnten wir nicht das einfachste Produkt entwickeln.

Bevor wir uns generell mit Besprechungen beschäftigen wollen, lassen Sie uns in eine dieser schrecklichen Besprechungen hineinschauen, mit all ihren schmerzhaften Details, um zu sehen, was falsch gemacht werden kann.

8.1.1 Eine schreckliche, aber typische Besprechung

(Jack und Zara erscheinen um 9.05 Uhr im Konferenzraum 1470B. Es ist noch dunkel im Raum. Jack schaltet das Licht an und schaut auf seine Uhr).

Jack: Wo sind die anderen? Die Besprechung sollte vor fünf Minuten begonnen haben.

Zara: Wichtiger für mich ist, daß der Kaffee noch nicht da ist und auch keine Brötchen. Ich habe mein Frühstück für diese Besprechung ausfallen lassen. Ich werde nachsehen, was los ist.

Jack: Warte, geh' nicht.

(Jack setzt sich und sieht seine Post durch. Um 9.12 Uhr erscheint Sid mit einer braunen Mappe und einem Stapel Post unter dem Arm. Er holt sich eine Tasse Kaffee und ein Brötchen, setzt sich hin, beginnt zu essen und seine Post durchzusehen, ohne ein Wort zu sagen. Um 9.17 Uhr kommen Martha und Mary, ebenfalls mit einer Tasse Kaffee).

Martha: Guten Morgen Jack! Tut uns leid, daß wir zu spät kommen. Es gab eine lange Schlange an der Kaffeemaschine. Wo sind die anderen?

Jack: Zara holt sich einen Kaffee und ein Brötchen. Ich habe keine Ahnung wo Ned und Retha sind. Ich wußte gar nicht, daß Du auch kommen würdest, Mary.

Mary: Ich wußte es vorhin auch noch nicht, bis ich Martha an der Kaffeemaschine traf.

Jack: Habt Ihr mit Benutzern gesprochen?

Mary: Nein, ich wußte ja nicht, daß ich heute zu dieser Besprechung kommen würde.

Martha: Das geht schon in Ordnung Mary. Ich habe bisher auch noch mit niemanden gesprochen.

Jack: *(Schaut auf seine Uhr und zieht eine Grimasse).* Es ist schon 9.25 Uhr und ich habe bereits eine andere Besprechung um 10.00 Uhr. Wir fangen besser an. Die anderen können sehen, wie sie zurechtkommen. Sid, könntest Du Deine Post zur Seite legen?

Sid: Grhnhg.

Jack: Was?

(Sid stöhnt und schließt seine Mappe. Jack geht zur Tafel und nimmt sich einen grünen Filzstift. Er fängt an zu schreiben, aber der Filzstift ist leer. Er greift sich den einzigen anderen Stift, einen roten, der ist aber auch leer).

Jack: Mist! Hat jemand einen Filzstift der funktioniert?

Martha: Ich weiß, wo welche sind. Ich werde sie holen. (Sie steht auf und verläßt den Raum).

Jack: Warte! In Ordnung, wir können auch ohne sie anfangen. Sid schreibst Du mit?

Sid: Grhnhg.

Mary: Haben wir eine Agenda?

Jack: Ned wollte eine vorbereiten, aber er ist nicht hier. Wir wollten heute diskutieren, was unsere Benutzer vom Anforderungsdokument halten. Da ist Ned.

(Ned und Zara kommen herein. Ned hat eine große Kaffeekanne in der Hand, und Zara trägt die Brötchen. Jack schaut auf seine Uhr).

Jack: Ned, es ist aber Zeit, daß Du kommst. Es ist 9.35 Uhr.

Ned: Ich weiß. Wir müssen etwas wegen der Cafeteria unternehmen. Wenn Zara nicht hinuntergegangen wäre, hätten wir lange auf den Kaffee warten können. Glücklicherweise habe ich sie getroffen, als sie gerade herauskam, sonst hätte sie zweimal gehen müssen.

Zara: Vielen Dank, Ned.

(Zara hat Probleme, die Plastikfolie von der Brötchenplatte zu entfernen. Sid legt seine Post zur Seite und steht auf, um ihr zu helfen. Sid nimmt sich zwei Brötchen, geht zu seinem Platz zurück und liest weiter in seiner Post).

Zara: Nun kommt schon und nehmt Euch eines.

Jack: Könnten wir jetzt anfangen? Laßt uns eine Agenda zusammenstellen.

Ned: Warum? Ich habe eine Agenda.

Jack: (ärgerlich) Schon gut, aber Du warst nicht hier.

Ned: Möchtest Du Dich etwa darüber streiten? Ich bin doch jetzt da.

Jack: (beruhigt sich wieder.) Laßt uns weitermachen. Ich habe Mary gerade gesagt, daß wir über die Rückmeldungen unserer Benutzer sprechen wollten.

Ned: Das ist Deine Meinung, aber der eigentliche Grund für die Besprechung war herauszufinden, wie wir die Mehrdeutigkeiten in den Anforderungen reduzieren können, bevor wir sie an die Benutzer weitergeben.

Zara: Du meinst, ich hätte ihnen das Anforderungsdokument noch gar nicht geben sollen?

Ned: Dummchen, Du hast ihnen also diesen Mist ausgehändigt. Kannst Du überhaupt nichts richtig machen?

Zara: Ich nahm an, das war so vereinbart. War es nicht so, Sid?

Sid: Ggrnnhgn.

Zara: Schau her!

Jack: Laßt uns aufhören zu streiten und die Besprechung fortsetzen. Wir haben also zwei Punkte auf unserer Agenda - Kundenzufriedenheit und wie wir Mehrdeutigkeiten messen können - noch was?

Mary: Wenn noch Zeit ist, würde ich gerne einen Statusbericht über den United Way abgeben. Das dauert nicht länger als fünf oder zehn Minuten.

Jack: (tippt auf seine Uhr) Wir haben nur noch zwanzig Minuten, und ich habe immer noch keinen brauchbaren Filzstift.

Mary: Es tut mir leid, aber ich bin nicht für die Filzstifte verantwortlich. Glaubst Du nicht, daß United Way eine gute Sache ist? Denk an die armen Kinder, die Essenszuschüsse bekommen und an die alten Leute, die jemanden brauchen, der sie mit dem Rollstuhl umherfährt. Nur weil Du zu den Privilegierten gehörst, mußt Du nicht so arrogant reagieren.

Jack: Schon gut. Du bekommst Deine zehn Minuten. Vielleicht sind dann alle hier, wenn Du fertig bist.

(Mary berichtet über die Fortschritte von United Way. Nach sieben Minuten kommt Martha mit einer Handvoll Filzstifte wieder. Nach zwölf Minuten fängt Jack an auf die Tischplatte zu trommeln. Nach fünfzehn Minuten packt Sid seine Post zusammen, steht auf, nimmt sich noch ein Brötchen, murmelt so etwas wie "kein Käse mehr da" und verschwindet. Um 10.00 Uhr öffnet sich die Tür, und Millie steckt ihren Kopf herein).

Millie: Seid Ihr fertig? Wir haben diesen Raum für 10.00 Uhr reserviert.

Jack: (seufzt) Natürlich sind wir fertig. Komm herein.

Millie: Danke. Könnten wir vielleicht den restlichen Kaffee und die Brötchen haben?

Jack: Na klar. Bedient Euch nur.

(Alle stehen auf, um zu gehen).

Millie: Hallo, Martha, laß uns bitte die Filzstifte hier.

Martha: Mach' ich. Ein roter und ein grüner liegen an der Tafel.

(Martha geht, Millie setzt sich hin, nimmt sich ein Brötchen und schaut auf ihre Uhr...).

> Leser: Wenn Sie weiter durch das Kapitel gehen, dann blicken Sie zurück auf die Besprechung von Jack, Zara und den anderen, um zu sehen, wie viele Prinzipien für eine produktive Besprechung verletzt wurden.

8.1.2 Besprechungen als Meßinstrument

Besprechungen sollen dabei helfen, eine bestimmte Aufgabe zu erledigen, aber oftmals arten sie in ein Melodrama aus, gespickt mit allen menschlichen Emotionen. Besprechungen sind soziale Werkzeuge. Wie andere Werkzeuge gibt es sie in allen Formen und Größen, abhängig von der Aufgabe, die erledigt werden soll. Eine Aufgabe kann jede Besprechung erfüllen, nämlich zu messen, ob der Anforderungsprozeß noch rund läuft.

Wenn Ihre Besprechungen unproduktiv sind, dann ist mit Ihrem Prozeß etwas nicht in Ordnung.

Wenn Sie bemerken, daß Ihre Besprechungen nicht produktiv sind, hilft Ihnen das bei der Diagnose des gesamten Prozesses und liefert Ihnen das Rezept für die Gesundung.

8.2 Sicherheit für die Teilnehmer

In Besprechungen treten häufig folgende Probleme auf: Personen verlassen frühzeitig die Besprechung, andere erscheinen erst zur zweiten Besprechung und wiederum andere sind zwar körperlich anwesend, beteiligen sich aber nicht.

Diese Verhaltensweisen sind nicht nur ärgerlich, sondern sie sind auch Symptome für ein unsicheres Klima. Diese Symptome zeigen uns, daß die Individuen sich nicht ganz und gar mit dem Anforderungsprozeß identifizieren. Um eine vollständige Teilnahme zu erreichen, müssen die Besprechungen sicher gemacht werden. Wie können wir das verwirklichen?

Menschen sind verschiedenartig. Was einer Person Sicherheit gibt, kann bei einer anderen Ängste auslösen. Um allen Beteiligten ein Gefühl der Sicherheit zu vermitteln, sollte eine Übereinstimmung über bestimmte Grundregeln gefunden werden, bevor Sie mit der eigentlichen Besprechung beginnen. Während dieser Diskussion wird meistens auch deutlich, warum bestimmte Personen nicht teilnehmen wollen.

8.2.1 Unterbrechungen festlegen

Viele von uns haben die Angewohnheit, andere immer wieder zu unterbrechen. Das führt dazu, daß einige unsicher werden und sich deshalb nicht mehr zu äußern wagen. Die meisten Personen, die andere unterbrechen, möchten eigentlich gar nicht dazwischenreden, aber auch selbst nicht unterbrochen werden. Normalerweise erreichen wir deshalb auch schnell eine Übereinstimmung darüber, daß in unseren Besprechungen nicht unterbrochen werden sollte. Niemand hat also etwas dagegen, daß diese Regel für alle gilt. Mit dieser Übereinkunft kann der Moderator schnell und höflich alle Unterbrechungen im Keime ersticken.

8.2.2 Zeitbegrenzungen setzen

Übereinkommen über zeitliche Begrenzungen haben einen ähnlichen Effekt. Die zeitliche Limitation ist oft Voraussetzung für eine Übereinkunft über Unterbrechungen. Potentielle Unterbrecher fürchten, daß jemand nicht mehr aufhört zu reden.

Abbildung 8-1. Eine Übereinkunft, persönliche Angriffe auszuschließen, hilft Angriffssituationen zu vermeiden, bevor sie eskalieren.

Wenn alle einverstanden sind, daß der Moderator Zeitbegrenzungen von z.B. zwei Minuten festlegen kann, dann wird die Umgebung für den Unterbrecher sicherer und damit auch sicherer für alle anderen.

8.2.3 Persönliche Angriffe ausschließen

Eine Übereinkunft, die einfach zu erreichen ist, besteht in dem Verbot von persönlichen Angriffen. Niemand wird gegen diese Regel, zu Beginn einer Besprechung etwas einzuwenden haben, aber viele werden sie in der Hitze der Diskussion verletzen. Ein früher Konsensus gibt dem Moderator die Möglichkeit, jegliche persönliche Attacke abzuschwächen, noch bevor sie sich zu einer Schlacht ausweitet (siehe Abbildung 8-1).

8.2.4 Den Druck reduzieren

Obwohl es Menschen gibt, die sich unter Druck gut entwickeln können, kann sich eine Atmosphäre des Überdrucks negativ auf die Gruppe auswirken. Für jede Besprechung sollte es daher eine Ausweichmöglichkeit geben. Eine Möglichkeit ist das Nehmen einer Auszeit; die Teilnehmer vereinbaren im voraus, zu jeder Zeit eine Auszeit von 5 Minuten nehmen zu können, ohne erklären zu müssen, warum; vielleicht um mehr Informationen einzuholen, sich eine Denkpause zu genehmigen, zu Hause anzurufen, oder einfach die Toilette aufzusuchen. Wenn vereinbart wurde, daß jeder Teilnehmer eine Anzahl von persönlichen Auszeiten nehmen darf, kann ein möglicher Druck von vornherein aus der Besprechung genommen werden.

8.2.5 Genügend Zeit haben, aber auch rechtzeitig fertig werden

Eine andere Methode um den Druck zu reduzieren, ist genügend Zeit einzuplanen, eine Aufgabe vernünftig zu beenden, jedoch nicht unbedingt sofort. Mit anderen Worten: Halten Sie sich an die Zeitbegrenzungen, planen Sie aber eine zusätzliche Besprechung ein, wenn Sie die Aufgabe nicht rechtzeitig abschließen können.

Eine Möglichkeit um herauszufinden, ob noch offene Punkte zu besprechen sind, stellt folgende Frage: "Sind alle Ihre Ideen zufriedenstellend berücksichtigt worden?" Einer unserer Klienten antwortete darauf: "Das ist eine gute Frage. Meine Meinung ist nicht immer zu meiner Zufriedenheit angehört worden, aber Sie können sicher sein, daß ich mich wieder zu Wort melden werde, wenn ich es für richtig halte."

8.2.6 Andere Probleme

Für Probleme, die nicht unmittelbar mit der Thematik der Besprechung zusammenhängen, kann eine Problemliste erstellt werden. Wenn die Besprechung beginnt, vereinbaren Sie, daß Probleme, die nicht in unmittelbarem Zusammenhang mit dem Thema der Besprechung stehen, auf ein großes Blatt Papier geschrieben werden, mit der Überschrift "Andere Probleme".

Wenn eine Frage auftaucht, die nicht in den Zusammenhang paßt, stellt der Moderator die Frage: "Ist diese Besprechung der richtige Ort, um dieses Problem zu diskutieren?" Diese Frage führt die Diskussion von bestimmten Detailproblemen wieder auf eine Ebene der relevanten Problematik zurück.

Teilnehmer sehen ihre Ideen und Wünsche berücksichtigt, wenn diese aufgeschrieben werden - und ihre Bedenken nicht irgendwo im Papierkorb landen. Um dieses Ziel zu erreichen, ordnen Sie das Problem einer bestimmten Person zu, damit es an die richtigen Stellen weitergeleitet wird, nachdem die Besprechung beendet ist.

8.2.7 Ergänzende Regeln

Vereinbaren Sie Ihre Regeln immer vorab, so daß die ersten Personen, die sich nicht an die Regeln halten, sich nicht angegriffen fühlen. Unglücklicherweise geschehen immer wieder Dinge, die nicht vorhersehbar sind. Wenn dieser Fall eintritt, dann unterbrechen Sie den Prozeß, um die bestehenden Regeln zu ergänzen. Vereinbaren Sie gleich zu Beginn, wie Sie mit derartigen Situationen verfahren wollen.

Es sollte außerdem von Anfang an vereinbart werden, daß der Ergänzungsprozeß nicht als politisches Mittel mißbraucht wird, um andere zu dominieren.

8.3 Die richtigen Teilnehmer

Der Rahmen für Besprechungen sollte so klein wie möglich gehalten werden. Eine der meist gehörten Beschwerden lautet, daß zu viele Personen an der Besprechung teilnehmen - Leute, die wenig Interesse an dem Thema der Besprechung haben. Dieses Problem sollte am einfachsten zu lösen sein. Aber warum in der Welt nehmen Menschen an Besprechungen teil, für die sie sich nur wenig oder gar nicht interessieren?

Die Antwort heißt, daß viele Leute Langeweile in Kauf nehmen als Preis für Sicherheit. Personen wollen keine Besprechung versäumen, die vielleicht wichtig für sie sein könnte.

Mit anderen Worten: Die Anwesenheit von Leuten, die nicht in diese Besprechung gehören, stellt einen Gradmesser für die Unsicherheit in einem Anforderungsprozeß dar. Um sicherzustellen, daß die richtigen Personen an der Besprechung teilnehmen, wenden Sie Methoden an, die Ungewissheiten über die Zielsetzungen eliminieren. Lassen Sie uns vier Methoden anschauen.

8.3.1 Agenda vorgeben und einhalten

Die erste Methode besteht darin, eine Agenda im voraus zu verteilen und nicht davon abzuweichen, so verlockend es auch sein mag. Eine Abweichung von der Agenda könnte zwar andere Probleme lösen, aber diejenigen, die nicht eingeladen wurden, könnten den Eindruck gewinnen, daß sie doch besser teilgenommen hätten, um ihre Interessen zu wahren (Abbildung 8-2). Beim nächsten Mal werden sie die Agenda ignorieren und einfach dabeisein, um ja nichts zu versäumen.

8.3.2 Vermeiden von Notfallsituationen

Wenn Sie Personen nicht bestrafen wollen, die auf die Agenda vertrauen und deshalb nicht teilnehmen, brauchen Sie eine Methode für den Notfall.

Nicht in eine Notfallsituation zu geraten, ist das erste Prinzip. Bei der Definition von Anforderungen kommt es äußerst selten zu Problemen, die nicht bis zur nächsten veröffentlichten Agenda verschoben werden können. Ein Projekt, das sich in der Anforderungsphase bereits mit Notfällen beschäftigen muß, wird gestorben sein, bevor es zu konkreten Resultaten führt.

Abbildung 8-2. Veröffentlichung einer genauen Agenda im voraus - und deren Einhaltung - stellen den richtigen Teilnehmerkreis sicher.

8.3.3 Personen, die nicht an der Besprechung teilnehmen sollten

Auch wenn Sie eine Agenda im voraus verteilen, wird es nicht qualifizierte Personen geben, die dennoch an der Besprechung teilnehmen wollen. Sie sind in anderen Besprechungen vielleicht nicht ausreichend zu Wort gekommen und besuchen nun jede angesetzte Konferenz, auf eine willige Zuhörerschaft hoffend. Um das zu verhindern, stellen Sie sicher, daß alle Teilnehmer einer Besprechung gehört werden (siehe Abschnitt 8.2.5).

Wenn sich Personen einfinden, die nicht eingeladen wurden, ignorieren Sie diese nicht und hoffen Sie nicht darauf, daß sie sich nicht einmischen werden. Weisen Sie vielmehr höflich auf diese Tatsache hin.

Tun Sie dies, bevor die Besprechung offiziell beginnt. Das ist der beste Zeitpunkt hierfür, damit diese Leute ihr Gesicht nicht verlieren. Es wird schwieriger für sie zuzugeben, in der falschen Besprechung zu sein, je länger sie dauert. Stattdessen werden sie sich beteiligen, um ihre Anwesenheit zu rechtfertigen.

8.3.4 Die richtigen Leute miteinbeziehen

Ein anderer Grund dafür, warum Personen an für sie nicht relevanten Konferenzen teilnehmen, besteht darin, daß sie nicht zu Besprechungen eingeladen wurden, die für sie wichtig waren. Die richtigen Teilnehmer auszuwählen, ist die erste Regel für erfolgreiche Besprechungen, wie wir bereits in Kapitel 7 festgestellt haben.

8.4 Maßgeschneiderte Besprechungen

Wenn Sie diese Regeln für jede Art von Besprechungen anwenden, stellen Sie eine sichere und gesunde Atmosphäre für den Ablauf Ihrer Projekte her. Dennoch werden Sie Schwierigkeiten nicht ausschließen können, wenn Sie nicht lernen, jede Besprechung maßgeschneidert vorzubereiten. Ein gutes Klima sichert auch eine gute Produktivität.

Zum Beispiel gibt es Besprechungen, um Informationen zu verteilen, Informationen zu sammeln, zu motivieren, die Anzahl von Ideen zu erweitern, die Anzahl von Ideen zu verringern - jede mit ihrer eigenen Struktur und Geschwindigkeit.

Eine Besprechung, die verschiedene Zielsetzungen hat, wird letztlich keiner gerecht werden. Auch wenn die richtige Struktur gewählt wurde, kann die Besprechung länger dauern, wenn zwei unterschiedliche Ziele erreicht werden sollen, wie in Abbildung 8-3 dargestellt.

Der erste Schritt besteht darin, das eigentliche Ziel der Besprechung festzulegen. Setzen Sie zwei Besprechungen an, wenn Sie zum Beispiel eine technische Rückschau abhalten und Plandaten diskutieren wollen. Wenn beide Besprechungen hintereinander, mit den gleichen Teilnehmern stattfinden sollen, machen Sie zwischendurch eine Pause, wechseln Sie die Räume und, zu guter letzt, ändern Sie die Sitzordnung.

Die letzte Regel für erfolgreiche Besprechungen gleicht dem Motto der Pfadfinder: Sei immer vorbereitet. Fünfundneunzig Prozent aller Besprechungen scheitern nur deshalb, weil sie nicht gut genug vorbereitet wurden. Eine Checkliste kann dabei helfen, alle administrativen Angelegenheiten zu regeln, wie z.B. die Verfügbarkeit von neuen Filzstiften. Jede Checkliste sollte deshalb mit folgender Frage beginnen:

Haben Sie für Ihre Besprechung den passenden Entwurf?

8.5 Hilfreiche Hinweise

- Wir haben "How to Make Meetings Work"[10] als einen Leitfaden für alle Arten von Besprechungen mit großem Erfolg benutzt. Häufig verteilen wir eine preiswerte Taschenbuchausgabe an alle Projektteilnehmer. Es hat sich jedes Mal ausgezahlt.

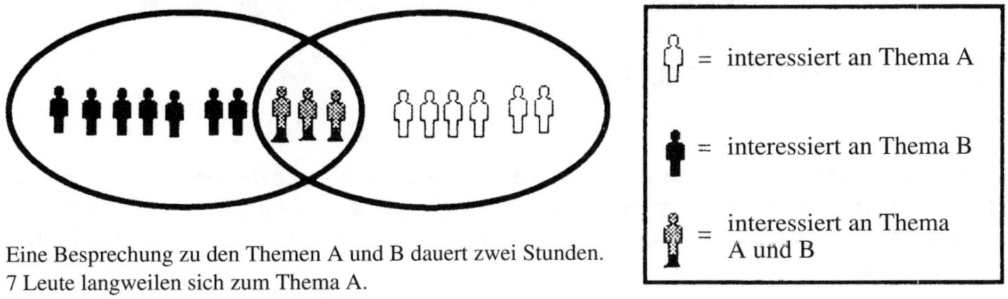

Eine Besprechung zu den Themen A und B dauert zwei Stunden.
7 Leute langweilen sich zum Thema A.
6 Leute langweilen sich zum Thema B.
13 Arbeitsstunden werden vergeudet.

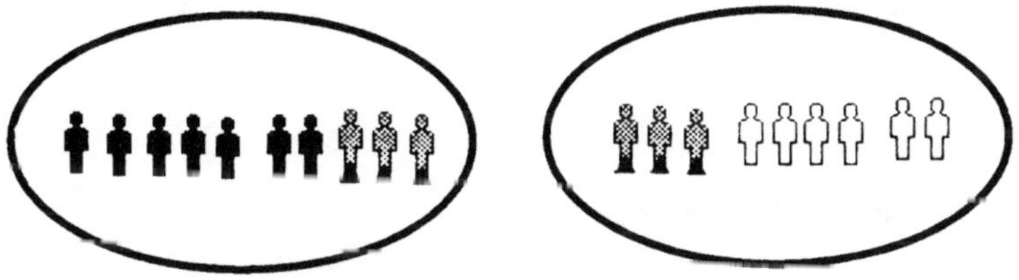

Zwei einstündige Besprechungen: Eine zum Thema A und eine zum Thema B.
Niemand langweilt sich über Thema A.
Niemand langweilt sich über Thema B.
Arbeitszeit wird nicht vergeudet.

Abbildung 8-3. Eine einzige Zielsetzung in der Agenda sorgt für begrenzte, kurze und relevante Besprechungen.

- Wenn zuviele Besprechungen abgehalten werden, könnte es sein, daß zuviele Personen am Projekt mitarbeiten. Es wäre aber auch möglich, daß die Projektorganisation nicht genügend aufgespalten wurde, so daß niemand allein etwas unternehmen kann.

---

[10] Michael Doyle and David Straus, *How to Make Meetings Work: The New Interaction Method* (Chicago: Playboy Press, 1976).

- In jeder Besprechung können Sie enorm viel durch die Beobachtung individueller Verhaltensweisen lernen. Wir werden dies in Kapitel 13 noch entsprechend berücksichtigen.

- Das Verschieben von Besprechungen führt in aller Regel zum Verlegen weiterer Besprechungen. Wenn Besprechungen immer wieder verschoben oder abgesagt werden, könnte das ein Symptom für fehlerhafte Planung, Überbelastung oder einfach für die Tatsache sein, daß das Projekt außer Kontrolle geraten ist.

8.6 Zusammenfassung

Warum?
Wegen ihrer zentralen Bedeutung im Anforderungsprozeß müssen Besprechungen wie alle anderen Werkzeuge betrachtet werden. Sie müssen geplant und sorgfältig organisiert werden. Jeder Teilnehmer muß entsprechend geschult sein. Besonders gelten sie als Maßstab für eine gesunde Projektumgebung.

Wann?
Besprechungen finden zu jeder Zeit statt, ob sie nun formlos, geplant oder auch informell auf dem Gang durchgeführt werden.

Wie?
Bedenken Sie folgendes:

1. Stellen Sie eine Atmosphäre der Sicherheit her.

2. Begrenzen Sie die Anzahl der Teilnehmer.

3. Beschränken Sie die Besprechung auf eine einzige Zielsetzung.

4. Seien Sie gut vorbereitet.

5. Setzen Sie erfahrene Moderatoren ein, wie in Kapitel 13 beschrieben wird.

Wer?
Besprechungen betreffen jeden. Spezielle Besprechungen werden mit fünfzig Personen durchgeführt, aber auch mit nur zweien. Wir wissen nie genau, wann wir selbst an einer Besprechung teilnehmen müssen. Wir müssen deshalb immer gut prepariert sein. Ein wichtiger Teil der Vorbereitung besteht darin, die richtigen Teilnehmer auszuwählen und die auszuschließen, die nicht teilnehmen sollen.

9

Mehrdeutigkeiten reduzieren - vom Beginn bis zum Schluß

Das fundamentale Problem der Anforderungsdefinition ist die Mehrdeutigkeit. In Kapitel 3 konnten wir mit Hilfe der Frage "Wie viele Punkte hat der Stern?" Mehrdeutigkeiten im Anforderungsprozeß feststellen. Wie Sie sich erinnern werden, konnte keiner der hundert Teilnehmer die Problemaussage exakt wiederholen. Die meisten Erinnerungen begannen mit den Worten "Wie viele Punkte". Es scheint so, daß alle den ersten Worten genau zuhörten, um dann ihre eigenen Vorstellungen in die Problemaussage hinein zu interpretieren. Die Simulation zeigt uns, daß wir zur Reduzierung von Mehrdeutigkeiten geeignete Werkzeuge benötigen, die uns davor bewahren, vorschnell mit Lösungen aufzuwarten. In diesem Kapitel entwickeln wir Werkzeuge, die uns helfen, Ursachen in der Problemaussage zu erkennen.

9.1 Auswendig lernen

Viele psychologische Experimente haben bewiesen, daß man sich an wichtige Informationen eher erinnern kann als an Belanglosigkeiten. Zum Beispiel finden Programmierer Fehler in Programmen, indem sie versuchen, sich bestimmte Programmabschnitte zu merken. Am schwierigsten ist es, sich an die Teile zu erinnern, die keine Bedeutung haben. Hier finden sich auch die meisten Fehler. Das gleiche trifft auch auf Anforderungsdokumentationen zu.

An den "Wie viele Punkte" Teil der Sternfrage können sich viele nicht nur erinnern, weil das der erste Teil der Frage war, sondern weil dessen Bedeutung unmißverständlich verstanden wurde. Wir können aus dem Verhältnis von Gedächtnis und Bedeutung eine Methode zum Identifizieren von Mehrdeutigkeiten in der Problemaussage herleiten. Bitten Sie also die Teammitglieder, sich an eine bestimmte Problemaussage zu erinnern, ähnlich wie im Sternenbeispiel. Abschnitte, an die sich die Gruppe nicht gut erinnern kann, sind offensichtlich nicht verständlich geworden und deshalb häufig Ursachen für Mehrdeutigkeiten.

Eine Variation dieser Methode ist denkbar, auch wenn keine explizite Problemaussage vorliegt. Fragen Sie die betreffenden Personen nach den kritischen Aspekten und Ereignissen in der Problemaussage. Sie sollten diese Aufgabe so selbständig wie möglich erledigen, um die Unterschiede später besser herausarbeiten und diskutieren zu können.

Nach erfolgter Diskussion werden die kritischen Aspekte und Ereignisse nochmals, so vollständig wie möglich, definiert. Dann führen Sie eine Umfrage durch, um den Fortschritt zu messen und um festzustellen, ob weitere Klärung notwendig ist.

9.2 Fortführen der Meinungsumfrage

Die Meinungsumfrage ist ein zusätzliches Werkzeug zum Reduzieren von Mehrdeutigkeiten. Mit einer einmaligen Umfrage erzielen Sie eine Momentaufnahme. Mehrere Umfragen zeigen Ihnen, wie sich Meinungen und Bedeutungen im Laufe des Prozesses verändern. Zum Beispiel waren einige Seminarteilnehmer sehr erstaunt darüber, daß sie sich nicht mehr an bestimmte Wörter aus der Problemaussage "Aus wie vielen Punkten besteht der Stern, der auf der Fokusfolie während der Präsentation gezeigt wurde" erinnern konnten. Die Teilnehmer wurden ein drittes Mal gebeten, die richtige Antwort zu schätzen. Die Verteilung ist in Abbildung 9-1 zu sehen.

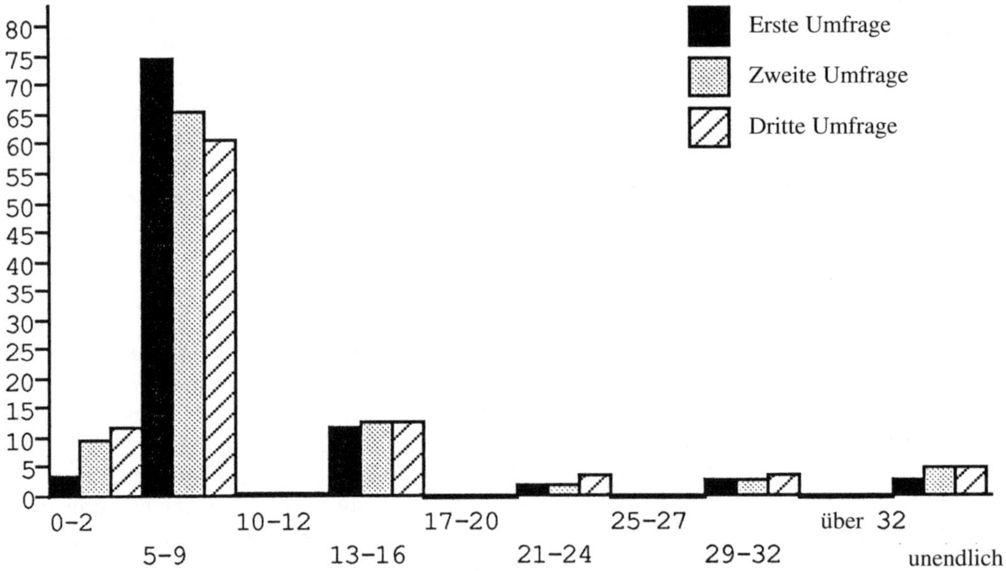

Abbildung 9-1. Unterschiedliche Antworten, nachdem die Teilnehmer die Problemaussage gesehen hatten.

Nur einige wenige, von einhundert Teilnehmern änderten ihre Meinung (oder Veränderungen wurden kompensiert). Wir könnten also versucht sein anzunehmen, daß Mehrdeutigkeiten in der Problemaussage nur eine unwesentliche Rolle spielen. Bevor wir diesen Schluß ziehen konnten, forschten wir nach möglichen Trends oder Mustern bei denen, die ihre Meinung geändert hatten. Wir versuchten, diejenigen besser zu verstehen, die ihre Meinung geändert hatten und entdeckten neue, mehrdeutige Aspekte zu dem Problem.

9.3 Die "Der Kuckuck auf dem Zaune saß" Methode

Im Leben haben wir aber nicht immer einhundert Personen, die wir befragen können. Wir brauchen also noch andere Methoden, um Mehrdeutigkeiten zu identifizieren. Wir benötigen ein Werkzeug, mit dem Mehrdeutigkeiten in schriftlichen Problemaussagen schnell festgestellt werden können.

Kinderreime sind bekannte Beispiele für Mehrdeutigkeiten. Sie wurden über Hunderte von Jahren von Kind zu Kind weitergegeben. Ihre ursprüngliche Bedeutung könnte also verlorengegangen sein oder sich zumindest verändert haben.

Es kann also nicht verwundern, wenn wir unsere nächste wirksame Methode mit einem Kinderreim veranschaulichen.

Der Kuckuck auf dem Zaune saß,
da kam der Regen, da ward er naß.
Da kam der liebe Sonnenschein,
da ward der Kuckuck hübsch und fein.

Es ist möglich, daß sich in diesem Reim versteckte Bedeutungen finden lassen. Wenn wir uns auf jedes der Wörter aus der ersten Zeile konzentrieren, können wir leicht 6, wenn nicht mehr verschiedene Bedeutungen herauslesen.

Der Kuckuck auf dem Zaune saß
(Ein bestimmter Kuckuck, nicht irgendeiner)

Der *Kuckuck* auf dem Zaune saß
(Es war ein Kuckuck und keine Amsel oder Meise)

Der Kuckuck *auf* dem Zaune saß
(Er saß nicht unter oder in dem Zaun)

Der Kuckuck auf *dem* Zaune saß
(Er saß auf einem bestimmten Zaun)

Der Kuckuck auf dem *Zaune* saß
(Er saß nicht auf dem Baum oder dem Haus)

Der Kuckuck auf dem Zaune *saß*
(Er sitzt nicht mehr)

Als "tour de force" offerieren wir alle sechs Wörter betont:

Der Kuckuck auf dem Zaune saß
(Als Kontrast zu den Spatzen, die auf einer Fernsehantenne sitzen).

Die übrigen Kombinationen können Sie als Übung durcharbeiten. Wenn Sie damit fertig sind, werden Sie feststellen, daß die nicht betonte Zeile am schwierigsten zu verstehen ist:

Der Kuckuck auf dem Zaune saß
(Warum erzählen Sie uns das?)

Obwohl dieses Beispiel lächerlich erscheint, hat es uns doch beim Überprüfen von Anforderungen geholfen, über Jahre hinweg viel Geld[11] zu sparen.

9.4 Die "Vom Regen in die Traufe" Methode

Eine andere Methode zum Reduzieren von Mehrdeutigkeiten kann mit dem gleichen Kinderreim illustriert werden. Bei dieser Methode ersetzen wir *Schlüsselwörter* durch Synonyme, die völlig ohne Kontext sind. Hinterher wird der Kunde seine Problemaussage in einem anderen Kontext darstellen, eine Hauptursache für Mehrdeutigkeiten.

Die Überprüfung der beiden Wörter "saß" und "Kuckuck" ergibt überraschende Interpretationen. Hier sind einige Definitionen, reich an verschiedenen Möglichkeiten aus dem Wörterbuch:

saß - Vergangenheit von sitzen

sitzen - 1: Jemandem im Nacken sitzen
2: Ihm sitzt der Schalk im Nacken
3: In der Patsche sitzen
4: Fest im Sattel sitzen
5: Im Gefängnis sitzen
6: Der Schuß sitzt
7: Der Hieb sitzt
8: Der Nagel sitzt fest

Kuckuck - 1: Hol ihn der Kuckuck
2: Zum Kuckuck
3: Das mag der Kuckuck wissen
4: Jemanden ein Kuckucksei ins Nest legen

Indem wir diese Definitionen in verschiedener Weise kombinieren, können wir viele neue Interpretationen von "Der Kuckuck auf dem Zaune saß" entdecken.

---

[11] Wir haben diese Methode erstmals in unserem Buch über Problemdefinitionen, *Are Your Lights on? How to Know What the Problem Is*, 2. Ausgabe (New York: Dorset House Publishing, 1989) erklärt. Siehe auch "*Functional Specifications Review*" in Daniel P. Freedmans und Gerald M. Weinbergs *Handbook of Walkthroughs, Inspections, and Technical Reviews*, 3. Ausgabe (Chicago: Scott, Foresman and Co., 1983), für zusätzliche Beispiele.

sitzen	Kuckuck	Interpretation
2	3	Ob ihm der Schalk im Nacken sitzt mag der Kuckuck wissen.
6	2	Zum Kuckuck, der Schuß hat gesessen.
4	4	Er saß solange fest im Sattel, bis ihm jemand ein Kuckucksei ins Nest legte.
8	2	Zum Kuckuck, der Nagel sitzt aber fest.
5	1	Hol ihn der Kuckuck, wenn er im Gefängnis sitzt.

Andere Interpretationen können als Übung entwickelt werden. Bei der Überprüfung der übrigen Zeilen des Reimes können wir versuchen die wahre Bedeutung herauszufinden. Die zweite Zeile sagt:

Da kam der Regen, da ward er naß.

Bei der Überprüfung von "Regen" und "naß" finden wir:

Regen - Vom Regen in die Traufe
naß - für naß

Wir sehen also, daß es sich in dem Reim um jemanden handelt, der so lange eine unbestrittene Position innehatte, bis ihn jemand einer Verfehlung beschuldigte. Von da an kam er vom Regen in die Traufe. Es brachen aber wieder bessere Zeiten an, denn:

Da kam der liebe Sonnenschein,
da ward der Kuckuck hübsch und fein.

Die allgemeine Ansicht, daß es in dem Reim um einen unschuldigen Vogel geht, der vom Regen überrascht wird, könnte als naiv bezeichnet werden, im Gegensatz zur Interpretation von gebildeten Erwachsenen. Ohne den Sinn noch einmal zu überdenken ist, basierend auf einer falschen Interpretation, das Design eines falschen Produktes unumgänglich.

9.5 Anwenden der Methode auf das Sternproblem

Um zu sehen, wie einfach ein naiver Produktentwickler Millionen sparen kann, wenden wir nun die beiden Methoden auf das Sternproblem an. Es ist realistischer als der Kinderreim und wir werden den Wert der Methoden deutlicher erkennen. Wir werden sehen, ob sich glaubhaftere Interpretationen ergeben.
Zur Wiederholung - die Problemaussage lautet:

Wie viele Punkte waren in dem Stern, der auf der Fokusfolie für diese Präsentation gezeigt wurde?

Zuerst wenden Sie die Methode "Der Kuckuck auf dem Zaune saß" an:

Wie viele Punkte ...
Wie **viele** Punkte ...

Das gibt noch nicht sehr viel her. Wenn wir aber folgendes versuchen:

Wie viele **Punkte** ...

erkennen wir neue Möglichkeiten. Das eigentliche Problem könnte im Wort *Punkt* liegen. Wir konsultieren wieder unser Wörterbuch:

Punkt - 1: Auf dem Punkte, wo die Sachen stehen
2: Bis auf den Punkt
3: Punkt für Punkt
4: Höchster Punkt
5: In vielen Punkten
6: Sich in einem Punkt schneiden (Geometrie)
7: Den Punkt aufs i setzen
8: Nach Punkten siegen
9: Der springende Punkt
10: Der strittige Punkt
11: Auf dem toten Punkt
12: Nach Punkten verlieren
13: Der wunde Punkt
14: Punkt acht Uhr
15: Grundgebilde der Geometrie
16: Satzzeichen; am Ende eines Aussagesatzes
17: Nach Abkürzungen
18: Maßeinheit für die Schriftgröße (Buchdruck)
19: Auf den Punkt bringen
20: Platz, Lokalität
21: Sehr kleine Markierungen
22. Genaue Momente

Wir haben es wahrscheinlich auf den Punkt gebracht, sonst könnten wir noch zusätzliche Definitionen auflisten. Das aber würde uns keine zusätzlichen Punkte einbringen, denn ungeachtet einer Bereinigung der Liste erscheint die Situation hoffnungslos. Lassen Sie es uns trotzdem versuchen!

Im Kontext zu Don's Stern zeigt sich die Definition in 15 am sinnvollsten. Die Frage würde sich demnach folgendermaßen lesen:

> Wie viele Grundgebilde der Geometrie befanden sich in dem Stern, der auf der Fokusfolie für diese Präsentation gezeigt wurde?

Aber es gibt noch andere plausible Interpretationen. Definition 21 erscheint auch vernünftig:

> Wie viele kleine Markierungen befanden sich in dem Stern, der auf der Fokusfolie für diese Präsentation gezeigt wurde?

Mit anderen Worten: Wieviele Gründe gab es, die Sternfolie zu zeigen? Wir könnten uns mehrere Ursachen vorstellen:

1. Um den Projektor zu fokussieren

2. Um zu sehen, ob alle aufpassen

3. Um den Projektor für die folgenden Folien zu justieren

4. Um das Seminar zur Ordnung zu rufen

5. Um das Thema Mehrdeutigkeiten mit seinen Ursachen anzusprechen

> Wie viele Endpunkte einer geraden Linie waren in dem Stern, der auf der Fokusfolie für die Präsentation gezeigt wurde?

Mit dieser Interpretation würden wir die internen, als auch die externen Punkte des Sterns zählen. Die Antwort wäre 14 für einen 7-Punkte Stern.

> Wie viele Lokalitäten waren in dem Stern, der auf der Fokusfolie für die Präsentation gezeigt wurde?

Diese Definition würden wir auf einer Landkarte erwarten, aber gab es einen Anlaß, die Folie als Landkarte zu interpretieren?

> Wie viele Augenblicke waren in dem Stern, der auf der Fokusfolie für die Präsentation gezeigt wurde?

Es gab einen Augenblick, in dem der Redner anfing zu sprechen. Dann gab es einen Moment, als der Redner erwähnte, er würde diese Folie als Fokusfolie verwenden, oder den Moment, als die Folie vom Projektor genommen wurde.

> Wie viele sehr kleine Markierungen waren in dem Stern, der auf der Fokusfolie für die Präsentation gezeigt wurde?

Einige Leute erinnern sich an Punkte oder "sehr kleine Markierungen" innerhalb des Sterns. Während einer Diskussion mit Teilnehmern entdeckten wir, daß dies an einigen Stellen die Gruppen erklärte. Außerdem endeten die geometrischen Definitionen in den Gruppen als unendliche Größe.

Andere Wörter in der Originalfrage ergeben auch interessante Interpretationen:

> Wie viele Punkte waren *in* dem Stern, der auf der Fokusfolie für die Präsentation gezeigt wurde?

Die Betonung auf "in" verleiht den Personen Glaubwürdigkeit, die den Punkt eher als Fleck interpretiert hatten.

> Wie viele Punkte waren in dem Stern, der auf der Fokusfolie für die Präsentation *gezeigt* wurde?

Welcher Stern wurde tatsächlich zur Fokussierung gezeigt? Don sagte: "Ich möchte diese Folie (er meinte die erste) als Fokusfolie für diese Präsentation benutzen", aber er fokussierte den Projektor erst, als schon die nächste Folie auflag. Die zweite Folie, mit "Convergent Design Processes" bezeichnet, zeigt viele Sterne auf zwei Kurven. Einige Leute würden sie Sternchen nennen. Für Computerexperten sind es Sterne. Die Kombination "*.*" wird von Programmierern als "Stern, Punkt, Stern" interpretiert.

Wie viele Punkte besitzt jeder Stern? Es könnten acht sein, wenn wir die Enden zählen, oder einer, wenn wir die Schnittpunkte der Linien berücksichtigen. In der darauf folgenden Diskussion bemerkten wir, daß einige Teilnehmer die zweite Folie als Fokusfolie interpretiert hatten, zählten einen Punkt pro Stern und kamen so zu der Gruppe von 29-32.
In dieser Gruppe fand sich auch die Antwort von jemandem, der sich folgendermaßen an die Frage erinnerte:

> Wie viele *Sterne* waren auf der *Folie*, die als Fokusfolie für diese Präsentation zu sehen war?

Diese Interpretation überraschte sogar Don, für den dieser Fall ein schlagender Beweis für die Macht der Beobachtung, der Erinnerung und der Probleminterpretation ist, die verbunden mit einer kleinen Erinnerungslücke zu einer Lösung für das falsche Problem führen kann.
Aber wir sind noch nicht am Ende angelangt:

> Wie viele Punkte waren in dem Stern, der auf der Fokusfolie für *diese* Präsentation zu sehen war?

Für welche Präsentation? Für das gesamte Seminar? Der Teil, der nach der Kaffeepause begann, der mit der nun bekannten Frage? Im zweiten Fall müssen wir die erste Folie nach der Kaffeepause betrachten:

> **Wie viele Punkte waren in dem Stern, der auf der Fokusfolie für diese Präsentation zu sehen war?**

Auf der Folie ist "Punkte" (als Wort) zu sehen. Die Schriftart war 12 Punkte groß. Die Diskussion brachte Dutzende von Punkten hervor. Wurde diese Folie aber tatsächlich als Fokusfolie verwendet? Auf jeden Fall, denn sie lenkte die Aufmerksamkeit der Teilnehmer auf die Methoden zur Reduzierung von Mehrdeutigkeiten in Problemaussagen.

9.6 Hilfreiche Hinweise

- Wenn eine "Was soll's"-Einstellung bei den Teilnehmern vorherrscht, können diese Werkzeuge nicht erfolgreich eingesetzt werden. Wegen der manchmal lächerlichen Resultate könnte man glauben, daß die "Der Kuckuck auf dem Zaune saß" Methode und andere, nichts weiter als lustige Spiele sind. Beobachten Sie aber die Einstellung und konfrontieren Sie die Personen damit, die sich geduldig mit den Methoden befassen. Wenn Sie die erste ernsthafte Mehrdeutigkeit festgestellt haben, müssen sie nicht länger überzeugt werden.

- Andererseits erfordern diese Methoden eine spielerische Atmosphäre, um erfolgreich zu sein. Wenn Dinge hier zu ernst genommen werden, führt dies oft zu unsinnigen Interpretationen. Bereiten Sie die Gruppe darauf vor.

9.7 Zusammenfassung

Warum?
Das fundamentale Problem bei der Anforderungsdefinition sind Mehrdeutigkeiten, und diese Methoden sind wirksame Werkzeuge, um Mehrdeutigkeiten zu reduzieren.

Wann?
Verwenden Sie die verschiedenen Methoden, um Ursachen für Mehrdeutigkeiten, die durch Fehler verursacht werden, bei der

Beobachtung:	Unterschiede in dem, was Personen hören oder sehen
Erinnerung:	Unterschiede in dem, an was sich Personen erinnern
Interpretation:	Unterschiede in der Interpretation von Ereignissen
Problemverständnis:	Unterschiede in der Art und Weise, wie Personen das Problem individuell gern gelöst hätten

Wie?
Zusammenfassend gibt es vier Methoden, um Mehrdeutigkeiten zu erkennen:

1. Die Umfrage: Erstellen Sie sich Meßkriterien (wie Leistung, Fertigstellungszeit, Kosten), die ein gesundes Verständnis des Problems erfordern. Verteilen Sie die Problemaussage (Anforderungen), und fragen Sie nach dem Wert der Meßkriterien. Bringen Sie die betreffenden Personen zusammen, vergleichen und diskutieren Sie die tabellarischen Resultate.

2. Die Erinnerungsmethode: Verschiedene Personen versuchen sich präzise an die Probleme zu erinnern. Für Teile, an die sie sich nicht mehr gut erinnern können, ist die Bedeutung wahrscheinlich nicht vollständig klar geworden.

3. Die "Der Kuckuck auf dem Zaune saß" Methode: Lesen Sie die Aussage mehrere Male, und betonen Sie jedes Mal ein anderes Wort, bis Sie so viele Interpretationen wie möglich erhalten.

4. Die "Vom Regen in die Traufe" Methode: Stellen Sie Schlüsselwörter fest und listen Sie all ihre Definitionen auf. Mischen Sie diese Definitionen und formen Sie neue Interpretationen.

Wer?
Geben Sie diese Methoden an alle Personen weiter, die mit Anforderungen zu tun haben.

Teil 3

Alle Möglichkeiten erforschen

Menschen sind nicht nur Forscher sondern auch Benutzer von Werkzeugen und Werkzeughersteller. Einige dieser Werkzeuge sind gegenständlich wie Meißel oder Computer. Andere dagegen sind Methoden zum Benutzen von Meißeln oder Computerprogrammen. Das Wort "Werkzeug" kann unterschiedlich interpretiert werden: zum Beispiel als physisches Werkzeug; aber in diesem Buch verwenden wir es, um Methoden und Programme zu bezeichnen.

Wann immer Menschen forschen, erweitern sie ihre Fähigkeiten durch die verschiedensten Werkzeuge. Sie haben Werkzeuge, um sich zu bewegen, wie Beine, Kanus, Jeeps und Hubschrauber; Werkzeuge zur Wahrnehmung, wie Augen, Ohren, Nasen, Teleskope, Mikroskope, Radar und Satelliten. Werkzeuge existieren zum Aufnehmen von Informationen, wie das Gehirn, Notizbücher und Markierungen in der Baumrinde. Werkzeuge zur Analyse und als Entscheidungshilfe für den nächsten Schritt sind Intuition, menschliche Führer, Uhren, Anleitungen und Karten.

Dieses Buch ist mit Anforderungswerkzeugen angereichert, die von den gewöhnlichen Werkzeugen für das Bewegen, Wahrnehmen, für die Analyse und die Entscheidung abweichen, obwohl sie ähnliche Funktionen wahrnehmen. Die meisten von ihnen sind unabhängig voneinander generell einsetzbar und beweglich, sie können also im Kopf behalten werden. Sie können individuell oder in der Kombination mit anderen Werkzeugen eingesetzt werden.

Abbildung III-1 zeigt ein solches Forschungsmodell als Expedition durch den "Ideendschungel". Wenn ein Hubschrauber irgendwo im Urwald landet, dann ist das meist nicht der endgültige Landeplatz, "Der goldene Tempel der besten Ideen". Häufig landet er im Norden - zu viele Ideen - oder im Süden - zu wenige Ideen. Der Forscher muß sich also entscheiden, welche Werkzeuge er einsetzt, um den golden Tempel zu finden.

In Abbildung III-2 sehen wir die "Forschungsspirale", mit deren Hilfe sich die Forscher auf den goldenen Tempel zubewegen. Sie haben Werkzeuge, die ihnen sagen, ob sie sich nördlich oder südlich vom Tempel befinden und andere Werkzeuge, die sie in die richtige Richtung transportieren können. In diesem Buch finden Sie drei verschiedene Kategorien: Werkzeuge, die Ihnen sagen, wo Sie sich befinden (zu viele Ideen, zu wenige Ideen, die richtigen Ideen), Werkzeuge, die Sie nach Süden bringen (durch das Reduzieren der Ideenanzahl) und Werkzeuge, die Sie nach Norden bringen (durch das Erhöhen der Ideenanzahl).

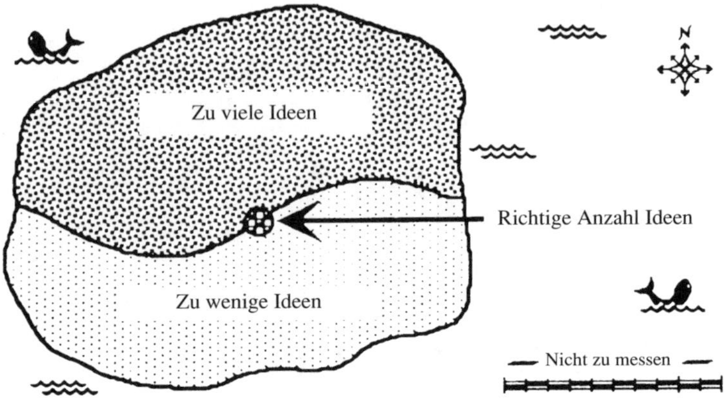

Abbildung III-1. Der Ideendschungel versteckt den goldenen Tempel der besten Ideen.

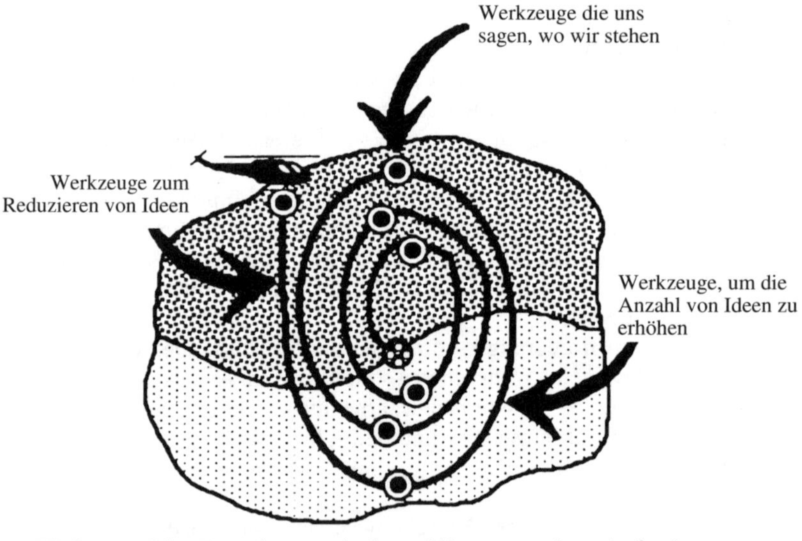

Abbildung III-2. Die Forschungsspirale schlägt vor, den Anforderungsprozeß nicht linear zu entwickeln, sondern spiralförmig um das Ziel herum, mit immer enger werdenden Kreisen.

In den folgenden Kapiteln werden Forschungswerkzeuge diskutiert, die aufregende Ziele im Anforderungsprozeß aufzeigen.

10

Besprechungen zum Hervorbringen von Ideen

Es braucht mehr als nur guten Willen, um eine Besprechung zu organisieren, in der Ideen hervorgebracht werden können. Es braucht auch mehr als eine Anzahl guter Besprechungsregeln. Wir benötigen Besprechungen, die so gestaltet werden, daß Ideen erzeugt werden können. Musterbeispiel für eine derartige Besprechung ist das Brainstorming, ausgedacht von Alex F. Osborne und angewendet seit mehr als vierzig Jahren. Viele Methoden verwenden das Brainstorming als wesentliche Komponente.

Brainstorming wurde in den normalen Sprachgebrauch mit vielen unterschiedlichen Interpretationen aufgenommen. Wenn wir sagen: "Laßt uns Brainstormen", dann wird daraus oftmals ein "Schneesturm", der unser Gehirn einfriert, uns unter einem Schneehügel begräbt und uns dabei völlig kalt läßt. Lassen Sie uns einen typischen Schneesturm beobachten, um daraus bessere Methoden zur Ideenerzeugung kennenzulernen.

10.1 Ein typischer "Brainblizzard"

Jack, Martha, Sid, Ned und Retha erscheinen um 8.50 Uhr vor dem Konferenzraum 1470B. Dort befindet sich eine Kaffeekanne und ein Tablett mit Kuchen. Um 9.00 Uhr betritt Jack den Raum, nimmt sich einen Filzstift und schreibt die Agenda auf die Tafel: ANFORDERUNGSIDEEN FÜR DAS "BITTE-NICHT-STÖREN PROJEKT".

Jack: Vielen Dank, daß Ihr so pünktlich erschienen seid. Wir haben neue Filzstifte und Erfrischungen. Ich glaube es wird eine gute Besprechung werden. Hat jemand eine Idee?

Zara: Was versteckt sich hinter dem "Bitte-Nicht-Stören-Projekt"?

Jack: Du solltest wissen, daß wir an einer besseren Kundenakzeptanz für das Hotel unseres Klienten arbeiten.

Zara: Ich würde es das "Glücklicher Reisende Projekt" nennen.

Martha: Du meinst wohl das "Ritz Hotel Projekt"?

Jack: Es spielt keine Rolle, wie wir das Projekt nennen. Laßt uns nun einige Ideen zu Papier bringen.

Martha: Gut, ich glaube, wir sollten den Eindruck vermitteln, daß es sich hier um ein Luxushotel handelt.

(Jack verzieht das Gesicht und schreibt etwas in sein Notizbuch).

Sid: Poliertes Messing.

Jack: Was meinst Du?

Sid: Eleganz.

Martha: Ich glaube, er meint poliertes Messing erweckt einen eleganten Eindruck.

Retha: Poliertes Messing ist zu teuer.

Ned: Nicht, wenn Du es mit anderen Materialien vergleichst. Wir könnten sogar Gold nehmen oder zumindest Blattgold.

Retha: Ja, Gold ist teurer, aber Messing muß jeden Tag poliert werden. Dadurch erhöhen sich die laufenden Personalkosten.

Zara: Ich mag Gold. Es fühlt sich gut an.

Sid: Räuber.

Jack: Was hat das zu bedeuten?

Martha: Ich glaube, er meint, daß Gold gestohlen werden könnte.

Retha: Diese Tatsache muß in die Kostenbetrachtung einfließen.

(Retha steht auf, geht zur Tafel und notiert eine Gleichung. Sid erhebt sich, nimmt sich einen Filzstift und malt etwas, das aussieht wie ein Brausekopf).

Jack: Könnten wir jetzt auf unser Thema zurückkommen. Ich würde gerne sehen, wie das "Bitte-Nicht-Stören" Schild aussehen sollte.

Ned: Warum? Wir können es nirgendwo anhängen, bevor wir uns keine Gedanken über die Türgriffe gemacht haben.

Sid: Haken.

Jack: Ich ignoriere das einfach. Wie sollte das Schild also aussehen?

Ned: Ich glaube, wir gehen zu sehr ins Detail. Wir sollen ja schließlich nicht das Schild entwerfen, sondern nur die Anforderungen definieren. Wir müssen also erst den Türgriff entwerfen, bevor wir wissen, ob man das Schild daran aufhängen kann. Ich war letzte Woche in einem Hotel, das hatte solche Griffe, wie sie als Fensterhebel in europäischen Hotels verwendet werden. Immer wenn ich die Tür schloß, fiel das Schild hinunter. Als ich gerade im Bad war, kam das Zimmermädchen herein. Wie peinlich. Ich suchte nach einem Handtuch und sie versuchte mir etwas zu sagen, sprach aber kein Englisch und ich brachte kein Wort heraus...

Jack: Wir weichen vom Thema ab. Kannst Du Dich kürzer fassen?

Ned: Du hattest genug Zeit, Deine eigenen Ideen einzubringen. Du hast bisher noch nichts aufgeschrieben.

(Jack schaut auf die Uhr, dann schließt er sein Notizbuch).

Jack: Ich glaube, ich habe genügend Ideen gesammelt, und wir haben sowieso keine Zeit mehr. Erinnert Euch, wir wollten pünktlich Schluß machen. Vielen Dank für Eure großartigen Ideen. Ich bin mir sicher, daß Eure Kunden dieses "Bitte-Nicht-Stören"-Projekt mögen werden. Nochmals vielen Dank!

> Leser: Wenn Sie sich die Brainstorming-Regeln ansehen, denken Sie daran, wie häufig Jack und seine Kollegen sie bei ihrem Versuch verletzt haben, neue Ideen für das "Bitte-Nicht-Stören-Projekt" zu generieren.

10.2 Brainstorming - Erster Teil

Osborne beschreibt eine bestimmte Methode, an die Sie sich aber nicht haargenau halten müssen. Verwenden Sie seine vier wichtigen Regeln als Basis und schmücken Sie jede so aus, wie Sie es für die Generierung von Ideen für nötig halten.

10.2.1 Erlauben Sie keine Kritik oder Debatten

Osborne besteht darauf, daß nachteilige oder positive Beurteilungen von Ideen auf später verschoben werden. Jede Idee wird vom Protokollführer aufgeschrieben wie von einem Automaten. Warum? So wird sichergestellt, daß Ideen nicht verlorengehen, Leute sich nicht selbst zensieren und die Besprechung nicht in unsinnige Argumentationen über den Wert von

Ideen ausartet. Die meisten guten Ideen auf der Welt wurden zunächst für "dumm" gehalten.

Natürlich erweisen sich die meisten Ideen, die sich dumm anhören auch als dumm und viele Teilnehmer fühlen sich nicht wohl, wenn Dummheiten auch noch aufgeschrieben werden. Deshalb sollte eine derartige, nicht überarbeitete Liste niemals den Rahmen einer Besprechung verlassen. In der Agenda muß genügend Zeit vorgesehen werden, um die Liste nach Beendigung des Brainstormings noch einmal aufzubereiten. Wenn die Teilnehmer dies verstehen, können sie sich entspannen und in Ruhe die unmöglichsten Ideen hervorbringen. Nur, eine von ihnen sollte ein Rohdiamant sein.

Abbildung 10-1. Erlauben Sie keine Kritik und Debatten.

10.2.2 Lassen Sie Ihrer Vorstellungskraft freien Lauf

Osborne sagt, je wilder eine Idee ist, desto besser. Die Besprechungsatmosphäre muß also dergestalt sein, daß die Teilnehmer nicht befürchten müssen, einen dummen Eindruck zu hinterlassen. Wie kann das erreicht werden? Der Moderator kann die Besprechung mit einigen verrückten Ideen beginnen. Es können lustige Hüte ausgeteilt werden, um die Teilnehmer zu inspirieren unterschiedliche Persönlichkeiten darzustellen. Am wichtigsten ist es, daß der Moderator jeden Kommentar vermeidet, der zu ernst oder zu spöttisch ist. Wenn niemand lacht, dann wird es keine gute Besprechung (Abbildung 10-2).

10.2.3 Auf Quantität achten

Osborne bemerkte, daß viele Ideen mit Rohdiamanten gleichzusetzen sind. Konsequenterweise muß also das Brainstorming so organisiert sein, daß möglichst viele Ideen herauskommen. Druck dabei ist deshalb nicht nur eine "Zeitverschwendung", sondern auch eine Art von Zensur. Wenn die Zeit ein Problem darstellt, so muß die Gruppe herausgefordert werden, ein große Anzahl von Ideen innerhalb einer vorgegebenen Zeitspanne zu produzieren.

Abbildung 10-2. Der Vorstellungskraft freien Lauf lassen.

Nutzen Sie alle verfügbare Zeit. Moderatoren könnten versucht sein, mehr Ideen zu provozieren; stattdessen sollten sie geduldig schweigen können. Normalerweise bringt eine lange Schweigeperiode eine hervorragende Idee hervor (Abbildung 10-3).

Abbildung 10-3. Auf Quantität achten.

10.2.4 Mutieren und Kombinieren von Ideen

In einer vorbildlichen Brainstorming-Atmosphäre werden Teilnehmer gefragt, bereits bestehende Ideen zu variieren oder zu kombinieren. Diese "Verbesserungen" werden nicht als Kritik an der bestehenden Idee bewertet, sondern nur als Veränderung. Die veränderten Ideen werden wie neue Ideen betrachtet und aufgeschrieben.

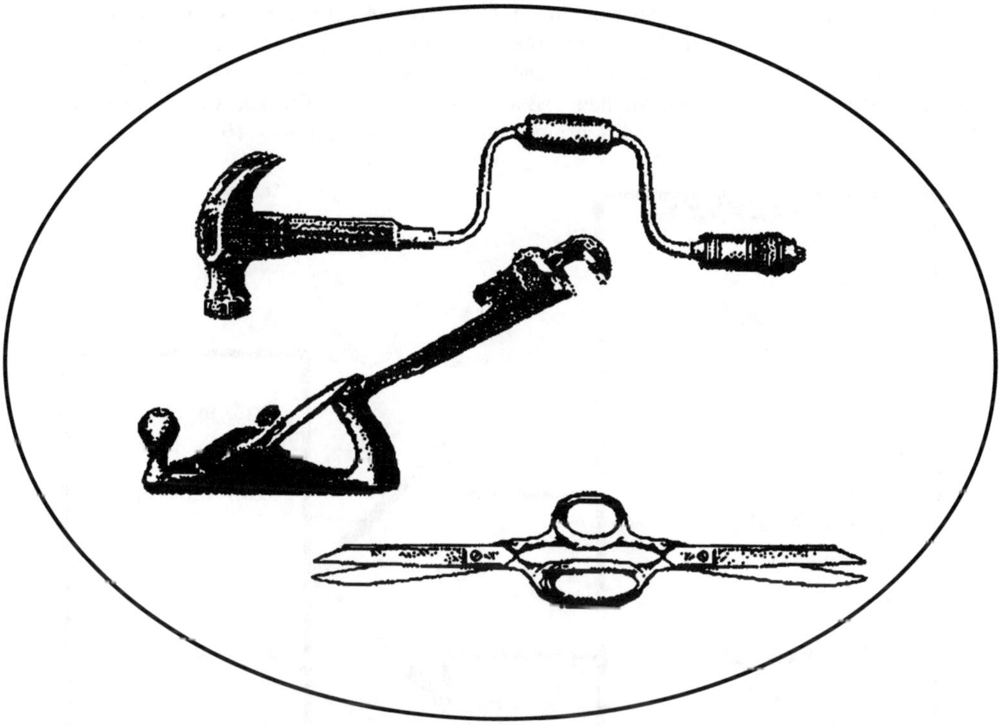

Abbildung 10-4. Mutieren und Kombinieren von Ideen.

Der Variationsprozeß sollte so gestaltet sein, daß alle Ideen aufgeschrieben und zu jeder Zeit gut sichtbar aufgehängt werden. Wenn notwendig, sorgen Sie dafür, daß mehrere Personen die Einfälle notieren und gleich an den Wänden befestigen. Die Besprechung könnte zu sehr kontrolliert wirken und somit Ideen unterdrücken, wenn der Moderator sich an der Aufnahme der Gedanken beteiligte. Wählen Sie eine Aufzeichnungsmethode, welche die Energie in der Besprechung maximiert und ändern Sie die Methode, falls die Energie zu zerfallen droht.

10.3 Brainstorming - Zweiter Teil

Brainstorming - Teil 1 - soll möglichst die Anzahl der Einfälle maximieren, während Brainstorming - Teil 2 - die Liste der Ideen auf ein übersichtliches Maß reduzieren sollte.

Es existiert eine Anzahl von potentiellen Methoden, um Ideen zu reduzieren, die einzeln oder auch als Kombination angewendet werden können. Fünf solcher Methoden werden nachfolgend diskutiert.

10.3.1 Wählen mit begrenzter Stimmenzahl

Alle Teilnehmer haben eine bestimmte Anzahl von Stimmen, sagen wir fünf, die sie individuell auf die gesammelten und aufgeschriebenen Einfälle verteilen können. Die Teilnehmer können einer Idee auch mehr als eine Stimme geben. Sie können beeinflussen, ob eine Idee weiterhin in der Diskussion bleibt, wenn sie ihr alle ihre Stimmen geben. Sie können dann natürlich nicht mehr für andere Gedanken stimmen. Die Ideen, mit den meisten Stimmen werden auf ein neues Blatt Papier notiert. Einfälle unter einem Limit, sagen wir von sechs Stimmen, werden nicht übertragen. (Abbildung 10-5).

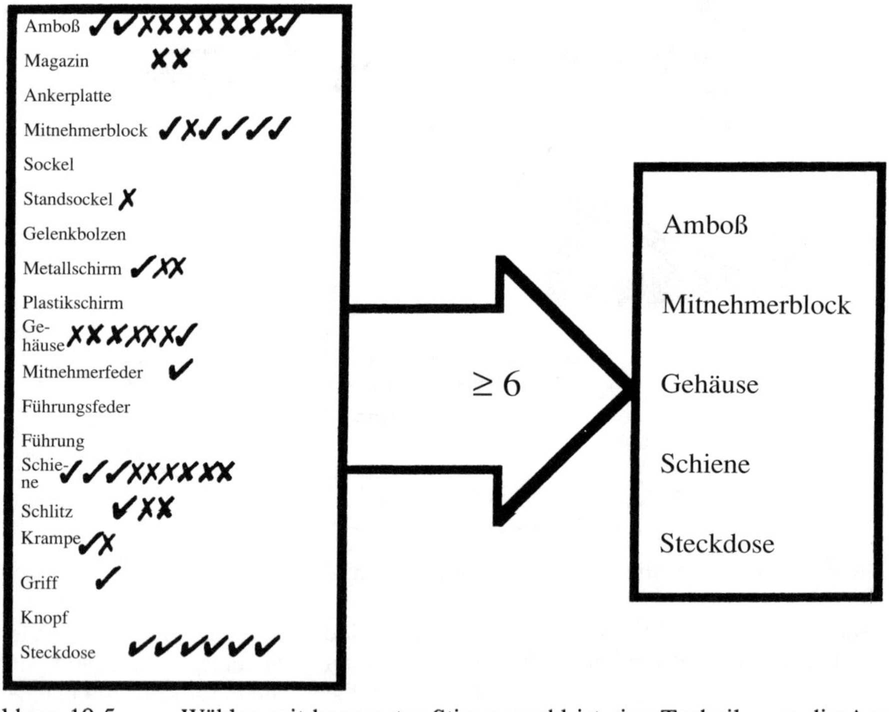

Abbildung 10-5. Wählen mit begrenzter Stimmenzahl ist eine Technik, um die Anzahl von Ideen zu reduzieren. Hier gibt es eine Begrenzung von sechs, um die Anzahl von Maschinenteilen zu reduzieren.

Wenn die Notwendigkeit besteht, könnte die Gruppe die neue Liste durch Wählen mit begrenzter Stimmenzahl, weiter reduzieren. Die Gruppe könnte bei jeder Runde die Stimmenzahlbegrenzung verändern, um sicherzustellen, daß die Liste kleiner wird. Letztlich versucht die Gruppe die besten Einfälle der verbliebenen Liste in eine einzige Idee umzuwandeln. Dieser Ansatz erfordert die Beteiligung aller und niemand sollte sich dabei ausgeschlossen fühlen.

10.3.2 Wählen durch Vortragen

Jeder Teilnehmer erhält nur drei Stimmen. Alle anderen Ideen, auch wenn sie nur eine Stimme erhalten haben, werden festgehalten. Schreiben Sie die verbliebenen Ideen noch einmal auf und bitten Sie jemanden, der sich nicht für eine bestimmte Idee entschieden hat, gerade darüber zu sprechen. Wenn Sie über eine Idee reden, für die Sie nicht gestimmt haben, können Sie mehr über deren Hintergrund lernen und auch einige politische Aspekte aus dem Reduktionsprozeß nehmen. Danach reduziert die Gruppe weiterhin die Ideen mit der gleichen oder einer anderen Methode.

10.3.3 Ideen vermischen

Ein anderes Verfahren, um Ideen zu reduzieren, vielleicht nachdem Sie bereits die oben beschriebenen Werkzeuge angewendet haben, ist das Vermischen von Einfällen zu einer Idee, mit der sich alle Teilnehmer identifizieren können. Eine Gefahr besteht allerdings darin, daß Sie nicht weiterkommen, wenn Sie jede letzte Idee noch zu einer großen Synthese bringen wollen.

10.3.4 Kriterienkatalog

Sollte die Gruppe im voraus einen Kriterienkatalog zusammengestellt haben, kann die Liste reduziert werden, indem nur die Einfälle weiterverwendet werden, die allen Auswahlkriterien entsprechen. Kriterienkataloge werden häufig durch Brainstorming oder durch Besprechungen zur Verringerung von Ideen zusammengestellt, die vor der eigentlichen Ideensammlung stattfinden. Natürlich wird es auch für das eigentliche Anforderungsdokument einen Kriterienkatalog geben, mit dem verschiedene Entwürfe getestet werden können.

10.3.5 Gewichtung

Eine verfeinerte Methode mit Kriterien zu arbeiten, stellt die Entwicklung einer Gewichtungsformel dar. Mit Hilfe der Gewichtung vergibt man pro Kriterium Punkte und zwar für jede Idee. Dann werden die Punkte nach der Bedeutung jedes Kriteriums gewichtet und summiert. Der Einfall mit der höchsten Punktzahl wird ausgewählt, während alle anderen vernachlässigt werden. Dieses System erfordert einen hohen Arbeitsaufwand und wird in der Regel nur dann eingesetzt, nachdem die Ideen schon entsprechend verfeinert wurden.

10.4 Hilfreiche Hinweise

- Brainstorming ist nicht die einzige Methode, um Ideen zu generieren. Eine andere Methode ist das Brainwriting. Jeder Teilnehmer erhält ein Blatt Papier und schreibt seine Ideen auf, vielleicht innerhalb eines Zeitraums von drei Minuten. Die Blätter werden danach eingesammelt, gemischt und wieder verteilt. Jeder liest nun die Ideen eines anderen vor und schreibt neue Ideen dazu, die durch diese Stimulation entstanden sind. Nach einer Weile kann dieser Prozeß wiederholt werden.

Nach fünf Durchläufen werden die Blätter an der Wand befestigt und alle Teilnehmer laufen herum und lesen sie. Farbige Stifte können benutzt werden, um für attraktive Ideen zu stimmen.

Mit einem entsprechenden Computer-Netzwerk kann Brainwriting sogar On-line durchgeführt werden, selbst mit Personen, die sich nicht im selben Raum oder Land aufhalten. Ein On-line Brainwriting kann in Echtzeit durchgeführt werden, sich aber auch über eine längere Zeitspanne erstrecken.

- Ein anderer Ansatz, um Ideen zu generieren, ist der Einsatz der elektronischen Post für eine "Konferenz". Ein Thema wird definiert und die Teilnehmer bekommen Zugriff auf das zur Verfügung stehende Material. Jeder Konferenzteilnehmer ist für jeden anderen jederzeit erreichbar. Das Abhalten elektronischer Konferenzen ist eine Art von Superbrainwriting und kann auch zu Überbelastungen führen. Eine Gegenmaßnahme wäre, daß Thema in der gleichen Art und Weise einzuengen, wie man sich auch in normalen Besprechungen auf ein Thema konzentriert.

10.5 Zusammenfassung

Warum?
Ideen sind für eine erfolgreiche Arbeit an Anforderungen genauso wichtig, wie die Fähigkeit, eine Gruppe von Leuten kurzfristig zusammenzurufen und frische Einfälle zu produzieren.

Wann?
Besprechungen, die dem Zweck dienen, Ideen zu produzieren, sind oftmals Komponenten anderer Besprechungen, wie wir noch sehen werden. Eine spezielle Besprechung zum Generieren von Ideen kann zu jeder Zeit angesetzt werden, wenn zwei Leute sich einigen, daß neue Ideen benötigt werden.

Wie?
Denken Sie an folgendes:

1. Erlauben Sie weder Kritik noch Debatten.

2. Lassen Sie Ihren Vorstellungen freien Lauf.

3. Achten Sie auf Quantität.

4. Mutieren und kombinieren Sie Ideen.

5. Reduzieren Sie die Ideenanzahl nach der Generationsphase, indem Sie eine oder mehrere der vorgeschlagenen Methoden anwenden.

6. Entwerfen Sie Ihre eigene Variation von Brainstorming, solange sie mit den vier Prinzipien übereinstimmt.

Wer?
Es dürfen nicht zu viele Teilnehmer an Besprechungen zur Generierung von Ideen teilnehmen. Solange Sie sich an die Regeln halten, können mehr Personen mehr Ideen hervorbringen. Versuchen Sie dazu einen Fremden zu gewinnen, damit die Ideen nicht schal werden.

11

Methoden für die rechte Gehirnhälfte

Für das weitere Vorankommen im Anforderungsprozeß benötigen wir Darstellungen. Die effektivsten Darstellungen sind visueller Art, und wir haben doppelt so viele Möglichkeiten Mehrdeutigkeiten zu reduzieren, wenn wir die rechte Gehirnhälfte mobilisieren können. Wir unterstützen damit die linke Gehirnhälfte, die eher auf verbale Werkzeuge anspricht.

> Leser: Dieses Kapitel diskutiert, mit welchen Möglichkeiten die rechte Gehirnhälfte aktiviert werden kann. Diskutieren ist eine Aktivität der linken Gehirnhälfte und darüber zu lesen, zeigt nicht den besten Weg auf, um etwas über dieses Thema zu lernen. Nehmen Sie sich stattdessen einige Buntstifte, Marker oder Filzstifte und einen Block Papier zur Hand. Nachdem Sie etwas über eine spezielle Technik gelesen haben, legen Sie das Buch zur Seite, schalten Sie Ihre linke Gehirnhälfte ab und geben Sie der rechten Gehirnhälfte eine Chance. Mit anderen Worten, wechseln Sie vom Lesen zum Zeichnen.

11.1 Werkzeuge zur Darstellung

Mit den meisten Werkzeugen können wir Abbildungen mit unterschiedlichster Detailierung darstellen. Mit der Zeit werden die Darstellungen mehr und mehr verfeinert. Wir wollen aber nicht so weit gehen wie Lewis Carroll's Kartograph. Seine Karte war am Ende so präzise, daß man sie über das gesamte Gelände ausbreiten mußte, um sie anschauen zu können. Mit den beiden Werkzeugen, die wir nachfolgend diskutieren wollen, erhalten wir Darstellungen, die nahe genug an der Wirklichkeit orientiert sind.

11.1.1 Die Skizze

Architekten und Ingenieure beginnen ihren Designprozeß mit Skizzen. Später verfeinern sie ihre Entwürfe mit präzisen Bezeichnungen. Jeder Entwicklungsprozeß, mit dem Ziel, ein physisches Produkt herzustellen, wird auf einer Reihe von Skizzen und Entwürfen basieren, um den Fortschritt messen zu können (siehe Abbildung 11-1).

Systemingenieuren wurde die Kunst des Skizzierens nicht beigebracht. Deshalb leidet ihre Arbeit häufig unter zu präzisen Bezeichnungen, die zu früh im Prozeß eingeführt wurden.

Der Architekt Frank Lloyd beklagte sich, daß seine Gebäude von "unbedeutenden Innenausstattern" ruiniert wurden, die sie möblierten und somit mit den Details ausfüllten. In gleicher Weise kann eine gute Entwurfsbezeichung durch zuviel Präzision entwertet werden.

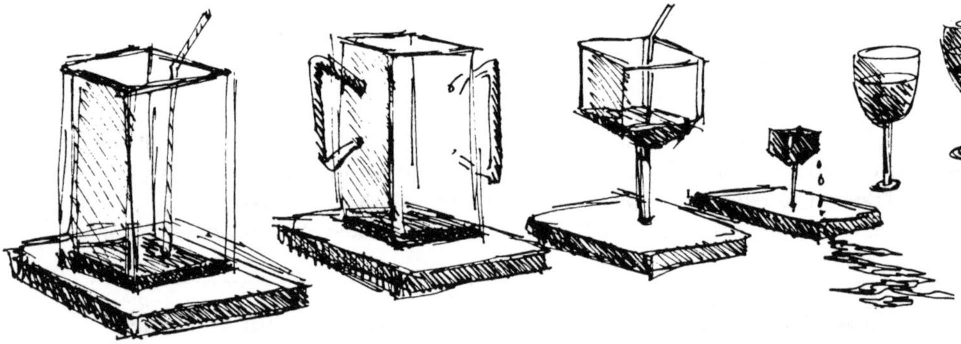

Abbildung 11-1. Die visuelle Evolution einer Idee, vom Rohentwurf bis zum eleganten Endprodukt.

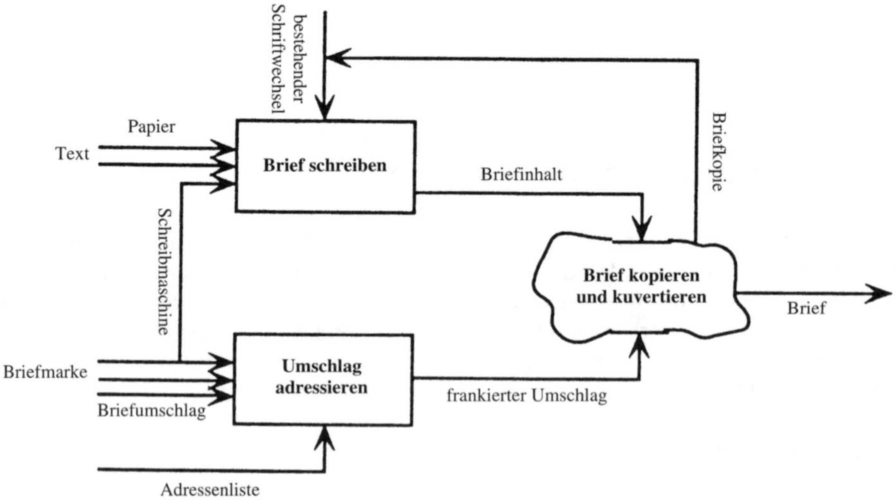

Abbildung 11-2. Das Wiggle-Chart in Abbildung 1-4 zeigt Mehrdeutigkeiten im Hinblick auf das Kopieren und Kuvertieren.

11.1.2 Wiggle-Charts

Hier geht es um eine Technik, die für nahezu jede Darstellung von Diagrammen angewendet werden kann, mit den geschlängelten Linien, die noch unpräsize Teile im Diagramm markieren. Abbildung 11-2 zum Beispiel, ist ein Wiggle-Chart des Diagramms in Abbildung 1-4.[12] In diesem Fall zeigt das Wiggle-Chart noch Unsicherheiten über das Kopieren des Briefes. Wenn wir Abbildung 1-4 mit Abbildung 11-2 vergleichen, können wir den unterschiedlichen Präzisionsgrad gleich erkennen. Diese "Präzision des Unpräzisen" erlaubt es dem Entwickler, sich auf die Bereiche der Darstellung zu konzentrieren, die noch einer weiteren Definition bedürfen.

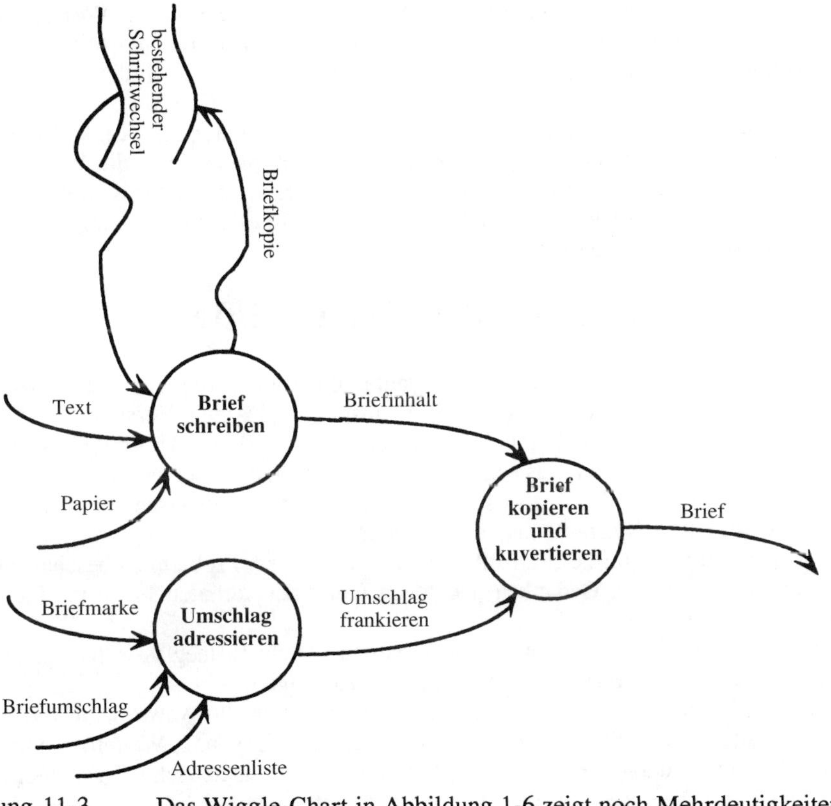

Abbildung 11-3. Das Wiggle-Chart in Abbildung 1-6 zeigt noch Mehrdeutigkeiten über die Art und Weise wie die Korrespondenz abgelegt und wiederaufgefunden werden soll.

---

[12] Eine vollständige Diskussion über Wiggle-Charts finden Sie in Gerald M. Weinbergs *Rethinking Systems Analysis & Design* (New York: Dorset House Publishing, 1988), S. 157-61.

In Abbildung 11-3 finden wir ein anderes Wiggle-Chart, basierend auf der Darstellung in Abbildung 1-6. Es zeigt, daß Wiggle-Charts für jede Darstellungsart angewendet werden können. In diesem Fall zeigt die Schlangenlinie Mehrdeutigkeiten über das Ablegen und Wiederauffinden von Korrespondenz. Es könnte sich um Papier, elektronische Medien, Mikrofilmkarten, optische Datenträger oder um Kombinationen davon handeln. Mit den Schlangenlinien zeigen wir, was noch unbekannt ist. Wir vermeiden auch verfrühte Designentscheidungen im Anforderungsprozeß zu treffen, nur um unsere Umgebung der Darstellung anzupassen.

11.2 Braindrawing

Eine visuelle Variante von Brainstorming ist Braindrawing. Braindrawing läuft ähnlich ab wie Brainwriting, nur daß die Teilnehmer zeichnen oder malen aber keine Wörter benutzen. Jeder Teilnehmer beginnt eine Zeichnung und übergibt sie nach einigen Minuten an einen anderen Teilnehmer. Durch das gegenseitige Ergänzen stimulieren sich die Teilnehmer und werden selbst zu kreativen Ideen angeregt.

Nach einigen Durchläufen werden die Zeichnungen zu einer Art Kunstgalerie an der Wand befestigt. Jede Zeichnung wird von einer Person präsentiert, die nicht an deren Erstellung beteiligt war. Mit Bildern kann die andere Seite des Gehirns in den kreativen Prozeß miteinbezogen werden. Braindrawing wird deshalb effektiv zusammen mit anderen wort-orientierten Werkzeugen eingesetzt.

11.3 Einsetzen der rechten Gehirnhälfte

In gleicher Weise wie Braindrawing eine Variante von Brainwriting ist, können wir nahezu jede Technik, welche die linke Gehirnhälfte anspricht, in eine Version für die rechte Gehirnhälfte umwandeln. Abbildung 11-4 gibt ein Beispiel dafür. Unsere Zielsetzung war es, ein neues Konzept für ein Eisteeglas zu entwerfen. Jeder, der gerne Eistee mag, hat schon festgestellt, daß ein Eisteeglas spezielle Eigenschaften aufweisen sollte. Die meisten von ihnen werden in Restaurants einfach übergangen.

Wir baten unseren Grafiker Marc Rubin, sich mit diesem Problem zu beschäftigen. Das Ziel dieser Technik ist es, Gedanken und Ideen von einer verbalen Form in eine visuelle Darstellung zu überführen.

Wir haben zunächst acht wichtige Eigenschaften für ein Eisteeglas festgelegt und Marc dann gebeten, auf dieser Basis spontan Skizzen anzufertigen.
Die untere Reihe in Abbildung 11-4 zeigt Marc Rubins visuelle Antwort auf die Attribute "leicht zu halten" (ein Stein), "keine Kondensation" (fließende Wellen), "innen kalt" (Eiswürfel), "leicht daraus zu trinken" (Wassertropfen), "ästhetische Erscheinung" (eine Frau), "sichtbarer Tee" (Buchstabe T), "einfache Aufbewahrung" (eine gerade Linie) und "warme Hände" (Heizkörper).

Nachdem er die Eigenschaften in visuelle Darstellungen konvertierte, wurden aus ihnen zufällig Paare gebildet, wie in Abbildung 11-4 zu sehen ist. Jedes dieser Paare wurde dann zur nächsten Darstellung verdichtet. Die einzige Regel hierbei besagt, daß die verdichtete Darstellung die visuelle Substanz der Vorgänger nicht verlieren darf. Dieser Prozeß wird solange wiederholt, bis letztlich ein einziges Bild vorliegt, das wahrscheinlich anders aussieht als unsere ursprünglich angepeilte Lösung.

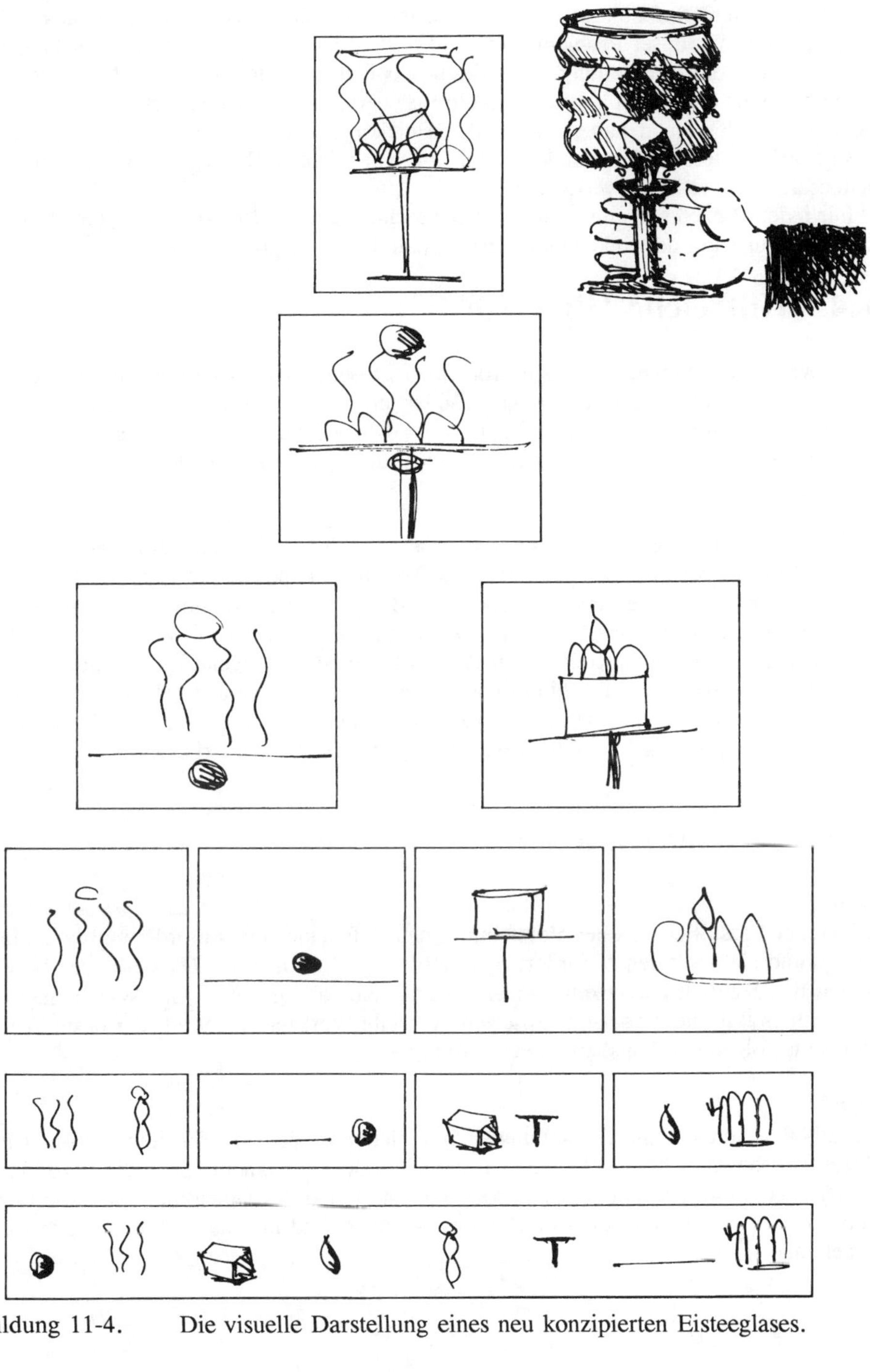

Abbildung 11-4. Die visuelle Darstellung eines neu konzipierten Eisteeglases.

Wenn wir den Gipfel unseres visuellen Baumes erreichen, gehen wir davon aus, daß wir nun die Lösung für unser Problem, ein neu konzipiertes Eisteeglas, gefunden haben. Dann verfeinern wir die Darstellung, bis sie tatsächlich unserer Lösung näherkommt. Die Lösung, die wir hier erzielt haben, zeigt ein Eisteeglas mit einem "isolierten" Stiel, den man problemlos in der Hand halten kann. Der Heizkörper wanderte in den unteren Teil des Flüssigkeitsbehälters und veränderte sich zu einer Isolierschicht, um kalte Hände und Kondensation am Griff zu vermeiden.

Für jeden Prozeß sollten wir auch unsere rechte Gehirnhälfte aktivieren, zur Stimulation neuer Ideen und um der linken Gehirnhälfte eine Pause zu gönnen.

11.4 Hilfreiche Hinweise

- Wenn es zu Kommunikationsproblemen zwischen zwei Experten im Anforderungsprozeß kommt, dann sollten mehr Bilder und weniger Worte verwendet werden. Das Argumentieren mit Bildern ist offensichtlich weniger heftig als das Argumentieren mit Worten. Leute sprechen oftmals nicht dieselbe Sprache und können daher leichter auf Bilder reagieren als auf Worte.

- Die Technik des Skizzierens gehört zum Anforderungsprozeß. Eine Darstellung kann aber auch zu ungenau sein. In "The Hunting of the Snark" besaß Lewis Carrolls Kapitän eine Karte der Oberfläche des Meeres, wie in Abbildung 11-5 zu sehen ist. Die Karte beschrieb Teile des Meeres, auf denen kein Land zu sehen war. Sie ist jedoch nicht sehr hilfreich. Auf der Karte müssen genügend Informationen vorhanden sein, damit wir uns die Mühe machen, sie überhaupt anzusehen, aber auch nicht zu viele, die dann unseren Horizont übersteigen. Wann immer wir eine Zeichnung oder Skizze erstellen, sollten wir sie gegen diese beiden Kriterien testen.

11.5 Zusammenfassung

Warum?
"Erforschen" resultiert aus der Vorstellung, daß Entwickler mit Anforderungsdarstellungen arbeiten und nicht mit den Anforderungen selbst. Wir forschen, um Darstellungen hervorzubringen und letztlich entwickeln wir eine Karte, die nahe genug an der Wirklichkeit liegt, um sie für praktische Zwecke einzusetzen. Visuelle Werkzeuge sind oft der beste Weg, mit aufeinanderfolgenden Annäherungen zu arbeiten.

Wann?
Wir arbeiten immer mit Darstellungen und nicht mit dem Territorium selbst. Deshalb müssen wir bewußt daran arbeiten, ein gemeinsames Verständnis über die verschiedenen Darstellungen, die wir benutzen, zu erreichen. Die Frage: "Könnten Sie bitte diese Bezeichnung erklären?", ist Teil des Anforderungsprozesses, und niemand sollte sich scheuen, sie zu stellen.

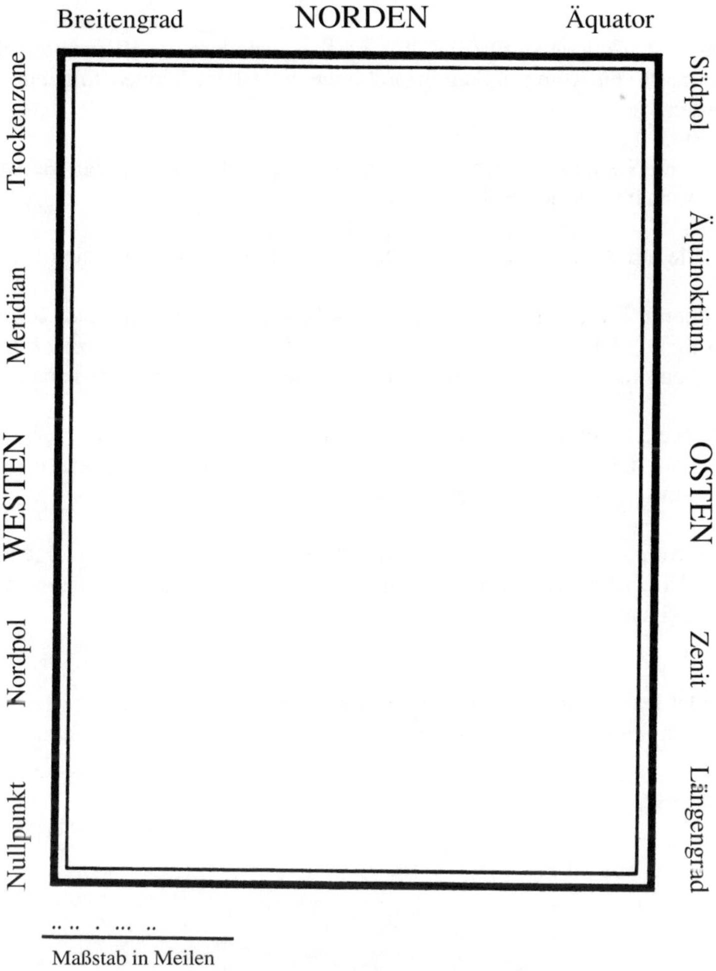

MEERESKARTE

„Er hatte eine große Seekarte gekauft,
auf der keine Spur von Land zu sehen war:
Die Mannschaft freute sich darüber sehr,
weil alle die Karte gut verstehen konnten."

Abbildung 11-5. Die Karte des Kapitäns aus "The Hunting of the Snark".[13]

---

[13] Nachdruck mit der Erlaubnis von Centennial Edition, von *Hunting of the Snark* von Lewis Carroll.

Wie?
Darstellungen sind weniger als Prozeß zu verstehen, sondern als Hilfsmittel für eine klare Kommunikation. Wenn Kommunikationsprobleme entstehen, können folgende Maßnahmen ergriffen werden:

1. Überlassen Sie anderen nicht alle schwierigen Teile, wie in dem Beispiel über den Küchenschabenvernichter beschrieben.

2. Seien Sie auf Änderungen vorbereitet, die neue Methoden mit sich bringen.

3. Akzeptieren Sie die Tatsache, daß Menschen unterschiedlich sind. Zwingen Sie die Leute nicht, sich anzupassen und versuchen Sie, sie nicht herabzusetzen. Stellen Sie sicher, daß jeder die Darstellung versteht und schließen Sie niemanden aus.

4. Wenn Sie empfindlich auf bestimmte Bezeichnungen reagieren, erinnern Sie sich daran, daß die Darstellung nicht mit dem Territorium gleichzusetzen ist, und daß es auch keine perfekten Umsetzungen gibt.

5. Lernen Sie, Skizzen anzufertigen, so daß jede neue Darstellung genügend Informationen enthält, aber nicht zu viele, damit nicht der Eindruck von Präzision entsteht, die nicht vorhanden ist.

Wer?
Jeder verwendet Darstellungen, aber nicht jeder kennt sich gleich gut mit den Methoden aus. Hier sollte, wenn notwendig, Hilfestellung angeboten werden, jedoch nicht in herablassender Weise.

12

Der Projektname

"Steh' nicht rum und sprich mit Dir selbst", sagte Humpty Dumpty, als er sie zum ersten Mal sah, "sondern sage mir, wie Du heißt und was Du tust."

"Mein Name ist Alice, aber -"

"Dies ist ein dummer Name!" unterbrach sie Humpty Dumpty ungeduldig. "Was hat er zu bedeuten?"

"Müssen Namen etwas aussagen?" fragte Alice zweifelnd.

"Natürlich müssen sie," sagte Humpty Dumpty mit einem kurzen Lächeln. "Mein Name gibt Dir die Form, die ich habe und sehe ich nicht auch ziemlich stattlich aus? Mit Deinem Namen könntest Du beinahe jede Form haben."

- Lewis Carroll, *Through the Looking Glas*

Obwohl Sie wahrscheinlich auch meinen, daß Namen keine große Rolle spielen, hatte Humpty Dumpty schon die richtige Idee.

Der richtige Name erweitert die Möglichkeiten, während ein falscher Name sie unterdrückt. Reagieren Sie anders auf das Humpty-Dumpty-Projekt als auf Projekte für die Produktionsoptimierung?

Der Name ist die Einführung in ein Projekt und gleichzeitig eine Ursache für Mehrdeutigkeit. Dieses Kapitel beschäftigt sich mit der Auswahl von eindeutigen Namen.

12.1 Arbeitstitel, Code-Namen und offizielle Namen

Egal wie ein Projekt anfängt, es entwickelt sich ziemlich schnell ein Arbeitstitel. Ein guter Arbeitstitel identifiziert das Projekt ohne gleichzeitig eine Lösung einzuschließen. Werden neue Personen in das Projekt eingeführt, erhält der Name eine wichtige Bedeutung, bevor über das eigentliche Ziel des Projekts informiert wird. Der Name gibt über die Art des Projektes Aufschluß.

Oftmals ändern sich die Namen im Verlauf eines Projektes, wie in unserem Beispiel "Bitte-Nicht-Stören" in Kapitel 10. Wir haben einmal mit der Firma XYZ zusammengearbeitet, die ein Softwaresystem für die Bank ABC erstellen sollte. Bei XYZ war das Projekt als "Banksystem" bekannt. In der Bank jedoch wurde das Projekt als das "XYZ-System" bezeichnet. In diesem Fall war das Fehlen eines offiziellen Namens symptomatisch für beide Parteien, die keine Verantwortung für das Projekt übernehmen wollten. Wir bewegten sie dazu, einen Wettbewerb bei den Bankangestellten zu veranstalten, die schließlich unsere Kunden wurden.

Auch Projekte mit offiziellen Namen entwickeln häufig Code-Namen, wie "Das schwarze Loch" oder "Don's Projekt". Obwohl Sie durch Code-Namen viel über den Verlauf eines Projektes lernen können, sind Mehrdeutigkeiten hierbei nicht auszuschließen. Wenn genügend Leute über das "Marketing Projekt" sprechen, anstatt den offiziellen Namen zu verwenden, könnte der Einfluß, den das Projekt auf andere Organisationen hat, leicht übersehen werden.

Alle Projektnamen, von Arbeitstiteln bis zu offiziellen Namen, können gefährliche Ursachen für Mehrdeutigkeiten sein. Wählen Sie Projektnamen also sorgfältig aus. Wenn Sie sich für einen Projektnamen entscheiden, dann sollte er aussagen können, was Sie mit dem Projekt erreichen wollen.

12.2 Der Einfluß von Namen

Der Name eines Projektes kann sowohl das Resultat als auch die Teilnehmer entscheidend mitbeeinflussen. Erinnern Sie sich an das Kapitel 10, wie das "Bitte-Nicht-Stören-Projekt" Jack und die anderen in der Gruppe in ihrem Brainblizzard beeinträchtigte. Jeder Teilnehmer unterbreitete sein Angebot basierend auf seiner Interpretation des Projektnamens. Um diesen Punkt zu illustrieren, beschreiben wir eine Situation aus unserem Seminar.

12.2.1 Namensgebung

Wir teilen die Zuhörerschaft, die aus Designern besteht, in zwei Gruppen von je 50 Leuten auf. Die beiden Gruppen werden gebeten, sich wiederum in kleine Gruppen von vier bis sechs Personen aufzuteilen, um innerhalb einer halben Stunde eine konzeptionelle Lösung zu entwickeln. Ihnen wird außerdem mitgeteilt, daß sie die Gelegenheit haben werden, ihre Ergebnisse der gesamten Audienz vorzutragen. Dabei werden sie nach zwei Gesichtspunkten beurteilt:

1. Haben sie tatsächlich eine Lösung zum Problem entwickelt?

2. Ist die Lösung hoch-innovativ?

Ungefähr zwanzig Gruppen (zehn in jeder der zwei Gruppen) beginnen mit ihrer Arbeit. Sie wissen nicht, daß jede Gruppe eine unterschiedliche Problemaussage zur Bearbeitung bekommen hat. Eine Gruppe (nennen wir sie "Namengruppe") bekommt die erste Beschreibung in Abbildung 12-1, während die zweite Gruppe (die "Funktionsgruppe") die zweite Beschreibung erhält.

Beachten Sie, daß der einzige Unterschied zwischen den beiden Beschreibungen in der Anforderung 3 liegt. Nachdem die Gruppen ihre Arbeiten beendet haben, werden sie gebeten, ihre Resultate zu präsentieren.

Universal Möbelentwurf

Entwerfen Sie ein Möbelstück, das von Behinderten hergestellt werden kann. Das Möbelstück muß folgenden Anforderungen entsprechen:

1. Es kostet weniger als $ 20.
2. Es kann unverpackt versandt werden, ohne daß befürchtet werden muß, daß es beschädigt wird.
3. Es kann als Stuhl, Fußschemel, Raumteiler und Tisch verwendet werden.

Universal Möbelentwurf

Entwerfen Sie ein Möbelstück, das von Behinderten hergestellt werden kann. Das Möbelstück muß folgenden Anforderungen entsprechen:

1. Es kostet weniger als $ 20.
2. Es kann unverpackt versandt werden, ohne daß befürchtet werden muß, daß es beschädigt wird.
3. Es kann dazu verwendet werden, darauf zu sitzen, die Füße darauf zu legen, den Raum zu teilen, Bücher, Lampen, Zeitschriften oder Nippes daraufzulegen.

Abbildung 12-1. Zwei geringfügig unterschiedliche Problemaussagen.

Leser: Bevor Sie weiterlesen, versuchen Sie sich vorzustellen, was passierte und beantworten Sie die folgenden Fragen:

1. Gab es Verhaltensunterschiede zwischen den "Namengruppen" und den "Funktionsgruppen"?

2. Gab es Unterschiede in der Anzahl von Teams in jeder Gruppe, die ihren Lösungsansatz präsentieren wollten?

3. Gab es Unterschiede in der Anzahl von hoch-innovativen Lösungen, die auch so von allen beurteilt wurden?

Jetzt überprüfen Sie Ihre Schätzungen mit den Resultaten in Abbildung 12-2.

Nun überprüfen Sie Ihre Schätzungen mit den Ergebnissen in Abbildung 12-2.

	Namen-teams	**Funktions-teams**
Soziales Verhalten während der 30 Minuten	**sehr zerstritten**	**ohne Wert**
Anzahl der Präsentationen	**3**	**10**
Von allen als schöpferische Lösung anerkannt	**0**	**3**

Abbildung 12-2. Resultate aus der Übung über Möbelanforderungen.

12.2.2 Was Namen erreichen können

Die Übung zu den Möbelanforderungen zeigt lebendig, wie Namen sowohl Resultate wie auch das Verhalten, das zu diesen Resultaten führte, beeinflussen können. Die Gruppen arbeiteten an den gegenüberliegenden Seiten des Raumes, so daß sie sich gegenseitig beobachten, aber nicht hören konnten. Ihr Verhalten war unterschiedlich und sie bemerkten auch, daß sie sich anders verhielten als die andere Gruppe. Im Leben werden wir auch von Namen beeinflußt, es gibt aber keine andere Gruppe, mit der wir uns unmittelbar vergleichen können, so daß wir vergessen, wie wir vom Projektnamen beeinflußt werden.

Wir benennen Anforderungsdokumente, Teile von Produkten, Eigenschaften von Produkten, Teile der Arbeit, Leute, die unterschiedliche Rollen in dem Projekt spielen, Benutzergruppen, Funktionen und alles wofür wir einen Namen finden. Ein Name kann beliebig oder sorglos ausgewählt worden sein, wenn er aber benutzt werden soll, muß er Präzision beinhalten.

Für das Wählen eindeutiger Namen bieten wir folgende Methode an. Das gleiche Werkzeug kann auch dazu verwendet werden, Namen zu ändern. Namen zu verändern ist jedoch viel schwieriger, als gleich den richtigen Namen auszuwählen, weil alte Namen oftmals beibehalten werden.

12.3 Methode zur Namensfindung

Dies erfordert einen Prozeß mit drei Schritten: Erstens, schlagen Sie einen Namen vor; zweitens, bieten Sie drei verschiedene Gründe an, warum der Name nicht angemessen ist und dann empfehlen Sie drittens einen anderen Namen, der die Probleme eliminiert. Diese

Schritte können solange wiederholt werden, bis ein passender Name gefunden wurde. Wir wendeten diesen Prozeß auch auf das Projekt Fahrstuhlinformationseinheit an.

Nun, da wir mehr über die Einflüsse von Namen verstehen, lassen Sie uns etwas tiefer graben, um zu begreifen, warum die Methode funktioniert. Nehmen wir an, wir wollten der Übung Möbeldesign einen Namen geben. Die erste Möglichkeit, die mir in den Sinn kommt, heißt "Wohnzimmereinrichtung". Hier ist eine Liste mit Argumenten gegen den Namen:

1. Die Möbel sollten auch in anderen Räumen stehen können.

2. Das Wort "Einrichtung" könnte den Eindruck erwecken, daß mehr als ein Möbelstück gemeint ist.

3. Nichts in dem Namen sagt etwas über die Herstellungsmethode aus, obwohl die Problemaussage diese Anforderung klar spezifiziert.

Nachdem wir über diese Argumente nachgedacht haben, bieten wir eine zweite Möglichkeit an: "Behindertenstuhl/Tisch-Projekt", mit den folgenden Schwierigkeiten:

1. Der Name bezeichnet eindeutig zwei Möbelstücke, die eine bestimmte Funktion in den Vordergrund stellen, obwohl in der Problemaussage diese Bedeutung nicht gefunden werden kann.

2. Das Wort "behindert" könnte etwas über den Personenkreis aussagen, der die Möbel benutzen wird.

3. Nichts in dem Namen sagt etwas über den extrem niedrigen Preis aus, zu dem das Möbelstück verkauft werden soll.

Nachdem wir weniger erfolgreich zwei Namen ausprobiert haben, versuchen wir es mit einem dritten: "Kostengünstiges-Mehrfunktionsmöbel-Projekt". Wir könnten noch weiter nach einem perfekten Namen suchen. An diesem Punkt wollen wir aber aufhören, weil nicht der Name, sondern die Namensgebung bedeutsam ist. Der Sinn dieser Methode ist es, einen Prozeß zu durchlaufen, mit dem Resultat:

1. Wir haben wahrscheinlich einen besseren Namen gefunden

2. Wir besitzen mit Bestimmtheit eine bessere Vorstellung von unserem Problem

3. Wir können unser Verständnis besser an Personen weiter vermitteln, die später zur Projektgruppe stoßen

Obwohl wir größtenteils in Bildern denken, wird der Name als erstes zwischen Personen kommuniziert. Jeder, der einen Namen hört, macht sich zuerst ein Bild davon und keines der Bilder gleicht dem anderen (siehe Abbildung 12-3). Darum sagen wir:

Ein Wort ist tausend Bilder wert.

Abbildung 12-3. Ein Bild wird durch die Übersetzung in einen Namen umgewandelt, der dann in neue Bilder übersetzt wird eines pro Empfänger. Wir sagen: "Ein Wort ist tausend Bilder wert".

12.4 Hilfreiche Hinweise

- Für die Vergabe eines Namens sollte immer eine Besprechung angesetzt werden. Eine Besprechung hierfür hat außerdem noch andere Vorteile. In der frühen Projektphase geplant, eröffnet sie den Teilnehmern die Möglichkeit, sich mit dem Projekt vertraut zu machen. Wenn sich diese Veranstaltung nicht als eine harmlose Zusammenkunft herausstellt, könnte es sich erweisen, daß politische Probleme unter der Oberfläche schwelen.

- Bei der Namensfindung sollten die Teilnehmer ein Wörterbuch zur Hand haben. Ein Thesaurus hilft dabei, neue Namen zu finden, während ein Wörterbuch Implikationen von Wörtern herausstellt, die sonst übersehen werden könnten. Wir benutzen gerne unseren Personal Computer mit einem Word Processor Thesaurus und einem elektronischen Wörterbuch.

- Ein Wettbewerb ist ein gutes Werkzeug zum Finden von geeigneten Namen. Denken Sie aber auch an die Möglichkeit, daß nicht genügend Vorschläge eingebracht werden. Sie werden Probleme bekommen, wenn Sie keinen Gewinner präsentieren können, oder wenn Sie ankündigen müssen: "Es wurden sehr viele gute Vorschläge eingebracht, aber unser sehr verehrter Herr Geschäftsführer hatte die beste Idee".

- Sie könnten sich aber auch für einen Namen mit Untertitel entscheiden. Der Name kann eine Abkürzung oder ein Symbol sein. Der Untertitel wäre dann der eigentliche Arbeitstitel. Zum Beispiel könnte folgender Name für unser Projekt gewählt werden: KMM (Kostengünstiges Mehrfunktionsmöbel: Ein Projekt zur Beschäftigung von Behinderten).

- Vermeiden Sie zu geistreiche Abkürzungen, speziell, wenn die Abkürzung vorlag, bevor die einzelnen Wörter definiert wurden. Wenn Sie zunächst mit einer geistreichen Abkürzung anfangen und dann versuchen, den Namen passend zu gestalten, könnte dies zu einer Mehrdeutigkeit führen, die Sie bis zum Ende des Projektes verfolgt.

- Mit einer Abkürzung anzufangen ist eine Möglichkeit, wenn Sie anders nicht weiter kommen. Fangen Sie mit irgendeinem Namen an und schauen Sie in den Thesaurus, um die passenden Wörter zu finden. Wenn diese Aktivität spielerisch genug durchgeführt wird, könnten Sie durchaus einen brauchbaren Namen entdecken.

12.5 Zusammenfassung

Warum?
Namen werden wiederholt benutzt und beeinflussen unsere Meinungen. Wenn sie mehrdeutig und irreführend sind, können sie der Anfang unserer Probleme sein.

Wann?
Wann immer ein Projekt oder ein Unterprojekt beginnt, oder wann immer etwas benannt werden muß, ist der Name sorgfältig auszuwählen, um Mehrdeutigkeiten zu vermeiden.

Wie?
Folgen Sie diesem Zyklus:

1. Schlagen Sie einen Namen vor.

2. Bieten Sie drei Gründe an, warum der Name nicht harmoniert.

3. Schlagen Sie einen anderen Namen vor, der die Gründe eliminiert.

4. Wiederholen Sie den Prozeß solange, bis Sie einen passenden Namen gefunden haben.

5. Suchen Sie nicht nach dem perfekten Namen. Er existiert nicht.

Wer?
Der Name kann von einer einzigen Person ausgewählt werden. Doch es ist besser, ihn in der Gruppe von Teilnehmern zu definieren.

13

Konflikte beherrschen

In allen großen Forschungsdramen kommt der Moment, in dem zwei oder mehrere Prinzipien aufeinanderprallen. Sollen sie die Kanus verlassen und zu Fuß weitergehen? Sollen sie zurück in den Dschungel, um Finley von den Affen zu befreien? Sollen sie die Juwelen vom Kopf des Götzen stehlen, um zu riskieren, für immer verflucht zu sein?

Dies sind dramatische Augenblicke, von denen wir hoffen, daß sie im Anforderungsprozeß nicht vorkommen. Die beste Vorbereitung jedoch kann gelegentliche Konflikte nicht verhindern. Es sind nicht immer die großen Konflikte, die Projekte zu einem unglücklichen Ende führen.

Konflikte, die außer Kontrolle geraten, verringern die Tendenz neue Möglichkeiten zu erforschen. Wie bei der Erforschung des Urwalds werden die meisten Leute beim ersten Zeichen eines Konfliktes davonlaufen, anstatt herauszufinden, welche Möglichkeiten sich noch bieten. Zu diesem Zeitpunkt brauchen Sie wieder ein Werkzeug, eine Person, die mit Konflikten umgehen kann. Erfahrene Moderatoren können mehr als nur Konflikte eindämmen. Sie können Konflikte in positive Energien umwandeln.

13.1 Umgehen mit kleineren Konflikten

Als erstes muß ein Moderator erkennen, ob es sich um einen grundlegenden Konflikt handelt. Ein schwerwiegender Konflikt betrifft das *Projekt selbst, den Zeitpunkt und die beteiligten Personen.*

Unwesentliche Konflikte drehen sich um andere Projekte, andere Zeitpunkte oder um Unbeteiligte. Ein Moderator bereinigt unwesentliche Probleme, indem er die Teilnehmer darauf hinweist, daß sie von anderen gelöst werden müssen. Sobald die unbedeutenden Konflikte beseitigt sind, wird auch kein anderes Problem mehr übrig bleiben. Sollte dennoch eines bestehen, so kann der Moderator entsprechende Verhandlungstechniken anwenden, Methoden, die wir in Abschnitt 13.3.3 besprechen werden. Mit einigen Beispielen können wir das am besten darstellen.

13.1.1 Falscher Zeitpunkt, falsches Projekt

Jerry leitete eine Besprechung, in der zwei Teilnehmer, Morris und Eileen, gegen eine bestimmte Programmiertechnik opponierten.

"Wir haben das schon mehrmals versucht", sagte Morris mit einem Tonfall, der die übrigen Anwesenden als völlige Dummköpfe abqualifizierte.

"Ja", bestätigte Eileen, "wir haben es versucht, aber es funktionierte nicht".

"Tatsächlich", sagte Morris, "es war ein Desaster und brachte das ganze Projekt zu Fall".

"Gut", sagte Jerry ruhigbleibend, "wir wollen etwas mehr darüber erfahren. Wo und wann passierte dieses Desaster?"

Morris sah Eileen fragend an. "Soweit ich mich erinnern kann, Eileen, geschah es bei drei oder vier Anwendungsprojekten."

"Ja, ich kann mich an die letzten vier erinnern".

"Ist unser Anwendungsprojekt mit den anderen zu vergleichen?" fragte Jerry.

"Nein", sagte Morris stolz. "Hier geht es um Systemprogrammierung, die viel schwieriger ist als die Programmierung für eine Anwendung."

"Und warum ist sie schwieriger?"

"Weil wir COBOL hier nicht verwenden können, sondern C und Assembler", sagte Eileen.

"Und die anderen Projekte wurden in COBOL geschrieben?"

"Natürlich!" sagte Morris. "Alle unsere Anwendungen werden in COBOL geschrieben."

"Und könnte es eventuell am COBOL liegen, daß diese Technik nicht anwendbar ist?"

"Sicher! COBOL ist völlig anders."

Plötzlich verstand jeder im Raum, worum es bei diesem Konflikt ging. Es handelte sich also um eine Technik, die nicht mit COBOL harmonierte. Sobald die Teilnehmer mit der Gegenwart konfrontiert wurden, war es nicht mehr schwierig, den Konfliktherd zu identifizieren und das Problem zu lösen.

13.1.2 Persönliche Probleme

Das am meisten benutzte Beispiel um das Prinzip des falschen Zeitpunkts, des falschen Projektes, der falschen Personen zu erklären, ist der Zusammenprall zweier Personen. Wenn zwei Personen sich schon längere Zeit kennen, dann liegt ihr Problem in der Regel darin, daß sie die Vergangenheit mit der Gegenwart durcheinanderbringen. Ein Problem aus der Vergangenheit wurde eventuell nicht gelöst und der Moderator muß versuchen, diese Hypothese zu testen. Wenn die Kampfhähne sagen: "Du hast immer..." oder "Du hast nie...", dann können Sie sich sicher sein, daß es hier um die Fortsetzung eines alten Konfliktes geht.

Wenn der Moderator Sie fragt, ob es sich bei Ihrem Streit um ein aktuelles Problem handelt, dann werden Sie in den meisten Fällen Ihre sechs Sinne zusammennehmen und Ihre persönlichen Probleme anderweitig lösen. Falls Sie sich nicht vorstellen können, daß diese Methode in der Realität funktioniert, dann haben Sie vielleicht noch keinen gewandten Moderator bei der Arbeit beobachtet.

Sollten sich die beiden Kontrahenten noch nicht sehr lange kennen, dann können Sie davon ausgehen, daß es sich hier um ein Mißverständnis handelt. Zuweilen können diese Mißverständnisse ausgeräumt werden, indem man den Problemen auf den Grund geht. Es kann aber auch ein Fall für den Psychoanalytiker sein, bei dem Sie professionelle Hilfe in Anspruch nehmen müssen.

Ein persönlicher Streit verstärkt sich, wenn der Moderator versucht, Partei zu ergreifen. Wenn es aber nicht gelingt, die Streitenden auf einen Nenner zu bringen, dann muß der eine oder andere von der Arbeit am Projekt ausgeschlossen werden. Häufig hilft eine Person mit entsprechender Autorität, die den beiden unmißverständlich klar macht: "Sie werden vom Projekt ausgeschlossen, wenn Sie sich nicht einigen können, bevor wir heute diesen Raum verlassen."

13.1.3 Unentbehrliche Personen

Natürlich kann die Drohung, jemanden auszuschließen ins Leere laufen. Was können Sie also tun, wenn beide unentbehrlich sind? In diesem Fall gibt es ein einfaches Heilmittel: Schließen Sie beide aus.

Abbildung 13-1. Wenn sich zwei unentbehrliche Personen nicht verstehen, dann schließen Sie beide aus.

Kein Projekt kann erfolgreich sein, wenn es von einer Person abhängt, die sich emotional nicht unter Kontrolle hat. Die Vorstellung, ein Projekt schlägt fehl, wenn eine bestimmte Person nicht zu Verfügung steht, führt dazu, daß emotional Labile nicht vom Projekt disqualifiziert werden.

Das Geheimnis zur Lösung solcher Konflikte, liegt in Ihrer Überzeugungskraft. Je früher Sie die Fakten erkennen, desto größer sind Ihre Erfolgsaussichten. Unserer Erfahrung nach ist niemand in der frühen Phase eines Projektes unentbehrlich. Ein Aufschieben aber kann lösbare Probleme unlösbar machen.

Derartige Konflikte offenbaren Fehler in der Führung des Anforderungsprozesses. Wenn Sie wirklich meinen, jemand sei unentbehrlich, dann werfen Sie zum Beispiel einen Blick auf Ihre Darstellungen und Modelle und prüfen Sie, warum sie nicht von allen verstanden wurden.

13.1.4 Vorurteile in der Gruppe

Ein anderes Beispiel für derartige Konflikte sind die typischen Streitereien zwischen sagen wir, technisch-orientierten Personen und Marketingleuten, Buchhaltern und Buchprüfern, Sicherheitspersonal und anderen beliebigen Gruppen. Es existieren viele wesentliche Konflikte zwischen Ingenieuren und Marketingleuten. Häufig werden Meinungsverschiedenheiten jedoch von der einen oder anderen Seite vorweggenommen. Sie haben solche Konflikte zuvor ausgetragen, und weil sie so unproduktiv und unerfreulich waren, möchten sie diese Erfahrungen nicht wiederholen. Einerlei, ob es sich um unterschiedliche Personen oder Projekte handelt, sie fangen den Konflikt an, bevor die "bösen Buben" eine Möglichkeit haben zu beginnen.

Der beste Weg solche Vorurteile abzubauen besteht darin, den Beteiligten möglichst früh die Gelegenheit zu geben, sich als Menschen näher kennenzulernen, bevor sie in die Zwänge ihrer professionellen Rollen schlüpfen. Informelle Zusammenkünfte, wie gemeinsame Mittagessen oder eine Party, können hier Abhilfe schaffen, wenn sie so strukturiert sind, daß die Leute nicht nur mit ihrer eigenen Clique zusammensitzen. Planen Sie genügend Zeit für Team-Building-Aktivitäten ein. Einige Werkzeuge, die im Anforderungsprozeß Anwendung finden, eignen sich auch als Vehikel für Team-Building-Maßnahmen. Stellen Sie jedoch sicher, daß sie nicht zu spät ergriffen werden.

Team-Building-Maßnahmen werden nicht alle Vorurteile aus der Welt schaffen. Ohne Vorwarnung wird jemand folgenden Unsinn ausspucken: "Ihr Ingenieure seid alle gleich! Ihr müßt alles bis zum äußersten Perfektionismus treiben!" oder "Wenn Ihr nicht immer auf die schnelle Mark aus seid, dann würdet Ihr Marketingtypen ein qualitativ hochwertiges Produkt bekommen, das sich von selbst verkauft."

Wenn sich die Teilnehmer als Individuen kennen, dann kann der Moderator auf das persönliche Wissen jedes einzelnen zählen, um sie auf den Boden der Tatsachen zurückzubringen. Der Moderator fragt: "Reden Sie über Bob oder einen anderen Ingenieur, den Sie früher gekannt haben?" oder "Was haben Sie über Cally gehört? Warum ist er an einem qualitativ hochwertigen Produkt nicht interessiert?"

13.1.5 Hierarchieunterschiede

Ähnliche Konflikte ergeben sich aus den unterschiedlichen Führungsebenen einer Organisation. Führungsebenen n und n+1 schlagen unterschiedliche Richtungen ein, was bedeuten kann, daß jemand aus der mittleren Führungsebene unterschiedlichen Druck ausübt, abhängig von den Personen, die sich im Raum befinden. Die einfachste Lösung scheint zu sein, unterschiedliche Führungsebenen nicht an der gleichen Besprechung teilnehmen zu lassen. Diese Taktik ist allerdings falsch. Konflikte zwischen verschiedenen Führungsebenen sind einfach zu beherrschen, wenn sie im selben Raum und zur gleichen Zeit ausgetragen werden. Alle sind Teil einer Organisation mit den gleichen Zielsetzungen und die einzige Möglichkeit, dies zu vergessen besteht darin, daß die anderen nicht anwesend sind.

13.2 Die Kunst der verbindlichen Teilnahme

Haben Sie sich jemals mit dem Hammer auf den Daumen geschlagen, oder haben Sie jemals eine Wasserleitung angebohrt, die hinter dem Putz versteckt war? Alle Werkzeuge verhalten sich ähnlich. Werden sie ohne die entsprechende Konzentration benutzt, wird die Arbeit mißlingen, oder sie kann Verletzungen zur Folge haben. Mit den hier beschriebenen Werkzeugen können Sie sich zwar nicht selbst verletzen, aber Sie können psychologische Wunden schlagen, von denen sich das Projekt nicht mehr erholen wird.

Um ein guter Moderator zu sein, müssen Sie die Kunst beherrschen, jederzeit anwesend und ansprechbar zu sein. Natürlich kann niemand immer vollständig und zu jeder Zeit gegenwärtig sein - Störungen sind Teil des Lebens. Es ist jedoch die Aufgabe des Moderators zu bemerken, wann die Aufmerksamkeit schwindet - er muß dann entsprechend reagieren. Sie müssen deshalb

1. so frei sein und alles notieren. Tun Sie nicht so, als ob nichts passiert wäre,

2. so frei sein zu fragen, wenn Dinge unklar erscheinen,

3. so frei sein, entsprechende Kommentare abzugeben,

4. so frei sein zu sagen, daß Sie glauben, die oben genannten Freiheiten nicht zu haben.

Mit diesen Freiheiten können Sie Dinge sagen, wie "Ich habe bemerkt, daß John Kreuzworträtsel löst und daß er mich damit ablenkt, weil ich nicht weiß, was mit ihm los ist. John, könnten Sie mir sagen, warum Sie geistig nicht anwesend sind?" Dies zeigt der Gruppe, Sie sind aufmerksam und passen auf. Außerdem wird der Gruppe deutlich gemacht, daß John unaufmerksam ist.

Hier sind noch andere Kommentare, die ein aufmerksamer Moderator äußern kann:

- "Obwohl ich neutral sein sollte, bevorzuge ich Vorschlag A, weil für Vorschlag B keine schriftliche Dokumentation vorliegt."

- "Ich brauche eine Pause von fünf Minuten, um mir eine klare Meinung zu bilden."

- "Ich bin verärgert und brauche eine Pause von zwei Stunden, um mich wieder abzukühlen.

- "Ich kann der Besprechung nicht folgen, wenn zwei Leute zur gleichen Zeit reden."

- "Phoebe, ich würde gerne hören, was Sie zu sagen haben, aber ich bin mir nicht sicher, ob Sie fertig waren, bevor Marilyn anfing zu reden. Waren Sie fertig?"

Abbildung 13-2. F: Welche Frage stellt ein sechshundert Pfund schwerer Moderator? A: Jede Frage, die er stellen will! Um ein guter Moderator zu sein, müssen Sie die Kunst erlernen, präsent zu sein. Dann sind Sie frei zu bemerken und frei zu fragen - aber freundlicher als dieser Gorilla hier.

13.3 Handhaben wesentlicher Konflikte

Das Verhalten des immer präsenten Moderators sollte prinzipiell auf jeden Teilnehmer zutreffen, wenn Ihre Besprechungen effektive Werkzeuge sein sollen. Personen, die immer anwesend sind, helfen anderen, Konflikte zu vermeiden oder zu bereinigen. Aber wie kann der immer präsente Moderator mit echten Problemen umgehen?

13.3.1 Persönliche Differenzen zusammenfassen

Einen allgemeinen essentiellen Konflikt würden wir als "persönlichen Zusammenprall" bezeichnen, wenn wir diesen Begriff nicht schon im Zusammenhang mit den unwesentlichen Konflikten benutzt hätten. Solche Konflikte werden nicht nur von zwei Personen, sondern zwei Gruppen ausgetragen. Diese Art von Konflikten entstehen nicht aufgrund stereotyper Behauptungen. Sie entstehen infolge unterschiedlicher Persönlichkeiten. Was dem einen hilft, kann für den anderen eine Bedrohung darstellen.

Zum Beispiel sind manche Leute immer optimistischer als andere. Einige Leute müssen offene Enden immer zusammenbinden, während andere einige Möglichkeiten offen lassen möchten. Etliche brauchen in erster Linie Auszeichnungen, andere sind schon froh, wenn sie nicht bestraft werden. Einzelne wollen die Situation unter Kontrolle haben, andere wollen eher kontrolliert werden.

Um solche wichtigen Konflikte zu handhaben, beginnen Sie als Moderator zu bestätigen, was vor sich geht und daran zu arbeiten, daß zwar jede Gruppe das Recht auf eigene Wünsche hat, diese aber nicht notwendigerweise auch befriedigt werden müssen (Abbildung 13-3). Diese Akzeptanz bedeutet, daß jeder auf Zurechtweisungen verzichtet. Die meisten Leute stimmen darin überein, wenn dies ausdrücklich klargestellt wird.

Abbildung 13-3. Besprechungen verlaufen besser, wenn jeder versteht, daß alle ein Recht auf ihre Wünsche haben, diese aber nicht notwendigerweise auch befriedigt werden müssen.

Anerkennung und Akzeptanz werden noch verstärkt, wenn Sie auf beiden Seiten eine positive Einstellung für eine Sache etablieren können, was die andere Seite als gute Absicht und als vernünftig anerkennen kann. Wir nennen diesen Schritt *Zusammenfassung*. Ein Moderator könnte einen Konflikt folgendermaßen zusammenfassen: "Ich höre, eine Gruppe will das Dokument fertigstellen, um Zeit zu sparen. Ich höre aber auch, daß die andere Gruppe das Dokument noch für mögliche Änderungen offen lassen möchte, obwohl ihnen im Moment keine Ausnahmen bekannt sind. Ist das eine faire Aussage?"

Wenn Sie die Situation so zusammenfassen können, daß beide Seiten zustimmen, dann haben Sie Zurechtweisungen definitiv eliminiert und jede Seite soweit gebracht, das Recht der anderen, ihre Gefühle zu zeigen, anzuerkennen. Sie haben dann die Möglichkeit, nach einem *dritten Weg* zu suchen - einer Zusammenfassung, die jedem Teilnehmer ein Sicherheitsgefühl vermittelt. In unserem Beispiel stimmten beide Seiten überein, das Dokument fertigzustellen und sie vereinbarten einen Verbesserungsprozeß für den Fall, daß etwas Unvorhergesehenes geschehen sollte. Der Prozeß gestaltete sich dann allerdings nicht so einfach, weil er für nichtige Verbesserungen mißbraucht wurde.

13.3.2 Verhandeln

Offensichtlich muß der effektive Moderator verhandeln können und in der Lage sein, Verhandlungen zu führen, weil unter den Teilnehmern nicht alle ein gutes Verhandlungsgeschick haben können. In einer Besprechung zwischen einem Servicebüro und einigen seiner Kunden argumentierten die "Optimisten" (Kunden), daß die Eingabedaten fehlerfrei seien und sie deshalb kein Geld für Fehlerkorrekturprogramme ausgeben würden. Die "Pessimisten" (Leute vom Servicebüro) konnten diese Annahme nicht akzeptieren.

Beide Seiten argumentierten, bis der Moderator bemerkte: "Sie streiten sich über *Fakten*, die erst in der Zukunft bewiesen werden können. Jeder von Ihnen hat Erfahrungen gemacht, die Sie glauben lassen, daß Ihre Annahme über die Eingabefehler korrekt ist, aber niemand wird die genaue Anzahl kennen, bis das System fertiggestellt ist." Diese Aussage stoppte die Diskussion, und beide Seiten wandten sich dem Moderator zu.

Wenn Sie nicht mögen, von vielen Menschen beobachtet zu werden, dann werden Sie kein guter Moderator in Besprechungen sein können. Jeder Anforderungsprozeß, den wir ausgerichtet haben, hatte mindestens eine Debatte über Fakten, die in der Zukunft lagen. In diesem Fall beruhigte der Moderator die Angriffe mit dem Vorschlag: "Da wir nicht sicher sind, wie viele Fehler auftreten werden, könnten wir einen Preis pro Fehler festsetzen, der an das Servicebüro zu bezahlen wäre. Weil die Kunden nicht glauben wollen, daß Fehler auftreten werden, könnten wir die Kosten als Preis festlegen, die anfallen, um den Job nach der Fehlerkorrektur noch einmal laufen zu lassen."

Wegen der hohen potentiellen Wiederanlaufkosten stellten die Kunden dann fest, daß sie vielleicht doch nicht genau wüßten, daß keine Fehler auftreten würden. Sie akzeptierten das Angebot des Servicebüros an einer Fehlerstudie mitzuarbeiten und einigten sich darüber, Programme zur automatischen Bearbeitung der fünf am häufigsten auftretenden Fehler zu finanzieren. Sie stimmten außerdem darin überein, daß alle übrigen Fehler korrigiert werden und der Wiederanlauf des Programms vom Kunden bezahlt wird.

Der Moderator startete mit diesem Vorschlag einen Prozeß zum Entdecken und Testen von Annahmen. Manchmal werden die Leute aufgebracht, wenn sie das tun, aber weniger ärgerlich, wenn sie später feststellen, daß ihre Annahmen falsch waren. Über die Jahre hinweg haben wir diesen Konflikt als wirksames Werkzeug für das Enthüllen von sich widersprechenden Annahmen schätzen gelernt.

13.3.3 Handhaben politischer Konflikte

Sobald Sie die unwichtigen Konflikte abgestreift, die persönlichen Differenzen geklärt und Informationsunterschiede behoben haben, können Sie sich mit den wichtigen politischen Konflikten befassen, die in allen Entwicklungsprojekten auftreten. Einige klassische Konflikte sind:

- Qualität gegen geplante Entwicklungszeit
- Kosten gegen geplante Entwicklungszeit
- Kosten für Qualität gegen aktuelle Entwicklungszeit
- Sicherheit gegen Zugriff
- Volle Funktionalität gegen Zuverlässigkeit

Lassen Sie sich nicht entmutigen, wenn Sie bei der Arbeit an den Anforderungen in einen dieser klassischen Konflikte hineinlaufen. Eigentlich haben Sie Ihr Problem noch nicht verstanden, wenn Sie nicht zu diesen essentiellen Auseinandersetzungen gelangen. Während der Anforderungsphase ist die Arbeit, wenn mit diesen Konflikten konfrontiert, einfach. Sie besteht nur aus zwei Teilen:

1. Erinnern Sie die Teilnehmer daran, daß diese Konflikte ganz natürlich sind und beruhigen Sie sie damit.
2. Überzeugen Sie jeden davon, diese Konflikte in der Designphase zu lösen.

Die Lösung derartiger politischer Konflikte ist ein Teil des Designs und nicht der Anforderungen. Die Arbeit an den Anforderungen beschäftigt sich zum Beispiel mit der Qualität und der erlaubten Entwicklungszeit. Wenn die Designphase abgeschlossen ist, gibt es vielleicht überhaupt keinen Konflikt zwischen diesen beiden Anforderungen. In diesem Fall hätten alle Beteiligten wertvolle Zeit verloren. Nicht nur das: wenn nämlich jemand als Gewinner aus der Debatte hervorgeht, könnten zuviel Abstriche an der Qualität gemacht werden, weil die wahren Wünsche im Anforderungsdokument ausgelassen wurden. Jeder Kompromiß, der in der Anforderungsphase geschlossen wurde, ist für den Designer nicht mehr sichtbar.

13.4 Hilfreiche Hinweise

- Es gibt Zeiten, in den es sinnvoll ist, einen erfahrenen Moderator zu engagieren. Erfahrene Moderatoren besitzen viel Übung und verfolgen keine persönlichen Interessen hinsichtlich möglicher Resultate - es ist einfacher für sie, sich aus Konflikten herauszuhalten. Sie können von ihnen auch Ihre eigenen Mitarbeiter schulen lassen, die noch nicht so routiniert sind.

- Obwohl wir beide professionelle Moderatoren sind, lassen wir keine Gelegenheit aus, unsere Kunden entsprechend zu trainieren. Es kann von Fall zu Fall sogar vorteilhafter sein, seine eigenen Mitarbeiter einzusetzen, als fremde Ressourcen zu berufen. Sie stehen für den gesamten Projektzeitraum zur Verfügung, vor allem, wenn Besprechungen kurzfristig angesetzt werden. Für solche Fälle brauchen Sie in der Tat einen guten Moderator, weil solche Besprechungen oftmals spontan einberufen werden und mit Emotionen vollgepackt sind. Wenn Sie also externe Moderatoren einsetzen, sorgen Sie dafür, daß Ihre eigenen Mitarbeiter gleichzeitig gut trainiert werden.

- Wir schlagen unseren Kunden vor, sich gute Moderatoren ausbilden zu lassen. Beginnen Sie, geeignete Personen herauszufiltern, die schon entsprechende Fähigkeiten unter Beweis gestellt haben, unabhängig von ihrer Ausbildung. Technisches Wissen ist nicht unbedingt Voraussetzung und in vielen Fällen ist es für den Moderator von Vorteil, nicht zu viel über den technischen Hintergrund der Besprechung zu wissen. Je detaillierter sie darüber informiert sind, desto größer ist die Gefahr, sich für die eine oder andere Seite stärker zu engagieren, weil technische Inhalte häufig nur als Maske für unwesentliche Konflikte vorgeschoben werden. Wir bilden Teams von Interessierten aus möglichst vielen Bereichen der Organisation. Die Teilnehmer besuchen externe Seminare, beobachten und kritisieren sich gegenseitig und tauschen ihre Erfahrungen aus. In kürzester Zeit übersteigt der Bedarf die Verfügbarkeit. Vielen ist nicht klar, wie nützlich ein gewandter Moderator sein kann, bis sie ihre eigenen guten Erfahrungen gewonnen haben. Sie werden Ihre Zeit und Energie nicht mehr verschwenden wollen und werden deshalb auf erfahrene Moderatoren zurückgreifen.

- Gute Moderatoren sind wie gute Polizisten. Wenn der Prozeß reibungslos läuft, bemerken Sie kaum, daß ihn jemand steuert. Projekte schlagen oftmals fehl, weil Moderatoren nicht die nötige Anerkennung erfahren. Wenn jeder Teilnehmer gute Kenntnisse im Führen von Besprechungen hat, wird die Gruppe die Leistung des Moderators besser anerkennen können.

13.5 Zusammenfassung

Warum?
Jedes Projekt wird irgendwann mit Konflikten konfrontiert und ohne Moderation kann es nicht erfolgreich fortgeführt werden. Es gibt Projekte, die mit viel Glück von "Amateuren" geleitet werden, die entsprechend reagieren, wenn es notwendig wird. Wenn Sie sich aber nicht ausschließlich auf Ihr Glück verlassen wollen, dann lassen Sie sich gute Moderatoren ausbilden.

Wann?
Es ist keine gute Idee eine Anforderungsbesprechung ohne Moderator durchzuführen, weil Sie erwarten können, daß zu bestimmten Zeitpunkten Emotionen hervorbrechen werden. Ein guter Moderator wird dafür sorgen, daß unwichtige Konflikte gar nicht erst entstehen.

Wie?
Dieses Kapitel wurde geschrieben, um Sie auf die Notwendigkeit einer guten Moderation hinzuweisen, und nicht, um Sie zu einem guten Moderator auszubilden. Einige empfehlenswerte Bücher können diesen Zweck hervorragend erfüllen.[14]

---

[14] Zwei unserer Favoriten sind: Virginia Satir, *Making Contact* (Berkeley, Calif.: Celestial Arts, 1976); und David Kiersey und Marylin Bates, *Please Understand Me*: Character & Temperament Types, 4. Ausgabe (Del Mar, Calif.: Prometheus Nemesis Book Co, 1984).

Wer?
Jeder Teilnehmer sollte in der Lage sein, Besprechungen zu moderieren, und einige wenige sollten trainierte Spezialisten mit entsprechenden Kenntnissen sein.

Teil 4

Die richtige Erwartungshaltung

Es ist einige Zeit seit der ersten Besprechung über das Projekt Superkreide vergangen. Doris, Larry und Todd, das Designteam von BLT-Design, sitzen wieder mit Byron, Wilma und John zusammen. Die BLT-Designer wissen inzwischen, daß Byron als Präsident der Cheap Chalk Corporation (CCC) ihr Kunde ist, und daß John und Wilma unterschiedliche Benutzerinteressen vertreten. Sie wissen auch, daß Byron bereit ist, Geld zu investieren und daß dieses Projekt aufgrund der Entdeckung einer neuen, absolut reinen Kalkader initiiert wurde, die entsprechend vermarktet werden soll.

Larry: Byron, wie Sie wissen ist BLT-Design weltweit führend auf dem Gebiet von Schreibgeräten.

Byron: Deshalb haben wir Sie auch für das Superkreide-Projekt engagiert.

Larry: Natürlich. In dieser Phase des Anforderungsprozesses möchten wir von Ihnen wissen, was Sie von diesem Projekt erwarten. Aufgrund unserer jahrelangen Erfahrung mit Schreibgeräten haben wir eine Liste mit Eigenschaften entwickelt, die jedes Schreibgerät haben sollte.

Byron: Hmmm.

Doris: Gut. Und Wilma, was meinen Sie?

Wilma: Das hört sich großartig an.

John: Ich wüßte nicht, was ich noch hinzufügen sollte.

Doris: Gut, dann haben wir uns bezüglich der Eigenschaften schon geeinigt.

Todd: Ich kann kaum erwarten, mit dem Entwurf zu beginnen.

14

Funktionen

Das BLT-Team könnte jetzt mit dem Produktentwurf beginnen, aber sie werden eine Reihe von Schwierigkeiten bekommen, wenn sie die Vorstellungen von CCC nicht präzisieren können. Sie können die notwendigen Information erlangen, indem sie sich von den Funktionen zu den Eigenschaften, den Einschränkungen, den Vorzügen und den Erwartungen bewegen, wie wir es in den nächsten fünf Kapiteln tun werden.

14.1 Definition einer Funktion

Der erste Schritt in unserem Prozeß besteht darin, genügend Informationen zu sammeln, um die Funktionen definieren zu können. Funktionen sind das "Was" eines Produktes. Es wird damit beschrieben, was mit dem Produkt erreicht werden kann. Sie sind Verben für Aktivitäten, für die das Produkt das Subjekt ist.

14.1.1 Vorhandene Funktionen

Die erste Funktion jedes Systems ist seine Existenz. In dieser Anfangsphase ist das keine Gewißheit, sondern nur eine Annahme.[15] Wir wissen, daß die Annahme mit der Wurzel des Entscheidungsbaumes gleichzusetzen ist. Der Kunde sagt zum Beispiel:

- Wir wollen, daß es Superkreide geben soll.
- Wir wollen, daß es das Fahrstuhlinformationssystem geben soll.

Die Entwicklung der Problemaussage beginnt mit der Existenzfrage und fährt mit der Definition über das, was das Produkt für den Kunden erreichen soll, fort. Superkreide wird es für den Kunden erst dann geben, wenn man damit auf "Schiefer schreiben" kann und er damit zufrieden ist. "Schreiben auf Schiefer" und "Kundenzufriedenheit" sind wünschenswerte Funktionen von Superkreide.

[15] Viele Prinzipien des System Designs können von der Notwendigkeit zum Überleben abgeleitet werden. Siehe Gerald M. Weinberg und Daniela Weinberg, *General Principles of Systems Design* (New York: Dorset House Publishing, 1988).

14.1.2 Testen für eine Funktion

Mit der Aussage "Wir wollen das Produkt, um ...", testen Sie, ob eine Anforderung tatsächlich eine Funktion sein soll. Sie können auch "Das Produkt sollte ..." verwenden. Verändern Sie zum Beispiel folgende Aussage:

- Mit Superkreide sollte man auf Schiefer schreiben können.
- Superkreide sollte den Kunden zufriedenstellen.

Ein anderes Beispiel: "Anzeige des aktuellen Stockwerkes" ist eine Funktion, weil wir auch sagen können:

> "Das Fahrstuhlinformationssystem sollte das aktuelle Stockwerk anzeigen können."
>
> "Rot" ist keine Funktion, weil wir nicht sagen können:
>
> "Das Fahrstuhlinformationssystem sollte rot."

Um einen sinnvollen Satz zu bilden, müßte die Aussage so heißen:

> "Das Fahrstuhlinformationssystem sollte rot sein."

oder

> "Die Stockwerkanzeige des Fahrstuhlinformationssystems sollte rot sein."

Deshalb ist "rot" keine Funktion, es stellt eine Eigenschaft des Systems dar, wie wir in Kapitel 15 noch sehen werden.

14.2 Zusammentragen aller Funktionen

Es gibt eine Reihe von guten Büchern, die uns aufzeigen, wie wir Funktionen klar und genau beschreiben können. Wir konzentrieren uns hier auf folgende Methoden:

1. Zusammentragen von Funktionen, die der Kunde wünscht
2. Verstehen dieser Funktionen
3. Sammeln Sie keine Funktionen, die der Kunde nicht wünscht

14.2.1 Zusammentragen potentieller Funktionen

Der erste Schritt im Prozeß ist ein Brainstorming des Kunden, um alle möglichen Funktionen, die das System erfüllen soll, zu definieren. Zu diesem Zeitpunkt sollte der Designer keine Ideen beisteuern, sondern nur die Vorstellung des Kunden bezüglich seiner Träume und Wünsche anregen. Die folgenden Fragen könnten im Brainstorming-Prozeß zur Anwendung kommen:

- Welches Produkt wünscht der Kunde?
- Was ist der Zweck?
- Welches Produkt wünschen die Benutzer (Hinweis auf die Benutzerliste)?
- Machen Sie sich keine Gedanken über die Kosten. Was wünschen Sie?
- Machen Sie sich keine Gedanken, wie realistisch es ist. Was wünschen Sie?

Während eines solchen Brainstormings könnte der Kunde auf folgende Funktionen für das Fahrstuhlinformationssystem kommen:

1. Anzeige des aktuellen Stockwerkes
2. Anzeige der weiteren ausgewählten Stockwerke
3. Anzeige der Wetterbedingungen
4. 24-Stunden Wettervorhersage
5. Anzeige der Stockwerke, die von den Benutzern ausgewählt wurden
6. Sicherheitsprüfung für gesicherte Stockwerke
7. Deaktivierung unbeabsichtigter Stockwerkwahl
8. Prioritätenveränderung im Notfall
9. Benutzerinformation bei Notfällen
10. Anzeige von internen Informationen
11. Informationen für Lieferanten
12. Aktuelle Informationen für das Sicherheitspersonal
13. Akustisches Signal für den Fall, daß jemand bedroht wird
14. Maßnahmen, die verhindern, daß Angreifer entkommen können
15. Eindeutige Warnung an Angreifer, daß ein Entkommen unmöglich ist
16. Anzeige wichtiger Informationen, wie

- Individuelle Notizen
- Aktienmarktinformationen
- Sportergebnisse
- Nachrichten
- Informationen an und vom Vermieter
- Allgemeine Informationen
- Datum und Uhrzeit
- Historische Ereignisse des heutigen Tages
- Gesundheitsinformationen

17. Möglichkeit zur Kontrolle der Türen

18. Möglichkeit, den Fahrstuhl für Umzüge zu reservieren

19. Kontrolle für abschüssige Stockwerke, um zu vermeiden, daß schwere Gegenstände ins Rollen kommen können

20. Informationen für die Inspektion, wie
    - Datum der letzten Inspektion
    - Datum, an dem zuletzt die Vorschriften verletzt wurden
    - Spezifische Informationen über die Verletzung

21. Erwartete Anzahl von Stops und Ankunftszeiten für lange Fahrten

14.2.2 Verstehen von offensichtlichen, versteckten und überflüssigen Funktionen

Wenn die Funktionen bekannt sind, können sie in drei Kategorien eingeteilt werden:

O für **o**ffensichtlich
V für **v**ersteckt
Ü für **ü**berflüssig

Offensichtliche Funktionen sind für den Benutzer sichtbar, während versteckte Funktionen für den Benutzer nicht berechenbar sind. Überflüssige Funktionen sind die, die der Kunde nur dann möchte, wenn sie zusätzlich kein Geld kosten.

Um die Unterschiede zwischen O, V und Ü zu illustrieren, nehmen wir einen Teekessel als Beispiel. Es soll Wasser zum Kochen gebracht werden. Wir kümmern uns nicht darum, *wie* der Teekessel das Wasser zum Kochen bringt, solange es schnell und effizient erfolgt. Das Wasser zum Kochen zu bringen ist also eine versteckte Funktion. Wir wollen allerdings auch wissen, wann das Wasser anfängt zu kochen. Die Information darüber ist eine offensichtliche Funktion.

Eine dritte wichtige Funktion ist die Ästhetik. Wir werden keinen Teekessel kaufen, der nicht auch gut aussieht, wenn er bei uns im Regal steht. In diesem Fall hat auch das Aussehen eine wichtige Funktion. Aufgrund dieser drei Funktionen kann der Teekessel (Abbildung 14-1) folgendermaßen beschrieben werden:

Teekessel #1.
Kochendes Wasser (**V**)
Anzeige, wenn das Wasser zu kochen beginnt (**O**)
Gutes Aussehen für potentielle Käufer (**O**)

Abbildung 14-1. Der traditionelle Teekessel (#1) wird durch die Zuweisung der Funktionen O, V und Ü beschrieben.

Diese Zuweisung von Funktionen trifft jedoch nur für den traditionellen Teekessel zu. Nehmen wir an, wir nehmen eine unterschiedliche Zuweisung vor:

Teekessel #2:
Kochendes Wasser (**V**)
Anzeige, wenn das Wasser zu kochen beginnt (**O**)
Gutes Aussehen für potentielle Käufer (**Ü**)

Abbildung 14-2. Der kommerzielle Teekessel (#2) wird durch eine unterschiedliche Zuweisung der Funktionen O, V und Ü beschrieben.

Teekessel #2 hat keinerlei Anforderungen für gutes Aussehen. Er könnte in öffentlichen Institutionen Anwendung finden (Abbildung 14-2). Tatsächlich brauchte es den Teekessel #2 nicht zu geben, wenn er gerade nicht benutzt wird. Es könnte ein Camping-Teekessel sein, der in jeden Rucksack paßt.

Eine dritte Zuordnung könnte so aussehen:

Teekessel #3:
Kochendes Wasser (**O**)
Anzeige, wenn das Wasser zu kochen beginnt (**O**)
Gutes Aussehen für potentielle Käufer (**Ü**)

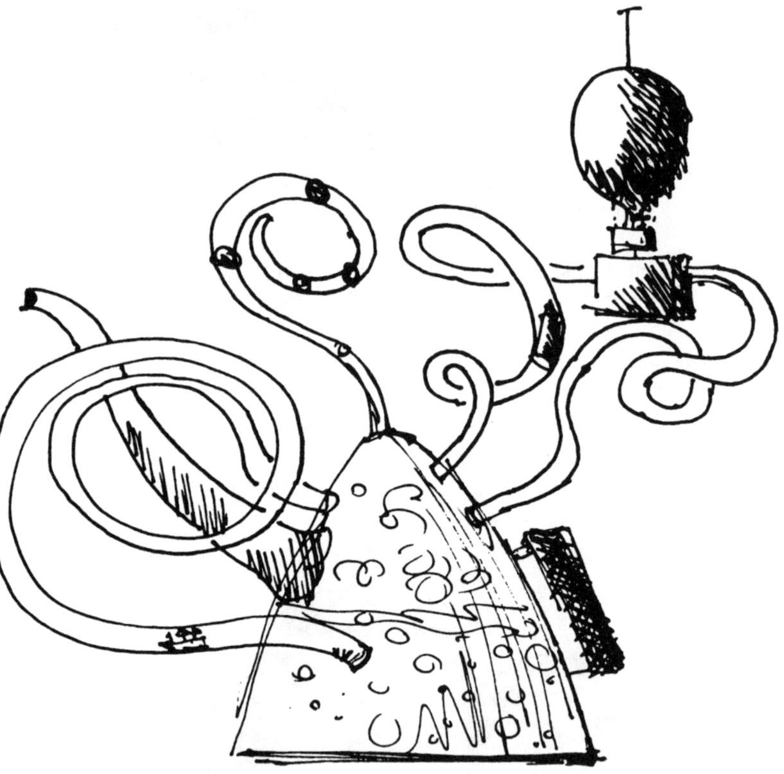

Abbildung 14-3. Der kinetische Teekessel von Rube Goldberg wird durch eine wiederum unterschiedliche Zuweisung der Funktionen O, V und Ü beschrieben.

Die Zuordnung produziert unterschiedliche Designideen für einen Teekessel. Wir könnten zum Beispiel einen kinetischen Glasteekessel nach Rube Goldbergs Ideen anfertigen (Abbildung 14-3) - der in faszinierender Weise das sich erhitzende Wasser präsentiert. Der Teekessel scheint zu rufen: "Schaut alle her, ich erhitze Wasser! Ist das nicht phantastisch?" Wenn er allerdings nicht benutzt wird, so verbleicht er in seiner Umgebung.

Eine vierte Zuordnung wäre:

Teekessel #4:
Kochendes Wasser (V)
Anzeige, wenn das Wasser zu kochen beginnt (V)
Gutes Aussehen für potentielle Käufer (V)

Abbildung 14-4. Eine andere Zuordnung von O, V und Ü Funktionen ergibt etwas, das wir nicht als Teekessel bezeichnen können. Es wird häufig auch als "Büroteekessel" bezeichnet. (#4)

Teekessel #4 könnte für das Büro bestimmt sein (Abbildung 14-4). Wir benötigen keine Anzeige darüber, wann das Wasser anfängt zu kochen, weil wir direkt darauf warten wollen. Die Form muß nicht attraktiv sein, und wir wollen nicht bei unserer Arbeit gestört werden, wenn wir Wasser kochen wollen. Der Teekessel #4 könnte auch ein Mikrowellengerät sein.

14.2.3 Erkennen von übersehenen Funktionen

Wenn wir offensichtliche und versteckte Funktionen klassifizieren, können wir besser übersehene Möglichkeiten identifizieren. Zum Beispiel haben nur wenige die Informationsfunktion eines Fahrstuhls wahrgenommen, bis die manuell bedienten Fahrstühle durch automatische ersetzt wurden.

In unserem Beispiel eines Fahrstuhlinformationssystems versuchen wir viele Informationen zu integrieren, die früher von einem Fahrstuhlführer bereitgestellt wurden. Funktionen in unserer Aufstellung machen das deutlich:

- Anzeige von internen Information: Sie konnten den Fahrstuhlführer nach Personen und Orten im Gebäude fragen. Der Fahrstuhlführer paßte sein Wissen den Veränderungen an. Er konnte Ihnen sagen, daß Herr Quackenbusch nicht im Hause ist, oder daß er gerade jemanden im 19. Stockwerk besucht.

- Informationen für die Inspektion: Der Fahrstuhlführer wurde als erster über ungewöhnliche Vorkommnisse befragt.

- Akustisches Signal für den Fall, daß jemand bedroht wird: Es gab keine entsprechenden Vorfälle, aber niemand bemerkte das Fehlen einer derartigen Funktion, als die Fahrstuhlführer ersetzt wurden.

- Anzeige wichtiger Informationen: Diejenigen unter uns, die noch Fahrstuhlführer kennengelernt haben, vermissen sicherlich diese Informationsbörse. Ralph, der Fahrstuhlführer, kannte nicht nur die Wettervorhersage, sondern er war auch über die neuesten Sportergebnisse informiert und über die momentanen Börsenkurse unterrichtet. Er besaß eine Auswahl von Zeitungen (von Leuten, die zur Arbeit kamen). Wenn Sie keine Zeit zum Lesen hatten, dann konnte er Ihnen zwischen den Stockwerken die Schlagzeilen nennen. Wenn der Vermieter Nachrichten an seine Vermieter hinterließ, Ralph sorgte für deren Übermittlung. Wenn Sie Ihrem Vermieter etwas ausrichten wollten, so konnten Sie auch hierbei auf Ralph zählen. Sobald die versteckten Funktionen bezeichnet werden, wie in unserem Beispiel, verbessern sich die Chancen, daß der Kunde sie erkennt und nicht als gegeben ansieht. Die Chancen, daß der Kunde später sagt: "Warum haben Sie nicht..?", verringern sich in gleicher Weise. Nachdem Sie die Funktionen klassifiziert haben, führen Sie ein zweites Brainstorming durch und konzentrieren sich dieses Mal auf Funktionen, die Sie vorher als gegeben angesehen haben.

14.2.4 Vermeiden von Annahmen in der Lösung

Andere übersehene Möglichkeiten resultieren aus Annahmen, die sich hinter Funktionsbeschreibungen verbergen. Als wir "Anzeige des aktuellen Stockwerkes" aufschrieben, haben wir damit nicht unbedingt die visuelle Darstellung gemeint, aber viele Leute haben das wahrscheinlich so interpretiert. Die Funktion "Anzeige des aktuellen Stockwerkes" hätte besser als "Bereitstellen aktueller Stockwerkinformation" bezeichnet werden sollen, um die Gedanken des Designers nicht unnötig auf die "Anzeige" zu begrenzen. Wenn wir an Stelle von "bereitstellen" das Wort "anzeigen" verwendet hätten, könnten wir uns mit der Annahme aus der Affäre ziehen, wenn wir fragen: "Was würde es für die "Anzeige des aktuellen Stockwerkes" bedeuten, eine versteckte Funktion zu sein?"

Die Frage nach der Klassifikation macht uns die Darstellung der Information in dem Fahrstuhlinformationssystem zwischen der unbewußten und der traditionellen und visuellen Ebene bewußt. Eine Anzahl von innovativen Ideen kommt zum Vorschein, wie

- Leichte Vibrationen in der Fahrstuhlaufhängung

- Unterschiedliche Luftzirkulationen

- Gerüche ("Oh, ist hier das Popcorn-Stockwerk!")

- Farben

- Geräusche

- Musikalische Akkorde

- Kombinationen verschiedener Signale

Durch die ausdrückliche Klassifizierung von Funktionen vermeiden Sie Mehrdeutigkeiten und verdeutlichen versteckte Funktionen. Überarbeiten Sie kontinuierlich die Liste der Funktionen, wenn diese Informationen auftauchen. Das Bearbeiten dieser Liste stellt den Ton dar, aus dem die endgültigen Funktionen modelliert werden.

Ist es denn notwendig, durch alle diese Schwierigkeiten zu gehen, um die Annahmen in der Lösung zu eliminieren? Werden Mehrdeutigkeiten nicht so oder so aus der Welt geschafft? Natürlich werden sie die Probleme im Rahmen des Designprozesses lösen. Die Lösungen basieren auf Ihrer Erfahrung, Ihren Vorurteilen und vorgefaßten Meinungen, mit nur geringer oder ohne Kundenbeteiligung. Das Resultat wird teurer und weniger phantasievoll sein.

14.2.5 Die "Wenn-unbedingt-notwendig"-Liste

Wenn wir Designern vorschlagen, mit Ihren Kunden ein Brainstorming durchzuführen, treffen wir häufig auf erheblichen Widerstand. Diese erfahrenen Designer befürchten, daß jede zusätzliche Funktion ihr Designproblem vergrößert. Deshalb werden sie nichts unternehmen, was ihre Kunden dazu ermutigt, von Funktionen zu träumen, die sie zwar erwarten, für die sie aber nicht bezahlen wollen.

Andererseits wissen erfahrene Designer auch, daß unterdrückte Wünsche stets wiederkommen, und sie später weiter verfolgen. Es ist vielleicht nicht ganz einfach aber weitaus besser, alle Wünsche ans Tageslicht zu bringen.

Wenn alle Funktionen aufgelistet sind, bitten Sie Ihren Kunden, die überflüssigen zu selektieren. Diese werden in eine andere Liste übertragen und später in das Anforderungsdokument unter dem Titel "Wenn unbedingt notwendig" übernommen. Die Überschrift für diese Liste sollte folgendermaßen aussehen:

> **Der Designer kennt diese Funktionen und wird sie realisieren, wenn immer es ihm möglich ist und wenn andere Funktionen oder Eigenschaften nicht im Wege stehen.**

Es ist erstaunlich, wie die Diskussionen über bevorzugte Ideen verstummen, wenn überflüssige Funktionen auf die Wunschliste übertragen werden.

14.3 Hilfreiche Hinweise

- Stellen Sie bei der Einleitung zum Brainstorming für Funktionen sicher, daß alle Teilnehmer wissen, was Funktionen sind. Wenn Sie jedoch mit dem Brainstorming begonnen haben, dann bremsen oder korrigieren Sie niemanden, der zum Beispiel anstatt Funktionen, Eigenschaften vorschlägt. Notieren Sie die Eigenschaften und verwenden Sie sie, wenn Sie über Eigenschaften diskutieren.

- Abbildung 14-5 zeigt ein Set von normalen Schraubenschlüsseln. Beachten Sie, daß die Länge sowohl eine offensichtliche Funktion hat, nämlich die Wahl der richtigen

Größe, als auch eine versteckte Funktion, den Schutz vor zu starker Drehung. Der Winkel des Griffes hat eine transparente Funktion. Man kann nicht genau sagen, warum der Griff so schräg gebogen ist, wenn Sie ihn aber benutzen, dann funktioniert es so am besten. Ihr Körper erkennt, warum der Griff so schräg angebracht ist, Ihr Verstand dagegen hat Probleme damit. Für gewisse Produkte könnte es sinnvoll sein, eine vierte Kategorie für transparente Funktionen zu definieren.

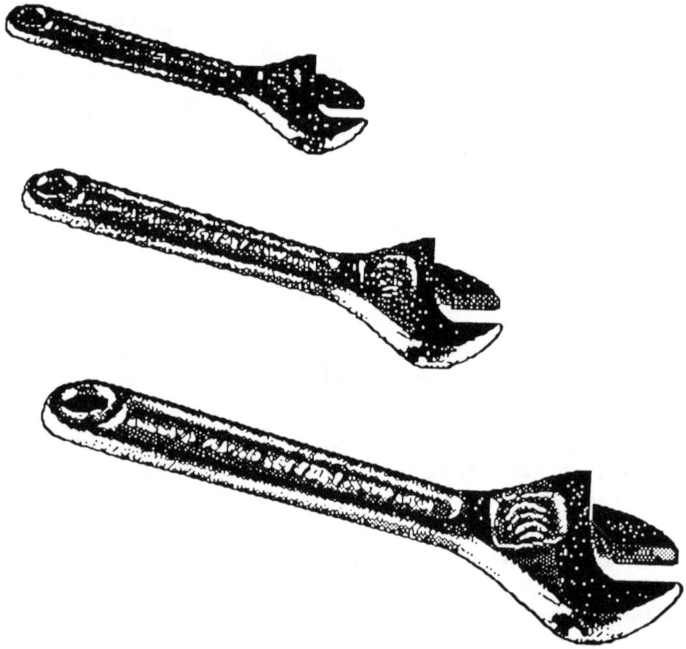

Abbildung 14-5. Bei diesen Schraubenschlüsseln zeigen die Griffe versteckte und offensichtliche Funktionen und zwar in ihrer Länge, aber auch in ihrem Winkel.

- *Nicht sichtbare* Funktionen existieren, wenn bestimmte Benutzergruppen darüber nicht Bescheid wissen dürfen. Zum Beispiel müssen die meisten Sicherheits- und Verteidigungssysteme solche Funktionen aufweisen. Interessant sind die Systeme zur Überprüfung von Kreditkarten. Sie müssen 24 Stunden am Tag verfügbar sein, aber manchmal fallen die Maschinen aus oder müssen gewartet werden. Unsichtbare Funktionen verbergen die Tatsache, daß dieses System nicht funktioniert, um den Kreditkartenbetrug auszuschließen.
  Diese unsichtbaren Funktionen können durch ein zusätzliches, aber einfaches System verwirklicht werden, welches das echte System während bestimmter Zeiten simuliert und automatisch alle Kreditkartenanfragen bestätigt. Weil niemand bei der Vorlage der Kreditkarte weiß, ob daß echte System gerade läuft, werden Betrüger es nicht wagen, ihre Karte zu präsentieren. Ehrliche Menschen müssen aber auch nicht befürchten, daß Ihre Anfragen negativ beantwortet werden. Vielleicht wollen Sie deshalb auch die unsichtbaren Funktionen in Ihre Prüfkategorie aufnehmen.

- Wenn von Gerüchen als Stockwerkinformationen die Rede ist, dann beklagte sich unser Kollege Ken de Lavigne: "Wir werden solche innovativen Merkmale nicht realisieren können, wenn wir nicht aufhören, immer von den billigsten Anbietern einzukaufen!" Ein chinesisches Sprichwort sagt:

  "Das Gute steht dem Besten im Wege"

  Der Versuch, Aspekte eines Produktes zu optimieren, seien es Kosten, Schnelligkeit oder Größe kann dazu führen, daß Innovationen, die besser als das Optimum sind übersehen werden. Passen Sie also auf Optimierungsaussagen auf!

14.4 Zusammenfassung

Warum?
Verwenden Sie die Funktionsmethoden, um die wahren Funktionen zu identifizieren. Sie reduzieren dabei die Chance, wichtige Funktionen zu übersehen und Sie erhalten Einblicke und Erkenntnisse für mögliche neue Funktionen.

Wann?
Wenden Sie diese Methoden für jeden Verbesserungszyklus an, also immer dann, wenn Sie eine Funktion in Teilfunktionen aufbrechen. Das erste Mal wird dies sein, wenn Sie die Frage nach dem "Vorhandensein" stellen und Sie definieren müssen, warum ein Produkt existieren soll.

Wie?
Gehen Sie folgende Schritte mit Ihrem Kunden zusammen durch:

1. Erarbeiten Sie mit Hilfe von Brainstorming eine Liste potentieller Funktionen.

2. Klassifizieren Sie jede einzelne Funktion in offensichtlich, versteckt oder überflüssig.

3. Enthüllen Sie mit Hilfe dieser Klassifizierung nicht erwähnte Funktionen, vielleicht mit Brainstorming, um Ihre Liste zu erweitern.

4. Achten Sie auf Funktionen, die in ihrer Formulierung Einschränkungen in der Lösung andeuten, und nehmen Sie sie in Ihre Problemaussage auf.

5. Erstellen Sie eine "Wenn-unbedingt-notwendig"-Liste für überflüssige Funktionen.

15

Eigenschaften

Eigenschaften sind vom Kunden gewünschte Charakteristika, die als Adjektive oder Adverben gebraucht werden. Zwei Produkte können exakt die gleichen Funktionen aufweisen, aber ihre Eigenschaften machen sie komplett unterschiedlich. Ein Rolls Royce hat mehr oder weniger die gleiche Funktionalität wie ein Ford, aber viele verschiedene Eigenschaften.

15.1 Wunschliste

Führen Sie sobald wie möglich im Designprozeß ein Brainstorming durch, um eine Liste der gewünschten Eigenschaften zu erzeugen. Wie die Funktionsliste, so ist auch diese Wunschliste nicht durch Rechtfertigungen für bestimmte Eigenschaften oder durch Konflikte zwischen verschiedenen Eigenschaften zu begrenzen.

Als BLT-Design mit dem Kunden CCC zusammenarbeitete, wurde keine gemeinsame Liste erarbeitet, sondern sie offerierten ihre eigene Liste, basierend auf ihrer eigenen Erfahrung als Designer für Schreibgeräte. Ihre Liste beinhaltete folgende Merkmale:

benutzerfreundlich	gewinnbringend	herstellbar
leicht verkaufbar	innovativ	einzigartig
robust	zuverlässig	sicher
ungiftig	nicht allergisch	sauber
leicht verpackbar	gut ausradierbar	beweglich
leicht zu lesende Schrift		

Die Liste ist nicht schlecht, aber die BLT-Designer werden Probleme bekommen. Sie haben nicht gut zugehört und waren ungeduldig, weil sie mit ihrer Arbeit nicht schnell genug beginnen konnten. Das geschieht häufig, wenn erfahrene Designerteams mit Kunden zusammenarbeiten, die nur wenig Designerfahrung haben. Natürlich kann das BLT-Designerteam einen großen Erfahrungsschatz einbringen, aber sie wissen nicht alles über ihren Kunden. Sie müssen eines der wesentlichen Designprinzipien berücksichtigen:

> **Egal, mit wievielen Kunden Sie schon zusammengearbeitet haben, der nächste Kunde unterscheidet sich immer vom vorherigen.**

Deshalb sollte sich der Kunde selbst seine Wunschliste mit Hilfe von Brainstorming zusammenstellen. Wenn er dann eine Eigenschaft übergeht, die Sie für wesentlich halten, können Sie immer noch vorschlagen, die Liste nachträglich zu erweitern. Sie könnten sonst eingeschüchtert Ihre wahren Wünsche erst äußern, *nachdem* das Projekt schon zum Teufel gegangen ist (Abbildung 15-1).

Abbildung 15-1. Egal, mit wievielen Kunden Sie schon zusammengearbeitet haben, der nächste Kunde unterscheidet sich immer vom vorherigen.

Nachfolgend finden Sie eine Liste mit Eigenschaften für das Fahrstuhlinformationssystem:

flexible Darstellung
preiswert
tragbar
leicht verständlich
ungefährlich
mehrsprachig
gut beschrieben
leise
leicht zu fühlen
aromatisch
teuer
legal
narrensicher
fälschungssicher
fehlersicher

beweglich
leicht benutzbar
sehr zuverlässig
leicht
unterhaltsam
langlebig
feuerfest
ergonomisch
gutaussehend
diebstahlsicher
sicher
groß
veränderbar
anpassungsfähig
effizient

demontierbar
mehrere Optionen
braun
kompakt
wasserdicht
modular
leicht abzukühlen
leicht zu hören
sexy
farbig
sinnlich
klein
hoch-innovativ
rauh

15.2 Umgestalten der Wunschliste

In unserem Beispiel haben wir nahezu alle Eigenschaften aufgelistet, die ein Fahrstuhlinformationssystem haben sollte. Um das zu erreichen, mußten wir übermäßige Genauigkeit aus unserem Brainstorming heraushalten. Nachdem wir nun eine komplette Liste zusammengestellt haben, muß die Liste aller Eigenschaften auf ein vernünftiges Maß reduziert werden, auf die Dinge, auf die wir tatsächlich in unserem System Wert legen. Aber bevor wir damit beginnen können, müssen wir die Eigenschaften von Mehrdeutigkeiten befreien.

15.2.1 Unterschied zwischen den Eigenschaften und ihren Details

In jeder Liste gewünschter Attribute, ob sie nun aus einem Brainstorming, aus einer Befragung oder aus schriftlich fixierten Anfragen resultiert, gibt es im allgemeinen eine Mischung aus *Eigenschaften* und deren *Details*. Eigenschaften sind die Dimensionen, die uns interessieren. Deshalb ist "langlebig" eine Eigenschaft.

Details sind die Punkte oder Punktgruppen entlang der Dimension. "Zehn Jahre" und "länger als der Fahrstuhl hält" sind zwei Details der Dimension "langlebig." ("Zehn Jahre" ist tatsächlich ein einziger Wert, während "länger als der Fahrstuhl hält" eine ganze Reihe von Werten beinhaltet. Beide sind aber Details der Eigenschaft "langlebig").

Andererseits, kann die Farbe eine Eigenschaft sein, mit den Details wie braun, schwarz, rot oder weiß. Wenn Psychologen feststellen, daß bestimmte Farben den Vandalismus beeinflussen können, dann können wir einen Zusammenhang zwischen "langlebig" und "Farbe" herstellen. Verschiedene Eigenschaften können also durchaus zusammenhängend und abhängig voneinander sein, was uns zuweilen überrascht.

15.2.2 Entdecken von Mehrdeutigkeiten in Attributen

Sowohl Attribute als auch deren Details beinhalten subtile Mehrdeutigkeiten, die entfernt werden müssen. Zum Beispiel klingt "geringer Instandhaltungsaufwand" zunächst recht eindeutig. Aber wie heißt das Attribut, zu der dieses Detail gehört? Sind es die "Instandhaltungskosten" oder vielleicht der "Zeitaufwand für die Instandhaltung" oder aber "die Zeit, die durch die Instandhaltung verlorengeht"?

Das Attribut "Kosten" ist das mehrdeutigste, das wir kennen. Sind es die "Herstellungskosten" oder die "laufenden Kosten für eine bestimmte Periode", "Kosten pro Transaktion", "Gesamtkosten, basierend auf dem heutigen Geldwert", "Kosten für Benutzer X", "Gesamtkosten für Entwickler Y", "Wiederbeschaffungskosten" oder etwas anderes? Statt Annahmen zu treffen, müssen wir unser Verständnis verbessern, bis alle Mehrdeutigkeiten für "Kosten" eliminiert sind.

15.2.3 Organisation der Liste

Eine Möglichkeit, um unser Verständnis der Eigenschaften zu verbessern, ist das Umwandeln unserer Brainstormingliste durch die folgenden beiden Prozesse:

1. Wenn es sich um das Detail einer Eigenschaft handelt, so werden die Eigenschaften aufgeschrieben, die von ihm dargestellt werden sollen.

2. Wenn es sich um eine Eigenschaft handelt, so werden die Details aufgeschrieben, die zu ihr gehören.

Wenn alle Details und alle Attribute zusammenpassen, ist folgende Darstellungsform zu wählen:

Eigenschaften = (Liste aller Details der Eigenschaften)

Als die BLT-Designer zusammen mit Byron, dem Geschäftsführer von CCC an den Eigenschaften arbeiteten, reduzierten sie am Ende ihre Liste auf drei Eigenschaften, mit den entsprechenden Details. Nicht alle Attribute wurden dabei berücksichtigt:

herstellbar = (zylindrisch, reine Kreide)

benutzerfreundlich = (ungiftig, zuverlässig, nicht allergisch, sauber, gut abwischbar)

gewinnbringend = (innovativ, leicht zu verkaufen, leicht zu verpacken)

Für Byron beinhaltete die Herstellbarkeit zwei Einzelheiten, an die BLT-Design nicht gedacht hatte, *zylindrisch und reine Kreide* (Siehe Abbildung 15-2). Die Maschinen von CCC können kein anderes Material als Kreide verarbeiten und die nur in zylindrischer Form. Die Verarbeitung von Kreide war für die BLT-Designer Neuland. Bei der Definition der Eigenschaften konnten sie jedoch ihr Defizit wieder ausgleichen.

Hier sind noch einige Beispiel für Attribute, die aus dem Brainstorming über das Fahrstuhlinformationssystem zutage traten:

Anzahl der verwendeten Sensoren für die Kommunikation = (Mehrfachsensoren, Einzelsensoren)

Kosten = (preiswert)

Antwortzeit = (schnell, langsam)

Energieverbrauch = (verbraucht wenig Energie)

Leicht zu benutzen = (flexible Darstellung, leicht auswählbar, ergonomisch, leicht zu tasten, gut beschrieben, selbsterklärend, leicht zu verstehen, leicht zu benutzen, wenige Wahlmöglichkeiten, narrensicher)

15.2.4 Einblicke

Bei dieser Vorgehensweise bekommen wir gute Einblicke in den Prozeß. Zum Beispiel: Gibt es viele Details für das Attribut "leicht benutzbar" oder wenige für "Kosten"? Das könnte bedeuten, daß der Kunde seinen Schwerpunkt auf die leichte Benutzbarkeit setzt, oder daß er weniger kostenbewußt ist.

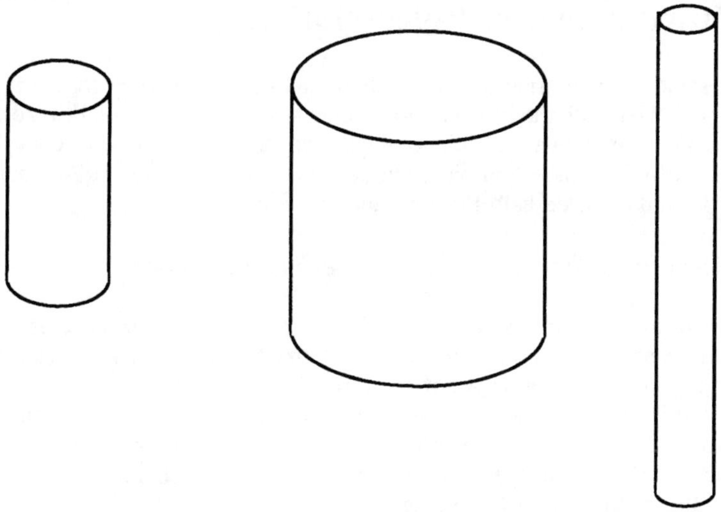

Abbildung 15-2. Superkreide kann nur in zylindrischer Form und aus reiner Kreide hergestellt werden. Hier sind einige Möglichkeiten dargestellt, die diese Eigenschaften berücksichtigen.

Mit der modifizierten Liste stellen die Teilnehmer Mehrdeutigkeiten fest, die vorher nicht offensichtlich waren. Wenn wir zum Beispiel "wenige Wahlmöglichkeiten" als "leicht benutzbar" bezeichnen, so werden andere "mehr Wahlmöglichkeiten" als "leicht benutzbar" einstufen. Vielleicht stellt sich heraus, daß "ausreichende Wahlmöglichkeiten" die bessere Bezeichnung wäre.

Wenn die Eigenschaften in dieser Form definiert werden, bekommen die Teilnehmer Einblicke in zusätzliche Details der Eigenschaften. Nach der Zusammenstellung folgender Kombination:

Antwortzeit = (schnell, langsam)

bestand ein Teilnehmer darauf, "konsistent" und ein anderer "psychologisch angemessen", in die Liste mitaufzunehmen.

Antwortzeit = (schnell, langsam, konsistent, psychologisch angemessen)

15.3 Zuweisung von Eigenschaften

Ein Attribut steht nicht für sich allein, sondern *modifiziert eine oder mehrere Funktionen.* Ein Attribut wie "Herstellbarkeit" von Superkreide könnte die Funktion des Vorhandenseins modifizieren. Gleichermaßen sind die gewünschten Attribute "Kosten" oder "Sicherheit" beim Fahrstuhlinformationssystem nicht nur partiell anwendbar. Solche Attribute gelten für das gesamte Produkt und deshalb für alle Funktionen des Produktes.

15.3.1 Wie Eigenschaften Funktionen verändern können

Andere Eigenschaften beeinflussen nur bestimmte Funktionen des Systems. "Die Farbe" könnte eine Eigenschaft der Funktion "Auskunftsanzeige" sein aber nicht von der Funktion "Signal geben, wenn Personen angegriffen werden".

Ein Attribut könnte aber auch für *mehrere Funktionen zutreffend* sein. "Zuverlässigkeit" ist ein Attribut, das für die "Auskunftsanzeige" als auch für "Anzeige spezieller Informationen für die Fahrstuhlinspektion" anwendbar ist und auch für die Funktion "Signal geben, wenn Personen angegriffen werden".

Wir müssen also die Liste der Eigenschaften erweitern, so daß sich jede Eigenschaft auf eine Funktion bezieht, in der Form:

Eigenschaft E von Funktion F = (Liste der Details)

Wir verwandeln zum Beispiel das Attribut "Zuverlässigkeit" in drei verschiedene Komponenten, jede mit einer unterschiedlichen Funktion des Fahrstuhlinformationssystems verbunden:

Zuverlässigkeit der Auskunftsanzeige = (nicht permanent, Fehlinformationen, ...)

Zuverlässigkeit bei der Anzeige spezieller Informationen für die Inspektion = (fälschungssicher, hohe Genauigkeit, ...)

Zuverlässigkeit beim Signal geben, wenn Personen angegriffen werden = (fälschungssicher, geringe Anzahl von Fehlalarmen, permanent in Betrieb, ...)

15.3.2 Einblicke aufgrund der veränderten Darstellung

Wenn Eigenschaften in dieser Form dargestellt werden, ergeben sich neue Blickwinkel. Wenn wir uns zum Beispiel die Funktion "Signal geben, wenn Personen angegriffen werden" ansehen, werden verschiedene Details entdeckt, die in der Brainstormingliste noch nicht auftauchen. Diese zusätzlichen Einzelheiten ergeben eine vollständigere Definition der Eigenschaften:

Zuverlässigkeit beim Signalgeben, wenn Personen angegriffen werden = (fälschungssicher, permanent in Betrieb, geringe Anzahl von Fehlalarmen, hohe Anzahl von korrekten Meldungen, reduziert Angriffe um 80%, ...)

15.4 Ausschließen von Eigenschaften

Zu diesem Zeitpunkt sind aus einem Attribut viele geworden. Unsere Liste beinhaltet aber immer noch viele Konflikte, Überschneidungen und Mehrdeutigkeiten. Während der Dauer des Designprozesses wird der Designer diese Probleme auf diese oder jene Art lösen können. Um Zeit und Geld zu sparen, sind soviele Probleme wie möglich, so schnell wie möglich, zu lösen. Am besten ist es, sie sofort zu lösen, solange wir noch am Anforderungsprozeß arbeiten.

15.4.1 Klassifizierung in müssen, wollen und ignorieren

Als erste Maßnahme können der Designer und der Kunde versuchen, die Eigenschaften zu klassifizieren:

M etwas, das der Kunde haben **m**uß
W etwas, das der Kunde haben **w**ill
I etwas, das der Designer **i**gnorieren kann

Zum Beispiel könnte Byron die Eigenschaften von Superkreide folgendermaßen klassifizieren:

(M) herstellbar = (zylindrisch, reine Kreide)

(W) gewinnbringend = (innovativ, leicht zu verkaufen, leicht zu verpacken)

(I) benutzerfreundlich = (ungiftig, zuverlässig, nicht allergisch, sicher, sauber, gut abwischbar, leicht lesbar)

Diese Zuordnung bedeutet, daß Byron nicht nach einer Lösung sucht, von der die BLT Designer geträumt hatten. Sie haben sich vielleicht vom Projektnamen "Superkreide" täuschen lassen, der etwas Außergewöhnliches verspricht (Abbildung 15-3).

"Superkreide" bedeutete lediglich einen Marketingnamen, der die Tatsache verborgen hielt, daß es sich hier mehr oder weniger um das Design für normale Kreide handelte. Der einzige Unterschied bestand darin, daß CCC reineres Material von der neuen Kreideader verwenden sollte. Byron sorgte sich lediglich darum, daß CCC tatsächlich in der Lage sein könnte, Superkreide mit den existierenden Maschinen zu produzieren, die nur zylindrische Formen fertigen können.

15.4.2 Impliziertes und expliziertes Ausschließen von Attributen

Obwohl die BLT-Designer über das Verringern des Umfangs ihrer Aufgabe enttäuscht waren, hatten sie doch eine wesentlich leichtere Aufgabe zu erfüllen, als die Designer des Fahrstuhlinformationssystems. Mit drei verschiedenen Kategorien und 300 Eigenschaften würde dieses Projekt einen Umfang von 3^{300} Möglichkeiten mit jeweils unterschiedlichen Designansätzen aufweisen.

Abbildung 15-3. Die ausdrückliche Klassifizierung von Eigenschaften hilft dabei, sich nicht von außergewöhnlichen Namen täuschen zu lassen.

Manchmal arbeiten wir mit Kunden zusammen, die jede Eigenschaft mit **M** bewerten. Dieser Kunde erwartet eine "billige Lösung", und er wird mit *jedem* Design unzufrieden sein, es sei denn, er wurde vorher entsprechend trainiert, mit einer Übung im Ausschließen von Eigenschaften.

Ohne Zwang werden Sie Probleme haben, die Anzahl von **M** und **W** Eigenschaften zu reduzieren, die keinen substanziellen Wert für den Kunden haben. Wenn Sie es aber nicht tun, werden die Designkosten ins Astronomische steigen, deshalb eliminieren die Designer schon *instinktiv* und *implizit* Hunderte von Eigenschaften.

Die Eigenschaften, die später überleben, werden den Designprozeß vorwärts treiben. Die Instinkte von Designern sind häufig sehr gut, durch impliziertes Ausschließen von Eigenschaften können allerdings andere innovative Lösungen vernachlässigt werden. Alles was in dieser Phase außer acht gelassen wird, hat wenig Chancen später wieder berücksichtigt zu werden.

Deshalb ist es sehr wichtig, eine große Anzahl von Eigenschaften aus der Welt der Phantasie zusammenzutragen, um eine Aussage über alle Eigenschaften in einer idealen Umgebung zu treffen, ohne an deren Realisierbarkeit denken zu müssen. Nur dann kann unser Prozeß zur Eliminierung ohne Risiko durchgeführt werden, um eine realistische Liste mit Funktionen und deren Eigenschaften für den nächsten Schritt im Prozeß zu gewinnen.

15.5 Hilfreiche Hinweise

- Der Prozeß zum Definieren von Eigenschaften sollte in einer entspannten und *spielerischen* Atmosphäre stattfinden. Geht es zu ernsthaft zu, dann besteht die Gefahr, daß die Teilnehmer nicht kreativ genug sind.

- Wenn der Prozeß nicht spielerisch genug abläuft, erinnern Sie die Teilnehmer an den Prozeß der Eliminierung, um ihnen die Sicherheit zu vermitteln, daß unsinnige Ideen später ausgeschlossen werden können. Sobald die Teilnehmer wissen, daß unsinnige Eigenschaften letztlich eliminiert werden, können sie sich freier entfalten.

- In der Praxis eröffnen "unsinnige" Eigenschaften oftmals völlig neue Wege für innovatives Design. Erinnern Sie die Teilnehmer daran, daß eine Idee, die den Designwert um ein Prozent erhöht, die "verschwendete" Zeit ausgleicht, die man beim Spielen mit "unsinnigen" Ideen vergeudet.

- Der Kunde erwartet, daß Sie den expliziten Eliminierungsprozeß leiten und nicht zu stark mit Ihren Ideen über das Erreichbare beeinflussen. Wenn Sie glauben, daß dies in dieser Phase erreichbar ist, haben Sie nicht genügend Eigenschaften definiert. Sie müssen den Prozeß besonnen bis zu dem Punkt führen, wo es scheint, daß verschiedene Eigenschaften miteinander in Konflikt geraten. Hierbei treten die eigentlichen Designprobleme zutage.

- Um die Anzahl der Attribute zu reduzieren, gruppieren Sie Funktionen mit ähnlichen Eigenschaften und beziehen Sie diese auf die Gruppe. Nur die Unterschiede müssen hierbei aufgezeichnet werden. Seien Sie vorsichtig bei der Annahme, daß Attribute ähnlich sind, nur weil Sie den Wunsch haben, weniger aufzuzeichnen.

15.6 Zusammenfassung

Warum?
Eine klare Definition der Eigenschaften ermöglicht es dem Designer und seinen Klienten intelligente Entscheidungen zu treffen und sinnvoll abzuwägen. Das Umwandeln von Eigenschaften führt zu neuen Ideen, die zu einem erfolgreichen Design beitragen.

Wann?
Klassifizieren Sie die Eigenschaften sobald die ersten Funktionen aufgelistet sind und identifizieren Sie, welche Eigenschaften bestimmte Funktionen verändern. Wenn sich der Designprozeß über verschiedene Ebenen erstreckt, wiederholen Sie die Bestimmung der Eigenschaften sooft die Funktionen verfeinert werden.

Wie?
Folgende Schritte führen zur Verfeinerung der Eigenschaften:

1. Erstellen einer Liste von Eigenschaften durch Brainstorming.

2. Unterscheiden der Eigenschaften von ihren Details. Erweitern Sie die Liste mit Attributen für alle Details und mit Details für die vorgeschlagenen Eigenschaften.

3. Ordnen Sie jede Eigenschaft der entsprechenden Funktion oder den entsprechenden Funktionen zu.

4. Klassifizieren Sie die Eigenschaften in müssen (**M**), wünschen (**W**) und ignorieren (**I**).

5. Dokumentieren Sie die **M** und **W** Eigenschaften für spätere Verwendung.

Wer?
Der Kunde ist letztlich für die Spezifikation der gewünschten Eigenschaften verantwortlich, mit Hilfe des Designers und der Kundenrepräsentanten.

16

Einschränkungen

Nachdem nun alle Eigenschaften identifiziert, den Funktionen zugeordnet und klassifiziert wurden, sind wir jetzt in der Lage mit der weiteren Klärung der Anforderungen fortzufahren. Wenn neue Anforderungen und Eigenschaften im weiteren Verlauf ans Tageslicht kommen, können wir temporär auf den beschriebenen Prozeß zurückkommen und unsere Liste erweitern.

Angenommen, alle Funktionen und Eigenschaften sind aufgespürt, alle Anforderungen sind klar geworden, und das Produkt wurde hergestellt. Was ist zur weiteren Klärung zu tun? Wie können sich die Designer sicher sein, daß sie mit ihrer Arbeit fertig geworden sind? Das Projekt ist beendet, wenn alle Funktionen vorhanden sind - wenn die Funktionen alle Muß-Eigenschaften (**M**) aufweisen. Wenn das nicht der Fall ist, wurden Funktionen berücksichtigt, die nicht unbedingt in den Anforderungen definiert waren.

Wie stellen Sie fest, ob alle Eigenschaften in Erwägung gezogen wurden? Für eine **M**-Eigenschaft müssen alle Einschränkungen abgeklärt sein. Wenn nicht, wurde vielleicht eine andere Eigenschaft gemeint. In diesem Kapitel beschäftigen wir uns mit den Einschränkungen: Welche Einschränkungen gibt es und wie können sie definiert werden?

16.1 Definition von Einschränkungen

Einschränkungen sind wichtige Bedingungen einer **M**-Eigenschaft. Um letztlich zu einer Lösung zu gelangen, müssen alle Einschränkungen überprüft werden. Die Teilnehmer legen objektiv fest, ob alle Einschränkungen für das fertige Produkt zufriedenstellend berücksichtigt wurden.

Jede **M**-Eigenschaft auf Ihrer Liste wird mit ihren definierten Einschränkungen verglichen. Zum Beispiel muß Superkreide herstellbar sein, was soviel bedeutet, daß sie aus reinem Kalk und zylindrisch sein muß. Ein Zylinder hat eine bestimmte Länge und einen bestimmten Durchmesser. Einschränkungen könnten die Länge und die Dicke der Kreide sein. Der Grad der Reinheit kann mit Hilfe von chemischen Verfahren und Stichproben sichergestellt werden.

Beim Fahrstuhlinformationssystem könnte die Eigenschaft "leicht auswählbare Information" der Funktion "Anzeige wichtiger Informationen für die Hausbewohner" zugeordnet werden. Verschiedene Einschränkungen können von dieser Eigenschaft abgeleitet werden:

1. Erforderliche Unterstützung: Diese Einschränkung steht in Relation zu der Tatsache, wie durchschnittlich[16] oft ein Fahrstuhlbenutzer[17], der unser System das erste Mal benutzt, externe Hilfe[18] benötigt und der Anzahl von vorher definierten Anfragen für relevante Informationen. Um zu testen, ob diese Einschränkung berücksichtigt wurde, befragten wir einhundert Fahrstuhlbenutzer aus Manhattan. Die durchschnittliche Anzahl von Anfragen für externe Hilfe pro Benutzer muß kleiner als eins sein.

2. Zeit für den Informationszugriff: Diese Einschränkung wird in Relation zu der durchschnittlichen Zeit definiert, die ein Fahrstuhlbenutzer braucht, um die Information zu selektieren. Der Zeitraum für den Informationszugriff muß geringer als 1,75 Sekunden sein.

3. Fehler beim Informationszugriff: Diese Einschränkung wird in Relation zu der durchschnittlichen Anzahl von Fehlern definiert, die ein Fahrstuhlbenutzer beim Informationszugriff macht. Die Anzahl der Fehler muß kleiner als 0,9 sein.

16.2 Einschränkungen als Grenzwerte

Um die Bedeutung von Einschränkungen zu verdeutlichen, stellen Sie sich einen n-dimensionalen Raum vor, in welchem *jede Dimension eine Eigenschaft der Anforderungen ist.* Dieser Raum beinhaltet alle Lösungsmöglichkeiten, Kombinationen von Eigenschaftsdetails. Natürlich ist es schwierig, sich mehr als drei Dimensionen vorzustellen. Deshalb verwenden wir nur zwei Dimensionen als eine Metapher für n Dimensionen. Das ist relativ unproblematisch, weil sich die meisten Designprobleme in zwei Dimensionen darstellen lassen.

In Abbildung 16-1 werden zum Beispiel die Länge und der Durchmesser der Superkreide in zwei Dimensionen dargestellt. Innerhalb dieses Raumes zeigen die vertikalen und horizontalen Linien die Einschränkungen, die durch die Realität und die Maschinenkapazität bei CCC verursacht werden:

a. Die Länge darf nicht negativ sein.

b. Der Durchmesser darf nicht negativ sein.

---

[16] Wenn Bezeichnungen wie diese in Einschränkungen verwendet werden, müssen sie sorgfältig definiert werden, so daß es keine Diskussion über die Tatsache geben kann, ob diese Einschränkungen zufriedengestellt werden konnten. Für diese Definitionen schlagen wir die Verwendung von Fußnoten vor, damit sichergestellt werden kann, daß diese Einschränkungen nicht verloren gehen. Der Begriff "durchschnittlich" könnte z.B. für die Ermittlung des Durchschnitts für ein statistisches Experiment benötigt werden.

[17] "Erfahrene Fahrstuhlbenutzer" werden als Personen definiert, die im letzten Jahr mindestens vierhundert mal einen Aufzug benutzt haben.

[18] Der Begriff "externe Hilfe" bezieht sich auf das Konsultieren von gedruckten Informationen. Hierbei geht es um Informationen, die nicht direkt vom System zur Verfügung gestellt werden, die aber notwendig sind, um die gewünschte Information auszuwählen.

c. Die Länge darf nicht größer als 30cm sein.

d. Der Durchmesser darf nicht größer als 6cm sein.

Die Linien repräsentieren Grenzlinien, die einen geschlossenen (schattierten) Raum definieren, den wir als *Lösungsraum* bezeichnen. Jede Lösung muß allen Einschränkungen gerecht werden und deshalb liegt jede Lösung innerhalb des Lösungsraumes. In diesem Fall muß die Länge größer als null und kleiner als 30 cm sein, und der Durchmesser größer als null und kleiner als 6 cm. Wenn es sich hierbei um die einzigen Einschränkungen handelt, dann könnte jeder Punkt innerhalb des schattierten Bereiches eine akzeptable Lösung für unser Superkreideproblem sein.

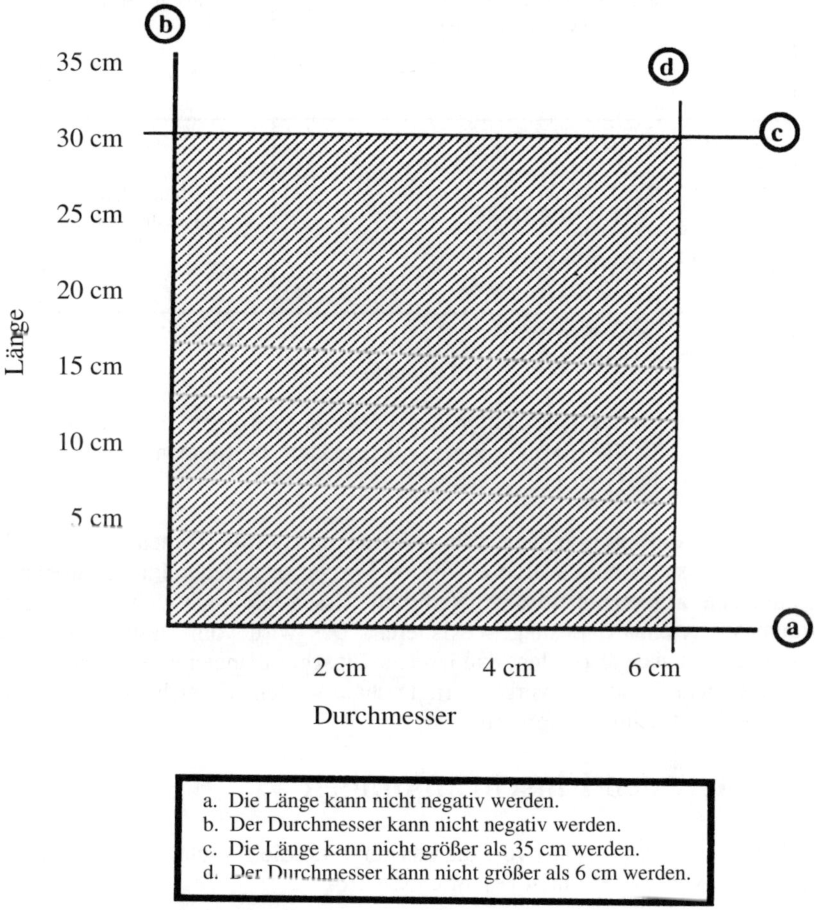

Abbildung 16-1. Die Eigenschaften bestimmen die Dimensionen, die Einschränkungen die Grenzen. Der schattierte Bereich repräsentiert die akzeptablen Lösungen.

Abbildung 16-2 zeigt den Raum zweier Eigenschaften für das Fahrstuhlinformationssystem. Die Dimensionen stellen zwei Eigenschaften für die Funktion "Anzeige wichtiger Informationen für die Hausbewohner" dar:

2. Zeit für den Informationszugriff
3. Fehler beim Informationszugriff

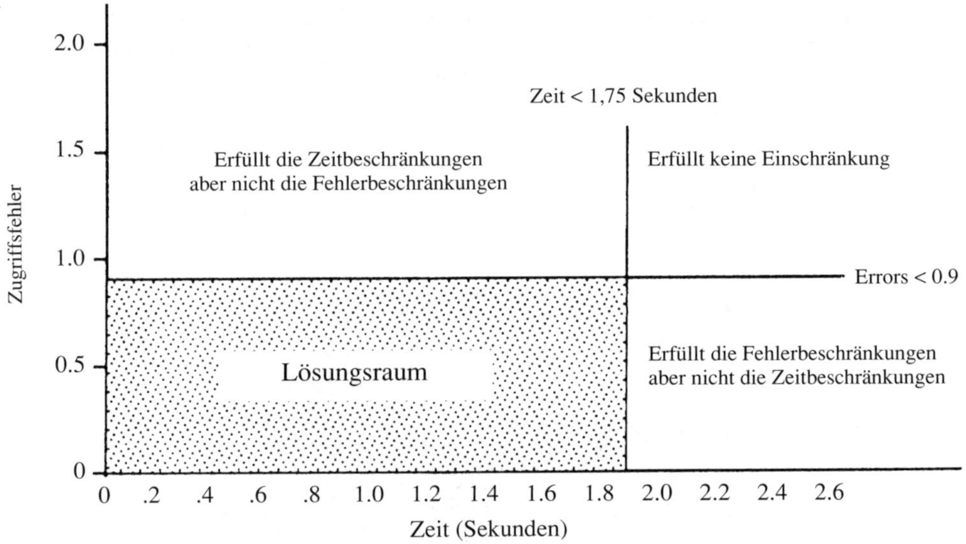

Abbildung 16-2. Zwei Eigenschaften der Funktion "Anzeige wichtiger Informationen für die Hausbewohner". Wie gehabt, bestimmen die Einschränkungen die Grenzen.

Wenn es eine dritte Einschränkung gäbe, würde eine dritte Dimension miteinbezogen werden und der Lösungsraum würde ein fester Körper sein. Jeder Punkt innerhalb dieses Körpers wäre eine akzeptable Lösung. Natürlich wissen wir noch nicht, ob innerhalb des Lösungsraumes erreichbare Lösungen existieren. Das wird vom Designprozeß bestimmt werden. Wir können aber feststellen, daß je mehr Einschränkungen vorhanden sind, sich der Bereich für mögliche Lösungen verkleinert. Deshalb wollen wir nicht mehr Einschränkungen definieren als tatsächlich erforderlich sind.

16.3 Testen der Einschränkungen

Das Modell schlägt eine Prozedur vor, die uns zeigt, ob die Einschränkungen zu strikt oder zu schwach sind, wie weiter unten beschrieben wird:

16.3.1 Zu strikt?

Schlagen Sie bei der Zusammenarbeit mit einer Gruppe von Benutzern eine Phantasielösung vor, die außerhalb der Einschränkungsgrenzen liegt. Dann fragen Sie die Gruppe: "Ist diese

Lösung akzeptabel?" Die BLT-Designer könnten zum Beispiel Byron, Wilma und John fragen: "Ist die Länge der Kreide mit 35 cm in Ordnung?" Wenn Byron herausfände, wie Produktionsmaschinen angepaßt werden könnten, dann wäre die Antwort "Ja". Die Längenrestriktion wäre zu strikt und die Grenze könnte nach oben bewegt werden. Der Lösungsraum würde sich in diesem Fall vergrößern (Abbildung 16-3).

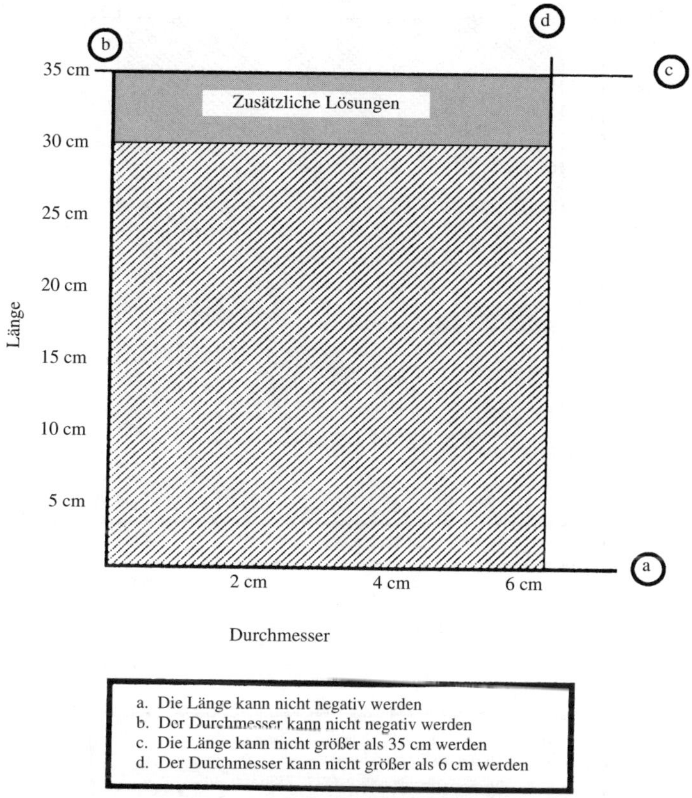

Abbildung 16-3. Das Lockern von Einschränkungen bewegt die Grenzen und erhöht die Größe des Lösungsraumes und damit die Anzahl von potentiellen Lösungen.

16.3.2 Nicht strikt genug?

Sollte die Antwort "Nein" sein, dann ist die Einschränkung nicht zu strikt, sondern vielleicht zu schwach. Als nächstes schlagen Sie eine Lösung *innerhalb* der Grenzen vor. Wird das akzeptiert, dann ist die Einschränkung weder zu stark noch zu schwach. Wenn nicht, muß weiter an den Einschränkungen gearbeitet werden.

Nehmen wir an, Sie fragen: "Ist die Länge von 1 cm in Ordnung?" John, ein erfahrener Kreidebenutzer, sagt: "Nein, weil meine Fingernägel dann an der Tafel quietschen." Sie fragen weiter und stellen letztlich fest, 5 cm stellt die kürzeste akzeptable Länge dar. In der gleichen Weise finden Sie heraus, ein Durchmesser von weniger als 0,5 cm läßt sich schwer greifen und ist deshalb nicht annehmbar. Sie können nun die Grenze anpassen, wie in Abbildung 16-4 dargestellt.

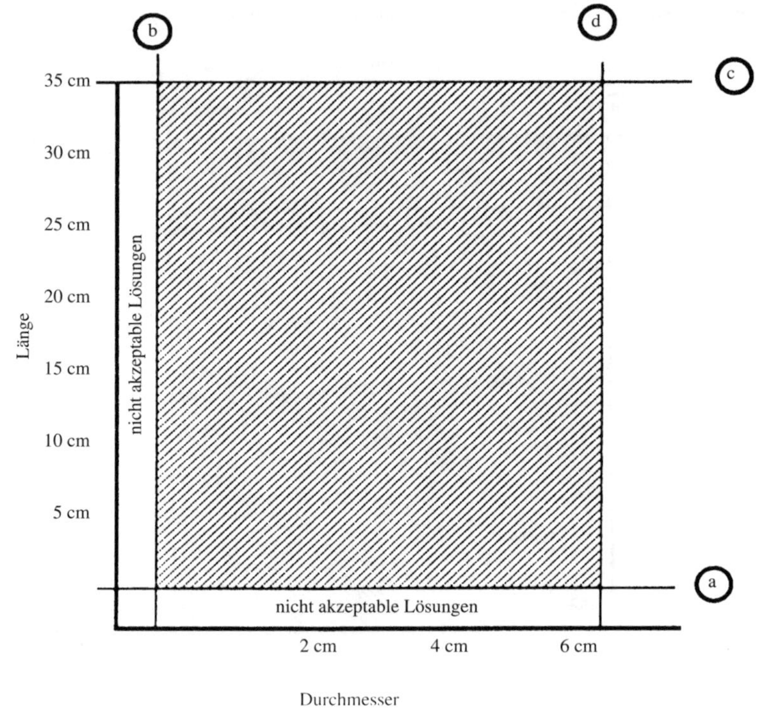

a. Die Länge kann nicht kleiner als 2,5 cm werden
b. Der Durchmesser kann nicht kleiner als 0,5 cm werden
c. Die Länge kann nicht größer als 35 cm werden
d. Der Durchmesser kann nicht größer als 6 cm werden

Abbildung 16-4. Das Einengen von Einschränkungen bewegt die Grenzen und verringert die Größe des Lösungsraumes.

16.3.3 Unklar?

Manchmal führt diese Fragestellung weder zu einem "Nein" noch zu einem "Ja". Sie hören ein vielleicht oder unterschiedliche Ansichten, oder ein Argument flackert zwischen zwei Kunden hin und her. Solche Situationen deuten an, daß ein Attribut oder eine Einschränkung nicht klar geworden sind. Es kann sich hierbei auch um politische Differenzen unter den Kunden handeln - Differenzen, die ausgeräumt werden müssen, bevor der Anforderungsprozeß erfolgreich abgeschlossen werden kann.

16.3.4 Neue Ideen hervorbringen

Lediglich das Aufzeichnen des Lösungsraumes bringt noch keine neuen Vorstellungen über die Einschränkungen, wenn dazu keine Fragen gestellt werden. Als sich Byron den Lösungsraum für das Projekt Superkreide betrachtete, kam ihm eine Idee. Während er seinen Finger auf den Lösungsraum legte, sagte er: "Das gilt für konventionelle Kreide, habe ich recht? Ich möchte aber, daß die Superkreide nicht wie gewöhnliche Kreide aussieht." Diese Einschränkung wurde durch einen "Ausschnitt" im Lösungsraum dargestellt, als exakte Größe und Form, wie sie für den Lösungsraum für normale Kreide beansprucht wird (Siehe Abbildung 16-5).

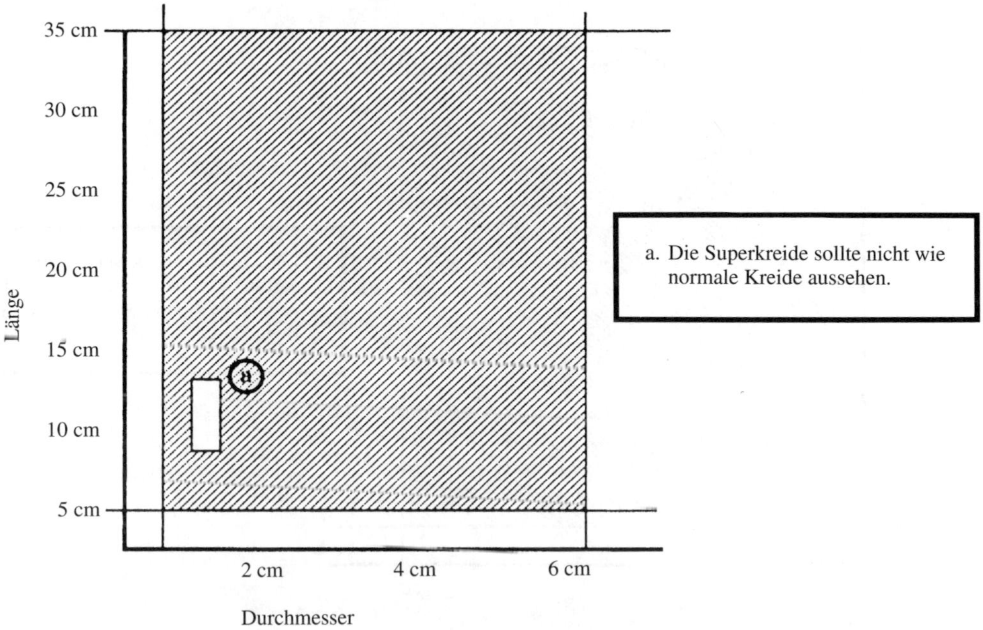

Abbildung 16-5. Einige Einschränkungen können ein "Loch" im Lösungsraum verursachen. Dies ist dann der Lösungsraum für eine andere Lösung, wie in diesem Fall, für gewöhnliche Kreide.

Wenn die Arbeit an den Einschränkungen beendet ist, testen Sie verschiedene Punkte *innerhalb* des Lösungsraumes, aber fragen Sie jetzt: "Ist diese Lösung besser als jene?" Solch ein Test enthüllt und testet bestimmte Vorzüge, wie wir in Kapitel 17 noch sehen werden.

16.4 Wechselseitige Einschränkungen

Einschränkungen können zuweilen wechselseitig sein. Das kann die Größe des Lösungsraumes beeinflussen. Wenn Sie das vermuten, stellen Sie Fragen, bei denen zwei Einschränkungen auf einmal angesprochen werden. BLT-Design könnte zum Beispiel fragen, ob die Länge und der Durchmesser in irgendeiner Beziehung zueinander stehen. Wilma, Professor für Materialwissenschaften, könnte erklären, daß abhängig von der Stärke der Kreide, ein schmales Stück nicht zu lang sein darf, weil es sonst schon bei normaler Benutzung schnell abbricht. Sie könnte eine Formel verwenden, die eine gebogene Grenze darstellt (Abbildung 16-6) und damit den Lösungsraum weiter einengt.

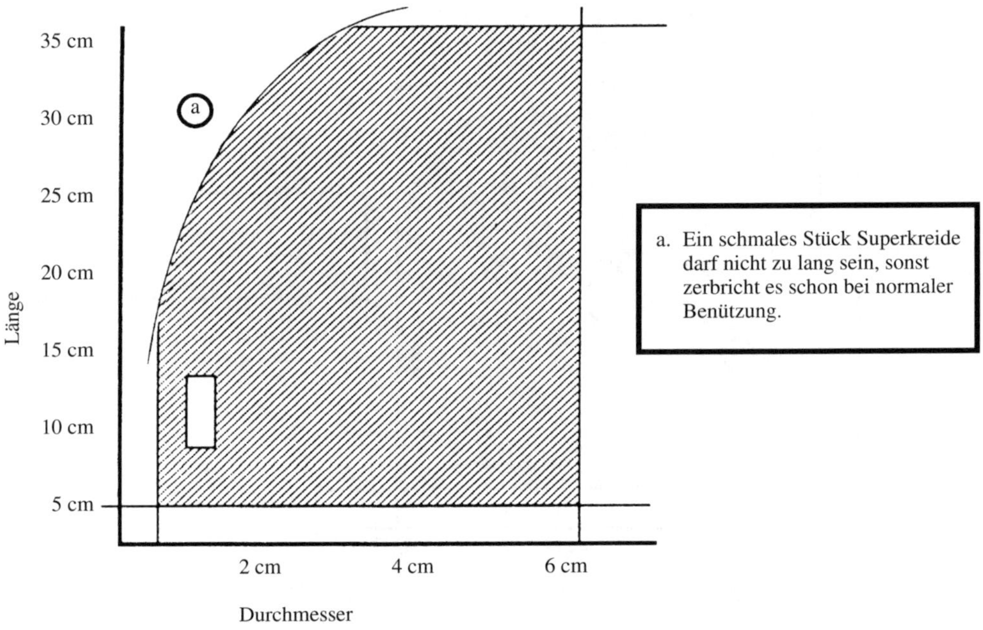

Abbildung 16-6. Wechselseitige Einschränkungen ergeben ungleichmäßige Grenzen.

Zusammenhänge zwischen Einschränkungen können aber auch den Lösungsraum erweitern. Für das Fahrstuhlinformationssystem könnten wir fragen: "Wenn die Antwortzeit unter 0,2 Sekunden läge, wäre es dann in diesem Fall akzeptabel, wenn die Anzahl der Fehler größer als 0,9 sein würde, vielleicht 1,8?" Der Fahrstuhlbenutzer könnte leicht eine andere Frage stellen, um den Fehler schnell zu korrigieren.

Wenn diese Folgerung als akzeptabel eingestuft werden würde, dann könnten die Einschränkungen erweitert werden, um diesem Effekt Rechnung zu tragen, vielleicht wie folgt:

3. (Revidierte) Informationszugriffsfehler: Diese Einschränkung steht in Relation zu der durchschnittlichen Anzahl von Fehlern, die ein Fahrstuhlbenutzer beim Informationszugriff macht. Die Anzahl der Informationszugriffsfehler muß geringer als 0,9 sein, es sei denn, die Informationszugriffszeit ist kleiner als 0,2 Sekunden. In diesem Fall muß die Anzahl der Fehler beim Informationszugriff kleiner als 1,8 sein.

Abbildung 16-7 zeigt den Lösungsraum für die revidierten Einschränkungen. Er ist ein wenig größer als der vorherige Raum, und gibt dem Designer mehr Spielraum für eine außergewöhnliche Lösung. Mit anderen Worten: Mit diesen leicht gelockerten Einschränkungen können andere Einschränkungen leichter identifiziert werden.

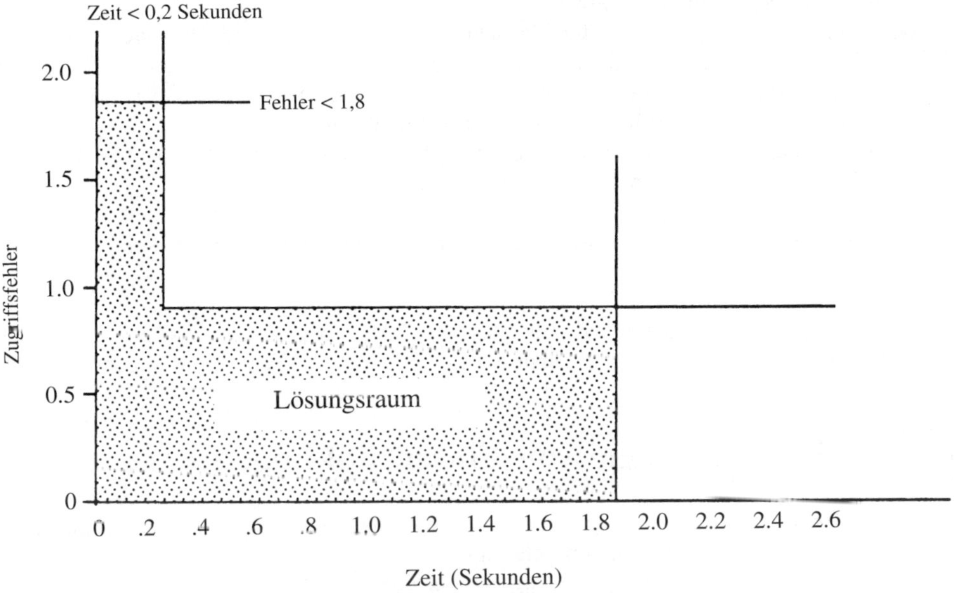

Abbildung 16-7. Wenn zusammenhängende Einschränkungen gelockert werden, wächst der Lösungsraum und wird ungleichmäßig.

16.5 Zu starke Einschränkungen

Durch das Lockern von Einschränkungen wird der Lösungsraum erweitert und die Anzahl der möglichen Lösungen erhöht sich gleichzeitig. Im Gegensatz dazu reduziert sich der Lösungsraum, wenn die Einschränkungen strikter werden. Sollten die Einschränkungen zu restriktiv gehandhabt werden, wird es sehr schwierig, wenn nicht unmöglich, eine akzeptable Lösung zu finden.

Es wird sicherlich unmöglich sein eine Lösung zu finden, wenn Einschränkungen im

Widerspruch zueinander stehen, wenn zum Beispiel die Länge der Superkreide auf der einen Seite größer als 10 cm sein sollte, auf der anderen Seite aber geringer als 7 cm. Wenn Sie versuchen den Lösungsraum aufzuzeichnen, werden Sie feststellen, daß er *gleich null* ist.

Auch wenn der Lösungsraum größer als null wäre, eine *realistische* Lösung innerhalb dieses Raumes könnte unmöglich gefunden werden. Natürlich würde diese Bedingung nicht vor Beendigung des Designs offensichtlich werden. Erfahrene Designer vermuten oftmals schon was geschieht, wenn sie sehen, wie sich der Lösungsraum verkleinert.

Sollte der Lösungsraum tatsächlich keine Lösungen zulassen, dann müssen Sie Einschränkungen gegeneinander aufrechnen. Ist das nicht möglich, werden Sie das Projekt fallenlassen müssen. Es gibt schlimmere Dinge, als ein Projekt in der Anforderungsphase aufzugeben, nämlich dann, wenn es bereits implementiert ist. Achten Sie deshalb immer auf den Lösungsraum und scheuen Sie nicht davor zurück, ein Projekt abzubrechen, wenn die Einschränkungen zu gravierend werden.

Wann und wie Sie das schaffen ist sehr wichtig. Häufig sind Personen selbst die Einschränkungen, weil sie oftmals den Eindruck bekommen, daß ein bestimmtes System zu vielen Einschränkungen unterliegt. Zum Beispiel sagen sie nicht genau, was sie wollen, aber sie beginnen gleichzeitig, die Ideen anderer zu unterdrücken.

Einstein sagte einmal: "Eine Theorie sollte so einfach wie möglich sein, aber nicht einfacher." Wir geben Einstein folgendermaßen wieder:

Anforderungen sollten so eingeschränkt wie möglich sein, aber nicht zu eingeschränkt.

Diesem Prinzip folgend können wir auch sagen: "Der Lösungsraum sollte so groß wie möglich sein, aber nicht größer." Deshalb ist es sehr sinnvoll, Einschränkungen ausdrücklich und genau zu betrachten.

16.6 Die Psychologie von Einschränkungen

Aus der Mathematik wissen wir, daß zu viele Einschränkungen den Lösungsraum einengen. Schlimmer noch, sie limitieren uns psychologisch.

16.6.1 Das Neigungskonzept

Beobachten Sie Leute beim Spielen am Flipperautomaten und Sie werden feststellen können, daß einige den Spielautomaten ankippen, andere jedoch nicht. Diejenigen, die den Automaten zu häufig ankippen sind keine sehr guten Spieler, weil sie zuwenig diszipliniert sind. Die anderen, die niemals den Automaten in die Schräglage bringen, sind schlechte Spieler, weil sie sich zu stark zurückhalten. Wir sprechen hier vom Neigungskonzept.

Als Designer werden Sie häufig durch Einschränkungen eingeengt. Jemand sagt: "Diese Information ist vertraulich." Wir hören dann sofort auf, etwas weiterzuverfolgen, das wichtig für ein gutes Design sein könnte. Ein anderer zeigt auf ein zwei Meter hohes Regal, gefüllt mit Standardhandbüchern und sagt: "Das würde unsere Standards verletzen" und wir lassen eine vielversprechende Idee wieder fallen. Ein dritter runzelt die Stirn und behauptet: "Unser Chef würde dazu niemals seine Zustimmung geben" und wir schrumpfen zusammen und ändern das Thema.

Es ist eine psychologische Tatsache, daß die meisten von uns einige Distanz zu den

Grenzen von Einschränkungen bewahren, weil wir Angst davor haben, etwas ankippen zu müssen. Niemand von uns durchforscht deshalb den gesamten Lösungsraum, sondern nur einen reduzierten Raum, wie es in Abbildung 16-8 angedeutet wird.

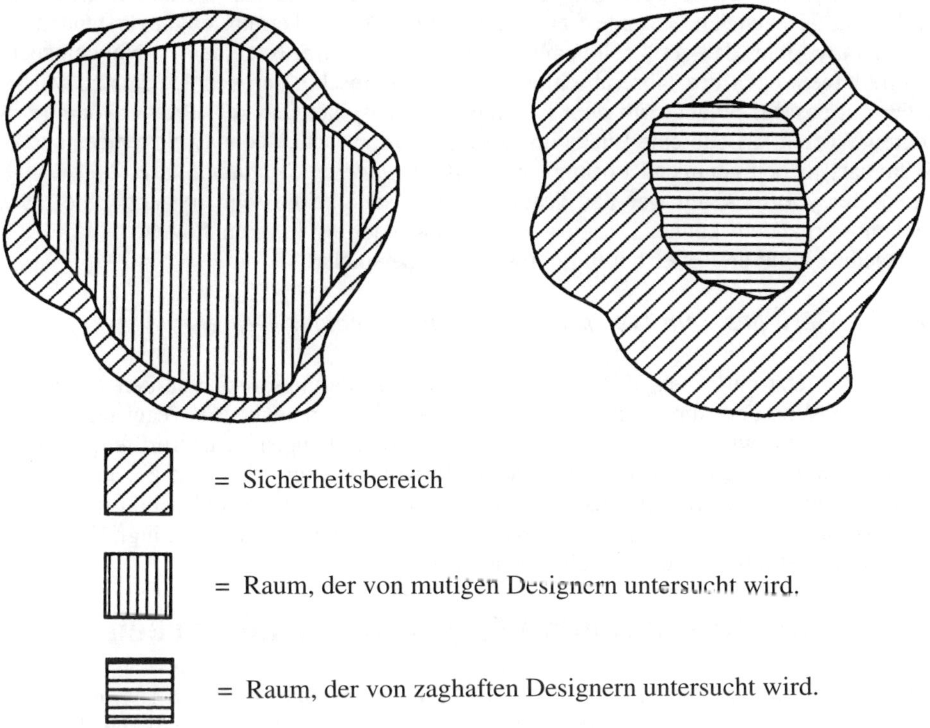

Abbildung 16-8. Die meisten Designer durchforschen nicht den gesamten Lösungsraum, sondern nur den Raum, der von ihrer Furcht vor Einschränkungen bestimmt wird.

16.6.2 Ausschalten von Einschränkungen

Sie können diese Limitationen durch höfliches aber bestimmtes Nachfragen überwinden. Jerry's Kunde, das Anforderungsteam, stellte fest: "Das Produkt müßte bis zum 1. November ausgeliefert werden." Weil das eine zu strikte Einschränkung bedeutete, fragte Jerry: "Wer hat diesen Termin festgelegt?" Alle Personen, die sich im Raum befanden, waren schockiert und ängstlich, bis jemand sagte: "Unser Chef hat diesen Termin vorgegeben."

Wäre Jerry mit dem Neigungskonzept nicht vertraut gewesen, hätte er ähnlich ängstlich reagiert und das Thema gewechselt. Er gehörte aber sowieso nicht zur Firma. So suchte er den Vorgesetzten des Teams auf und sprach mit ihm. "Es scheint so, als ob es einige Unklarheiten gibt", sagte er. "Welchen Endtermin haben Sie für dieses Projekt gesetzt?"

"Den 1. November."

Jerry hätte hier aufhören können, aber das Neigungskonzept ließ ihn weitermachen. "Dieser Termin könnte eine zu starke Einschränkung sein. Können Sie mir sagen, wie er zustandekam?"

Der Chef war etwas verwirrt. "Einschränkung? Ich habe den Termin nicht als Einschränkung gesehen. Die Gruppe fragte mich, mit welchem Termin ich einverstanden wäre und ich antwortete, daß der 1. November nicht schlecht wäre. Nach dem 1. November hätte ich Probleme wegen des Jahresabschlusses, aber im Anschluß an den 15. Januar würde es wieder gut passen. Solange wir zum Juni fertig werden, habe ich kein Problem damit." Mit anderen Worten: Es gab eine Lücke im Lösungsraum zwischen dem 1. November und dem 15. Januar, jedoch genügend Lösungsraum *auf der anderen Seite der Lücke.*

Als Jerry zurückkam war das Team über die Neuigkeiten sehr erstaunt. "Sie müssen exzellent verhandeln können", sagten sie mit Bewunderung in ihren Augen.

"Nein", sagte er, "aber ich bin ein guter Flipperspieler."

16.6.3 Geringes Selbstvertrauen und ein schlechter Designzyklus

Wir können jetzt gut sehen, daß die Qualität der Anforderungsarbeit von den Teilnehmern abhängt und von der empfunden Sicherheit der Arbeitsumgebung. Ein Team mit geringem Selbstbewußtsein wird Angst haben, zu starke Einschränkungen zu überprüfen. Dies führt zu einer problematischen Designarbeit und die Ergebnisse werden nicht so gut ausfallen, wie sie sein könnten. Als Resultat daraus wird das Selbstbewußtsein leiden und die Situation beim nächsten Projekt wird sich nicht verbessern. Nur ein geschickter Eingriff von außen kann diesen Teufelskreis dann noch durchbrechen.

16.7 Einschränkungen können befreiend wirken

Wir wollen nicht den Eindruck vermitteln, daß Einschränkungen negative Auswirkungen auf das Design haben, oder daß sie psychologisch schlecht sind. Eine wesentliche Zielsetzung im Anforderungsprozeß lautet, alle Einschränkungen zu dokumentieren. Mit zu vielen Einschränkungen werden nur reduzierte Lösungen produziert, mit zu geringen Einschränkungen könnte das Produkt außerhalb des realen Lösungsraumes liegen.

Weiterhin können zu leichte Einschränkungen selber zu Einschränkungen führen. Das menschliche Gedächtnis ist begrenzt, so daß Sie niemals den gesamten Lösungsraum durchforschen können. Sollte der Lösungsraum überdimensional groß werden, vergeuden Sie möglicherweise zu viel Zeit in Bereichen, die keine realen Lösungen beinhalten. Wenn Sie letztlich den wahren Lösungsraum erreichen, dann haben Sie zu wenig Zeit, um diesen vollständig durchzuarbeiten.

16.7.1 Standards

Standards können allerdings auch hervorragende Beispiele für den befreienden Effekt von bestimmten Einschränkungen sein. Wenn wir ein Fahrrad zu entwerfen hätten, würden wir erleichtert sein, wenn alle Teile, die mit Bolzen verbunden werden sollten, Standardverbindungen aufweisen würden. Das Vorhandensein von Standardverbindungen reduziert außerdem die Kosten und vereinfacht die Verhandlungen mit den Lieferanten.

Sicherlich könnte es Bereiche geben, wo Verbindungen, die nicht dem Standard entsprächen, einige Vorteile bieten würden. Wenn uns aber die Standardverbindungen keine Sorgen mehr bereiten würden, könnten wir uns frei auf andere Designprobleme konzentrieren und kämen so zu einem besseren Design.

16.7.2 Sprachen und andere Werkzeuge

Bei Informationssystemen finden wir Einschränkungen von zu schwachen Einschränkungen, wenn Programmierer zu der Entscheidung gelangen, daß keine der tausend existierenden Programmiersprachen für ihr Projekt die richtige ist. Der erste Schritt führt zu der Überlegung, eine neue Programmiersprache zu entwickeln und nicht ein neues Programm. Nach zwei Jahren wird immer noch daran gearbeitet. Es ist durchaus denkbar, daß man über eine der existierenden Programmiersprachen zu einer brauchbaren Lösung innerhalb von zwei Jahren gekommen wäre. Wie hat ein Programmierer einmal gesagt? "Ich würde lieber Programme schreiben, die Programme schreiben, als Programme zu schreiben."

Vielleicht wäre es angebracht das Kapitel abzuschließen, indem wir erwähnen, daß in einem Produktentwicklungsteam die gleiche Dynamik abläuft, wenn es nach neuen Methoden verlangt. Nach einigen Jahren versucht ihr Management herauszufinden, warum immer noch kein Produkt entwickelt wurde, nur um festzustellen, daß sich ihr Motto verändert hat, in: "Wir würden lieber Produkte entwickeln, die Produkte entwickeln, als Produkte zu entwickeln." Viele Projekte - viele *Firmen* - mußten schließen, mit diesem Motto an ihren Wänden.

16.8 Hilfreiche Hinweise

- Die abschließende Definition einer Einschränkung muß vollständig, konsistent und präzise genug sein, um jedem Argument standzuhalten, warum sie oder warum sie nicht im fertigen Produkt berücksichtigt wurde. Solche Präzision ist oftmals nicht leicht zu erreichen. In der Anfangsphase des Anforderungsprozesses wollen Sie alle Einschränkungen identifizieren, also auch die Probleme, die durch diese Einschränkungen hervorgerufen werden. Das Skizzieren der Einschränkungen kann auf mehrere kleinere Gruppen verteilt werden, die Zugriff auf entsprechendes Referenzmaterial haben. Wenn die Aufgaben erledigt sind, können sie vor einer größeren Gruppe zur technischen Überprüfung präsentiert werden.

- Wenn Sie bei der Definition von Einschränkungen Probleme bekommen, erinnern Sie sich daran, daß die Frage nach einer Einschränkung immer mit "Ja", "Nein" oder "Wir können momentan weder 'ja' noch 'nein' sagen, aber wir erklären Ihnen genau, was wir tun müssen, um die Antwort zu finden", beantwortet werden kann.

- Um die Ja-Nein-Frage über eine Einschränkung beantworten zu können, muß sie frei von qualitativen Wörtern sein.[19] Nehmen Sie an, wir entwerfen ein System und jemand sagt: "Die Datenübertragungsrate muß *hoch* sein." Würde die Einschränkung zutreffen, wenn die Datenübertragungsgeschwindigkeit bei 1.200 Bits pro Sekunde

---

[19] Eine Liste solcher Wörter finden sie bei Daniel P. Freedman und Gerald M. Weinberg, *Handbook of Walkthroughs, Inspections, and Technical Reviews*, 3. Ausgabe (Chicago: Scott, Foresman and Co., 1983).

läge? Für einige sind 1.200 Bits pro Sekunde sehr viel, für andere wenig. Eine bessere Aussage wäre: "Die Datenübertragungsgeschwindigkeit muß *größer als 6 Millionen Bits pro Sekunde sein.*" Das ist vielleicht nicht die richtige Einschränkung, aber es gäbe keinen Zweifel über die Antwort.

- Obwohl jede Einschränkung meßbar sein muß, kann es sein, daß die Gruppe bei der Definition der Meßbarkeit nicht weiterkommt. Um dieses Knäuel zu entwirren und die Arbeit an den Anforderungen voranzutreiben, stellen Sie folgende Frage: "Können wir uns darauf einigen, eine Person oder eine Gruppe damit zu beauftragen, die Meßbarkeit dieser Einschränkung sicherzustellen?"

- Ein anderer Weg, Konflikte bei der Definition der Meßbarkeit zu lösen, ist das Einbinden von *Autoritäten.* "Welche Person oder Gruppe hat die Autorität, um die Frage nach der Einschränkung mit "Ja" oder "Nein" beantworten zu können? Manchmal helfen offizielle Stellen: "Wenn die Revisoren der Zentralbank die Überprüfbarkeit des Systems bestätigen, dann sind wir mit der Definition dieser Einschränkung einverstanden." Mitunter gibt es offizielle Prozesse: "Wenn das Standardisierungskomitee eine technische Überprüfung vornimmt und das System abnimmt, ist die Einschränkung des Standards für uns akzeptabel."

  Natürlich kann jeder Ansatz, der weitere Personen miteinbezieht, die Designarbeit verlangsamen. Wenn Sie dann aber zum eigentlichen Design kommen, ist es oftmals möglich, den Prozeß des Messens durch praktische Annäherungen zu beschleunigen.

- Der Vorschlag, ein Projekt fallenzulassen, kann einen Gesundungseffekt zur Folge haben, der durch Verhandlungen zu gelockerten Einschränkungen führen könnte, aber drohen Sie niemals. Überzeugen Sie die Gruppe davon, daß es eine Alternative sein könnte, kein Projekt zu haben. Dann fragen Sie die Gruppe, ob diese Alternative schlechter ist, als das Lockern von festgefahrenen Einschränkungen.

- In einigen Organisationen liegen die Standards wie eine tote Hand auf dem Anforderungsprozeß. Jedesmal, wenn Sie überlegen, ob einige vorgeschlagene Einschränkungen nicht gelockert werden könnten, wird das Leichenhemd "Standards" hervorgeholt und damit die Anfrage begraben. Schlagen Sie ein Phantasieexperiment vor, um diesen Effekt zu neutralisieren: "Nehmen wir an, wir haben für diesen Fall keinen Standard und brainstormen, was geschehen würde; Positives und Negatives." Wenn Sie die Gruppe davon überzeugen können, daß es sich hier um reine Phantasie handelt, könnten sich die Teilnehmer eher entspannen und so auf die Idee kommen, daß der Standard die Einschränkung darstellt und es sinnvoll wäre, über eine Lockerung weiter nachzudenken. Standards wurden von Menschen geschrieben und sie sollten somit auch von Menschen verändert werden können.

- Verfahren Sie ähnlich in Situationen, in denen Einschränkungen zu leicht genommen werden. Wenn Teilnehmer eines neuen Programmierungsprojektes glauben, es erfordert eine neue Programmiersprache oder eine neue Softwareentwicklungsmethode, schlagen Sie ein ähnliches Phantasieexperiment vor: "Nehmen wir einmal an, wir würden die gleiche langweilige Sprache und die gleiche langweilige Methode einsetzen und brainstormen, was passieren könnte; Positives oder Negatives." Können

Sie die Gruppe wiederum davon überzeugen, daß es sich hierbei nur um spielerische Phantasien handelt, wird sich die Atmosphäre entkrampfen und die Teilnehmer werden eher erkennen, daß das Produkt selbst genügend viel Herausforderungen bietet, so daß es sich nicht lohnt, zusätzliche Werkzeuge zu entwickeln.

16.9 Zusammenfassung

Warum?
Versuchen Sie Einschränkungen explizit zu entwickeln, weil sie sich später zu Kriterien für die Genehmigung bzw. Ablehnung von zu konstruierenden Systemen entfalten. Niemand kann sich ein Attribut ansehen und sofort wissen, ob damit eine Einschränkung befriedigt werden kann oder nicht. Nur der Kunde kann die Einschränkungen identifizieren und was für den Einen eine Einschränkung bedeutet, kann für den Anderen einen völlig unterschiedlichen Wert besitzen.

Wann?
Wenden Sie sich erst den Einschränkungen zu, wenn die Eigenschaften vollständig entwikkelt und klassifiziert sind, aber bevor Sie sich dem nächsten Schritt im Anforderungsprozeß zuwenden.

Wie?
Wenn Sie eine Liste von Einschränkungen entwickeln, folgen Sie diesem Prozeß:

1. Generieren Sie eine Liste mit Einschränkungen auf der Basis der **M**-Attribute.

2. Überprüfen Sie die Einschränkungen auf Richtigkeit und Vollständigkeit.

3. Achten Sie auf wechselseitige Einschränkungen, die entweder zu kleineren oder größeren potentiellen Lösungsräumen führen können.

4. Überprüfen Sie sorgfältig zu starke Einschränkungen durch das Untersuchen der Bereiche innerhalb und außerhalb der Einschränkungsgrenzen.

5. Verhandeln Sie, wenn notwendig, um einen möglichst großen Lösungsraum zu erhalten. Er sollte aber nicht zu groß werden.

Wer?
Für die Entwicklung von Einschränkungen müssen alle Kunden eingebunden werden, denen das Entscheidungsrecht über das Projekt zusteht. Häufiger nehmen die Designer am Prozeß teil, wenn sie zu starke Einschränkungen befürchten.

17

Vorzüge

Doris, Larry und Todd bereiten sich auf ihre nächste Besprechung in der Kreidehöhle von CCC vor. "Obwohl wir mit den Anforderungen noch nicht ganz fertig sind", sagt Doris, "wäre es gut, wenn wir uns schon Gedanken über das Design machen würden..." Sie legt eine Pause ein, lächelt und fährt fort, "...das können wir Byron ja mit auf die Rechnung setzen."

Todd und Larry antworten nicht darauf und sie erklärt weiter: "Um unseren heutigen Kenntnisstand zusammenzufassen, habe ich den Lösungsraum dargestellt, den wir in unserer letzten Besprechung entwickelt haben (Abbildung 17-1). Die Punkte A und B sind zwei mögliche Designvorschläge für die Superkreide, die interessant sein könnten. Was meint Ihr dazu?"

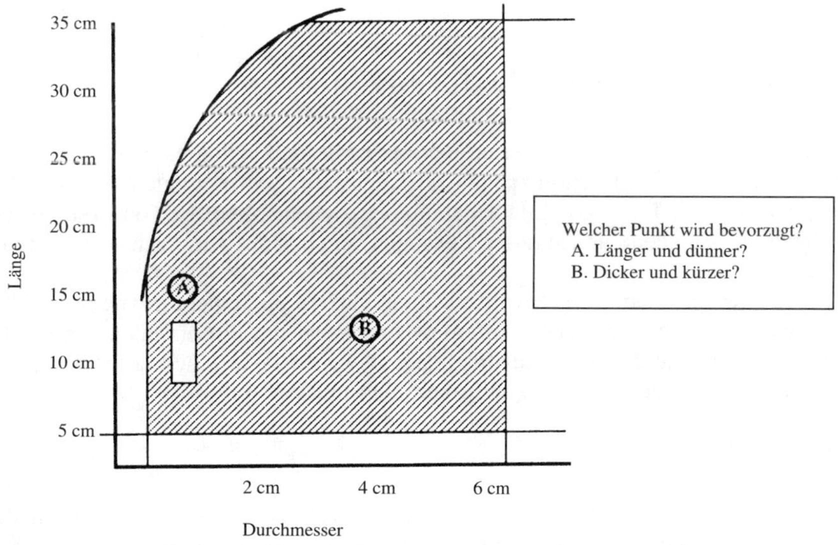

Abbildung 17-1. Der Lösungsraum für die Superkreide, mit möglichen Lösungen, durch die Punkte A und B dargestellt.

> Leser: Bevor Sie weiterlesen, versuchen Sie herauszufinden, welchen Designpunkt Sie in Abbildung 17-1 (A oder B) für die Superkreide bevorzugen würden.

"Ich glaube A ist besser", sagt Todd. "Sie ist dünner, so daß weniger Material benötigt wird. So können die Herstellungskosten gesenkt werden."

"Nein, ich meine B ist besser", kontert Larry. "Die dickere Kreide entspricht mehr dem Attribut 'Super'. Sie wird sich deshalb auch besser verkaufen lassen. Dabei springt mehr Gewinn heraus."

"Auf keinen Fall", entgegnet Todd. "Gewinn ist Verkauf weniger Kosten. Jede zusätzliche Verkaufseinheit wird durch die höheren Kosten aufgefressen."

"Ich glaube, Du verstehst nicht sehr viel vom Kreidegeschäft", sagt Larry. "Die Verpackung stellt einen wesentlichen Teil bei der Aufstellung der Kostengleichung dar. Du verlierst sonst zu viel durch Bruch. Ein wenig mehr an Material bedeutet auch nur ein wenig mehr an Kosten. Das zusätzliche Material verursacht weniger Bruch. Also kommt weniger Kreide zurück, so daß mehr Gewinn übrig bleibt."

Todd schaut frustriert zu Doris hinüber. "Doris, Du hast die meiste Erfahrung. Was meinst Du dazu?"

"Ich denke", sagt sie, "Ihr zwei braucht eine zusätzliche Lehrstunde. Ihr müßt noch mehr über *Präferenzen* lernen."

"Was sind Präferenzen?"

"Bevor ich Euch das in allen Einzelheiten erkläre", sagt sie: "Hier ist das neue Buch von Gause und Weinberg. Lest Euch bis zur nächsten Besprechung mit Byron Kapitel 17 durch."

17.1 Definieren von Präferenzen

Eine *Präferenz* ist eine wünschenswerte, aber optionale Bedingung einer Eigenschaft. Jeder fertige Entwurf, der alle Einschränkungen zufriedenstellt, bedeutet eine akzeptable Lösung, aber einige akzeptable Lösungen sind anderen vorzuziehen. Mit Hilfe von Präferenzen kann der Designer verschiedene annehmbare Lösungen miteinander vergleichen und die bessere auswählen.

Als Designer sind wir nicht gewillt nur eine einzige zusätzliche Mark für die Verbesserung unserer Lösung auszugeben, sofern es sich dabei um Einschränkungen handelt und solange wir uns im Rahmen der Spezifikationen bewegen. Wir gehen deshalb auch auf alle Präferenzen ein, solange wir nichts dafür bezahlen müssen.

17.1.1 Ein Beispiel

Nehmen wir an, der Kunde für unser Fahrstuhlinformationssystem hat sich entschieden, daß die "flexible Darstellung von Informationen" eine Eigenschaft sein muß, der ein bestimmter Vorzug eingeräumt werden soll. Wir müßten diese Präferenz so ausdrücken, daß sie konsistent mit den Wünschen des Kunden übereinstimmt, und die Beziehung zwischen der Quantität der Eigenschaft und dem Wunsch entsprechend darstellen. Zum Beispiel:

- Flexible Darstellung von Informationen: Das System muß eine maximale Kontrolle zur Darstellung aller Informationen garantieren, so daß die Hausverwaltung zusammen mit den Fahrstuhlbenutzern bestimmen kann, in welcher Form die Informationen übermittelt werden sollen. Diese Funktion erlaubt es dem System, sich an die jeweiligen gewünschten Bedingungen anzupassen.

Ohne die Definition zur Klärung des Attributs könnten einige Leute annehmen, daß Flexibilität bedeutet, daß *jeder Benutzer* das Format der Informationsdarstellung ändern dürfte. Die Definition stellt klar, daß der Kunde diese Art von Flexibilität weder erwartet noch wünscht.

17.1.2 Der Ursprung von Präferenzen

Nun können wir auf die Frage eingehen, die Doris an Todd und Larry stellte. Welche Art von Superkreide wird bevorzugt, A oder B? Die richtige Antwort zu diesem Zeitpunkt im Anforderungsprozeß lautet: *Wir wissen es nicht*. Tatsächlich schlug Byron beim nächsten Besprechungstermin einen dritten Punkt im Lösungsraum vor.

"Es wäre ein netter Marketing-Gag, wenn die Kreide in die Standardkreideablagen passen würde", erklärte er, "aber sie müßte länger als die normale Kreide sein, damit man den Eindruck bekommt, daß es sich hier um Superkreide handelt."

Die Moral dieser Geschichte ist ziemlich einfach zu verstehen und sollte vom Designer niemals vergessen werden:

Präferenzen definiert der Kunde und nicht der Designer.

Das kann leicht vergessen werden, vor allem, solange sich der Kunde nicht über seine Präferenzen im klaren ist, bis ihm der Designer neue Möglichkeiten eröffnet.

17.2 Präferenzen meßbar machen

Präferenzen führen den Designer in die Richtung, die den Kunden zufriedenstellen wird. Präferenzen haben aber solange keine Bedeutung, solange der Designer nicht messen kann, bis zu welchem Grad sie zufriedengestellt wurden.

17.2.1 Umgang mit Meßkriterien

Es wurde schon viel über die Bedeutung von Meßkriterien geschrieben, von Maßeinheiten, mit denen Attribute gemessen werden können. Verzweifeln Sie aber nicht! Erinnern Sie sich daran, was wir zuvor sagten: Meßkriterien allein sind nichts, aber der Prozeß des Messens ist alles. Wichtig ist es, die Meßgrößen für jede Präferenz zu identifizieren, weil dieser Prozeß jedem hilft, die Präferenzen selbst besser zu verstehen.

Wenn Sie beim Versuch ein Meßkriterium zu definieren nicht weiterkommen, versuchen Sie zuerst herauszufinden, ob sich hinter einer Präferenz nicht zwei oder gar mehrere verstecken. Ist dies der Fall, kann es oft zu Verwirrungen bei der Definition von Meßkriterien führen. Schreiben Sie jedes der vorgeschlagenen Meßkriterien auf ein Flipchart und stellen Sie für jedes die Frage:

"Wie heißt die Präferenz, für die ich ein Meßkriterium definieren möchte?" Dieser Prozeß bringt normalerweise ähnliche, aber doch unterschiedliche Namen hervor, aufgrund derer die Existenz gleichartiger aber doch unterschiedlicher Präferenzen sichtbar gemacht werden kann. Sollte das Problem damit nicht gelöst werden können, verschieben Sie die Definition dieses Meßkriteriums auf später und wenden Sie sich der nächsten Präferenz zu.

17.2.2 Präferenzen meßbar machen

Die ursprüngliche Definition von "Flexibler Darstellung von Informationen" gibt keine genaue Erkenntnis darüber, wie Flexibilität gemessen wird. Folglich ist die Definition nicht vollständig, und die Designer werden Probleme haben, sie bei ihrer Suche im Lösungsraum zu verwenden. Die folgende Definition einer anderen Präferenz gibt mehr Informationen über die Meßbarkeit:

- Darstellung von Informationen für verschiedene Rezeptoren: Das System stellt soviel Informationen wie möglich zur Verfügung und zwar in einer Form, die bei den Benutzern unterschiedliche Sinne anspricht. Der Grund für diese Redundanz, ist die bessere Übermittlung von Informationen bei Lärm und Ausfall einer Darstellungsform. Außerdem wird damit Leuten geholfen, deren Aufnahmefähigkeit über ein Sinnesorgan eingeschränkt oder vollständig blockiert ist. Diese Eigenschaft wird durch den Prozentsatz von Personen gemessen, die bei einer Umfrage einhundert Prozent der notwendigen Informationen über mindestens zwei Sinnesorgane erfassen können.[20]

Nehmen Sie zur Kenntnis, Sie können zu diesem frühen Zeitpunkt die Präzision der Meßbarkeit nicht erreichen, die Sie letztlich benötigen. Sie werden den Anforderungsprozeß nicht mit übertriebener Präzision belasten wollen. Jedoch wird sich jeder Aufwand, den Sie in dieser Richtung betreiben, im Ergebnis auf jeden Fall auszahlen. Meßbare Attribute erlauben es dem Designer, den Lösungsraum mit dem Ziel zu durchforschen, die Präferenz *Flexible Darstellung von Informationen* und *Darstellung von Informationen für verschiedene Rezeptoren* zu maximieren, ohne die Einschränkungen aus den Augen zu verlieren.

17.3 Unterschied zwischen Einschränkungen und Präferenzen

Einschränkungen sind Eigenschaften, die ein Produkt haben muß, während Präferenzen Eigenschaften sind, die ein Kunde zur Verbesserung der Lösung anstrebt. Zur Verdeutlichung dieser zwei Konzepte folgende Geschichte: Jerry's New Yorker Rechtsanwalt, Herbert, fuhr mit seinem Klienten zu einer Besprechung. Der Rechtsanwalt parkte seinen Wagen unmittelbar neben einem Halteverbotsschild. Als Jerry ihn darauf aufmerksam machte, zuckte Herbert nur mit den Schultern und bemerkte: "Entweder ich bekomme einen Strafzettel oder nicht. Die Chancen stehen 50:50 und die Strafe beträgt nur $ 50. Dieser Parkplatz hier kostet mich also $ 25. Wenn ich meine Gebührenordnung zugrunde lege,

---

[20] Die Meßbarkeit dieser Präferenzen kann weiter durch eine Beschreibung des Prozesses verbessert werden. Andererseits erschwert zuviel Genauigkeit am Anfang die Anforderungsarbeit.

können wir beide uns nicht leisten, weiter nach einem billigeren Parkplatz zu suchen."

Für Jerry bedeutete das "Parkverbot" eine Einschränkung. Er würde hier nicht parken, egal was es kostete. Für Herbert war es nur eine Frage der Präferenz: Die Minimierung der Kosten für diese Fahrt, die Parkgebühren eingeschlossen. Nichts als die Eigenschaft selber sagt uns, ob es sich jeweils um eine Einschränkung oder um eine Präferenz handelt.

Nur die Befürchtungen und Wünsche der Kunden bestimmen, was eine Einschränkung oder eine Präferenz darstellt.

17.3.1 Stellt das Einhalten von Terminen eine Einschränkung dar?

Um zu zeigen, wie wichtig die Differenzierung von Einschränkungen und Präferenzen ist, schauen Sie sich noch einmal das Beispiel aus dem vorhergehenden Kapitel an: Der Fertigstellungstermin für ein System. Für das Team bedeutete der 1. November eine Einschränkung, für ihren Vorgesetzten dagegen nur eine Präferenz.

Einige Leute könnten schockiert sein, wenn sie lernen müßten, daß Pünktlichkeit auf der einen Seite eine Einschränkung sein kann, andererseits aber auch wieder eine Präferenz. Für manche Projekte trifft nichts von beidem zu. Lassen Sie uns beobachten, zu welchen Konsequenzen falsche Annahmen führen.

Ein Informationssystem, das die Ergebnisse der Wahl des amerikanischen Präsidenten ausrechnet, *muß* am Dienstag nach dem ersten November des nächsten Schaltjahres verfügbar sein. Wenn nicht, dann ist das System völlig wertlos, und zwar bis zu den nächsten Wahlen. In diesem Fall bedeutet Pünktlichkeit eine klare Einschränkung.

Es wäre gut, aber nicht unbedingt notwendig, wenn ein Informationssystem zum Erstellen von monatlichen Verkaufsstatistiken nächsten Monat zur Verfügung stünde. Unser Geschäft läuft seit dreißig Jahren erfolgreich, auch ohne diese Informationen, daher spielt ein Monat oder mehr für die Fertigstellung keine große Rolle, obwohl einige anders darauf reagieren könnten.

Entwicklungsprojekte leiden zuweilen darunter, daß nicht unterschieden wird, ob Pünktlichkeit eine Einschränkung oder eine Präferenz ist. Oftmals wird einfach angenommen, daß der Zeitplan eine Einschränkung bedeutet, mit dem Resultat schlechter Qualität aufgrund der Eile. Schlechte Qualität führt darüberhinaus zu verstärkten Qualitätssicherungsmaßnahmen, die wiederum den Projektablauf verlangsamen, was letztlich zu Verspätungen führt. Danach wird dann festgestellt, daß die Einhaltung des Zeitplans keine Einschränkung beinhaltete, weil die verspätete Fertigstellung auch so akzeptiert wird.

Bei dem Informationssystem zur Datenerfassung in einem Universitäts-Forschungslabor einer Universität könnte die Einhaltung des Fertigstellungstermins weder eine Einschränkung, noch eine Präferenz sein. Ein graduierter Student ist für diese Tätigkeit eingeteilt und die Arbeit wird irgendwann abgeschlossen sein. Selbst wenn das System nicht fertiggestellt werden sollte, würde das Projekt einfach als Lernstudie abgeschrieben werden. Die Daten würden auf die bisherige Art und Weise erfaßt werden und ein anderer Student würde sich vielleicht an der Erstellung des Systems versuchen.

Viele Programmierer und Ingenieure, die in einer relativ zwanglosen Universitätsumgebung geschult wurden, haben Probleme, auseinanderzuhalten, ob Fertigstellungstermine Einschränkungen oder Präferenzen sind oder einfach nur Beiwerk. Dieser Mangel an Training führt häufig zu Frustrationen bei Vorgesetzten, die Informatiker und Ingenieure einstellen müssen; Frustrationen, die oftmals dazu führen, Zeitpläne als Einschränkungen aufzufassen. Diese Frustrationen könnten gemildert werden, wenn diesen Führungskräften die Unterschiede zwischen Einschränkungen, Präferenzen und nutzlosem Beiwerk klargemacht werden könnten.

17.4 Eingeschränkte Präferenzen

Einschränkungen geben Ihnen die Möglichkeit, Lösungen zu identifizieren. Entweder Sie können die Einschränkungen zufriedenstellen oder Sie zeigen keine Lösung auf. Präferenzen andererseits, können Sie nicht genug bekommen und hierin liegt auch die Gefahr: *die Habgier.*

Wenn es etwas Schlimmeres gibt als Einschränkungen im Zeitraum, so sind es Zeitpräferenzen. Falls Sie wissen, daß Ihr System zum 1. Juli fertiggestellt werden muß, machen Sie Ihre Pläne und fangen an zu arbeiten. Aber nehmen Sie an, Ihnen wurde gesagt, *Ihr System muß sobald wie möglich fertig sein.* Wie wollen Sie wissen, ob Sie genügend getan haben, wenn Sie Ihre Arbeit zum 1. Juni beenden. Vielleicht hätte es Möglichkeiten gegeben, schon am 15. Mai fertig zu werden oder am 8. Mai oder gar am 7. Mai.

Berater können Projekte erkennen, die sich in einer Umgebung eingeschränkter Präferenzen ereignen. Denken Sie an das Klima nicht nachlassender Panik. Wenn Sie sich zumindest zeitweise nicht in Panik befinden, müssen Sie lernen, die Präferenzen Ihrer Kunden einzuschränken. Nachfolgend finden Sie eines unserer Beispiele:

- Darstellung von Informationen für verschiedene Rezeptoren (eingeschränkt): Das System stellt so viele Informationen wie möglich zur Verfügung und zwar in einer Form, die unterschiedliche Sinne bei den Benutzern anspricht. Der Grund für diese Redundanz ist die bessere Übermittlung von Informationen bei Lärm und Ausfall einer Darstellungsform. Außerdem wird damit Leuten geholfen, deren Aufnahmefähigkeit über ein Sinnesorgan eingeschränkt oder vollständig blockiert ist. Diese Eigenschaft wird durch den Prozentsatz von Personen gemessen, die bei einer Umfrage einhundert Prozent der notwendigen Informationen über mindestens zwei Sinnesorgane erfassen können. Wir wollen, daß das System mindestens für dreißig Prozent der Befragten, auf mehrere Sinnesorgane anspricht. Wir könnten sogar ein besseres Ergebnis erreichen, aber wir sind nicht daran interessiert, mehr als neunzig Prozent zu erlangen.

Unter der Verwendung des Lösungsraumes können Sie Einschränkungen mit Ihren Kunden gut diskutieren. Fragen Sie den Kunden nach seinen Gefühlen, wenn Sie verschiedene Punkte im Lösungsraum ansprechen. Wenn Sie genau auf seine Gefühle achten, können Sie einen Bereich im Lösungsraum schattieren, für den der Kunde nicht bereit ist zu kämpfen. Abbildung 17-2 zeigt wie BLT-Design den Lösungsraum für die Superkreide nach einer Diskussion mit Byron schattieren würde.

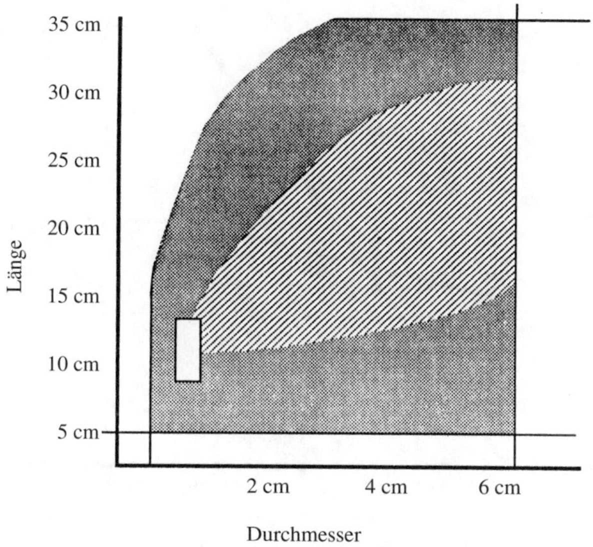

Abbildung 17-2. Der dunkler schattierte Bereich im Lösungsraum zeigt Präferenzen, die nicht sehr wichtig sind, wie aus der Diskussion mit dem Kunden hervorgeht.

17.4.1 Die "Was-ist-es-wert?-Darstellung"

Eine bessere Möglichkeit der Einschränkung von Präferenzen besteht in der Beschreibung von verschiedenen Präferenzebenen im Verhältnis zu dem Aufwand ihrer Realisierung. Wir nennen sie die *Was-ist-es-wert?-Funktion* oder die *Was-ist-es-wert?-Darstellung*. Abbildung 17-3 zeigt zwei mögliche Darstellungen für die Aussage: "Wir wollen, daß das System mindestens für dreißig Prozent der Befragten auf mehrere Sinnesorgane anspricht. Wir könnten sogar ein besseres Ergebnis erreichen, aber wir sind nicht daran interessiert, mehr als neunzig Prozent zu erlangen."

Obwohl die beiden Linien in Abbildung 17-3 mit der verbalen Aussage konsistent sind, zeigt die graphische Darstellung Differenzen auf. Präferenz #1 sagt aus, daß die Darstellung von Informationen für verschiedene Rezeptoren für dreißig Prozent wichtig ist. Über diese Ebene hinaus, ist sie jedoch nicht mehr relevant. Präferenz #2 sagt dagegen aus, daß der Wert für die Darstellung von Informationen für verschiedene Rezeptoren bei dreißig Prozent eher gering ist, aber danach schnell ansteigt.

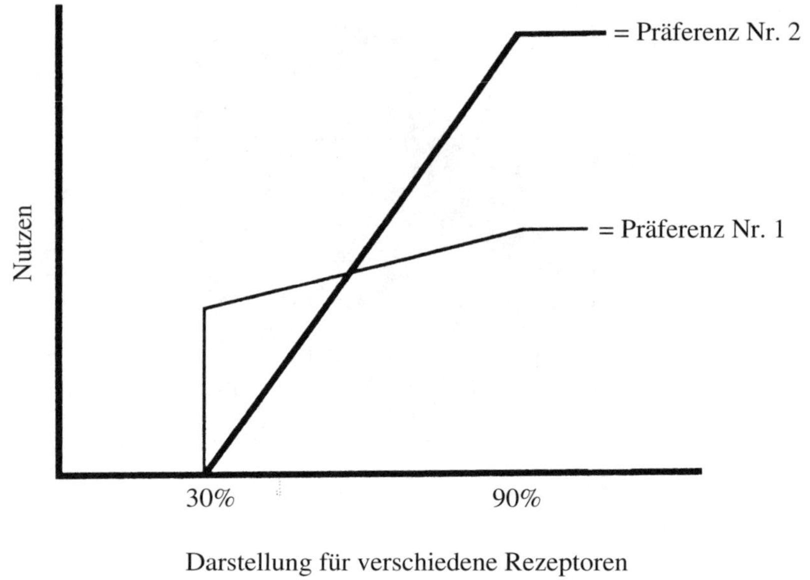

Abbildung 17-3. Die "Was-ist-es-wert?-Darstellung" deckt Mehrdeutigkeiten in der verbalen Einschränkung zur Darstellung von Informationen für verschiedene Rezeptoren auf. Beide Linien sind konsistent mit der verbalen Aussage: "Wir wollen, daß das System mindestens für dreißig Prozent der Befragten, auf mehrere Sinnesorgane anspricht. Wir könnten sogar ein besseres Ergebnis erreichen, aber wir sind nicht daran interessiert, mehr als neunzig Prozent zu erlangen."

Das Design für Präferenz #1 hätte einen anderen Schwerpunkt als das Design für Präferenz #2. Ohne die "Was-ist-es-wert?-Grafik" würde der Designer gezwungen sein, Vermutungen über die Kundenpräferenzen anzustellen. Weil diese beiden Kurven nur zwei von Tausenden von Möglichkeiten sind, sind die Chancen für Vermutungen aber relativ gering.

17.4.2 "Wann-brauchen-wir-es?-Darstellungen"

Eine spezielle Art von "Was-ist-es-wert?- Grafiken" schließt die Interpretation von Terminen ein und produziert dabei eine *"Wann-brauchen-wir-es?-Grafik."* Die Abbildungen 17-4 und 17-5 zeigen zwei mögliche "Was-ist-es-wert-Darstellungen" für den folgenden Terminplan: "Sobald wie möglich nach dem 1. Juli." Beide Darstellungen repräsentieren Situationen bei denen das System nicht vor dem 1. Juli benutzt werden kann. Ein Fertigstellungstermin vor diesem Datum wird als Wert Null dargestellt.

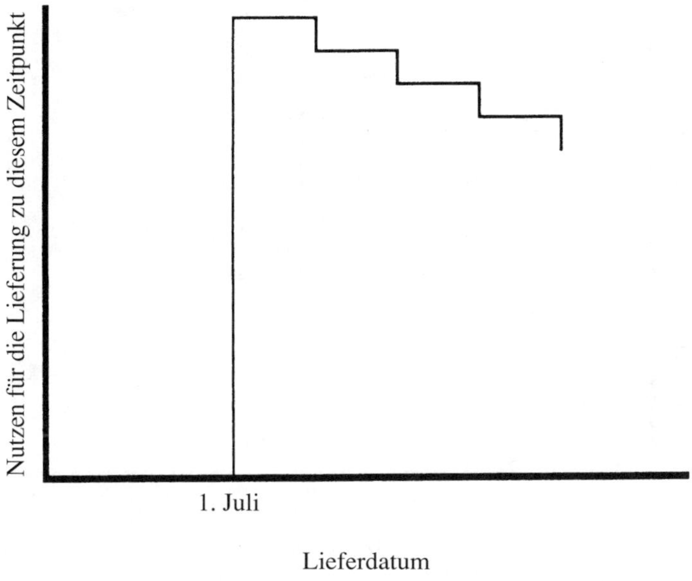

Abbildung 17-4. Die "Was-ist-es-wert?-Darstellung" für die Präferenz: "Liefertermin sobald wie möglich nach dem 1. Juli."

Die Situation in Abbildung 17-4 könnte mit Worten so beschrieben werden: "Wir werden nicht vor dem 1. Juli fertig sein. Wenn das System dann zur Verfügung steht, werden wir es aber benutzen können. Selbst wenn es später fertig wird, hat es immer noch einen Wert für uns. Wir können aber nicht ewig darauf warten, weil uns für jede weitere Verzögerung Kosten entstehen."

Abbildung 17-5 andererseits könnte aussagen: "Wir müssen das System bis zum 1. September fertiggestellt haben, sonst hat es keinen Wert mehr für uns. Wir werden es nicht vor dem 1. Juli benutzen können. Wenn es dann aber zur Verfügung steht, werden wir es bis zum 1. September ausprobieren können, was für uns von Nutzen sein kann." Bemerken Sie, wie sich die beiden Projekte unterscheiden!

17.5 Das Umsetzen von Einschränken in Präferenzen

Die "Was-ist-es-wert-Darstellung" ist ein Mittel gegen Habsucht. Ohne sie wird der Designer versuchen, zu viel aus einer Präferenz herauszuholen und dabei alle anderen Präferenzen opfern. Das Verfolgen nur einer einzigen Präferenz kann auch als Designerkrankheit, Optimitis[21] bezeichnet werden.

[21] Eine vollständige Besprechung der Optimitis und deren Heilung siehe auch Gerald M. Weinbergs, *Rethinking Systems Analysis & Design* (New York: Dorset House Publishing, 1988). Eine andere Quelle ist Weinbergs *The Secrets of Consulting* (New York: Dorset House Publishing, 1985), S. 22-28.

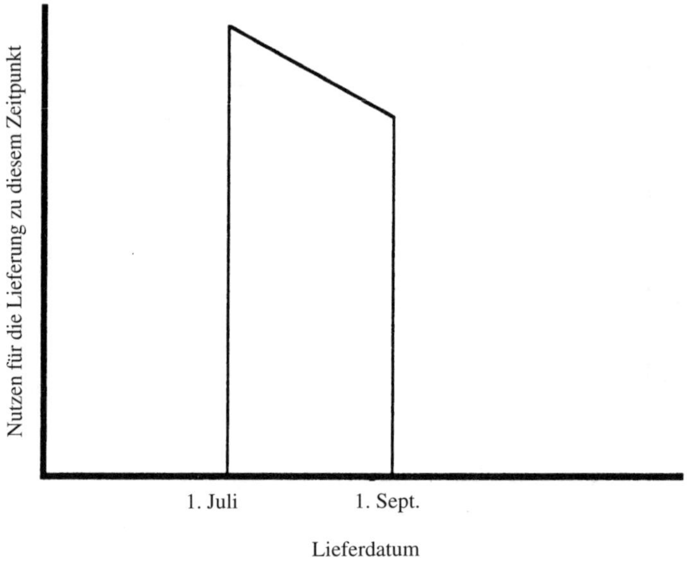

Abbildung 17-5. Die "Was-ist-es-wert-Darstellung" mit der Präferenz: "Liefertermin sobald wie möglich nach dem 1. Juli", aber mit völlig unterschiedlichen Auswirkungen.

17.5.1 Abwägen zwischen verschiedenen Präferenzen

Um Optimitis heilen zu können, brauchen wir die entsprechenden Werkzeuge, wie zum Beispiel "Was-ist-es-wert Darstellungen" und Darstellungen zur Abwägung, zur Erinnerung daran, daß es nichts umsonst gibt. Man könnte versucht sein, mehr aus einer Präferenz herauszuholen. Letztlich werden aber immer andere Präferenzen dadurch in Mitleidenschaft gezogen. Je dichter wir uns an den Grenzen des Lösungsraumes bewegen, desto stärker reduziert sich die Flexibilität des Designs.

Hochgezüchtete Rennwagen sind ein gutes Beispiel für gutes Abwägen. Nur etwas mehr als dreißig Prozent der an den Start gegangenen Teilnehmer der Rennen von Indianapolis erreichen normalerweise das Ziel, weil die optimale Geschwindigkeit auf Kosten der Zuverlässigkeit geht. Auf der Rennstrecke kann die Differenz von drei Kilometern pro Stunde den Ausschlag über Sieg oder Niederlage geben. Die "Was-ist-es-wert-Darstellung" für die Geschwindigkeit stellt das Absinken der Qualifikationsgeschwindigkeit bei den Gewinnern der letzten Jahre dar. Ein weiteres Abfallen der Kurve zeigt sich bei der Geschwindigkeit der langsamsten Qualifikanten des letzten Jahres. Es hat schon einen gewissen Wert, an einem derartigen Rennen teilnehmen zu können, wenn sich der Wagen aber nicht qualifizieren kann, dann sind die Kosten höher als der mögliche Gewinn (siehe Abbildung 17-6).

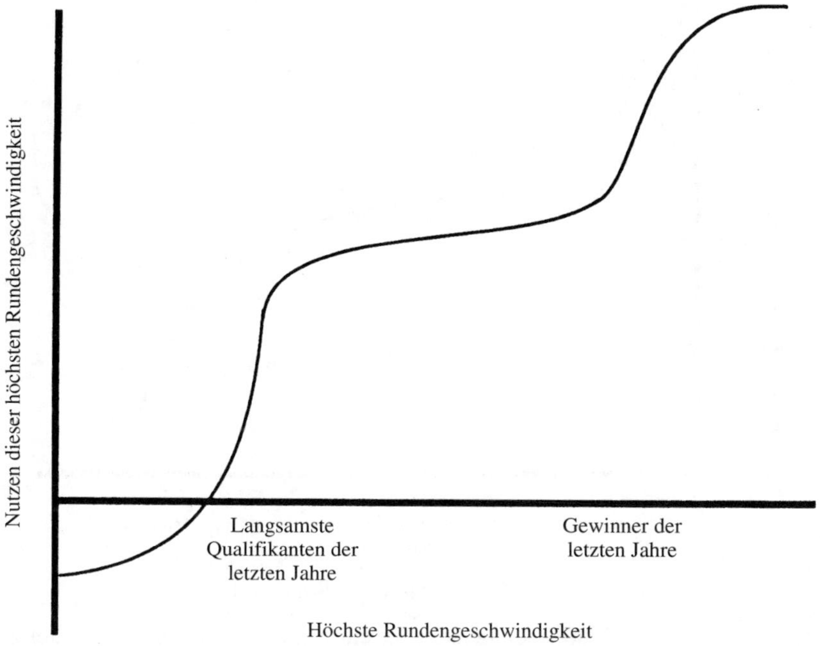

Abbildung 17-6. Die "Was-ist-es-wert-Darstellung" für die Höchstgeschwindigkeit pro Runde beim Autorennen von Indianapolis.

Abbildung 17-6 zeigt deutlich, warum Designer von Rennwagen die Zuverlässigkeit gegen andere Kriterien abwägen, um eine höhere Rundengeschwindigkeit zu erreichen. Höhere Geschwindigkeiten sind häufig aber nur durch neue und risikoreiche Technologien zu erzielen. Abbildung 17-7 legt die Herausforderung offen, die auf ein Team zukommt, das sich dieses Jahr nicht qualifizieren konnte. Mit Hilfe eines neuen Benzineinspritzsystems glauben sie, die Geschwindigkeit noch weiter verbessern zu können, was allerdings mit einigem Risiko verbunden ist. Dieses Risiko erhöht aber auch ihre Chancen in der Qualifikation, mit der Hoffnung auf ein besseres Ergebnis.

Abbildung 17-7 zeigt auch: Das neue System für die Benzineinspritzung bringt sie nicht in die Gewinnränge. Sollten sie lieber das Risiko mit einer neuen Kurbelwelle auf sich nehmen, mit der die Chancen für einen Erfolg nicht abzuwägen sind? Die Entscheidung hängt von den verschiedensten Erwartungen ab.

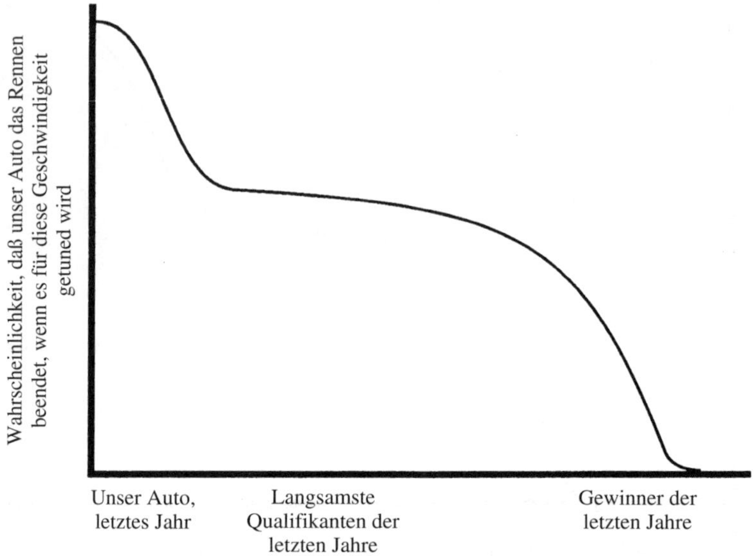

Abbildung 17-7. Die Wahrscheinlichkeit für ein Auto in Indianapolis ins Ziel zu gelangen, basierend auf der schnellsten Rundenzeit.

In Abbildung 17-8 sehen wir zwei Tabellen, die verschiedenen Ergebnissen zugeordnet sind: Gewinn; kein Sieg, aber gute Plazierung; Qualifikation für das Rennen mit geringer Chance für eine gute Plazierung; keine Qualifikation. In Beispiel A hat der Gewinn eine derart hohe Bedeutung, daß die Designer das Risiko mit einer neuen Kurbelwelle in Kauf nehmen würden, ungeachtet des Risikos, der Wagen könnte das Ziel nicht erreichen. In Beispiel B hat der Sieg einen geringeren Stellenwert, der die neue Kurbelwelle zu einer schlechten Wette macht.

Bei Autorennen zählt für den Besitzer von Rennwagen häufig nur der Sieg. In diesen Fällen wird der Gewinn zur Einschränkung - "gewinnen um jeden Preis" - und keine Abwägungsanalyse hilft hier weiter. Wenn die Einschränkung aber in eine Präferenz zur Gewinnmaximierung umgewandelt werden kann, dann wollen Sie vielleicht andere Präferenzen einschränken, wie zum Beispiel die Höchstgeschwindigkeit. Mit anderen Worten - alle Anforderungen hängen letztlich vom Wertesystem des Kunden ab, welches vom Anforderungsprozeß transparent gemacht werden sollte.

	Geschwindigkeit	Erwarteter Nutzen	Wahrscheinlichkeit sich zu qualifizieren und das Rennen zu beenden	Erwarteter Nutzen des Rennens	Erwarteter Nettonutzen
Im letzten Jahr nicht qualifiziert	**180**	**0**	**0**	**0**	**–200**
Sollten sich qualifizieren	**182**	**100**	**,75**	**75**	**–125**
Sollten sich gut plazieren	**184**	**500**	**,60**	**300**	**+100**
Gewinn auf der Zielgeraden	**186**	**10000**	**,20**	**2000**	**+1800**

Fall A. Der Besitzer sieht einen hohen Nutzen (10000) im Gewinn und riskiert den Einbau neuer Teile. Das reduziert die Chance, das Rennen zu beenden.

	Geschwindigkeit	Erwarteter Nutzen	Wahrscheinlichkeit sich zu qualifizieren und das Rennen zu beenden	Erwarteter Nutzen des Rennens	Erwarteter Nettonutzen
Im letzten Jahr nicht qualifiziert	**180**	**0**	**0**	**0**	**–200**
Sollten sich qualifizieren	**182**	**100**	**,75**	**75**	**–125**
Sollten sich gut plazieren	**184**	**500**	**,60**	**300**	**+100**
Gewinn auf der Zielgeraden	**186**	**1000**	**,20**	**200**	**0**

Fall B. Der Besitzer stuft den Nutzen für den Gewinn niedriger ein (1000) und ist weniger geneigt neue Teile auszuprobieren, die das Risiko beinhalten, das Rennen nicht beenden zu können.

Abbildung 17-8. Zwei Tabellen zeigen wie der Stellenwert für den Gewinn beim Rennen von Indianapolis, Designentscheidungen beeinflussen kann.

17.5.2 Das erste Gesetz der Produktentwicklung

Sie wissen jetzt, warum es so wichtig ist, zwischen Einschränkungen und Präferenzen zu unterscheiden. Präferenzen haben nur eine Bedeutung, wenn allen Einschränkungen nachgekommen wird - mit anderen Worten, *wenn wir uns bereits im Lösungsraum bewegen.* Präferenzen zeigen uns, welche Lösungen im Lösungsraum bevorzugt werden. Aber wenn der Gewinn eine Einschränkung bedeutet, dann ist es kein Trost zu wissen, daß unser Auto die schnellste Qualifikationszeit hatte, die meisten Runden anführte oder die meisten Sponsoren besaß.

Es ist viel einfacher ein Auto zu entwerfen, das nicht gewinnen muß. *Das erste Gesetz für die Produktentwicklung lautet wie folgt:*

> **Wenn es keine Einschränkungen zu erfüllen gibt, dann können alle anderen Anforderungen befriedigt werden.**

Wenn ein Computerprogramm nicht alle Funktionen durchführen muß, die vom Kunden gefordert wurden, dann kann es in jeder verfügbaren Sprache codiert, schnell oder langsam sein und zu geringen Kosten erstellt werden. Sobald seine Einschränkungen nicht berücksichtigt werden, ist es vom Standpunkt des Kunden aus, völlig nutzlos. Es könnte aus einem einzigen NO-OP Befehl bestehen, er ist schnell, billig und funktioniert in beinahe jeder Sprache.

Das erste Gesetz ist natürlich nicht nur auf die Softwareentwicklung begrenzt. Es ist universell anwendbar. Achten Sie immer darauf, daß Präferenzen sich nicht zu Einschränkungen entwickeln, oder auch umgekehrt.

17.6 Hilfreiche Hinweise

- Wie bei den Einschränkungen muß die endgültige Definition jeder Präferenz vollständig, konsistent und präzise genug sein, um einer späteren Diskussion über das fertige Produkt standhalten zu können. Wie wir wissen, kann eine derartige Genauigkeit in einem mit vielen Menschen gefüllten Raum nicht erreicht werden. Deshalb versuchen Sie so früh wie möglich im Anforderungsprozeß jede Präferenz zu erkennen, sowie die Probleme, die sich daraus ergeben können. Die Definition der Präferenzen kann später in kleinen Gruppen, die Zugriff zu Referenzmaterial besitzen, durchgeführt werden. Wenn die Entwürfe für die Präferenzen fertiggestellt sind, können sie innerhalb einer größeren Gruppe technisch überprüft werden.

- In vielen Projekten werden die Einschränkungen so eng gesetzt, daß sich die Präferenz so darstellt: "Finde eine Lösung, die auf die Einschränkungen Rücksicht nimmt, stoße einen Seufzer der Erleichterung aus und kündige!" Lernen Sie den Druck für einen zu frühzeitigen Abschluß der Definition von Präferenzen als Symptom für zu starke Einschränken einzuschätzen. Was ist zu frühzeitig? Für ein Projekt, das ungefähr ein Jahr dauert, sind ein oder zwei Tage für die Definition von Präferenzen ausreichend.

- Warnung an die Kunden: Sie könnten versucht sein, alle Attribute als Präferenzen zu sehen. In diesem Fall werden die Designer Entscheidungen auf der Basis ihrer eigenen versteckten Präferenzen treffen. Im schlimmsten Fall sagt Ihnen der Designer: "Keine Probleme!" und trifft dann die Entscheidungen für Sie. Sie können sich mit Hilfe des "Orangensafttests"[22] davor schützen, eine Methode, die sich bei der Aus-

---

[22] Eine Erklärung des Orangensafttests gibt Ihnen Gerald M. Weinberg in *The Secrets of Consulting* (New York: Dorset House Publishing, 1985) S. 32 ff.

der Auswahl für ein Konferenzhotel entwickelt hat. Die Methode basiert auf der Art von Antworten auf unsinnige Forderungen, wie die Bestellung von siebenhundert Gläsern frisch ausgepresstem Orangensaft zum Frühstück um 7 Uhr früh. Wenn vom Servicepersonal die Antwort "Kein Problem" kommt, dann wissen Sie, Sie werden enttäuscht.

17.7 Zusammenfassung

Warum?
Einschränkungen definieren den zulässigen Bereich des Lösungsraumes, während Präferenzen bei der Suche durch den zulässigen Raum behilflich sind. Ohne Präferenzen könnten die Designer bei der ersten annehmbaren Lösung halt machen (jede, die alle Einschränkungen erfüllt), weil sie keinen Anhaltspunkt darüber haben, was der Kunde als "besser" empfinden würde.

Wann?
Präferenzen werden entwickelt, nachdem die Einschränkungen den Lösungsraum eingegrenzt haben, obwohl der Prozeß für die Entwicklung von Präferenzen im allgemeinen zu Modifikationen von Einschränkungen führt und umgekehrt. Der Prozeß ist eher ein Zyklus.

Wie?
Folgen Sie diesem Zyklus:

1. Entwickeln Sie eine umfassende Liste mit Präferenzen.

2. Versuchen Sie jede Präferenz in eine meßbare Präferenz umzuwandeln, die der Designer exakt in seinem Fortschritt messen kann. Beachten Sie aber, was John von Neumann sagte: "Es ist wenig sinnvoll präzise zu sein, wenn man nicht weiß wovon man spricht", und verzetteln Sie sich nicht bei der Suche nach Meßkriterien.

3. Überprüfen Sie Ihre Liste mit Einschränkungen, um zu sehen, ob einige von ihnen nicht vielleicht doch Präferenzen sind. Wenn möglich, reduzieren Sie Einschränkungen zu Präferenzen oder eingeschränkten Präferenzen, um dem Designer einen größeren Lösungsraum zur Verfügung zu stellen.

4. Entwickeln Sie zum klaren Herausarbeiten von Präferenzen "Was-ist-es-wert-Darstellungen", die dabei helfen, verbale Mehrdeutigkeiten zu eliminieren, vor allen Dingen zwischen Einschränkungen und Präferenzen.

Wer?
Jeder, der an der Beurteilung des fertigen Produktes beteiligt sein wird, sollte am Prozeß für die Definition von Präferenzen mitwirken. Wenn nicht, werden diese vergessenen Personen zum Schluß erscheinen und für Überraschungen sorgen, vielleicht mit einer "neuen" Präferenz.

18

Erwartungen

Werden Sie enttäuscht sein, wenn Sie am Morgen den Fahrstuhl betreten und fragen, ob Sie ein Glas frisch gepreßten Orangensaftes bekommen und stattdessen tiefgefrorenen Saft erhalten? Oder werden Sie sich eher freuen, überhaupt etwas zu trinken zu bekommen. Wenn Sie eine Schachtel mit Superkreide kaufen und herausfinden, daß sie nicht in die Kreideablage paßt, werden Sie dann enttäuscht sein? Oder werden Sie sich darüber freuen, daß die Kreide besser zu greifen ist wegen ihres größeren Durchmessers?
Wie jeder erfahrene Designer weiß, ist der Unterschied zwischen Enttäuschung und Freude nicht nur eine Frage der Verfügbarkeit, sondern wie gut das Produkt *den Vorstellungen des Kunden entspricht.* Wenn wir den Designprozeß als Mittel verstehen, Freude zu vermitteln und Enttäuschung zu vermeiden, werden wir nicht erfolgreich sein können, sofern wir die Erwartungen nicht unter Kontrolle haben. Darüber wird im diesem Kapitel die Rede sein: Zuerst müssen wir verstehen lernen, wie unterschiedliche Erwartungen entstehen, um dann unter Anwendung von Methoden, die Erwartungen der Kunden zu erkennen und zu begrenzen. *Der Prozeß zur Begrenzung der Erwartungen* hilft bei der Klärung von Erwartungen und kann mit jeder Benutzergruppe durchgeführt werden.

18.1 Gründe für die Begrenzung von Erwartungen

Wenn alle vorher beschriebenen Schritte getan wären, könnte der Prozeß zur Begrenzung von Erwartungen redundant sein. Dieser zusätzliche Schritt ist aber notwendig, weil:

1. Niemand ist perfekt.
2. Niemand denkt immer logisch.
3. Jeder hat unterschiedliche Erwartungen.
4. Auch Designer sind nur Menschen.

Lassen Sie uns kurz die verschiedenen Faktoren ansehen, als Prolog für den Prozeß zur Begrenzung von Erwartungen.

18.1.1 Niemand ist perfekt

Niemand ist perfekt, und wir können Ihnen versichern, daß niemand bis zu diesem Zeitpunkt im Prozeß immer die richtigen Entscheidungen getroffen hat. (Wir hoffen, dies ist nicht entmutigend.) Der Prozeß zur Begrenzung von Erwartungen besteht unter anderem in einem Test für die Unzulänglichkeiten aus den früheren Phasen im Anforderungsprozeß. Dieser Schritt, kurz vor dem Ende, demonstriert den Teilnehmern, daß Sie nicht von ihnen erwarten, perfekt zu sein. Diese Tatsache selbst sollte die Erwartungen schon begrenzen.

18.1.2 Niemand denkt immer logisch

Wie Mr. Spock in *Raumschiff Enterprise* sagt: "Menschen denken nicht logisch", so gilt dies auch für Ihre Autoren. Vor einigen Jahren erhielt Jerry einen Gutschein für eine kostenlose Übernachtung in einem Holiday Inn Hotel unter der Bedingung, mindestens für eine weitere Nacht zu bezahlen. Um Geld zu sparen, entschied er sich deshalb nicht für das Ramada Hotel, sondern für das Holiday Inn. Als er den Gutschein an der Rezeption vorlegte, wurde er nicht akzeptiert. "Aber", protestierte Jerry, "auf dem Gutschein steht, daß er für alle Holiday Inns gilt."

"Nein", sagte die Dame am Empfang triumphierend. "Es ist nur von allen teilnehmenden Holiday Inns die Rede. *Dieses* Holiday Inn nimmt aber nicht an dieser Aktion teil." Das Ramada auf der gegenüberliegenden Seite der Straße nahm auch nicht daran teil, aber Jerry entschied sich daraufhin hinüberzugehen. Don glaubt hingegen, Jerrys Verhalten sei unfair, weil er offensichtlich nicht richtig gelesen hatte. Jerrys negative Reaktion ist allerdings typisch für Kunden, die erst bei der Ablieferung eines Produktes die genaue Bedeutung eines *übersehenen* Wortes erkennen. Wie Jerry nehmen sie an, daß sie wissentlich in die Irre geführt wurden.

Obwohl wir annehmen können, im Anforderungsdokument wurden nur Dinge beschrieben, die vom System erwartet werden, hat jeder Erwartungen, die vielleicht nicht dokumentiert wurden oder die nie im Prozeß zur Diskussion standen. Wir haben viele Beispiele dafür aus dem täglichen Leben - wir denken sofort an Garantieurkunden und Versicherungspolicen. Unsere Reaktion darauf zeigt, es gibt einen Unterschied zwischen einer logischen oder legalen Richtigkeit und der Kundenerwartung.

18.1.3 Jeder hat unterschiedliche Erwartungen

Eines der interessantesten Systementwicklungsprojekte an denen wir gearbeitet haben, ist das weltweite Space-Tracking-Network für die NASA. Jede Station mußte von Grund auf neu designed werden, weil einige Standorte sehr abgelegen waren. Viele Stationen verfügten nicht über eine lokale Stromversorgung für den Betrieb von Radaranlagen und Computern, so daß Dieselmotoren installiert werden mußten.

Wie sich später herausstellte, waren die Netzanschlüsse von erfahrenen Radarspezialisten designed worden, die aber über keinerlei Erfahrung mit der Versorgung von Dieselmotoren verfügten. Als die Station in Betrieb ging, stürzten die Computer jedesmal ab, wenn einer der Dieselgeneratoren an- oder abgeschaltet wurde. Das Problem war auf elektrische Störungen zurückzuführen. Die Computerspezialisten verwiesen überheblich auf das Anforderungsdokument, in dem geschrieben steht, "Es wird keine Störungen geben, die den kontinuierlichen Betrieb elektronischer Anlagen beeinflussen können."

Aber die Radarspezialisten behaupteten, ihr Dieselversorgungssystem würde diese Anforderungen erfüllen. "Es stört den Radarbetrieb in keiner Weise", sagten sie. "Tatsächlich haben wir sogar mehr getan als notwendig, damit auch für Euch keine Probleme auftreten." Das eigentlich Problem war auf die Terminologie zurückzuführen, die für Radaranlagen und Computersysteme zwar ähnlich ist, aber unterschiedliche Bedeutungen hat.

Es war schon zu spät, um die Dieselversorgung zu ersetzen, so daß ein Warnsystem installiert wurde, durch das die Computer-Operatoren informiert wurden, wann ein Wechsel der Motoren stattfinden sollte. Die Computer wurden dann abgeschaltet und eine Nachricht an die Energieversorgungsstation übermittelt, daß die Generatoren ausgewechselt werden können - eine schwerfällige aber durchführbare Lösung.

Eines Tages gingen die Computer-Operatoren zum Essen und schalteten die Computer ab, für den Fall, ein Wechsel der Generatoren würde während ihrer Abwesenheit vorgenommen werden. Sie verließen gerade das Gebäude, als ein Ingenieur aus der Energiestation herauslief und schrie, "Was haben die #*!%?# zu bedeuten! Die #*!%?# haben beinahe eines der Schwungräder zerstört!"

"Was meinen Sie damit?", fragten die Computer-Operatoren mit aller Unschuld. "Wir haben nichts getan."

"Jemand hat die elektrische Ladung um die Hälfte reduziert", rief er, um die Lautstärke der Diesel zu übertönen. "Meine Maschinen haben sich beinahe selbst von den Blöcken gezogen. Wenn das noch einmal passiert, könnte ich getötet werden."

Wie schon gesagt, das Problem stellte sich als Mißverständnis heraus. Wenn die Radaranlage abgeschaltet wurde, dann reduzierte sich die Energieanforderung in kleineren Schritten. Wurde das Computersystem hingegen abgeschaltet, so geschah das auf einmal. Das Abschalten der Geräte wurde völlig unterschiedlich vorgenommen und kostete beinahe jemanden das Leben. Dieses Problem wurde auch mit Hilfe eines Warnsystems gelöst, aber das Erkennen und Bewältigen dieser Probleme im Anforderungsprozeß wäre weitaus vorteilhafter gewesen. Letztlich werden alle Mißverständnisse bezüglich der Erwartungen irgendwie bereinigt, aber es ist offensichtlich leichter, sie vorab auszuschalten.

Bei der Arbeit an den Anforderungen sollten die Informationen in begrenzter Form dargestellt werden, damit der Kunde spezielle Details besser verstehen kann. Es ist Ihre Aufgabe, den Kunden dabei zu unterstützen, im Gegensatz zu denen, die Versicherungspolicen, Garantieurkunden und "teilnehmende Holiday Inns" schreiben. Diese Personengruppen versuchen ihre eigenen Interessen zu schützen - und nicht, Kunden auf Ausnahmesituationen aufmerksam zu machen. Wenn sie versuchen würden, Kunden besser zu informieren, würden sie andere Formulierungen verwenden, wie zum Beispiel,

> Warnung: Nicht alle Holiday Inn Hotels nehmen an dieser Aktion teil.
> Fragen Sie vorher nach, bevor Sie Ihre Reservierung vornehmen lassen.

18.1.4 Auch Designer sind nur Menschen

Designer besitzen natürlich auch alle menschlichen Eigenschaften, neben den fachlichen. Designer sind mehr als normal Sterbliche von ihren eigenen Ideen begeistert und vergessen gerne die Ideen von anderen. Um ihre Begeisterung zu bremsen, brauchen sie ein Warnsystem, das sie davor bewahrt, von ihren Ideen davongetragen zu werden und Begrenzungen in Betracht zu ziehen. Dieser zusätzliche Schritt zügelt die Begeisterung.

18.2 Der Prozeß zur Begrenzung von Erwartungen

Um den Auswirkungen von allzu menschlichen Faktoren entgegenzuwirken, haben wir eine Methode zum besseren Verständnis von Erwartungen entwickelt, den Prozeß zur Begrenzung von Erwartungen. Er besteht aus vier Schritten.

18.2.1 Erstellen einer Liste mit Ausnahmen

Zuerst fangen Sie mit einer möglichst vollständigen Liste von Erwartungen der Benutzer an, die von repräsentativen Benutzern erstellt werden sollte, entweder in Besprechungen oder Umfragen.[23] In Besprechungen würden wir den Benutzern offene Fragen stellen, wie

"Worauf freuen Sie sich bei diesem System am meisten?"

"Welcher Teil des neuen Systems bedeutet Ihnen am meisten?"

Aus den Antworten erstellen Sie dann die Erwartungsliste (siehe Abbildung 18-1).

Besprechungen sind wichtig, weil Sie genau zuhören müssen, um allgemeine Erwartungen herauszuhören, die nur in speziellen Beispielen gefunden werden können. So könnte ein Benutzer sagen: "Wenn ich mit dem Aufzug fahre, kann ich mich auf die wichtigen Artikel in der Zeitung gut konzentrieren." Um diese Erwartung verstehen zu können, müssen wir fragen, welche Artikel in der Zeitung für ihn *wichtig* sind. Wir könnten überrascht sein, wenn wir feststellen würden, daß er sich nur für die Börsenkurse interessiert und die Modeseite anschaut, weil er in der Modebranche tätig ist.

18.2.2 Das Fahrstuhlbeispiel

Die Liste mit Erwartungen für das Fahrstuhlinformationssystem könnte folgende Elemente beinhalten:

1. "Wenn ich den Fahrstuhl benutze, kann ich mich auf die wichtigen Artikel in der Zeitung gut konzentrieren."

2. "Ich habe niemals Zeit, meinen Blutdruck messen zu lassen. Die Fahrt mit dem Aufzug ist eine Zeitvergeudung und es wäre gut, wenn ich zur gleichen Zeit meinen Blutdruck messen lassen könnte."

3. "Ich möchte wissen, was mein Blutdruck aussagt und brauche Gewißheit darüber, ob ich mich zurücknehmen muß."

[23] In Kapitel 21 entwickeln wir einen Test zur Überprüfung der Kundenzufriedenheit während des Entwicklungsprozesses und danach. Die Resultate können Enttäuschungen und nicht vorhersehbare Erwartungen aufzeigen. Weitergehende Befragungen erweitern die Liste mit den Erwartungen.

Abbildung 18-1. "Worauf freuen Sie sich bei diesem Produkt am meisten?" Vom gleichen Stück Superkreide versprechen sich einige die Welt. Andere versprechen sich eine Zeitersparnis, oder geliebt zu werden, oder Freunde zu gewinnen, oder ihrem Land zu helfen, oder mehr Beachtung. Etliche wissen nicht, was sie wollen. In einigen Fällen deckt die Frage Erwartungen auf und trägt zur Klärung der Produktlimitationen bei.

4. "Die Kriminalität in diesem Gebäude ist ein großes Problem. Es wird immer schwieriger Mieter zu finden, wenn die Überfälle nicht aufhören. Am wichtigsten für mich ist das frühzeitige Erkennen von Kriminellen. Sie müssen erkennen, daß sie in diesem Gebäude keine Chance haben."

5. "Ich verlange eine geringere Störanfälligkeit. Dieses System muß über ein entsprechendes Warnsystem verfügen, das vorzeitig den Störungsdienst informiert."

6. "Es sollte leiser sein als die heutigen Aufzüge. Ich höre die Leute im Aufzug diskutieren und das stört meine Patienten."

7. "Wenn meine Patienten aus dem Fahrstuhl aussteigen, sind sie die reinsten Nervenbündel. Ich brauche ungefähr zwanzig Minuten, um sie wieder zu beruhigen. Ich erwarte vom System einen beruhigenden Einfluß."

8. "Es wäre gut vorher zu wissen, wann der Aufzug eine Störung haben wird, aber meiner Erfahrung nach sind diese Warnsysteme störanfälliger als der Fahrstuhl

selbst. So werden Dutzende von Fehlalarmen ausgelöst. Ich bin zu beschäftigt, um mich mit solchen Fehlern auseinanderzusetzen. Das System sollte also besser nicht ausfallen. Zumindest nicht so häufig."

9. "Sie reden alle am Thema vorbei. Die Hauptsache ist, das System kann die Fahrstuhlbenutzung während der Stoßzeiten koordinieren, sonst gibt es bei unseren Mietern eine Revolution. Ich weiß, daß es möglich sein muß, hier Verbesserungen zu erzielen. Ich verwende die Hälfte meiner Zeit, um Beschwerden zu beantworten."

10. "Ja, aber alle diese Dinge sind für die Benutzer nicht sichtbar, wenn sie funktionieren. Ich mache mir darüber hinaus Gedanken um unser Image als modernstes Bürogebäude in der Innenstadt. Wir brauchen "Künstliche Intelligenz", damit die Benutzer beeindruckt sind, wenn der Aufzug sie erkennt und als Individuen behandelt. Dafür werden sich auch Mieter interessieren."

11. "Wir dürfen aber niemanden diskriminieren, sonst verstoßen wir gegen bestehende Gesetze."

12. "Und das schließt die Behinderten mit ein - wir müssen uns sicher sein, daß jeder den Fahrstuhl benutzen kann, auch wenn er weder hören noch sehen kann."

13. "Ich glaube, wir sehen das alles viel zu kompliziert. Es gibt heute Millionen von Aufzügen und bei allen wurden die gleichen Überlegungen zugrunde gelegt. Wir sollten sicherstellen, daß unser System mit Fahrstühlen in anderen Gebäuden kommunizieren kann, um aus den Erfahrungen zu lernen. Wie das durchgeführt werden kann? Ich weiß es nicht. Ich bin kein Ingenieur. Die können heute alles mit Computern machen."

18.2.3 Generalisieren der Erwartungsliste

Nachdem wir unsere Liste mit spezifischen Erwartungen erstellt haben, wenden wir uns dem zu, was wirklich erwartet wird. Wir überprüfen und generalisieren unsere Liste, um zu einer Aufstellung mit folgenden Elementen zu gelangen:

1. Das System wird auf Anfrage sämtliche verfügbaren Informationen über Modem oder das Telefonsystem bereitstellen. Eingeschlossen sind Wetterbericht, Börseninformationen, Sportergebnisse und Nachrichten.

2. Das System stellt auf Anfrage Informationen über den jeweiligen Gesundheitszustand zur Verfügung, wie Blutdruck, Pulsfrequenz und den Allgemeinzustand.

3. Das System warnt den Benutzer vor potentiellen Gesundheitsproblemen.

4. Das System erkennt potentielle Kriminelle und versucht diese zu überzeugen, daß sich Kriminalität nicht auszahlt.

5. Das System diagnostiziert Systemprobleme und setzt das zuständige Personal davon in Kenntnis.

6. Das System hält Benutzer dazu an, sich ruhig zu verhalten, wenn Stockwerke passiert werden, wo dies angezeigt ist.

7. Das System beruhigt Benutzer, die Angst im Fahrstuhl verspüren.

8. Das System kontrolliert sich selbst. Es ersetzt jedes fehlerhafte Teilsystem ohne den Verlust der entsprechenden Funktion und informiert das Bedienungspersonal.

9. Das System stellt einem zentralen System Informationen über die Geschwindigkeit und die gedrückten Stockwerkstops zur Verfügung, damit die "optimale" Verfügbarkeit der Fahrstühle gesichert wird. Das Optimum wird von der Gebäudeverwaltung anhand von Parametern wie die Minimierung der Wartezeit, den Energieverbrauch und Beschwerden, festgelegt.

10. Das System ermittelt die Identität und Gewohnheiten aller Personen, die den Fahrstuhl regelmäßig benutzen, gibt ihnen daraufhin Vorschläge über das Ziel ihrer Fahrt und liefert sie letztlich dort ab. Fahrstuhlbenutzer können den Vorschlag des Systems modifizieren, falls sie zu einem anderen Stockwerk gelangen wollen. Die entsprechenden Dateien werden vom System automatisch modifiziert. Das System lernt und kontrolliert seine eigene Leistungsfähigkeit und paßt sich seiner Umgebung an.

11. Das System ist in der Lage mit allen Personen zu kommunizieren, unabhängig von ihrer Sprache, ihrer Intelligenz, ihrem Alter, ihren Absichten oder dem Grad ihrer physischen Behinderung.

12. Alle Informationen können von mindestens zwei oder drei Sinnen (sehen, hören, berühren) abhängig von der Person aufgenommen werden, von der die Information angefordert wurde.

Aber was sollen wir mit Punkt 13 anfangen: "Der Fahrstuhl kommuniziert mit anderen Fahrstühlen?" Sie sollten froh sein, wenn Sie einige verrückte Ideen aufnehmen können, denn die generelle Liste mit Erwartungen wird ein besseres Instrument im Designprozeß aufweisen, wenn sie in einer Atmosphäre der Phantasie erstellt wurde. Das stellt sicher, daß keine Erwartungen ausgelassen werden, egal wie wild sie sind. Wir können hier nachsichtig sein, weil der Prozeß zur Begrenzung von Erwartungen eine Kontrollfunktion ausübt.

18.2.4 Limitieren von Erwartungen

Jeder Punkt in der generalisierten Erwartungsliste kann nun einer der folgenden Kategorien zugeordnet werden:

M **M**öglichkeit, die jetzt erreicht werden kann
V **V**erschieben, kann in einer späteren Version realisiert werden
A **A**bsolut unmöglich, wird von der Liste gestrichen

Jegliche Zuordnung einer Erwartung zu einer Kategorie produziert eine substantiell unterschiedliche Lösung. Der Vorteil dieses Prozesses besteht darin, Entscheidungen explizit zu treffen, die sonst impliziert worden wären. Explizite Entscheidungen besitzen den Vorteil, das Design näher an die Erwartungen heranzubringen oder zumindest Konflikte offenzulegen, bevor zu viel Geld dafür ausgegeben wird.

Manchmal scheuen sich Designer davor, Entscheidungen explizit zu treffen, weil sie sich vor einem potentiellen Konflikt fürchten, wobei ein wichtiger Teil des Designs in der Kommunikation und dem Überwinden von umstrittenen Fragen liegt. Durch die Strukturierung des Prozesses zur Begrenzung von Erwartungen, können wir besser mit potentiellen Konflikten umgehen. Nehmen wir zum Beispiel an, es gibt eine Auseinandersetzung über den ersten Punkt:

1. Das System wird auf Anfrage sämtliche verfügbaren Informationen über Modem oder das Telefonsystem bereitstellen. Eingeschlossen sind Wetterbericht, Börseninformationen, Sportergebnisse und Nachrichten.

Wenn der Designer diesen Punkt als zu weitläufig und der Kunde ihn als zu eingeschränkt ansieht, müßten wir den Inhalt diskutieren und den Text umformulieren, um die erwartete Limitation explizit zu machen. Wir könnten zu folgender Aussage kommen:

1. Das System wird auf Anfrage sämtliche verfügbaren Informationen über API, UPI, Reuters, Dow Jones, CNN und ESPN bereitstellen. Diese, zusammen mit den lokalen Gebäudeinformationen, werden zunächst bei der Systemeinführung zur Verfügung stehen. Das Design sollte aber die Möglichkeit der späteren Erweiterung auf andere Informationsquellen vorsehen.

18.3 Limitationen müssen nicht limitierend sein

Warum ist das Limitieren von Erwartungen so wichtig? Jede Zuordnung zu "möglich", "verschieben" oder "absolut unmöglich" produziert eine einzigartige Lösung. Wenn Sie diese Zuordnung nicht *bewußt* durchführen, werden Sie viele mögliche Lösungschancen verpassen. Wenn Sie es implizieren, könnten Sie auch die Erwartungen Ihrer Kunden treffen - mit viel Glück.

18.3.1 Das Rollstuhlbeispiel

Selbst wenn Sie Glück haben, werden Sie die Erwartungen erst sehr spät im Designprozeß erkennen - vielleicht sogar erst, wenn das fertige Produkt vorgestellt wird. Eine reiche Dame, Frau Smythe, spendete $ 14 Millionen an eine Kunstgalerie im Südwesten der Vereinigten Staaten. Am Tag der Eröffnung sollte Frau Smythe das Band an der Eingangstür zerschneiden, aber sie konnte den Eingang als Rollstuhlfahrerin nicht erreichen!

Der Bürgermeister wies den Architekten die Verantwortung dafür zu, weil sie nicht an

Rampen für Rollstuhlfahrer gedacht hatten, eine Möglichkeit die "sofort" realisiert werden sollte (**M**). Die Architekten verteidigten sich, indem sie sagten, daß es sich hier um eine Maßnahme handelt, die auf später "verschoben" wurde (**V**) und aus einer weiteren Spende von Frau Smythe finanziert werden sollte. Es ist überflüssig anzumerken, daß sich die zweite Spende verzögerte.

Die Moral von dieser Geschichte lautet: Das ausdrückliche Limitieren von Erwartungen hätte die Notwendigkeit für Rollstuhlrampen offengelegt. Dies erklärt aber nur einen Teil der Geschichte. Nehmen wir an, es war wirklich unmöglich, eine Rollstuhlrampe für die große Eröffnung fertigzustellen. Millionäre sind vielleicht anders als wir, aber die meisten Menschen hören lieber zuerst die schlechten Nachrichten, als sich später betrogen zu fühlen. Wenn Sie das nicht glauben wollen, überprüfen Sie Ihre eigenen Gefühle.

Kunden für das Fahrstuhlinformationssystem würden nicht sehr glücklich sein, wenn sie am Eröffnungstag weniger Informationen als möglich gezeigt bekämen. Es ist auf jeden Fall zu bevorzugen, und ethisch besser zu vertreten, sie jetzt zu enttäuschen, als sie zu überraschen, wenn das System eingeführt wird.

18.3.2 Möglichkeiten offenhalten

Nicht jede Erwartung wird limitiert werden müssen. Bei der Modifizierung von Punkt 1 waren wir in der Lage, den Designer dahin zu bringen, das System für künftige Erweiterungen offenzuhalten. Zuweilen dient ein ganzer Punkt als Möglichkeit für die sofortige Implementierung oder vielleicht für eine Verschiebung. Beachten Sie folgendes:

2. Das System stellt auf Anfrage Informationen über den jeweiligen Gesundheitszustand zur Verfügung, wie Blutdruck, Pulsfrequenz und den Allgemeinzustand.

Punkt 2 könnte als Möglichkeit klassifiziert werden, die unser Denken bezüglich unseres Designproblems erweitert und neue Dimensionen einschließt.

18.3.3 Die Quellen von Begrenzungen miteinschließen

Natürlich könnten wir im Laufe der Zeit feststellen, daß Punkt 2 nicht mehr implementiert werden kann, und zwar aus rechtlichen, wirtschaftlichen oder medizinischen Gründen. In diesem Fall würde Punkt 2 als absolute Limitation klassifiziert und umformuliert werden, um die Quelle der Begrenzung sichtbar zu machen:

2. Das billigste zur Zeit verfügbare medizinische Diagnosesystem kostet mehr als $ 400.000. Das System wird deshalb keine Informationen über die Gesundheit der Benutzer zur Verfügung stellen.

Wenn wir die Liste mit den Erwartungen durchgehen, werden sich zusätzliche, neue Möglichkeiten ergeben. Zur gleichen Zeit werden sich andere Möglichkeiten zu Begrenzungen entwickeln. Deswegen müssen sich Designer und Kunde darüber einig sein, was das System nicht können wird und warum nicht, weil sonst erwartet wird, daß das System dazu in der Lage sein wird.

Veränderungen sind normal und dieser Prozeß der Überprüfung unterscheidet sich nicht von den Überprüfungen, die später stattfinden werden. Wenn wir aber grundlose Limitationen aufstellen, wird unsere Liste schwer zu verändern sein. Nehmen wir an, neue und billige Gesundheitsinformationssysteme stünden zur Verfügung. Wenn wir nicht die Gründe für die Limitation von Punkt 2 dokumentiert hätten, würde niemand erkennen können, daß sich neue Möglichkeiten ergeben hätten.

18.4 Hilfreiche Hinweise

- Irgendwie ähnelt die Arbeit am Radar/Computerproblem dem Übersetzen von Anforderungen in verschiedene Kulturen und Sprachen. In den Stationen, in denen Englisch nicht die Muttersprache war, mußten bestimmte Dokumente übersetzt werden. Durch das Übersetzen konnten viele versteckte Erwartungen enthüllt werden.
  Wenn ein Entwicklungsprojekt in oder mit zwei verschiedenen Zivilisation verwirklicht werden soll, entstehen viele Probleme aufgrund unterschiedlicher kultureller Erwartungen. Andererseits können Sie die beiden Zivilisationen zu Ihrem Vorteil nutzen, indem Sie sicherstellen, daß beide am Anforderungsprozeß teilnehmen, und zwar wenn möglich im gleichen Raum und zur gleichen Zeit. Das erscheint sehr aufwendig, aber die Arbeit wird so nur früher und billiger erledigt, als später zu höheren Kosten.
  Das gilt auch, wenn sie Anforderungen übersetzen lassen müssen. Warten Sie nicht bis die Anforderungen fertiggestellt sind, bevor die Übersetzung beginnt. Führen Sie diese Arbeit parallel durch. Sie werden erkennen, die Offenlegung unterschiedlicher Erwartungen ist den Preis für die Übersetzung wert.

- Sie können sehr viel darüber lernen, wie Anforderungen ungeeignete Erwartungen erzeugen, durch das Lesen von Dementis, Garantieurkunden und Sonderangeboten z.B. von Holiday Inns. (Wenn Sie sehr viel reisen müssen, werden Sie herausfinden, daß Ihnen dieses Buch sehr hilfreich sein wird. Wenn dies nicht der Fall ist, bekommen Sie Ihr Geld von jedem *teilnehmenden* Buchladen zurück).

- Ein gutes Beispiel dafür wie versteckte Erwartungen aufzuspüren sind, ist die *Dreierregel:* Wenn Sie nicht mindestens drei Gründe finden, die Ihre großartige Idee zu Fall bringen könnten, dann haben Sie nicht genug darüber nachgedacht. Zum Beispiel können sich viele Designer für die Verwendung von Farbe für das Fahrstuhlinformationssystem begeistern. Welchen Effekt hat die Farbe auf blinde Personen, oder auf Farbenblinde?

- Zuweilen sagen Designer: "Wenn der Kunde von dieser Limitation wüßte, würde er das Projekt abbrechen. Nachdem das Produkt aber fertiggestellt ist, findet er die anderen Funktionen so attraktiv, daß er über die Begrenzungen hinwegsehen kann. Sie werden nicht einmal wahrgenommen, deshalb behalten wir sie für uns und verursachen keine großen Wellen." Schließen Sie sich solchen Argumenten nicht an. Es ist der erste Schritt, den Kontakt zum Kunden zu verlieren, und das führt meist zu Schlimmerem, als zum Abbruch des Projekts.
  Was Sie tun können, ist den Kunden über die potentiell enttäuschenden Limitationen zu informieren. Sie werden überrascht sein. Erstens verstehen Sie vielleicht nicht genau, was der Kunde erwartet. Oder, der Kunde macht sich weniger Sorgen als Sie dachten, oder er akzeptiert eine vernünftige Alternative. Jedes dieser Resultate nimmt

den Hauch von Geheimniskrämerei und Mißtrauen, von dem sonst das gesamte Projekte infiziert werden würde. Oder der Kunde ist vielleicht schlauer als Sie annehmen und schlägt einen anderen Weg vor, um seine Erwartungen zu befriedigen, an den Sie bisher noch nicht gedacht haben.

- Manchmal kann der Limitationsprozeß in seiner eigenen Phantasie steckenbleiben.Jemand könnte sagen: "Ja, aber stell' Dir vor, eine blinde Person macht einen Handstand, den Kopf in einen Eimer mit Wasser gesteckt und versucht das Fahrstuhlinformationssystem mit blanken Füßen zu bedienen. Das funktioniert bestimmt nicht." Und ein anderer fügt hinzu: "Ja, und stell' Dir vor, er ist Diabetiker und wartet auf seinen dressierten Affen, der ihm die Insulinspritze geben soll, aber das System erkennt den Affen nicht und erlaubt ihm deshalb nicht, den Fahrstuhl zu betreten." Natürlich wollen Sie keine Ideen unterdrücken, aber Ihr Widerstand könnte Ihnen Schwierigkeiten bei der Definition von Limitationen für alle Erwartungen bereiten. Mitunter können Sie diese Phantasien unter Kontrolle bringen, indem Sie an die *Doktrin der Vernunft* appellieren. "Wir können uns nicht alle Seltsamkeiten vorstellen, die jemand mit einem System anstellen könnte, aber wir werden wissen, ob es vernünftig ist, wenn wir es sehen. (Und was denken Sie darüber, wenn Sie Ihren Kopf in einen Eimer Wasser stecken würden?)"

- Die Doktrin der Vernunft leitet sich letztlich vom Rechtssystem ab. Fragen der Zuverlässigkeit können zu Hemmnissen für das Design werden. Wenn jemand meint, die Zuverlässigkeit stehe auf dem Spiel, sollten Sie um Rechtshilfe bitten. Mit der Frage: "Sollten wir zu diesem Problem einen Rechtsanwalt hinzuziehen?", können Sie einen Sinn für die Realität in der Gruppe erzeugen - sonst müssen Sie die Kosten für einen Rechtsanwalt in Kauf nehmen.

- Unser Kollege Eric Minch kommentiert, daß das Argument, "Limitationen ohne Gründe ... sind schwer zu modifizieren" auch auf Funktionen, Attribute, Einschränkungen und alle Beschreibungen des Produktes angewendet werden kann. Zur gleichen Zeit beobachtet unser Kollege Ken de Lavigne, daß dieser explizite Prozeß der Dokumentation von Begrenzungen von der bestehenden Praxis abweicht; nämlich alle Designunterlagen zu vernichten, nachdem der Programmcode geschrieben ist, oder schlimmer noch, die Unterlagen unverändert aufzubewahren. Ken zitiert einen "englischen Freund", der bemerkte: "Es ist schade, daß in vielen Organisationen die einzigen überzeugenden Aussagen zur Geschäftspolitik in Assembler geschrieben sind."

  Es ist unrealistisch, zu erwarten, daß sich Gewohnheiten sehr schnell ändern lassen. Deshalb haben wir uns auf die Dokumentation von Limitationen gleich zu Beginn konzentriert. Zu dokumentieren, warum Sie etwas nicht tun, erscheint annehmbarer, als zu dokumentieren, warum Sie etwas tun. Wenn die Teilnehmer erst Geschmack am Dokumentieren ihrer Gründe bekommen haben, wird sich diese Gewohnheit auch auf andere Beschreibungen des Produkts ausdehnen.

- Wir haben einen Weg gefunden, wie Ursachen dokumentiert werden können, der akzeptabler ist als andere, die wir bisher ausprobiert haben - Interviews mit Designern und Benutzern, auf Videoband aufzeichnen. Viele Fragen, die wir präsentierten, können verwendet werden und die meisten reden gerne über ihren Prozeß. Die Videobänder können datiert und archiviert werden, und es hat sich herausgestellt, daß viele ihre Bänder ungern wegwerfen.

18.5 Zusammenfassung

Warum?
Designer müssen bezüglich der Limitationen ihrer Erwartungen explizit sein, weil Produkte und Systeme besser akzeptiert werden, wenn die Limitationen vorab bekannt sind. Im Gegensatz dazu fühlen sich die Benutzer betrogen, wenn sich Limitationen später herausstellen sollten. Auch das frühzeitige Entwickeln und Dokumentieren im Designprozeß hilft dabei, wichtige Fakten über das Produkt oder System zu enthüllen.

Wann?
Stellen Sie die Frage nach den Erwartungen, wenn Sie den Eindruck haben, daß der Kunde unzufrieden ist. Aber selbst wenn es dafür keinen Grund gibt, führen Sie den Erwartungszyklus durch, sobald die erste Runde im Anforderungsprozeß sich dem Ende zuneigt.

Wie?
Dokumentieren Sie Erwartungen und Limitationen folgendermaßen:

1. Lassen Sie eine Liste mit speziellen Erwartungen von repräsentativen Benutzern erstellen.

2. Arbeiten Sie mit der Liste und generalisieren Sie jede Erwartung.

3. Reduzieren Sie die Erwartungen auf ein vernünftiges Maß und lassen Sie alle Möglichkeiten für künftige Veränderungen offen, aber schließen sie alles aus, von dem Sie keine vernünftigen Resultate erwarten.

4. Wenn Sie eine Begrenzung setzen, dann dokumentieren Sie die Ursache dafür, weil die heutigen Limitationen die morgigen Gelegenheiten sein können.

Wer?
Beziehen Sie jeden möglichen Benutzer mit ein, um genügend Treibstoff für den Prozeß zur Limitation von Erwartungen zu erhalten. Sobald die Limitationen dokumentiert sind, erhalten die Benutzer das Resultat, um den Zyklus zu beenden.

Teil 5

Das Geheimnis des Erfolges

Doris, Larry und Todd von BLT-Design sitzen wieder zusammen mit Byron, Wilma und John in der Kreidehöhle. Sie fühlen sich jetzt wohler, nachdem Sie einige Besprechungen mit diesen Leuten hinter sich haben und beginnen zu bedauern, daß sich das Projekt Superkreide dem Ende zuneigt.

Doris: Wir müssen noch besprechen, wieviel wir bis zum Ende zu tun haben.

Byron: Mehr Arbeit? Haben wir nicht an fast alles gedacht?

Wilma: Noch nicht. Wir haben noch nicht bedacht, was passiert, wenn jemand auf die Kreide tritt.

John: Oder, wenn jemand versucht, ein Stück zu essen.

Larry: Ach John, niemand würde *so etwas* essen!

John: Du hast niemals unterrichtet.

Todd: Er hat recht, Larry. Wir müssen alles testen.

Larry: Testen? Wir befinden uns immer noch in der Anforderungsphase.

Byron: Wofür? Ich kann mir vorstellen, das Produkt zu testen oder das Produktdesign, aber warum sollten wir die *Anforderungen* testen?

Doris: Um zu sehen, ob wir wirklich an alles gedacht haben.

Todd: Und ich glaube nicht, daß wir schon fertig sind.

Doris: Warum nicht?

Todd: Weil ich gerade den neuen Entwurf der Anforderungsdokumentation durchgesehen habe und daraus eine Liste mit hunderten von Problemen erstellt habe.

Byron: Laß mich mal sehen.

(Byron reißt Todd die Liste aus der Hand, wirft einen Blick darauf und schiebt sie Todd zurück.)

Byron: Ich brauche Ihre Liste nicht. Ich würde gerne den neuen Entwurf sehen. Abgesehen davon sieht Ihre Liste nach einer Unmenge von Rechtschreibfehlern aus - jede Menge Kommas und Punkte.

(Byron nimmt sich den Entwurf und schaut hinein.)

Todd: Kommas und Punkte sind auch sehr wichtig.

Byron: Es ist wichtiger für mich zu sehen, wie Ihr neuer Entwurf aussieht.

(Während Byron spricht, langt Larry zu ihm hinüber und nimmt das Dokument aus seiner Hand.)

Larry: Vertrauen Sie uns, mein lieber Byron! Vertrauen Sie uns!

19

Meßkriterien für Mehrdeutigkeiten

Im Gegensatz zu dem was Larry und Byron denken, müssen Anforderungen getestet werden, um dem Projekt eine Chance auf Erfolg zu geben. In Teil V entwickeln wir spezielle Methoden um Anforderungen zu testen.

19.1 Das Messen von Mehrdeutigkeiten

Der Sinn des Anforderungsprozesses besteht im Reduzieren von Mehrdeutigkeiten im Entwicklungsprozeß. Der einfachste Test aller Anforderungen liegt also im Messen von Mehrdeutigkeiten. Wir haben die Mehrdeutigkeiten von Anforderungen diskutiert, aber der Begriff "Mehrdeutigkeit" selbst ist auch mehrdeutig. Es gibt viele Möglichkeiten, Mehrdeutigkeiten in "Mehrdeutigkeit" zu reduzieren. Der beste Weg geht über das präzise Messen. Nach alledem gibt es nur wenig Mehrdeutigkeiten in dieser Anforderung:

A. *Ziehen Sie auf dieser Seite eine gerade Linie, mit der Länge von 13,15 cm und einer Dicke von 0,5 cm. Benutzen Sie einen Faber Castell 9000 HB Bleistift. Die Linie soll mit einem Abstand von 2 cm parallel zum oberen Rand verlaufen und die ungebundene Seite berühren.*

Andererseits haben wir gesehen, wieviel Mehrdeutigkeiten sich in folgender Anforderung befinden:

B. *Design eines Transportmittels*

Wenn "Mehrdeutigkeit" ein Attribut von Anforderungen ist, dann wollen wir in der Lage sein, sie so zu messen, daß die Aussage A einen kleinen Betrag ergibt und Aussage B einen großen.

19.1.1 Umfrage zu Mehrdeutigkeiten

Das Mittel, das wir zum Messen von Mehrdeutigkeiten entwickeln wollen, basiert auf etwas, was wir schon beim "Design eines Transportmittels" beobachtet haben. Wir gaben die

Aussage B an tausend Personen und wiesen sie darauf hin, unabhängig voneinander an einer Lösung zu arbeiten. Wie wir sahen, fehlten dieser Problemaussage einige wesentliche Bestandteile und wir konnten voraussehen, daß jeder Teilnehmer zu einer einzigartigen Lösung kommen würde. Auch wenn alle Beteiligten den gleichen Designprozeß verwendet hätten, wären wir über das Resultat erstaunt gewesen.

Nehmen wir nun an, wir hätten tausend Personen gebeten, basierend auf Aussage A, unabhängig voneinander an einer Lösung zu arbeiten. Der Problemaussage fehlen einige wichtige Daten und da jeder Mensch unterschiedlich ist, hätten wir erwartet, daß uns einige abnormale Lösungsvorschläge zufließen würden. Allgemein gesprochen haben wir erwartet, es gäbe nur einige wenige Variationen und die meisten Lösungen könnten nicht voneinander unterschieden werden könnten.

Dieses mentale Experiment deutet an, daß wir Mehrdeutigkeiten als die Verschiedenheit von Interpretationen messen können. Wir haben dieses Experiment tatsächlich mit einer großen Gruppe durchgeführt. Für Problem A haben wir die Unterschiede gemessen, indem wir die gezogenen Linien miteinander verglichen haben. Jeder zog nur eine einzige Linie mit dem Bleistift, und es gab nur geringe Abweichungen in der Länge der Linien und deren Position auf der Seite.

Für das Transportmittelproblem (B) gaben wir jeder Person eine Minute Zeit, um eine konzeptionelle Lösung zu erarbeiten. Nach Ablauf der Zeit baten wir jeden einzelnen, uns eine Zahl für die Höhe der Fertigungskosten für sein Transportmittel zu nennen. Wenn sie alle die gleiche Lösung im Auge gehabt hätten, wären die Unterschiede bei den Herstellungskosten nicht so extrem ausgefallen. Bei tausend Teilnehmern, schwankte der Wert zwischen $ 10 und $ 15 Milliarden. Dieses Verhältnis von 1 : 1.500.000.000 macht die großen Unterschiede in der Gewichtung des Problems deutlich, ist es nicht aber das, was wir unter Mehrdeutigkeit verstehen?

Dieses Verhältnis von größter und kleinster Schätzung, kann als Meßkriterium verwendet werden, für das wir einen präzisen Wert erhalten. Natürlich kann ein Meßinstrument nicht extrem genaue Ergebnisse erzielen, aber sie sind als Resultat besser als gar keine Messung. Es ist tatsächlich ein eher praktisches Meßinstrument, das wir häufig in wirklichen Designsituationen benutzt haben.

19.1.2 Die Befragungsmethode

Ein Hersteller von elektronischen Präzisionsteilen untersuchte die Möglichkeit ein automatisches System zur Beantwortung von Anfragen zum Teilekatalog zu erstellen. Der Geschäftsführer erhielt Kostenschätzungen die zwischen "ziemlich preisgünstig" und "ziemlich teuer" lagen und wußte nicht genau, ob er das Projekt genehmigen sollte. Wir baten 14 qualifizierte Angestellte, unabhängig voneinander ihre Kostenschätzung abzugeben. Die geschätzten Kosten lagen zwischen $ 15.000 und $ 3 Millionen. Als dem Geschäftsführer das Verhältnis von 200 : 1 gewahr wurde, entschied er sich, die Untersuchungen bis zur eindeutigen Klärung der Anforderung zu stoppen.

19.1.3 Umfragen auf unterschiedlicher Basis

Die "Herstellungskosten" sind nur eine mögliche Basis für eine Umfrage. Andere, die uns gerade einfallen, sind

- Design- und Entwicklungskosten
- Erforderliche Mann-Jahre für Design und Entwicklung
- Anzahl der verwendeten Teile
- Minimaler Zeitraum zur Fertigstellung des ersten Produkts

Diese Meßkriterien können Sie für jedes Projekt verwenden, andere würden vielleicht spezifischer sein. Zum Beispiel könnten wir bei unserem Transportmittelproblem nach folgenden Schätzungen fragen:

- *Effizienz:* durchschnittlicher Energieverbrauch pro Stunde
- *Aktionsradius:* welche Entfernung kann damit zurückgelegt werden
- *Kapazität:* maximales Gewicht, das transportiert werden kann

19.2 Maßeinheit als Test

Ein nützliches Designmodell sagt, man versteht unter *Design, den Prozeß zum Eliminieren von Mehrdeutigkeiten*. In diesem Modell führt das Design über eine Serie von verschiedenen Schritten: Entwurf einer ersten Schätzung, Prüfen auf Mehrdeutigkeit, Eliminieren der gefundenen Mehrdeutigkeiten, Testen der neuen Schätzung. Letztlich gibt der Test Auskunft darüber, wann die Annäherung dicht genug ist, damit der Designprozeß abgeschlossen werden kann.

19.2.1 Messen dreier verschiedener Mehrdeutigkeiten

Mit dieser Betrachtungsweise können alle Schritte, vom Erkennen des Problems bis hin zur Lösung, als Design bezeichnet werden, einschließlich der unbewußten und impliziten Annahmen und der bewußten und ausdrücklichen Designentscheidungen. Als Vereinfachung stellen wir uns drei verschiedene Arten von Mehrdeutigkeiten vor, die gemessen und eliminiert werden müssen, jede verbunden mit einer Aktivität aus dem Designprozeß.

1. *Mehrdeutigkeiten in der Problemaussage* (siehe Abbildung 19-1).
2. *Mehrdeutigkeit im Designprozeß* als eine Maßeinheit für die Variationen im Prozeß, die ein Design hervorbringt, im Sinne von bebilderten Lösungen (siehe Abbildung 19-2).

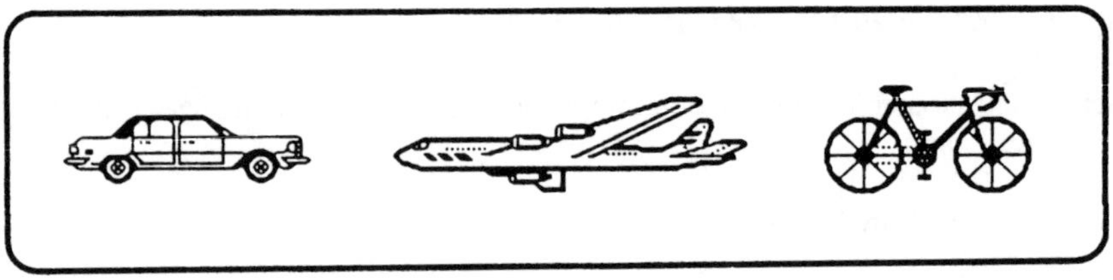

Abbildung 19-1. Mehrdeutigkeiten in der Problemaussage sind Mehrdeutigkeiten im Prozeß der Anforderungen für das Design. Diese drei Designbeispiele entsprechen der Anforderung "Design eines Transportmittels".

Abbildung 19-2. Mehrdeutigkeit im Designprozeß als eine Maßeinheit für die Variationen im Prozeß, die ein Design hervorbringt (ein Bild der Lösung). Drei unterschiedliche Prozesse, ein "Auto zu entwerfen" führen zu drei verschiedenen Autos.

3. *Mehrdeutigkeit im fertigen Produkt* als eine Maßeinheit im Prozeß für den Entwurf einer *physischen Lösung*, das Produkt selbst (siehe Abbildung 19-3).

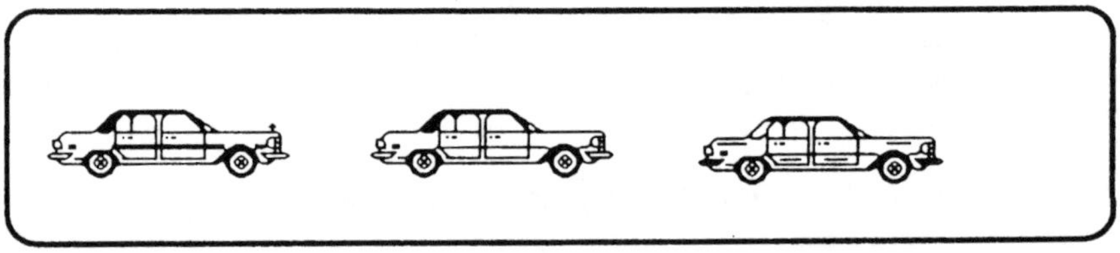

Abbildung 19-3. Mehrdeutigkeit im fertigen Produkt als eine Maßeinheit im Prozeß für den Entwurf einer physischen Lösung. Zum Beispiel gibt es nicht zwei völlig identische Autos auf einer Montagelinie, selbst wenn die Spezifikationen gleich sind.

19.2.2 Auswerten der Ergebnisse

Als Ergebnis der Messung der drei Arten von Mehrdeutigkeiten in unserer Umfrage, kennen Sie nun die verbleibenden Mehrdeutigkeiten und können die verbleibende Arbeit abschätzen. Sie werden auch erkennen können, wo noch Mehrdeutigkeiten reduziert werden müssen.

In unserem Beispiel haben wir nach der geschätzten Höhe der "Herstellungskosten für eine Einheit" gefragt. Die unterschiedlichen Antworten, die wir erhielten resultierten aus einem unterschiedlichen Verständnis zu diesem Zeitpunkt. Einige könnten angenommen haben, "Herstellungskosten pro Einheit" könnte sich auf die mengenmäßige Herstellung beziehen. In diesem Fall wären Design-, Entwicklungs- und Werkzeugkosten zu vernachlässigen, weil sie sich über viele Einheiten verteilen würden. Andere dachten an die Produktion einer einzigen Einheit, wobei die Design-, Entwicklungs- und Werkzeugkosten einen erheblichen Anteil an den Herstellungskosten ausmachen würden.

Diese spezielle Mehrdeutigkeit hat wenig mit dem Resultat des Produktdesign zu tun - Motorrad, Bus, Motorboot, Raumfahrzeug oder Skateboard. Nehmen wir zum Beispiel an, zwei verschiedene Personen hätten sich bei diesem Prozeß das Design eines Motorrads zum Ziel gesetzt. Wenn beide bei der Interpretation der "Herstellungskosten pro Einheit" eine Massenproduktion im Auge gehabt hätten, so lägen ihre Schätzungen wahrscheinlich zwischen $ 200 und $ 4000. Ein Verhältnis von nur 1:20. Wenn sich beide die Entwicklung eines Prototyps vorgestellt hätten, so hätten ihre Schätzungen zwischen $ 200.000 und $ 5 Millionen gelegen, ein Verhältnis von 1:25. Diese Relationen liegen weit unter denen von 10.000.000:1, die von Personen geschätzt würden, die entweder ein Raumschiff oder aber Rollschuhe entwerfen wollten.

Andererseits resultieren Mehrdeutigkeiten auch aus dem Designprozeß selbst. Zwei Personen machen sich Gedanken über das Design von Autos. Einer könnte sich ein Auto von einem professionellen Autodesigner vorstellen, der andere aber eine Seifenkiste. Wie können wir diese Unterschiede erklären? Der einfachste Weg befragt die Befragten selbst.

Welcher Teil in der Problemaussage führte zu diesen Störungen? Diese Frage lokalisiert die mehrdeutigen Stellen und wir können erkennen, *was* zu klären ist, und *wie* und *wann* wir etwas unternehmen müssen.

19.2.3 Informationen aus der Gruppenbildung

Nicht nur aus der breiten Streuung der Antworten erhalten wir wichtige Informationen, sondern auch aus der Gruppenbildung von Ergebnissen aus der Meinungsumfrage. Unsere Umfrage über das Thema Transportmittel brachte uns drei wesentliche Ergebnisse: $40-$60, $300-$700, $800-$15.000. Basierend auf diesen Gruppen, leiten sich drei Annahmen ab.

Während des Interviews offenbarten die Befragten ihre Gründe für die extremen Schätzungen, wie in Abbildung 19-4 zu sehen ist. Die Mehrheit der Befragten nahm an, daß es sich um individuelle und nicht um öffentliche Transportmittel handeln würde wie etwa Flugzeuge oder Fahrstühle. Es wurde außerdem angenommen, daß es für die Transportmittel einen ausreichend großen Absatzmarkt gäbe. Die Kosten für das Design und die Produktentwicklung würden somit einen geringen Einfluß auf die geschätzten Kosten haben. Die Angaben in der Problemaussage waren also nicht explizit genug. Die Mehrheit der Befragten fühlte sich deshalb bei ihrer Schätzung nicht besonders wohl.

19.2.4 Auswahl der zu Befragenden

In dieser Umfrage kamen professionelle Systemdesigner zu Wort, mit der Erfahrung zwischen drei und dreißig Jahren im Design und der Entwicklung von Software und Hardware tätig gewesen zu sein. Die meisten von ihnen übten ihren Beruf in den Vereinigten Staaten von Amerika aus, was als Grund für die häufige Nennung von privaten Transportmitteln zurückzuführen ist. Das könnte auch der Grund dafür sein, warum sich niemand ein Kamel vorstellen konnte.

Diese Beobachtungen sagen uns, eine große Anzahl von unterschiedlichen Antworten, bringt die effektivsten Ergebnisse. Je größer die Unterschiede zwischen den Antwortgebern sind, desto mehr verschiedene Auflösungen für Mehrdeutigkeiten wird es geben. Wenn Sie also Mehrdeutigkeiten messen wollen, müssen Sie ein möglichst unterschiedliches Publikum finden. Halten Sie Leute auf der Straße an und stellen Sie ihnen die Fragen.

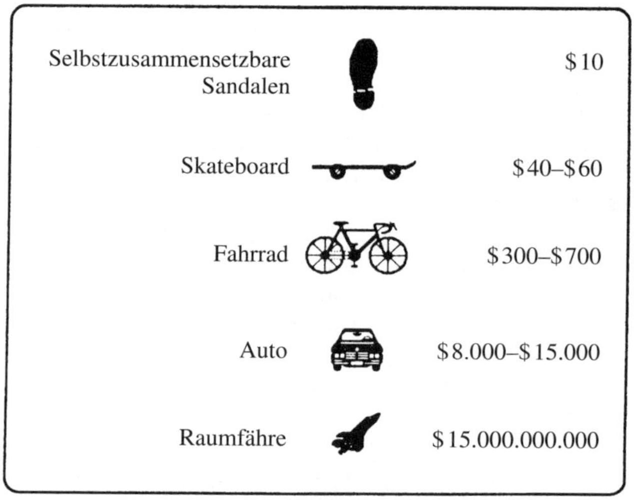

Abbildung 19-4. Die Gruppierungen enthüllen Annahmen über potentielle Lösungen.

19.3 Hilfreiche Hinweise

- Unser Kollege Ken de Lavigne fragt: "Wie steht es mit der Expertise der Schätzer?" Mit unerfahrenen Teilnehmern gehen die Unterschiede auf das Konto von Fehleinschätzungen. Das ist ein Grund, warum man sich die Gründe für die geringsten und höchsten Schätzungen noch einmal ansehen muß. Erfahrene Personen vermeiden viele Fehler, aber durch ihre Erfahrung verlieren sich Variationen. Je erfahrener sie sind, desto ähnlicher wird sich ihre Erfahrung auswirken. Arbeiten Sie deshalb mit einigen erfahrenen Schätzern zusammen, aber auch mit unerfahrenen.

- Ein Mangel an Differenzen bei der Umfrage, die ungeachtet der unterschiedlichen Teilnehmer auftreten, kann nicht mit dem Fehlen von Mehrdeutigkeiten gleichgesetzt werden. Zum Beispiel ist es möglich, drei unabhängige Schätzungen über $ 10.000 für die Herstellungskosten eines Transportmittels zu erhalten, obwohl drei verschiedene Transportmittel geschätzt wurden. Ein einmaliges High-Tech-Skateboard könnte soviel kosten wie ein Auto, und sicherlich fällt auch ein hochentwickeltes Rennrad in diese Preiskategorie. Diese Übereinstimmung von verschiedenen Schätzungen erklärt, warum unterschiedliche Fragen bei der Umfrage gestellt werden müssen.

- Ein letztes Wort zu der Umfrage als Methode zur Offenlegung von Mehrdeutigkeiten: Umfragen sind effizient, wenn die Befragten ihre Schätzungen *unabhängig* voneinander abgeben. Wenn zum Beispiel die Schätzung des Geschäftsführers publiziert wird, und dann andere nach ihrer Schätzung gefragt werden, so werden sich alle Schätzungen um die des Geschäftsführers herum bewegen. Jeder Druck wird den Unterschied innerhalb der Schätzungen reduzieren, und weniger Unterschiede decken weniger Mehrdeutigkeiten auf.

- Unser Kollege Eric Minch kommentiert: "Der Paragraph über die Unabhängigkeit von Schätzungen wirft ein großes Problem auf: Die Existenz von Vorurteilen und "Fehlern" in Umfragen und Messungen sind auch für Designer interessant. Auch wenn wir perfekte Informationen über individuelle Präferenzen erhalten könnten, würden wir wissen wollen, welche sozialen Kräftespiele beim Erreichen eines Konsenses ablaufen. Die Sozialwissenschaften haben sich zu Techniken für das Design von Experimenten entwickelt, von "besonnen" bis "heimlich", was in unserem Fall sinnvoll ist."
  Wir antworten auf diesen Kommentar mit der Bemerkung, daß wir unsere Meßtechniken dort anwenden, wo wir Personen bei der Durchführung einer Tätigkeit beobachten können. Und wie der große Sozialwissenschaftler Yogi Berra sagte: "Beim Zusehen können Sie viel beobachten". Wir fangen lieber einfach an, bevor wir uns schwierigeren Techniken zuwenden. Wenn "einfach" nicht gut genug ist, werfen Sie einen Blick in die Literatur der Sozialwissenschaften. Fangen Sie mit der Anthropologie an!

19.4 Zusammenfassung

Warum?
Führen Sie eine Umfrage zur Schätzung von Mehrdeutigkeiten in Anforderungen durch, um festzustellen, *wieviel* Arbeit noch zu tun ist, und *wo* die Arbeit durchgeführt werden soll.

Wann?
Wann immer ein Teil der Arbeit an den Anforderungen so gut wie beendet ist, führen Sie eine Umfrage durch, um zu sehen, ob sie tatsächlich fertig geworden sind.

Wie?
Führen Sie die Umfrage wie folgt durch:

1. Versammeln Sie ein Gruppe von Personen und stellen Sie Fragen über das Dokument, dessen Mehrdeutigkeit gemessen werden soll.

2. Stellen Sie sicher, daß keinem Druck nachgegeben werden muß und sich die Teilnehmer untereinander nicht beeinflussen können.

3. Schlagen Sie eine Reihe von Fragen vor, die mit Zahlen beantwortet werden können, wie:
   Wie schnell?
   Wie groß?
   Wie teuer?
   Welche Kapazität?

4. Beurteilen Sie die Mehrdeutigkeit durch den Vergleich der höchsten mit der niedrigsten Antwort.

5. Befragen Sie die Antwortenden mit den höchsten und niedrigsten Antworten, um die Gründe von Mehrdeutigkeiten besser lokalisieren zu können.

Wer?
Die Gruppe, die Mehrdeutigkeiten beurteilen soll, muß so unterschiedlich wie möglich sein. Sie sollte Repräsentanten aller Personen enthalten, die irgendwie von dem Produkt beeinflußt werden.

20

Technische Rückschau

Zwei prinzipiellen Möglichkeiten, unzutreffende Anforderungen zu erhalten, basieren auf *unzureichender* oder *ungenauer* Information. Obwohl wir in unserem Buch den Schwerpunkt darauf legen, eine *genügend* große Anzahl bedeutungsvoller Ideen zu generieren, wollen wir damit nur den anderen Teil unserer Arbeit kompensieren, nämlich sicherzustellen, daß die Ideen auch *qualitativ* zufriedenstellend ausfallen.

In diesem Kapitel geben wir einen Überblick über rückschauende Besprechungen, die von Kunden über den gesamten Anforderungsprozeß angewendet werden können, um zu testen, ob in den Anforderungen alle und nur die verläßlichen Informationen[24] berücksichtigt wurden.

Alles, was wir über Besprechungen in den Kapiteln 8, 10 und 13 bereits gesagt haben, trifft auch auf Besprechungen zur technischen Überprüfung zu, obwohl diese Besprechungen ihre eigenen Regeln haben. Der Grund dafür wird sichtbar, wenn Sie jemals an einer Besprechung wie der folgenden teilgenommen haben.

20.1 Ein Beispiel

(Jack, Zara, Martha, Sid, Ned und Retha treffen um 8.30 Uhr im Konferenzraum 1470B ein. Auf dem Tisch stehen ein Kanne mit Kaffee und eine mit heißem Wasser und ein Tablett mit Kuchen. Die Stimmung ist gut, und alle stürzen sich auf den Kuchen. Um 9.00 Uhr kommt Jack durch die Tür, nimmt sich einige Filzstifte und schreibt die Agenda an die Tafel: Walkthrough Agenda: Was stimmt nicht mit Zaras "Bitte-Nicht-Stören"-Anforderungen?)

Jack: Gut, wir wollen mal sehen, was Zara falsch gemacht hat. Laßt uns darauf konzentrieren.

Zara: Bekomme ich nicht zu hören, was ich richtig gemacht habe?

---

[24] Dieses Kapitel ist eine kurze Zusammenfassung über die technische Rückschau im Hinblick auf einen erfolgreichen Anforderungsprozeß. Umfassende Informationen geben Daniel P. Freedman und Gerald M. Weinberg in *Handbook of Walkthroughs, Inspections, and Technical Reviews*, 3. Ausgabe (Chicago: Scott, Foresman and Co., 1983).

Jack: Natürlich, vielleicht am Ende, wenn wir noch etwas Zeit haben. Ich meine, wir wissen alle, daß Du hervorragende Arbeit geleistet hast, aber Du hast auch eine Menge Fehler begangen.

Zara: Danke.

Martha: Ich persönlich hätte überhaupt kein Schild entworfen, weil Schilder meistens verloren gehen. Ich glaube, es wäre besser gewesen, das Schild in die Tür zu integrieren.

Sid: Schwer genug.

Jack: Was redest Du?

Sid: Verloren.

Martha: Ich glaube, er meint, wenn das Schild schwer genug wäre, würde es nicht so leicht verloren gehen oder zufällig mitgenommen werden.

Retha: Behinderte hätten Schwierigkeiten damit. Zaras Anforderungen sagen nichts über Behinderte aus, aber das ist wesentlich.

Ned: Behinderten wird vom Hotelpersonal mehr Beachtung geschenkt und sie werden deshalb nicht gestört. Außerdem, selbst wenn das "Bitte nicht stören" Schild an der Tür hinge, wenn Ihr einen Epileptiker zwei Tage nicht gesehen hättet, würdet Ihr nicht nachprüfen wollen, ob alles in Ordnung ist?

Retha: Ein eingebautes Schild könnte eine spezielle Zeitbegrenzung haben, nach der es nicht mehr gültig wäre. Zara, Deine Anforderungen sagen nichts über die Zeit aus.

Zara: Ich habe versucht, die Kosten so niedrig wie möglich zu halten.

Sid: Parkkarten.

Jack: Was soll das bedeuten?

Martha: Ich glaube, er meint, das Schild sollte eine kleine eingebaute Uhr besitzen, mit der die Zeit eingestellt werden kann.

Retha: Das ist ziemlich teuer und sie werden gestohlen.

(Retha steht auf und fängt an zu schreiben).

Jack: Was tust Du da, Retha? Ich denke wir haben vereinbart, daß ich Zaras Fehler notiere.

Ned: Du hast bisher nichts geschrieben.

Jack: In Ordnung, ich schreibe.

(Jack nimmt sich den Stift und fängt an zu schreiben. Retha setzt sich wieder und beginnt Zaras Anforderungsdokument zu lesen).

Sid: Sprache.

Jack: Kannst Du damit warten, bis ich fertig bin?

Ned: Was schreibst Du eigentlich?

Jack: Ich kopiere meine Liste mit Zaras Fehlern. Danach kannst Du Deine hinzufügen.

Ned: Warum gibst Du den anderen nicht auch eine Chance? Ich habe auch eine lange Liste. Ich schwöre Zara, Dein Dokument ist die wohl lächerlichste Entschuldigung für eine Anforderung, die ich in den letzten dreißig Jahren erlebt habe. Nimm's nicht persönlich.

Zara: Es hört sich aber ziemlich persönlich an.

Ned: Sei nicht dumm. Du solltest Dich nicht so engagieren.

Martha: Hör' endlich auf.

Ned: Du mußt Zara nicht verteidigen, sie ist alt genug.

(Zara schüttet ihren Kaffee über Neds Schoß und verläßt schnaubend den Raum)

Jack: Ich glaube, wir sind fertig. Zara wird schnell darüber hinwegkommen. Sie war schon immer etwas schwierig, wenn ihre Arbeit kritisch beurteilt wurde, aber ich glaube, es hat sich gelohnt. Wir haben nun diese lange Fehlerliste, die wir an unser Management weiterleiten können. Retha, könntest Du sie abschreiben?

Leser: Achten Sie beim Lesen der folgenden Erklärungen auf die Verletzungen der Regeln, die Sie in diesem "Walkthrough" über Zaras Produkt finden, der zu einem "Walkthrough" über Zara wurde.

20.2 Die Rolle von technischen Überprüfungen

Die technische Überprüfung ist ein Testwerkzeug, ein Werkzeug, um den Fortschritt bei der Arbeit an Anforderungen zu messen. Technische Überprüfungen haben unterschiedliche

Namen, aber alle spielen die gleiche Rolle im Anforderungsprozeß, wie in Abbildung 20-1 zu sehen ist.

20.2.1 Die formelle und informelle Rückschau

Zur Leitung des Anforderungsprozesses benötigen Manager und Produzenten zuverlässige Rückmeldungen. Das ist der Grund, warum wir jedes Anforderungsdokument von Personen überprüfen lassen, *die nicht am Prozeß beteiligt waren*. Diese Vorgehensweise ist auch als *formelle* technische Rückschau bekannt. Bei einer *informellen* Rückschau überprüfen die Teilnehmer selbst kritisch ihr Dokument.

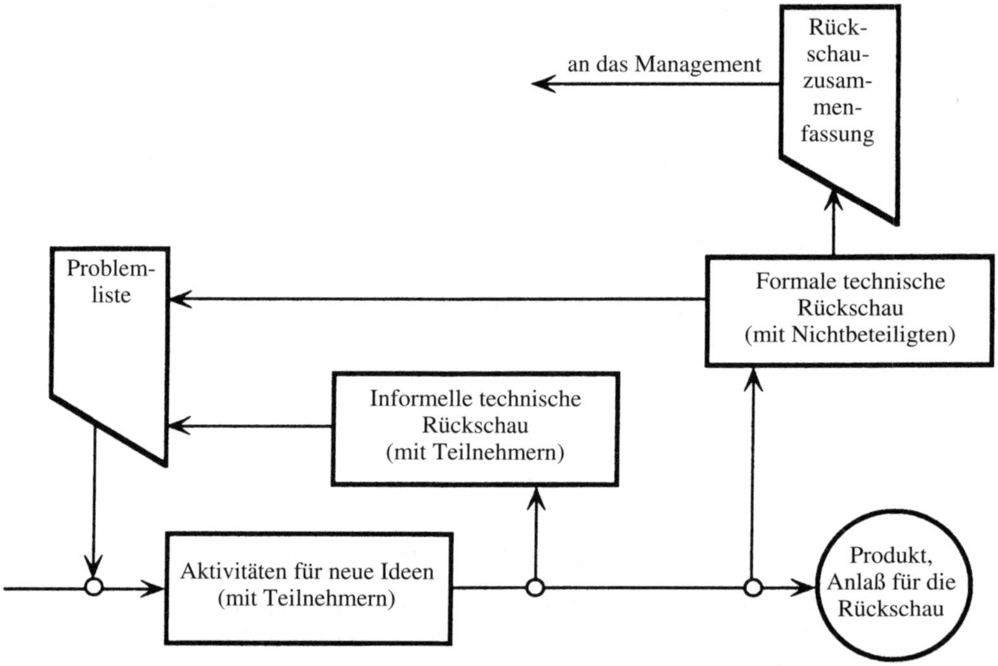

Abbildung 20-1. Die technische Rückschau dient mindestens zwei Funktionen: Rückmeldungen von Problemen an den Produzenten zur Verbesserung des Produktes und Rückmeldungen an das Management als Statusbericht über den Fortschritt des Projektes.

Die Begriffe "formell" und "informell" haben nichts damit zu tun, wie wir die Besprechungen leiten, sondern sie dienen nur zur Bestimmung der Adressaten für die Ergebnisse. Resultate informeller Überprüfungen gehen nur an die Teilnehmer selbst. Informationen aus formellen Überprüfungen werden an Kunden, Projektleiter und alle die weitergeleitet, die zuverlässige Daten über den Fortschritt der Arbeit kennen müssen. Die Form der Besprechung kann ungeachtet der verschiedenen Besprechungstypen durchaus identisch sein. Tatsächlich könnte eine "informelle" Rückschau formeller durchgeführt werden, als eine "formelle".

Der andere Unterschied zwischen den beiden Formen der Rückschau ist die Objektivität der Beteiligten. Die informelle Rückschau ist sehr gut dazu geeignet, Probleme im Dokument zu erkennen. Sie ist aber nicht die zuverlässigste Quelle dafür, weil die Teilnehmer ungern ihre eigenen Fehler zugeben. In ihrer kurzen Besprechung über das "Bitte-nicht-stören"-Projekt haben es Jack und seine Kollegen fertiggebracht, mehr als ein Dutzend Fehler zu begehen, und sie waren sich noch nicht einmal im klaren darüber.

20.2.2 Die technische Rückschau im Gegensatz zur Projektrückschau

Abbildung 20-2 illustriert den Unterschied zwischen einer technischen Rückschau und einer Projektrückschau, die auch manchmal Managementrückschau genannt wird. An der technischen Rückschau nehmen nur Experten teil und es wird ausschließlich über technische Probleme gesprochen.

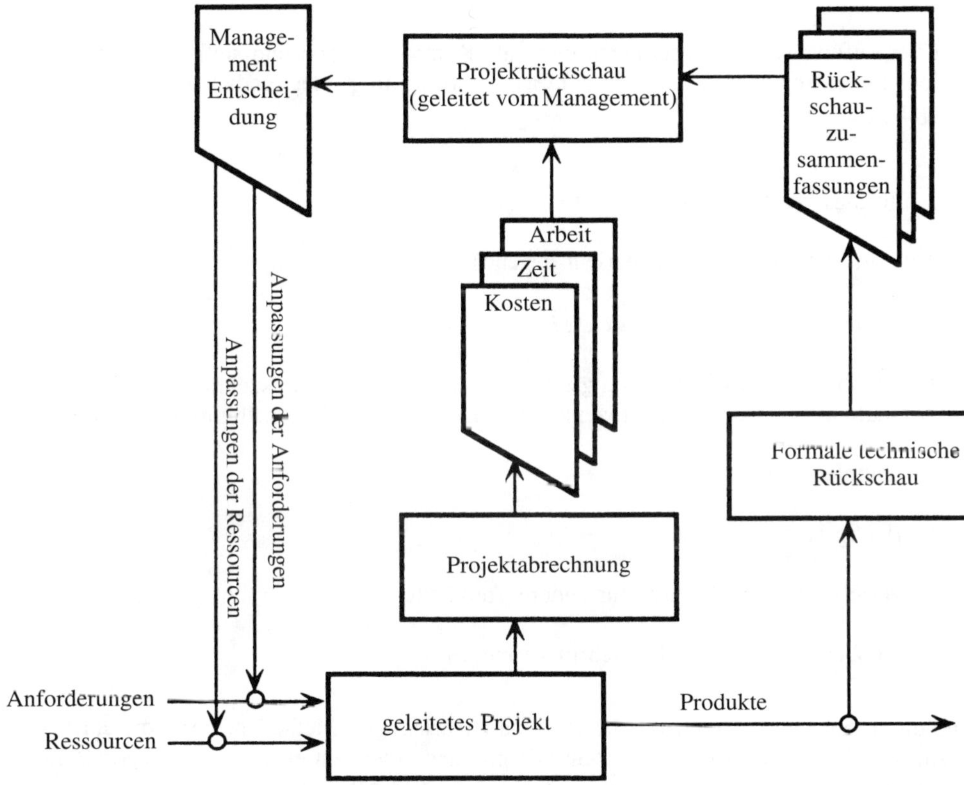

Abbildung 20-2. Die technische Rückschau stellt Informationen für die Projektrückschau zur Verfügung. Es werden hierbei auch nichttechnische Information, wie der Verbrauch von Materialien, berücksichtigt. Die Ergebnisse einer technischen Rückschau sagen noch nichts über Managementprobleme aus. Das Resultat aus einer Projektrückschau kann dagegen zu einer Anpassung der Anforderung an die Werkstoffe führen oder umgekehrt.

Bei der Überprüfung eines Anforderungsdokumentes nehmen Kunden oder deren Repräsentanten teil - diejenigen, für die das Produkt geschaffen wird. Ihre Aufgabe ist es, Informationen über die Qualität des Dokumentes bereitzustellen. Diese Informationen sind für den Produzenten bestimmt, um Korrekturen vornehmen zu können.

Eine Zusammenfassung dieser Informationen aus der technischen Rückschau wird auch für die Projektrückschau zur Verfügung gestellt. Das Management benötigt diese Informationen, zusammen mit den Informationen über Kosten, Zeitpläne und Ressourcen für ihren Entscheidungsprozeß. Die Konsequenzen aus einer fehlenden Kontrolle der Qualität von Anforderungen sind hinlänglich bekannt - Verspätungen, höhere Kosten, nicht eingehaltene Anforderungen, unzureichende Leistungen und störanfällige Produkte führen zu Nachbesserungen, die nie enden wollen. Nur mit der richtigen Kombination von technischen Überprüfungen und Projektrückblicken können solche Auswirkungen verhindert werden.

20.3 Rückschauberichte

Die Überprüfung von Anforderungen dient als Kontrollfunktion und stellt Information für Kunden, Benutzer und Management zur Beantwortung folgender fundamentalen Frage zur Verfügung:

Erfüllt diese Anforderung unsere Erwartungen?

Die Antwort wird im Rückschaubericht gegeben.

20.3.1 Notwendigkeit für Rückschauberichte

Sobald ein Abschnitt des Anforderungsdokumentes überprüft und akzeptiert wurde, wird er Teil des laufenden Anforderungsprozesses. Das Dokument muß deshalb mit geringem Risiko

1. komplett sein,
2. richtig sein,
3. verläßlich sein, als Basis für andere Tätigkeiten,
4. meßbar sein, um den Fortschritt zu messen.

Ohne die technische Rückschau gäbe es keine zuverlässigen Methoden, den Fortschritt bei der Anforderungsarbeit zu messen. *Zuweilen* gibt der Produzent einen zuverlässigen Bericht ab, der aber *nicht immer* zuverlässig genug ist. Egal wie gut ihre Absichten sind, Hersteller sind einfach nicht in der Lage, zuverlässige Berichte über ihre eigenen Produkte abzugeben.

Für kleine, einfache Projekte und mit kompetenten Herstellern gäbe es vielleicht eine kleine Erfolgschance. Sobald das Projekt aber größer und komplexer wird, ist das Arbeiten ohne die Methoden der Rückschau, wie das Erforschen des Urwaldes ohne Kompaß. Die Chance, daß ein selbsterstellter Bericht zu optimistisch gefärbt ist, wird dann zur Gewißheit. Wenn dann noch angenommen wird, daß die falschen Anforderungen richtig sind, wird das restliche Projekt nicht mehr aus dem Urwald herausfinden.

Die Berichte aus einer formellen Rückschau dienen dem Management als Kompaß. Durch kompetente und unvoreingenommene Personen wird bestätigt, daß ein Abschnitt der Anforderungen komplett, richtig und zuverlässig ist. Der Bericht selbst garantiert natürlich noch nicht den Erfolg eines Projektes, sowie auch ein Kompaß noch keine Garantie dafür abgibt, sich nicht im Urwald zu verirren.

20.3.2 Erstellen einer Problemliste

Im Laufe einer Rückschaubesprechung werden Probleme im Anforderungsdokument festgestellt und in einer *Problemliste* festgehalten. Diese Liste ist sehr wichtig, weil sie dem Hersteller mitteilt, warum seine Arbeit nicht vollständig akzeptabel ist, idealerweise detailliert genug und mit dem notwendigen Takt. Abbildung 20-3 ist ein gutes Beispiel für eine Problemliste aus einer Anforderungsüberprüfung.

```
Problemliste von der Rückschau RQ 17.32.3-1 vom 27. Oktober

1.  Standards. Die Bedeutung von „Benutzer-Interface
Standards" scheint nicht mit der allgemeinen Verwendung
dieses Begriffs während des Projektverlaufs übereinzustimmen.

2.  Falsche Referenzen. Die Referenznummern zu anderen
Dokumenten sind offensichtlich falsch. Eine Liste mit
möglichen Korrekturen wird beigefügt.

3.  Unvollständige Erklärungen. Einige Teilnehmer hatten den
Eindruck, daß die Erklärung über das Fallenlassen von
Alternative C nicht ausreichend war. Es gäbe keine Anzeichen
dafür, wie sich die Entscheidung auswirken könnte, falls sich
die Kosten für externe Lieferanten mit der Zeit verändern
würden.

4.  Fehlende Diagramme. Drei Diagramme wurden nur in Form von
Datenflußdiagrammen abgegeben, obwohl zusätzliche Warnier-Orr
Diagramme als Standard definiert sind. Die übrigen sechs
Diagramme wurden vollständig abgeliefert, allerdings mit
kleineren Fehlern (siehe beigefügte Kopien).

  L W
______________________   Lynn Wabash, Rückschauleiter

  M. C.
______________________   Merle Chaumiere, Protokollführer
```

Abbildung 20-3. Ein Beispiel für eine Problemliste. Sie kann formlos sein, aber es muß darauf geachtet werden, daß die Probleme genau verstanden und aufgeschrieben werden.

Die Problemliste dient in erster Linie als Kommunikationswerkzeug zwischen technischen Experten. Sie muß deshalb auch nicht für Nicht-Experten übersetzt werden und muß auch nicht gut aufgemacht sein, solange sie klar und verständlich ist.

Der Überprüfungsprozeß wird häufig mit dem Versuch untergraben, die Problemliste in eine Lösungsliste umzuwandeln. Die Arbeit des Überprüfungskomitees sollte sich in der Feststellung von Fehlern beschränken. Andere haben dafür zu sorgen, daß die Fehler behoben werden. Ein Überprüfungskomitee kann Probleme nicht besser lösen, als die Produzierenden sie definieren können.
Das gleichzeitige Produzieren und Reduzieren von Ideen führt sicherlich nicht zu einer zielgerichteten Besprechung.

20.3.3 Der Abschlußbericht

Ein Abschlußbericht sollte grundsätzlich nach einer formellen Rückschau zusammengestellt werden. Dieser Bericht, der für das Management und vielleicht den Kunden bestimmt ist, beschreibt die Bewertung des Komitees, die von der Gewichtung der einzelnen Punkte in der Problemliste abgeleitet wird. Für ein effektives Projektmanagement muß der Abschlußbericht drei Punkte beinhalten (siehe Abbildung 20-4):

1. Was wurde überprüft?

2. Wer nahm an der Überprüfung teil?

3. Wie lautet die Schlußfolgerung?

Eine informelle Rückschau benötigt keinen Abschlußbericht, obwohl es immer wieder vorkommt, daß auch hier eine Bewertung der bisherigen Arbeit vorgenommen wird, ob sie akzeptabel oder inakzeptabel ist, aus welchem Grund und bis zu welchem Grad. Diese Bewertung ist notwendig, weil niemand allein durch das Zählen der Probleme in der Problemliste herausfinden kann, wie schwerwiegend die Probleme sind.

20.4 Prinzipielle Arten von Überprüfungen

Es gibt viele Möglichkeiten von Überprüfungen, in unterschiedlichen Formen und für verschiedene Zwecke. In diesem Abschnitt beschreiben wir einige Variationen.

20.4.1 Die Vanille-Rückschau

Eine Anforderungsrückschau kann ohne spezielle Besprechungsregeln, die im voraus festgelegt werden, durchgeführt werden, und zwar durch das Anpassen der Besprechung an den Bedarf, wie das Hinzufügen von verschiedenen Zutaten zum Vanilleeis. Diese Art von Vanille-Rückschau kann wegen seiner hohen Anpassungsfähigkeit sehr effektiv sein, sie erfordert aber einen erfahreneren Moderator als für strukturierte Besprechungen.

Mit der Zeit wird sich die Projektkultur weiterentwickeln und erfahrene Moderatoren hervorbringen. Unglücklicherweise kommen solche Entwicklungen normalerweise zu spät, um im Anforderungsprozeß eine Hilfe zu sein. Deshalb ist es eine gute Idee, die Überprüfungen rechtzeitig zu planen und erfahrene Moderatoren zur Seite zu haben.

20.4.2 Inspektionen

In vielen, der sehr gut bekannten Rückschautechniken wird versucht, eine große Fülle an Material zu überprüfen. Zum Beispiel versucht man mit "Inspektionen" eine Effizienz durch sehr präzise gestellte Fragen zu erreichen. In einigen Fällen wird eine Fehlercheckliste durchgearbeitet[25]. Die Gefahr einer solchen Vorgehensweise ergibt sich daraus, daß es Fehler geben kann, die nicht auf der Liste erscheinen. Deswegen entwickeln effektive Inspektionssysteme Methoden zur Erweiterung, basierend auf der wachsenden Erfahrung.

20.4.3 Walkthroughs

Ein anderer Weg um mehr Material zu überprüfen sind Walkthroughs durch jemanden, der sich gut mit der Materie auskennt. Mit dieser Methode kann viel Detailinformation übersprungen werden. Das kann von Vorteil sein, wenn man das Gesamtkonzept überprüfen will, aber von Nachteil, wenn Fehler im Detail gefunden werden sollen.

In einigen Fällen kommt der Walkthrough einer Vorlesung über das Produkt gleich. Die Notwendigkeit, eine große Anzahl von Personen zu trainieren, kann zu einer Änderung dieser Methode führen. Aber stellen Sie wie immer vor der Besprechung klar, ob es sich hier um ein Training oder um das Reduzieren von Ideen handelt.

20.4.4 Die Round-Robin-Rückschau

Beim Walkthrough wird der Prozeß vom Produkt getrieben, das überprüft werden soll. In einer Inspektion bestimmen die zu inspizierenden Punkte auf der Liste die Reihenfolge. In einer Vanille-Rückschau hängt die Sequenz vom Verlauf der Besprechung ab. Im Kontrast dazu liegt der Schwerpunkt bei der Round-Robin-Rückschau auf der zyklischen Teilung. Jeder Teilnehmer übernimmt einen gleichen oder ähnlichen Anteil an der Überprüfung.

Eine Round-Robin-Rückschau eignet sich besonders dann, wenn die Teilnehmer annähernd den gleichen Kenntnisstand haben - ein Niveau, daß so hoch wie möglich sein kann, aber nicht unbedingt so hoch sein muß. Das könnte der Fall sein, wenn eine große Anzahl von verschiedenen Benutzern die Anforderungen überprüfen, jeder aus einer unterschiedlichen Perspektive. Die Round-Robin-Rückschau stellt sicher, daß niemand sich aufgrund fehlender Kompetenz zurückzieht. Zur gleichen Zeit bekommen sie eine detaillierte Sichtweise der Anforderungen.

20.5 Real im Gegensatz zu ideal

Wenn Sie derartige Besprechungen beobachten, werden Sie keine finden, in der alle speziellen "Regeln" eingehalten werden. Weil jede Art von Rückschau ihre eigenen Vor- und Nachteile hat, wird es in der Praxis eine Mischung aus verschiedenen Arten geben. Lassen Sie uns den Walkthrough als Beispiel nehmen um zu illustrieren, warum die Realität immer vom Ideal abweicht.

---

[25] Für mehr Informationen über Black Boxes, siehe Gerald M. Weinbergs *Rethinking Systems Analysis & Design* (New York: Dorset House Publishing, 1988).

Abschlußbericht über eine technische Rückschau

Rückschau Nummer ______________ **Anfang** ______________
Datum ______________ **Ende** ______________
Anforderungs-Identifikation ______________
Erstellt von ______________
kurze Beschreibung ______________

____

Verwendetes Material – *(hier ankreuzen ❒ wenn zusätzliche Liste)*

Identifikation	**Beschreibung**

Teilnehmer	**Unterschrift**
1.	
2.	
3.	
4.	
5.	
6.	
7.	

Beurteilung:

Akzeptiert
(keine weitere Rückschau)
❒ *wie vorgelegt*
❒ *mit wenigen Veränderungen*

Nicht akzeptiert
(erneute Rückschau erforderlich)
❒ *größere Veränderungen notwendig*
❒ *Neuerstellung erforderlich*
❒ *Rückschau nicht beendet (Erklärung)*

Zusätzliches Material
❒ *Fehlerliste*
❒ *Liste mit Randproblemen*
❒ *Anderes*

Beschreibung/Identifikation
____
____
____

Abbildung 20-4. Ein Beispiel für einen Abschlußbericht. Das Format sollte nicht mehr als eine Seite beanspruchen, mit der Möglichkeit, Seiten für spezielle Informationen hinzuzufügen, um den Status mit einem Blick zu übersehen.

Durch gute Vorbereitungsarbeit kann mit hoher Geschwindigkeit sehr viel Material überprüft werden. Weil Teilnehmer von Walkthroughs passiver sein dürfen, können viele von ihnen an der Besprechung teilnehmen und sich mit dem Material vertraut machen. Wenn die Teilnehmer aufmerksam sind und eine große Bandbreite an Wissen verkörpern, können sie eine hohe statistische Sicherheit geben, daß kein wichtiger Aspekt übersehen wird.

Der Walkthrough stellt keine besonderen Ansprüche hinsichtlich der Vorbereitung an die Teilnehmer. Für viele Überprüfungen wird eine große Anzahl an Personen notwendig, um die verschiedensten Sichtweisen deutlich zu machen. Diese Benutzer können aus verschiedenen Organisationen kommen. In einer solchen Situation kann es unmöglich werden, jeden in gleicherweise für die Rückschau vorzubereiten. Dann stellt der Walkthrough die einzige Möglichkeit dar, allen Anwesenden die Chance zu geben, einen Blick in die Anforderungen zu werfen.

Soviel zu den Vorteilen von Walkthroughs. Wie bei allen anderen Methoden auch, werden die Probleme auf einmal sichtbar. Vorbereitungen sind nicht notwendig, so kann jeder ein unterschiedliches Verständnis haben. Jene, die mit der Arbeit befaßt sind, könnten sich langweilen und unaufmerksam werden. Andere, die mit den Anforderungen zum ersten Mal konfrontiert werden, könnten vielleicht nicht ganz folgen. In jedem Fall wird die Möglichkeit kritische Probleme anzusprechen, ziemlich erschwert.

Um ihre Aufmerksamkeit zurückzugewinnen, sollte der Leiter der Rückschau die Teilnehmer in Intervallen nach deren Meinung fragen, so bekommen wir ein Round-Robin-Element in unsere Besprechung. Um mit dem kompletten Material schrittzuhalten, könnten Einzelpersonen ihre eigenen Checklisten mitbringen. Dies würde ein Element aus den Inspektionen integrieren. Anstatt solche Abweichungen zu unterdrücken, nutzen Sie unterschiedlichen Methoden, um ihre Rückschauwerkzeuge zu schärfen.

20.6 Hilfreiche Hinweise

- Alles, was wir in den vorhergehenden Kapiteln über Besprechungen als Werkzeuge gesagt haben, findet auch auf die Überprüfungen von Anforderungen Anwendung. Zum Beispiel sollte bei der Überprüfung von Anforderungen ein Bericht über verwandte Probleme erstellt werden, um Abschweifungen zu verhindern.

- Die Berichte von technischen Überprüfungen können, wenn sie gemeinsam analysiert werden, einen historischen Überblick über den Projektverlauf geben. Sie können bestimmte Muster bei Problemen aufzeigen und dem Management Hinweise dafür geben, welche Werkzeuge benutzt, wie die Werkzeuge verwendet und wie die Teilnehmer trainiert werden sollen. Für die Analyse benötigen Sie alle Abschlußberichte und Problemlisten. Stellen Sie sicher, daß sie gut vergleichbar sind. Passen Sie aber auf, daß die Formatanforderungen für die Analyse von Daten nicht wie eine tote Hand über dem Prozeß liegen.

- Niemand läßt sich gerne kritisieren und es wäre zu einfach, wenn wir annehmen würden, nur das Produkt und nicht wir selbst würden kritisiert werden. Eine Anzahl von vereinbarten Regeln, sowie einige talentierte Moderatoren und erfahrene Teilnehmer helfen, um darüber hinwegzukommen. Wenn sich jemand scheut, sein Produkt überprüfen zu lassen, ist das ein sicherer Indikator dafür, daß die Zeit gekommen ist, die Regeln, die Moderatoren, aber auch die Teilnehmer näher zu überprüfen.

20.7 Zusammenfassung

Warum?
Die Rückschau von Anforderungen ist ein notwendiges Werkzeug, weil niemand in der Lage ist, fehlerfreie Anforderungen auf einer konstanten Basis zu erstellen. Die Hersteller von Produkten können die eigenen Fehler am wenigsten erkennen.

Wann?
Führen Sie eine Rückschau Ihrer Anforderungen immer dann durch, wenn Sie sicherstellen müssen, daß Ihr Anforderungsdokument seinen Zweck erfüllen soll.

Wie?

1. Es gibt viele Rückschaumethoden aus denen Sie auswählen können. Probieren Sie alle aus und passen Sie sie Ihren Bedürfnissen an.

2. Planen Sie genug Zeit zum Lernen ein und seien Sie geduldig.

3. Entwickeln Sie ein Rückmeldesystem, mit dem Sie das, was Sie bei den ersten Überprüfungen lernen, später wiederverwenden können. Der leichteste Weg, um dorthin zu gelangen, ist der Aufbau einer Gruppe von Moderatoren.

Wer?

Wählen Sie Ihre Moderatoren nach deren Kenntnissen über die zwischenmenschlichen Beziehungen und deren Wissen bezüglich der verschiedenen Rückschaumethoden aus.

Selektieren Sie die Teilnehmer nach deren Fähigkeiten aus, Probleme zu erkennen und mit sich selbst umzugehen. Kunden und Benutzer sind die ersten Kandidaten für die Teilnahme, aber Sie benötigen genügend Erfahrung und Takt für die Entscheidung, wen Sie letztlich einladen wollen. Dies trifft speziell auf bestimmte Kombinationen von Benutzern zu und Sie sollten lieber separate Überprüfungen durchführen, um die Besprechungen nicht zu Schlachtfeldern für politische Auseinandersetzungen werden zu lassen.

21

Zufriedenheit messen

Ungefähr neunzig Prozent aller Produktentwicklungen scheitern. Bei annähernd dreißig Prozent gibt es überhaupt kein Produkt als Resultat. In den meisten Fällen jedoch wird das Produkt nicht akzeptiert. Es wird nicht verwendet oder nur endlos lange darüber geklagt.

21.1 Testen der Kundenzufriedenheit

Der einfachste Weg, um Unzufriedenheit zu vermeiden, ist das Messen von Kundenzufriedenheit über den gesamten Designprozeß hinweg. Designer können auch Benutzer sein, deshalb kann ein Zufriedenheitstest unter Designern genauso sinnvoll sein wie unter Kunden.

21.1.1 Testeigenschaften

Für den Test, den wir verwenden, wurden wir von Osgood, et al.[26] inspiriert. Wir haben den Test allerdings modifiziert. So ist Osgood nicht dafür verantwortlich zu machen. Er wurde zum Messen der folgenden Eigenschaften entworfen:

1. Kundenzufriedenheit kann wiederholt gemessen werden. Es können Veränderungen während des Designprozesses erkannt und bewertet werden.

2. Der Designer erhält in periodischen Abständen Anzeichen für Abweichungen im Hinblick auf den momentanen Designansatz. Der Designer kann erhebliche Differenzen zwischen den Beteiligten erkennen. Unterschiede, die ihn vor Mehrdeutigkeiten und politischen Problemen warnen.

3. Der Designer erkennt spezielle Bereiche, in denen Unzufriedenheit herrscht und kann sich entsprechende Gegenmaßnahmen überlegen.

[26] Lesen Sie nach bei Charles E. Osgood, et al., *The Measurement of Meaning* (Urbana, Il.: University of Illinois Press, 1957).

4. Der Designer wird in die Lage versetzt, Unzufriedenheit innerhalb bestimmter Benutzergruppen zu identifizieren.

5. Aufgrund der statistischen Zuverlässigkeit von Umfragen kann das Befragen von großen Benutzergruppen unterbleiben.

6. Weil es für den Benutzer verlockend ist, zum Ende zu gelangen, kann eine hohe Antwortenquote erwartet werden.

7. Der Designer bekommt eine gute Vorstellung davon, wie der abgeschlossene Entwurf bewertet werden kann.

8. Auch wenn die Ergebnisse niemals zusammengefaßt werden, so ist der Test doch hilfreich für die Teilnehmenden. Selbst wenn niemand die Formulare ausfüllt, erhält der Designer durch das Erstellen des Tests nützliche Informationen.

9. Der Test ist einfach, leicht anzuwenden, nicht aufdringlich und lehrreich für diejenigen, die ihn durchführen und für die, die ihn ausfüllen.

21.1.2 Ein Test für jedes Projekt

Der Test hat für jedes Projekt die gleiche Form, aber einen unterschiedlichen Inhalt. Um einen derartigen Test für ein bestimmtes Projekt aufzubauen, fragen wir den Kunden nach einer begrenzten Anzahl von Eigenschaften (sechs bis zehn), nach denen das fertige Produkt bewertet werden soll. Der Kunde könnte sich zum Beispiel für das "Bitte-nicht-stören-Projekt" für die folgenden Eigenschaften entscheiden:

multikulturell
preiswert
leicht zu benutzen
wenige Optionen
sehr zuverlässig
leicht zu warten
leicht zu verstehende Informationen

Aus dieser Auswahl heraus erstellen wir *bipolare Adjektivpaare*. Ein Adjektiv, das eine am meisten bevorzugte Bedingung beschreibt und ein anderes Adjektiv, für die am wenigsten bevorzugte. Sie werden auf einer Siebenpunkteskala dargestellt, mit den am wenigsten bevorzugten auf der linken Seite und den am meisten bevorzugten auf der rechten Seite. In unserem Beispiel sieht der Test wie in Abbildung 21-1 aus. Beachten Sie, daß der große, weiße Bereich mit der Bezeichnung "Kommentare?" oftmals der wichtigste Teil ist.

Wenn der erste Entwurf für Ihr Testformular fertiggestellt ist, fragen Sie Ihren Kunden: "Können Sie ausdrücken, was Sie mögen und was Sie nicht mögen, wenn Sie diesen Test monatlich (oder in anderen Intervallen) ausfüllen?" Sollte die Antwort negativ ausfallen, versuchen Sie zu erfahren, welche Attribute hilfreicher sein könnten, und überarbeiten Sie Ihren Test. Beantwortet der Kunde diese Frage zustimmend, dann weiß der Designer, daß diese sieben Attribute eine kritische Rolle bei der Beurteilung des fertigen Produktes spielen werden. Diese Eigenschaften stehen für den Designer im Vordergrund, wenn sein Entwurf letztlich beurteilt wird.

Wie bewerten Sie das BITTE NICHT STÖREN Projekt?

multikulturell								kulturspezifisch
teuer								preiswert
schwierig zu benutzen								leicht zu benutzen
zu viele Funktionen								genügend Funktionen
unzuverlässig								zuverlässig
schwierig zu warten								leicht zu warten
schwer zu verstehen								leicht zu verstehen

Kommentare?

Name ____________________

Abbildung 21-1. Ein Test zur Ermittlung von Kundenzufriedenheit für das "Bitte-Nicht-Stören-Projekt".

21.2 Wie kann der Test eingesetzt werden?

Dieser Test kann über den gesamten Anforderungsprozeß hinweg eingesetzt werden und auch für den Rest des Projektes.

21.2.1 Vorteile

Wir verwenden den Testentwurf selbst, um die wichtigen und weniger wichtigen Eigenschaften herauszufinden. Dieser Vorteil bleibt uns, selbst wenn der Test niemals zum Einsatz kommt.

Das regelmäßige Ausfüllen der Testformulare bezieht den Kunden in den Prozeß mit ein und das Designteam erhält Informationen darüber, ob ihre Vorstellungen noch deckungsgleich mit den Kundenwünschen sind.

Wir können den Test außerdem als eine Einschränkung für unseren Designprozeß einsetzen. Das Anforderungsdokument könnte fordern, daß alle Attribute einen Durchschnittswert von 5,0 erreichen müssen. Das ist jedoch nicht der prinzipielle Zweck dieses Tests.

Der Wert dieses Tests liegt nicht in den absoluten Zahlen, sondern darin, Veränderungen der Zufriedenheit zu erkennen. Veränderungen und Kommentare sind deshalb die beiden wichtigsten Dinge, auf die Sie bei den Antworten achten müssen, wie weiter unten beschrieben wird.

21.2.2 Verschiebungen und Trends

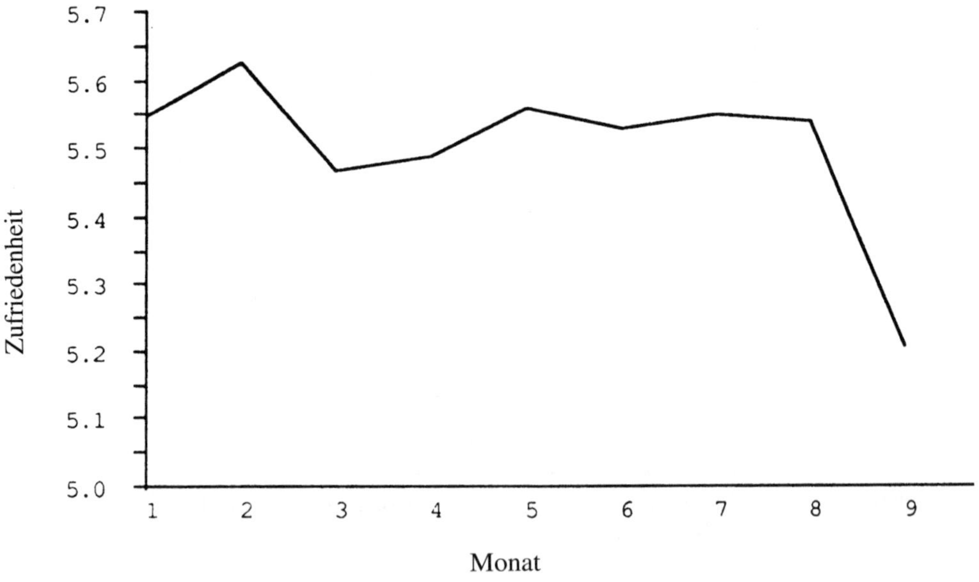

Abbildung 21-2 Die regelmäßigen Umfragen decken Verschiebungen in der Zufriedenheitsskala auf.

Es ist wünschenswert, regelmäßig den durchschnittlichen Zufriedenheitsgrad darzustellen, wie in Abbildung 21-2 gezeigt. Eine Bewegung des Zufriedenheitsgrades nach oben oder unten gibt Ihnen über bestimmte Vorgänge Auskunft. Eine solche Veränderung sollte immer ein Interview nach sich ziehen. Manchmal ist eine Verschiebung nur das Ergebnis einer Depression oder einer gehobenen Stimmung, aber selbst das ist gut zu wissen. Es könnte aber auch ein Zeichen für große Probleme sein, die nicht unentdeckt bleiben dürfen.

Zum Beispiel zeigt Abbildung 21-2, was am Ende der Anforderungsphase für ein CAD/CAM System (Computer Aided Design/Computer Aided Manufacturing) passierte. Die durchschnittliche Bewertung fiel von 5,5 auf 5,2. Wenn man die Anzahl der Befragten in Betracht zieht, handelte es sich hier um eine signifikante Veränderung. Das Absinken der Beurteilung war auf die Unzufriedenheit von drei Ingenieuren zurückzuführen. Bei ihrer Befragung stellte sich heraus, daß bei der Diskussion über Limitationen, eine Funktion, die absolut notwendig für ihre Arbeit war, auf später verschoben werden sollte.

Ihrer Meinung nach verstand der Leiter der Besprechung über Limitationen nicht, warum ihre Arbeit unterschiedlich zu der anderer Ingenieure sein sollte. Er hörte ihnen nicht zu, als sie versuchten, ihm das zu erklären. Ihr spezielles Problem wurde als Anforderung aufgenommen, aber die Untersuchung endete nicht an diesem Punkt. Weitere Nachforschungen ergaben, daß sich dieser Moderator in anderen Besprechungen ähnlich verhalten hatte, aber die Personen, die sich dadurch beeinträchtigt fühlten wurden zufälligerweise nicht befragt. Der betreffende Moderator akzeptierte die Kritik und meldete sich für einen Schulungskurs an.

21.2.3 Interpretieren der Kommentare

Das Zuhören während einer Besprechung ist ähnlich wie das Lesen von Kommentaren aus einer Zufriedenheitsumfrage. Wenn sich jemand die Zeit nimmt, formlos etwas niederzuschreiben, können Sie sicher sein, daß es sich um etwas Wichtiges handelt. Aber häufig sind die wesentlichen Informationen zwischen den Zeilen zu lesen. Versuchen Sie verwirrende Kommentare auf jeden Fall zu klären.

Zum Beispiel reagierte ein Befragter so: "Dieses Formular stinkt!" Bei der persönlichen Befragung erklärte er, daß es ihm schwerfallen würde, heikle Probleme auf Papier zu bringen, und er würde sich wohler fühlen, sie mündlich zu besprechen. "Dieses Formular stinkt!" bedeutet übersetzt "Ich bin mir nicht sicher, wie ich die Wichtigkeit meiner Information formulieren soll. Bitte kommen Sie deswegen auf mich zurück." Das ist häufig der Hintergrund für "bizarre" Kommentare.

21.2.4 Gefühle sind Fakten

Vor einigen Jahren leiteten wir ein Seminar unter dem Titel "Messen und Verbessern von Kundenzufriedenheit". Hunderte von Personen nahmen daran teil, und viele waren begeistert. Wir waren jedoch überrascht, daß etwa dreißig Prozent der Teilnehmer verärgert reagierten, als wir den Test über die Kundenzufriedenheit präsentierten.

In Anbetracht der Tatsache, daß dies ein Fall von Kundenunzufriedenheit mit Kundenzufriedenheit war, entschieden wir uns, unsere eigenen Methoden einzusetzen (Natürlich verwendeten wir unseren Test, um die Zufriedenheit mit unserem Seminar zu messen, sonst wären wir nicht auf dieses Problem aufmerksam geworden. Siehe auch Abbildung 21-3). Es stellte sich heraus, daß die meisten unzufriedenen Teilnehmer das "Messen von Kundenzufriedenheit" mit dem "Messen von Leistungen" gleichgesetzt hatten - nämlich die Untersuchung von automatisch meßbaren Eigenschaften eines Computersystems, wie die Verteilung von Antwortzeiten verschiedener Aktivitäten.

Wie beurteilen Sie das Seminar über KUNDENZUFRIEDENHEIT?

langweilig						✔		interessant
nutzlos					✔			nützlich
unwichtig				✔				wichtig
schwer zu verstehen							✔	leicht zu verstehen
zu langsam	✔							zu schnell
falsch							✔	richtig
nicht informiert					✔			informiert

Kommentare?

Mir gefielen die visuellen Teile, leider gab es nicht genügend davon.
Der Kaffee stand zu lange und Don hatte Dreck an seinen Schuhen.
Jerrys Schuhe waren sauber, aber er sollte lauter sprechen.

Name ____________________

Abbildung 21-3. Zufriedenheitstest zur Beurteilung eines Seminars.

Jemand, der Leistungen zu messen hatte, sagte einmal: "Was hat es schon zu bedeuten, wenn Kunden behaupten, sie wären mit den Antwortzeiten zufrieden! Sie unterschreiben ein Dokument, das aussagt, daß sie in neunzig Prozent aller Fälle mit einer Antwortzeit von weniger als einer Sekunde zufrieden sind und das sagen auch meine Meßergebnisse aus. Sie haben keinen Grund zum Klagen."

Es kann sein, daß sie keinen rationalen Grund zum Klagen haben und auch keinen rechtlichen Grund. Sie sind aber Kunden und ihre Gefühle sind Fakten, genauso wie die Antwortzeit von einer Sekunde ein Faktum ist. Wenn es dann zum Design von neuen Produkten kommt, sind subjektive Reaktionen die wichtigsten Fakten, weil sie uns davor warnen, daß sich unsere Annahmen nicht immer wie geplant erfüllen lassen.

Wenn Sie nicht glauben wollen, daß Gefühle Fakten sind, stellen Sie sich die folgende Frage: Warum riskieren Kunden oftmals rechtliche und finanzielle Konsequenzen, indem sie Verträge für Produkte verletzen, die sie nicht zufriedenstellen? Warum wechseln sie ihre Lieferanten für künftige Produkte?

Im vorliegenden Fall gab ein Benutzer als Antwort auf die Aussage zur Leistungsmessung mit bitterer Miene folgenden Kommentar ab: "Das ist richtig, wir waren damit zufrieden, daß die Antwortzeiten zu neunzig Prozent unter einer Sekunde liegen würden. Wir nahmen aber an, daß die Antwortzeiten für die restlichen zehn Prozent sich wie bei unserem alten System verhalten würden - auf jeden Fall unter dreißig Sekunden. Mit unserem neuen System müssen wir von Zeit zu Zeit aber zehn Minuten warten."

"Das ist nicht wahr," wurde er unterbrochen. "Wir haben niemals Antwortzeiten von zehn Minuten gemessen."

"Weil wir keine Anzeichen dafür bekommen haben, ob so etwas geschehen könnte, haben wir das nie gemessen. Es kann sein, daß es keine zehn Minuten sind, aber es scheint so. Was immer es auch ist, wir sind nicht zufrieden und wenn Sie das nicht beheben können, werden wir wieder unser altes System einsetzen."

"Das ist nicht mein Fehler. Ich habe mich nur an die Anforderungen gehalten."

"Es ist Ihr Fehler. Sie haben uns nicht dabei geholfen, die Anforderungen genau zu bestimmen", unterbrach er und wandte sich von ihm ab.

Achten Sie darauf, daß Sie Antworten nicht nur als "Gefühle" abtun. Oftmals sind Gefühle der Grund, daß nach neuen Produkten gefragt wird.

21.3 Andere Verwendungen für den Test

Der Kundenzufriedenheitstest hat viele andere Vorteile, unabhängig von dem Vorteil, Kundenzufriedenheit messen zu können.

21.3.1 Ein Kommunikationsmittel

Der Test ist gut als Kommunikationsmittel geeignet. Wie alle guten Kommunikationsmittel sagt er, was er meint und meint, was er sagt.

Über die durchschnittlichen Antworten können Abweichungen in der Zufriedenheit gemessen werden. Es ist aber auch wichtig, einzelne Antworten als Informationsquelle berücksichtigen zu können. Abbildung 21-4 stellt den höchsten und niedrigsten Zufriedenheitsgrad dar. Mit der Zeit erhält man so einen Fundus aller möglichen Antworten. Es wäre einfach, die Extremwerte zu ignorieren und sich nur auf den Mittelwert zu verlassen, aber die maximalen Informationen erhalten Sie aus den extremen Antworten.

Sie können auch die maximalen Veränderungen dafür verwenden, an die wertvollsten Informationen heranzukommen. Wenn ein Benutzer zum Beispiel das Attribut "leicht zu benutzen" nicht mehr mit 6, sondern mit 3 bewertet, bedeutet dies, er glaubt nicht mehr, daß das Produkt leicht zu benutzen ist. Wenn ein anderer Benutzer die Bewertung der Zuverlässigkeit von 0 auf 6 verändert, bedeutet dies, daß seine Zweifel zerstreut werden konnten. Versuchen Sie in jedem Fall die Gründe für eine solche Veränderung zu erfahren.

21.3.2 Verwendung über den gesamten Projektverlauf hinweg

Ein anderer Vorteil dieses Tests besteht darin, daß er immer wieder unverändert benutzt werden kann, auch wenn das Produkt schon abgeliefert wurde. Es könnte dann gemessen werden, wie schnell die Leute lernen, mit dem Produkt umzugehen und wie gut es gewartet werden kann. Er kann auch als Start für ein neues Projekt eingesetzt werden.

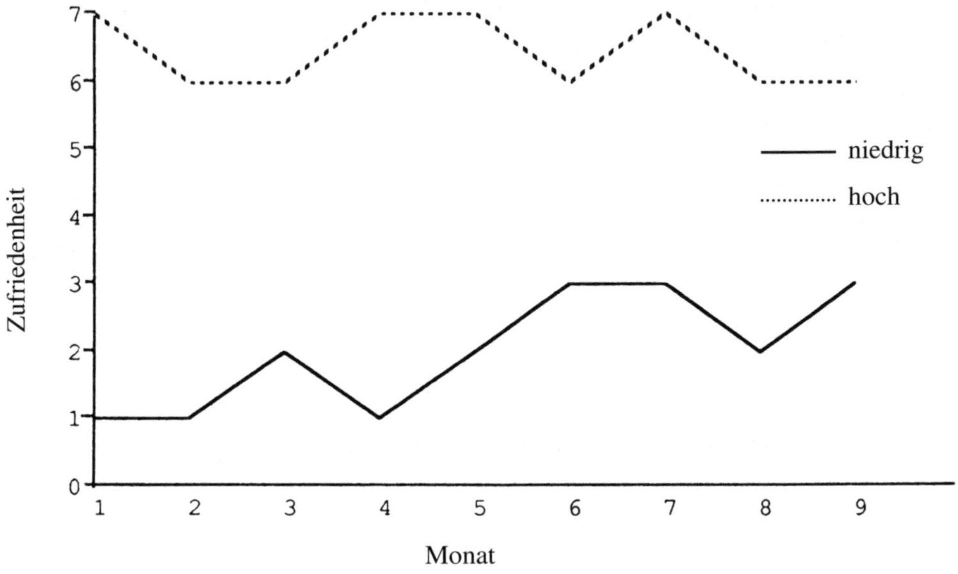

Abbildung 21-4. Die höchsten und die niedrigsten Werte zeigen uns, von wo uns die besten Informationen zufließen.

21.3.3. Verwendung durch den Designer

Der Kundenzufriedenheitstest bringt dem Designer noch einen zusätzlichen Vorteil: Er gibt ihm Auskunft darüber, wie seine Leistung gemessen wird. Ohne eine derartige Möglichkeit konzentriert sich der Designer nur auf seine eigene Auslegung der gewünschten Lösung. Weil Millionen von Annahmen möglich sind, würde das Endprodukt ohne Zweifel eine gewisse Konsistenz mit den Kundenanforderungen vermissen lassen.

Während der Designphase kann der Test auch zur Messung der Zufriedenheit des Designer-Teams dienen. Wird der Test während der Dauer eines größeren Projekts regelmäßig durchgeführt, kann er die Konvergenz innerhalb des Designer-Teams bezüglich des Designproblems messen. Festgestellte Divergenzen sind gute Anzeichen für bestehende Mißverständnisse und ein guter Grund dafür, sie aus dem Weg zu räumen.

21.4 Andere Tests

Es gibt natürlich eine Reihe anderer Tests zur Messung von Kundenzufriedenheit. Die Durchführung regelmäßiger Umfragen soll nicht als Entschuldigung dafür herhalten, andere bekannte Methoden außer acht zu lassen. So können Sie zum Beispiel die Gelegenheit dazu benutzen, Ihren Kunden zu fragen: "Was ist ihr augenblicklicher Eindruck vom System?" Der Kunde wird in neunzig Prozent aller Fälle mit "Ganz gut" antworten, aber die übrigen zehn Prozent können zu einer Goldmine von Informationen führen.

21.4.1 Prototypen als Test für Kundenzufriedenheit

Das fertige Produkt selbst eignet sich natürlich am besten dazu, gemessen zu werden. Beobachten Sie, wie es benutzt wird, wie vermieden wird, es zu benutzen, oder wie es modifiziert wird und notieren Sie die Zufriedenheit und die Unzufriedenheit. Aus diesem Grund werden Prototypen hergestellt. Sie können beobachten, wie die Menschen damit umgehen.

Zuweilen realisieren Sie erst später, einen Prototypen zur Verfügung gestellt zu haben. Ein klassischer Fall aus dem Computerbereich war das Design und die Einführung des ersten FORTRAN Compilers. Es gibt wahrscheinlich nur noch wenige Leute, die sich daran erinnern, daß die Hälfte der Zeit für den FREQUENCY-Befehl verwendet wurde. Die wenigsten FORTRAN-Programmierer werden davon gehört haben, aber diese Geschichte entspricht tatsächlich der Wahrheit.

Die FREQUENCY-Instruktion wurde notwendig, um nach einem IF-Befehl auf einer IBM 704 zwei arithmetische Register und drei Indexregister effektiv zu nutzen. Zu dieser Zeit war die effektive Nutzung des Programmcodes von übergeordneter Bedeutung für den potentiellen Benutzer. Als FORTRAN aber immer häufiger verwendet wurde, konnte festgestellt werden, daß die größte Unzulänglichkeit nicht im compilierten Programmcode zu finden war, sonder im Compiler selbst. Ein typisches Programm wurde während der Debuggingphase zehn bis zwanzig Mal umgewandelt und nur ein einziges Mal ausgeführt. Häufig war die gesamte Umwandlungszeit um das Hundertfache länger als die eigentliche Laufzeit, und die Benutzer fanden auch schnell den Grund heraus. Die meiste Zeit während des Umwandlungslaufes wurde für die Analyse der FREQUENCY-Instruktion verwendet.

Eine der ersten "Verbesserungen" des ersten FORTRAN Systems war die Einführung eines "Schalters" an der Konsole, der dem Benutzer erlaubte, die Frequency-Optimierung auszuschalten. Während dieser Zeit mußten Sie nur auf die Stellung dieses Schalters achten, um die Zufriedenheit bezüglich der FREQUENCY-Optimierung feststellen zu können.

Hätten die FORTRAN-Entwickler mehr Wert darauf gelegt, einen Prototypen zum Messen von Kundenzufriedenheit einzusetzen, dann hätten sie wahrscheinlich zunächst einen Compiler ohne FREQUENCY-Instruktion gebaut und hätten über die Kundenreaktion feststellen können, ob sich dieses Investment überhaupt lohnt. Im Nachhinein ist das natürlich leicht zu behaupten, aber der Trick besteht darin, beim nächsten Entwicklungsprojekt vorausschauend darauf zu achten.

21.5 Hilfreiche Hinweise

- Erstellen Sie verschiedene Tests für unterschiedliche Kundengruppen. Jeder Test hat seine speziellen Eigenschaften und die unterschiedlichen Gruppen könnten die Testergebnisse anderer als sehr informativ einstufen. Auch der Designer kann seinen Nutzen zur Erkennung von Mehrdeutigkeiten und potentiellen Konflikten daraus ziehen.

- Während der Dauer eines größeren Projektes können Sie ein stetiges Nachlassen an gemessener Kundenzufriedenheit feststellen. Die Beteiligten verlieren das Interesse, weil es nichts Vergleichbares zu der Attraktivität eines neuen Projektes gibt. Deshalb seien Sie nicht allzu besorgt über diese Tatsache. Andererseits müssen Sie sich natürlich überlegen, was Sie tun können, um das Interesse am Projekt wachzuhalten.

- Stellen Sie sicher, daß Sie genügend Personen in Ihre Umfrage miteinbeziehen. Probleme einzelner Teilnehmer erkennen Sie an den Kommentaren oder an stärkeren Abweichungen individueller Beurteilungen.

- Versuchen Sie die Anzahl der Befragten über das gesamte Projekt hinweg konstant zu halten. Personen, die ausscheiden, müssen ersetzt werden, damit die Umfragen vergleichbar bleiben.

- Wenn Sie Probleme mit bizarren Kommentaren haben, dann könnten Sie Ihren Test mit den folgenden Elementen ergänzen: Ich habe noch mehr zu sagen, bitte setzen Sie sich mit mir in Verbindung.

- Um eine statistisch aussagefähige Umfrage auszuarbeiten, holen Sie sich den Rat von erfahrenen Statistikern, aber zunächst sollten Sie sich fragen, ob Ihre Umfrage statistisch relevant sein muß. In den meisten Fällen ist es wichtiger den Informationsprozeß in Gang zu halten. Lassen Sie sich nicht von mathematischen Problemen aufhalten. Ihr Ziel besteht darin, nützliche Informationen zu erhalten und nicht in der Veröffentlichung von Theorien.

- Ken de Lavigne warnt davor, Prototypen "verkaufen zu wollen". Seine Erfahrungen hat er in der Softwareindustrie aber auch in anderen Industrien gesammelt. In der Raumfahrt ist der erste Prototyp so teuer, daß er auch als Produktionsmodell verwendet wird. In Fällen, in denen der Prototyp nicht so teuer ist, wie zum Beispiel beim Design von Möbeln, kann er als Designeroriginal verkauft werden. Vergessen Sie jedoch nicht die Informationsfunktion eines Prototyps.

21.6 Zusammenfassung

Warum?
Die einfachste und zuverlässigste Art Kundenzufriedenheit festzustellen, ist das Messen über den gesamten Designprozeß hinweg. Ohne regelmäßiges Messen kann man die gleiche Reaktion erzeugen, wie bei dem Amerikaner, der in Paris einen *tête de veau* in einem Drei-Sterne-Restaurant bestellte. Als er den Kalbskopf, mit den auf ihn gerichteten Augen, sah, konnte er nur noch sagen "Was ist denn das?" Er hat sein Essen natürlich nicht angerührt.

Wann?
Erstellen Sie den Test so früh wie möglich, und zwar gleich nachdem die Eigenschaften

aufgelistet sind. Führen Sie den Test regelmäßig durch, mit den entsprechenden Abständen, abhängig von der Dauer des Projekts. Für ein Einjahres-Projekt erscheinen monatliche Umfragen angemessen.

Wie?
Folgen Sie diesem Zyklus:

1. Arbeiten Sie einen Test für Ihr eigenes Projekt aus. Verwenden Sie unser Formular oder ein anderes, das besser in Ihre Organisation paßt. Beteiligen Sie Ihre Benutzer daran.

2. Führen Sie den Test, wie vereinbart, regelmäßig durch.

3. Stellen Sie die Kategorien tabellarisch dar und achten Sie auf Veränderungen. Hinterfragen Sie die Gründe für die Veränderungen.

4. Achten Sie besonders auf die Kommentare, vor allen Dingen, wenn durch sie starke Gefühle zum Ausdruck kommen. Vergessen Sie nicht, daß Gefühle auch Fakten sind. Es sind die wichtigsten Fakten über die Personen, für die Sie dieses System in erster Linie entwerfen.

5. Ob Sie nun einen Kundenzufriedenheitstest einsetzen oder nicht, vergessen Sie nicht, Ihre Informationen auch aus anderen Quellen, wie zum Beispiel aus den Reaktionen über Prototypen, zu schöpfen.

Wer?
Alle Benutzer sollten in der Umfrage repräsentiert sein. Ersetzen Sie Personen, die vorzeitig das Projekt verlassen. Setzen Sie den Test auch zur Befragung des Designer-Teams ein. Halten Sie die Ergebnisse aber separat voneinander. Wenn die Messungen stark voneinander abweichen, setzen Sie eine Besprechung mit den Designern an und versuchen Sie, die Ursachen zu klären.

22

Testbeispiele

Das Klassifizieren von Erwartungen ist eine Möglichkeit, Anforderungen zu testen. Der Kundenzufriedenheitstest ist eine andere. Das sollten aber nicht die einzigen Möglichkeiten bleiben, denn basierend auf der Kenntnis unserer Unvollkommenheit benötigen wir so viele Alternativen wie nur möglich. Zur Überraschung vieler gibt es einen sehr effizienten Weg, um Anforderungen zu testen, nämlich mit Testbeispielen, wie wir sie beim Testen von Systemen verwenden.

22.1 Die Black Box Methode

22.1.1 Externes und internes Wissen

In der Systemtheorie wird das Konzept der Black Box angewandt, um in das Innere eines Systems zu schauen, das aus welchen Gründen auch immer nicht überprüft[27] werden kann. Die einzigen Informationen, die wir besitzen, bestehen in dem was hineingeht und in dem was wieder herauskommt, also die Eingaben und die Ausgaben. Durch das Ausprobieren verschiedener Eingaben und die Überprüfung der Resultate (Ausgaben) können wir einiges darüber lernen, was innerhalb der Box vor sich geht, aber nichts über die Umgestaltung selbst. Es könnten sich elektronische Schaltkreise in der Box verbergen, ein Motor oder ein Eichhörnchen im Käfig. Deshalb haben wir es immer noch mit einer Black Box zu tun.

Wir können das Konzept der Black Box auch für unsere Anforderungsdefinition verwenden, weil unsere Lösung zu diesem Zeitpunkt auch einer Black Box gleicht. Was könnte undurchsichtiger sein als eine Black Box, die gar nicht existiert?
Aufgrund unserer Untersuchungen wissen wir schon Verschiedenes über die Box, wie z.B. ihren Namen, die Antworten auf einige kontextfreie Fragen, wer sie benutzen wird und welche Eigenschaften als wichtig eingeschätzt werden. Diese Informationen bezeichnen wir als *externes* Wissen über unsere Lösungsidee und nicht als Kenntnisse über die inneren Vorgänge. Deshalb handelt es sich hier um eine Black Box.

[27] Für mehr Informationen über Black Boxes, siehe Gerald M. Weinbergs *Rethinking Systems Analysis & Design* (New York: Dorset House Publishing, 1988).

Unter Design verstehen wir einen Prozeß zur Umwandlung einer Black Box in eine transparente Box, die uns den Blick auf die Details und das *wie* freigibt. "Wenn wir das tun, muß folgendes passieren." (Abbildung 22-1)

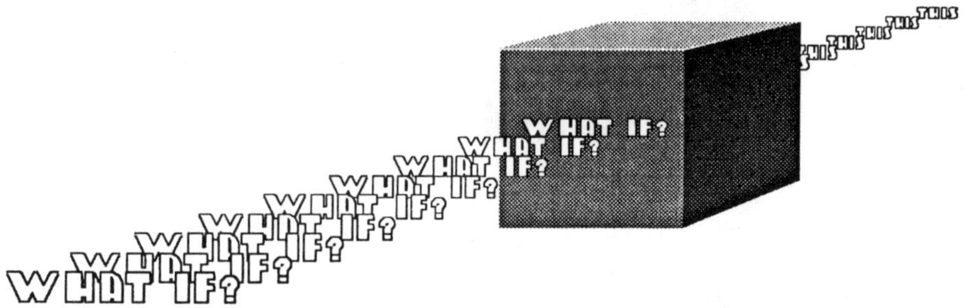

Abbildung 22-1. Die Black Box ist ein imaginär versiegelter Behälter, der das fertige Produkt beinhaltet. Als Eingabe stellen wir die "Was ist, wenn"-Frage und als Ausgabe erhalten wir die "Das wird passieren"-Antwort.

Nehmen wir das Beispiel eines Notars, der ein Testament aufnimmt. Nachdem Sie bestimmt haben, daß Sie Ihr gesamtes Vermögen den Kindern Ihres Neffen vererben wollen, fragt der Notar: "Was wäre, wenn Ihr Neffe keine Kinder bekommen würde?" Sie haben nicht an diese Möglichkeit gedacht und überlegen einen Moment, dann sagen Sie zu Ihrem Notar, daß in diesem Fall das Vermögen an eine bestimmte Klinik gehen soll. Nach einigen weiteren Rückfragen hat der Notar ihre Wünsche verstanden - auch diejenigen, von denen Sie bisher selbst nichts wußten - und so Ihren letzten Willen aufgenommen.

Das Testament entspricht in diesem Fall einem Black Box Test, weil es sich auf Ereignisse in der Zukunft bezieht, die nicht ohne weiteres so eintreten müssen. Das trifft auch auf die Kinder Ihres Neffen zu. Anforderungen sind mit einer solchen zukünftigen Black Box vergleichbar. Um sie zu testen, müssen wir uns vorstellen, was in der Zukunft geschehen *könnte*, auch wenn derartige Fälle vielleicht vorher noch nie aufgetreten sind. Tatsächlich wurde noch kein Produkt gebaut, das diesem genau gleicht. Wir können uns nur an vergleichbare Erfahrungen halten.

22.1.2 Black Box Testbeispiele

Um mehr über die Black Box "Fahrstuhlinformationssystem" zu lernen, konstruieren wir einige Testbeispiele für die Eingabe, so, als ob das System schon existierte. Dann stellen wir uns vor, wie die Ausgabe aussehen sollte. Zusammen mit unserem Kunden konstruieren wir "Was wäre, wenn-Fragen", wie zum Beispiel die folgenden:

1. Was wäre, wenn eine Person nach Betreten des Fahrstuhls, die richtige Auswahl trifft?

2. Was wäre, wenn eine Person nach Betreten des Fahrstuhls eine falsche Auswahl trifft?

3. Was wäre, wenn eine nicht berechtigte Person versuchen würde, an Informationen heranzukommen, um den Fahrstuhl im Sicherheitsstockwerk zum Halten zu bringen?

4. Was wäre, wenn im Fahrstuhl Gewalt angewendet würde?

5. Was wäre, wenn es einen Stromausfall gäbe?

6. Was wäre, wenn ein Benutzer ein Gesundheitsproblem bekäme?

7. Was wäre, wenn es in einigen Stockwerken sehr unsicher oder extrem unbehaglich wäre? (Beispiele: Schlechtes Wetter im obersten freien Stockwerk, Tumulte aggressiver Kunden, lange Warteschlangen, oder Stockwerke, die sich noch im Bau befinden).

8. Was wäre, wenn eine Person ein Taxi benötigt oder eine andere Dienstleistung in Anspruch nehmen wollte, die normalerweise der Hausmeister bereitstellen würde.

9. Was wäre, wenn einer der drei Sinne (Sehen, Hören, Tasten) einer Person stark gestört wäre?

10. Was wäre, wenn jemand den Fahrstuhl betreten würde und nicht wüßte, wo er hin wollte?

11. Was wäre, wenn eine Person durch die Komplexität des interaktiven Mechanismus verwirrt würde?

12. Was wäre, wenn es Vandalismus im Fahrstuhl gäbe?

22.1.3 Testen der Testbeispiele

Beachten Sie, wie ein Testbeispiel zum nächsten führt. Auch wenn wir niemals versuchen würden, die Fragen zu beantworten, das Entwickeln der Fragen zu diesem Zeitpunkt ist schon ein guter Test unser Arbeit. Wir wollen aber versuchen, die Fragen zu beantworten, weil die Antworten dazu beitragen, unseren Anforderungsprozeß zu verbessern. Die Antworten sind ein *Test für die Testbeispiele selbst*. Die Frage lautet: "Haben wir Testbeispiele entwickelt, die gut genug sind?"[28] Wie wir sehen werden, wird uns die Beantwortung der Black Box Fragen bei der Beantwortung dieser Frage weiterhelfen.

Zuerst wollen wir testen, ob unsere Liste mit Testbeispielen alle Funktionen abdeckt. Werden alle Funktionen des Systems von mindestens einer Frage "berührt"? Wir können das

[28] Für mehr Informationen bezüglich der Überprüfung von Testfällen siehe auch Daniel P. Freedmans und Gerald M. Weinbergs *Handbook of Walkthroughs, Inspections, and Technical Reviews*, 3. Ausgabe (Chicago: Scott, Foresman and Co., 1983).

sehr leicht überprüfen, indem wir alle Funktionen auflisten, die mit Hilfe unseres Tests überprüft werden sollen.

Wir müssen aber auch das Verhalten verschiedener Funktionen berücksichtigen:

1. Normale Verwendung einer Funktion

2. Abnormale aber vernünftige Verwendung einer Funktion

3. Abnormale und unvernünftige Verwendung einer Funktion

Zum Beispiel ist das Beschreiben der Tafel im Geometrieunterricht eine normale Verwendung für Superkreide. Das Zeichnen auf Kleidungsstücken ist nicht normal, ist aber noch verständlich. Das Essen von Superkreide ist unvernünftig, aber beim Design muß man sich auch damit beschäftigen, um Rechtsstreitigkeiten zu vermeiden. Nicht ein einziger Fehler führt zu mehr Prozessen als die vertrauliche Aussage: "Kein vernünftiger Mensch würde das tun!"

Abbildung 22-2. "Kein vernünftiger Mensch würde das tun!"

"Unvernunft" bezieht sich auf das, was vernünftige Menschen *nicht tun* würden. Der beste Weg, um sicher zu sein, daß Sie auch die unvernünftigen Aspekte testen, ist das Beachten von Argumenten, die Sie nicht in Ihrem Test verwenden sollten.

22.2 Anwenden von Testbeispielen

Nachdem wir uns eine Reihe von Testbeispielen ausgedacht haben, versuchen wir die möglichen Resultate zu notieren. Wir können die Benutzer fragen, oder selbst die Antworten konstruieren und anschließend von den Benutzern verifizieren lassen. Das kann entweder in Form einer Besprechung oder einer Umfrage mit schriftlichen Antworten erreicht werden.

22.2.1 Beispiele

Die Antworten sollten in Form "wenn X passiert, sollte das Produkt Y tun", gegeben werden. Hier sind einige Beispiele für das Fahrstuhlinformationssystem:

1. Wenn eine Person nach Betreten des Fahrstuhls eine richtige Auswahl trifft, wird das System unverzüglich mitteilen, daß und wie die Eingabe vom System verstanden wurde.

2. Wenn eine Person nach Betreten des Fahrstuhls eine *falsche* Auswahl trifft, wird das System mit einer Fehlermeldung darauf reagieren. Das Fahrstuhlinformationssystem sollte in der Lage sein, so viele Informationen wahrzunehmen, wie ein Fahrstuhlführer. Das System muß nicht erkennen können, daß ein Benutzer in das vierzehnte Stockwerk fahren will, obwohl er das fünfzehnte ausgewählt hat, es sei denn, es stünden weitere Informationen zur Verfügung, die aussagen, daß er nicht in die fünfzehnte Etage fahren möchte. Wir erwarten vom System nicht, daß alle Fehler wahrgenommen werden müssen. Das System sollte dem Benutzer erlauben, selbsterkannte Fehler zu berichtigen. Wenn der Benutzer sich also für "vierzehn" entscheidet, aber "fünfzehn" meint und dann korrigiert, sollte der Fahrstuhl nicht im vierzehnten Stockwerk anhalten.

3. Wenn eine nicht berechtigte Person versuchen würde, an Informationen heranzukommen, um den Fahrstuhl im Sicherheitsstockwerk zum Halten zu bringen, wird das System diese Tatsache mit Datum, Zeit und möglicherweise mit der Identität der Person festhalten. Die Anforderung wird nicht ausgeführt und die Person wird über die unberechtigte Eingabe informiert.

4. Wenn im Fahrstuhl Gewalt angewendet wird, registriert das System diese Tatsache, der Gebäudeschutz wird unverzüglich informiert, und der Vorfall wird auf Video aufgezeichnet. Der Fahrstuhl setzt sich sofort in Richtung Sicherheitsstockwerk in Bewegung und die Türen lassen sich nur noch von außen öffnen.

5. Wenn es einen Stromausfall gibt, greift das System auf die Notstromversorgung zurück, und versorgt die Benutzer mit Licht, Frischluft und Informationen über die Störungsursache. Der Gebäudeschutz wird über die Anzahl der Personen im Fahrstuhl und über den momentanen Standort informiert.

6. Wenn ein Benutzer ein Gesundheitsproblem bekommt, fragt das System danach und stellt wichtige Informationen zur Verfügung. Ein Notarzt wird verständigt und der Fahrstuhl wird zum Notfallstockwerk dirigiert.

7. Wenn es in einigen Stockwerken sehr unsicher oder extrem unbehaglich ist, wird der Benutzer über die Bedingungen in den jeweiligen Stockwerken informiert und nur, wenn keine akute Gefahr vorliegt, kann er noch einmal das gleiche Stockwerk auswählen. Bei Gefahr wird der Fahrstuhl überprüft und die Polizei, die Feuerwehr oder andere autorisierte Personen verständigt.

8. Wenn eine Person ein Taxi benötigt oder eine andere Dienstleistung in Anspruch nehmen möchte, die normalerweise der Hausmeister bereitstellt, dann informiert das System den Hausmeister, damit der Service zur gewünschten Zeit zur Verfügung stehen kann.

9. Wenn einer der drei folgenden Sinne (Sehen, Hören, Tasten) einer Person stark gestört ist, so ist der Betroffene dennoch in der Lage, effektiv mit dem System zu kommunizieren, mit Hilfe der anderen zwei.

10. Wenn jemand den Fahrstuhl betritt und nicht weiß, wo er hin muß, kann der Benutzer über einen Dialog mit dem System die Stockwerkinformation abrufen.

11. Wenn eine Person durch die Komplexität des interaktiven Mechanismus verwirrt wird, kann er eine deutlich zu erkennende Hilfefunktion aktivieren, die ihm Beistand und Unterstützung gewährt. Sollte der Benutzer danach immer noch vor Ängstlichkeit nicht in der Lage sein, den Fahrstuhl zu bedienen, so wird er automatisch zu einem Stockwerk befördert, wo ihm persönliche Hilfe angeboten wird.

12. Wenn Vandalismus im Fahrstuhl auftritt, löst das System einen Alarm aus. Der Fahrstuhl wird ins Sicherheitsstockwerk dirigiert, und die Türen lassen sich nur noch von außen öffnen.

22.2.2 Wiederholte Tests und Antworten

Hören sich diese Antworten unvernünftig an? Wenn ja, dann befinden Sie sich in der gleichen Lage wie ein Designer, der immer wieder unvernünftige Antworten von seinem Kunden zu hören bekommt oder wie ein Kunde, der übertriebene Vorschläge von seinem Designer hören muß. Das begründet, warum wir auf die Black Box Methode verweisen: Es ist wichtiger, neue Fragen zu stellen, als immer die richtigen Antworten zu bekommen.

Aus der Beantwortung der Testbeispiele ergeben sich neue Testbeispiele. Die Antwort auf die Frage "Was wäre, wenn die Sinne (Sehen, Hören oder Tasten) einer Person stark gestört sind?" führt zu der Anforderung:

9.1 Wenn einer der drei Sinne (Sehen, Hören, Tasten) einer Person stark gestört ist, so kann der Betroffene dennoch in der Lage sein, effektiv mit dem System zu kommunizieren, und zwar mit Hilfe der anderen zwei Sinne.

Diese Antwort wiederum führt zu zwei weiteren Fragen:

9.1.1 Was wäre, wenn zwei oder mehrere der drei Sinne einer Person stark gestört sind?

9.1.2 Was wäre, wenn eine Person nicht lesen könnte?

Die Antworten würden folgendermaßen lauten:

9.1.1 Wenn zwei oder mehrere der drei Sinne (Sehen, Hören, Tasten) einer Person stark gestört wären, dann arbeitet das System für diesen Benutzer nicht notwendigerweise wirkungsvoll. Riskante Situationen können aber vermieden werden.

9.1.2 Für Benutzer, die nicht lesen können, muß das System Kontroll- und Informationselemente zur Verfügung stellen, die man heute in jedem Fahrstuhl finden kann.

Die zweite Antwort führte zu einer anderen Frage:

9.1.2.1 Was wäre, wenn der Benutzer die Landessprache nicht versteht?

Diese Frage wurde so beantwortet:

9.1.2.1 Das System muß seine Informationen in englisch, deutsch, französisch, spanisch und japanisch präsentieren können. Für Benutzer, die keine dieser Sprachen sprechen, muß das System Kontroll- und Informationselemente zur Verfügung stellen, die man heute in jedem Fahrstuhl finden kann.

Nach einigen Durchläufen bekommen beide, der Designer und der Kunde, einen besseren Eindruck, von dem was gewünscht wird und erwartet werden kann.

22.2.3 Spezifizieren von Mehrdeutigkeiten

Hin und wieder werden wir beschuldigt, die kreativen Möglichkeiten des Designs zu beeinträchtigen, weil wir den Designer nötigen, so spezifisch wie möglich bezüglich der Funktionen des Systems zu sein. Natürlich ist jede Antwort auf eine Black Box Frage eine Einschränkung. Es ist aber nie unsere Absicht gewesen, den Designer zu stark einzuschränken. Dies wird auch nicht der Fall sein, wenn genügend Wert auf das Spezifizieren von Mehrdeutigkeiten gelegt wird. Beachten Sie zum Beispiel die Antwort, die auf Frage 9.1.1 gegeben wurde:

9.1.1 Wenn zwei oder mehr der drei Sinne (Sehen, Hören, Tasten) einer Person stark gestört wären, dann arbeitet das System für diesen Benutzer nicht notwendigerweise wirkungsvoll. Riskante Situationen können aber vermieden werden.

Sorglosigkeit bei der Formulierung hätte folgendes ausgesagt: "Dann arbeitet das System für diesen Benutzer nicht wirkungsvoll", anstatt "nicht notwendigerweise wirkungsvoll". Die Antwort spezifiziert mit anderen Worten, daß die effektive Interaktion nicht erforderlich ist, aber dem Kunden ist es gleichgültig, ob sie ermöglicht wird. Deshalb beschränkt diese Anforderung den kreativen Designer nicht, eine geeignete Lösung für behinderte Personen zu finden.

Wenn sich der Inhalt der Liste stabilisiert hat, sprechen Sie sie mit der Gruppe noch einmal durch, idealerweise mit der Unterstützung eines Designers und eines professionellen Autors. Stellen Sie für jede Antwort folgende Frage: "Ist die Einschränkung zu stark? Beschreiben wir versehentlich mehr als wir meinen?" So haben wir zum Beispiel unsere Antwort auf Frage 12 überarbeitet:

12. Wenn Vandalismus im Fahrstuhl auftritt, löst das System einen Alarm aus. Der Fahrstuhl wird ins Sicherheitsstockwerk dirigiert und die Türen lassen sich nur noch von außen öffnen.

Der Designer stellte eine Frage im Hinblick auf das Wort "Alarm". Muß der Alarm für jedermann hörbar sein? Nach einer kurzen Diskussion wurde die Antwort modifiziert und liest sich nun folgendermaßen:

12. Wenn Vandalismus im Fahrstuhl auftritt, löst das System einen Alarm aus (Das Design für diesen Alarm muß getestet und vom Sicherheitsausschuß genehmigt werden). Der Fahrstuhl wird ins Sicherheitsstockwerk dirigiert, und die Türen lassen sich nur noch von außen öffnen.

22.3 Dokumentieren der Testbeispiele

Die Ergebnisse aus den Black Box Testbeispielen können später als Basis für den System- oder Produkttest verwendet werden. Wir könnten deshalb versucht sein, die Entwicklung dieser Black Box Testbeispiele auf später zu verschieben, wenn die offizielle Produkttestgruppe zusammengestellt wird. Dies wäre ein Fehler. Beim Systemtest könnte der Fall eintreten, daß die Mechanismen getestet werden (Design- und Implementierungstest), aber nicht, was das System eigentlich bewirken soll (Anforderungstest).

Der Black-Box-Test muß während der Phase durchgeführt werden, in der das Problem definiert wird und nicht erst dann, wenn die Lösung schon vorliegt. Sie versuchen die Wünsche Ihres Kunden zu verstehen, ohne eine verbindliche Aussage darüber zu treffen, wie sie verwirklicht werden können.

Die Entwicklung von Black-Box-Tests so früh wie möglich im Prozeß und ihre Dokumentation als Anforderung für den Akzeptanztest ist die sicherste Methode, zu vermeiden, daß der Designer erklärt, die Anforderungen haben sich geändert, oder daß der Kunde meint, die Anforderungen wurden nicht erfüllt.

22.4 Hilfreiche Hinweise

- Die volkstümliche Literatur der ganzen Welt ist angefüllt mit Geschichten, in denen "Drei Wünsche" eine Rolle spielen. Diese Geschichten handeln davon, daß alle Wünsche erfüllt werden. Vielleicht ist das der allerletzte Test für die Problemdefinition. Die Teilnehmer sollen sich vorstellen, daß alle ihre Wünsche in Erfüllung gehen - alle Einschränkungen befriedigt, alle Ziele optimiert und alle Erwartungen erfüllt werden. Was geschieht dann?

- Das Schreiben eines Benutzerhandbuchs stellt ein Beispiel für die Anwendung der Black Box Methode für Anforderungen dar. Das Benutzerhandbuch beschreibt keine internen Informationen, weil wir unter Benutzern Leute verstehen, die sich nicht um die internen Belange des Systems kümmern. Diejenigen, die sich für die internen Details interessieren, sind zwar auch Benutzer, aber für sie gibt es ein eigenes Handbuch. Aber selbst derartige Handbücher gestatten dem Benutzer keinen *vollständigen* Einblick. Es gibt tatsächlich die unterschiedlichsten Benutzerebenen, jede mit ihrer eigenen Idee, über das, was als schwarz oder weiß angesehen wird.

  In vielen Organisationen wird die Entwicklung eines Benutzerhandbuchs bis zur Fertigstellung des Systems verschoben. Dabei werden mindestens zwei große Gelegenheiten ausgelassen. Erstens, kann das Benutzerhandbuch als zusätzlicher Test für die Anforderungen eingesetzt werden. Zweitens, wird das Benutzerhandbuch leicht von der Frage, "*Wie* wird es gemacht?", ungünstig beeinflußt, weil sich die Autoren auf diese Frage konzentrieren, wenn sie das Handbuch entwickeln. Wird das Handbuch entwickelt, solange sich das Design noch in der Black Box befindet, besteht diese Gefahr nicht.

- Einige Leute halten nicht viel vom Testen der Anforderungen mit Hilfe der Black Box. Sie befürchten, daß der Designer ein System entwirft, das über die für den Test spezifizierten Anforderungen nicht hinausgeht. Wenn der Designer aber andere wichtige Fragen und ihre Antworten kennt, kann er sie ja in seine Liste mitaufnehmen. Dort werden sie einem prüfenden Blick unterzogen und stehen somit auch für den Akzeptanztest zur Verfügung.

- Wir hätten natürlich gerne ein gutes Produkt oder System, aber aus welchem Grund sollte es gut genug sein? Wenn das Produkt, welches allen unseren Anforderungen entspricht, nicht gut genug ist, um uns zufriedenzustellen, dann waren wir nicht klug genug, als wir die Anforderungen entwickelten. Was führt uns zu der Annahme, wir seien später klüger? Natürlich lernen wir Einiges, während wir mit dem Design fortfahren. Geschieht dies, müssen wir ein paar Schritte zurückgehen und unsere Erfahrungen in die Anforderungen integrieren, damit wir uns nicht unerfüllbaren Erwartungen aussetzen müssen.

- Andere Leute verwenden die Technik der Black Box sehr früh im Anforderungsprozeß, um neue Ideen hinsichtlich der Funktionalität zu erzeugen. Daran ist nichts falsch und es spricht auch nichts dagegen, diesen Prozeß wiederaufzunehmen, wenn sie im Anforderungsprozeß weiter gekommen sind.

- Es hat nichts mit Betrügerei zu tun, wenn Sie sich Akzeptanztests anderer Produkte ansehen, um bessere Ideen für den Black Box Test Ihrer Anforderungen zu bekommen. Ihr Blickwinkel erweitert sich, so lassen sich neue Ideen erschließen.

- Natürlich ist es gesetzeswidrig, wenn Sie des Nachts in das Büro Ihres Konkurrenten einsteigen und dort seine Unterlagen durchwühlen. Sie sollten nicht die Gesetze verletzen, um an neue Ideen heranzukommen, aber Sie könnten es sich vorstellen und sehen, welche Ideen sich daraus ergeben. Was glauben Sie, könnten Sie um Mitternacht im Büro der Konkurrenz finden? Was würde passieren, wenn jemand Ihr

Produkt für unmoralische Zwecke verwenden würde? Denken Sie lieber sofort darüber nach, bevor derartiges passieren kann!

22.5 Zusammenfassung

Warum?
Setzen Sie Black-Box-Tests in erster Linie für das Testen von Vollständigkeit, Genauigkeit und Klarheit Ihrer Anforderungen ein. Sie können sie später als Basis für die Tests ihres Produkts oder Systems benutzen.

Wann?
Das Konstruieren von Black-Box-Tests ist am effektivsten, wenn Sie damit vor dem Design für die Lösung beginnen. Es sollte so früh wie möglich damit begonnen werden, um den Anforderungsprozeß in Gang zu bringen.

Wie?
Der Prozeß vom Black-Box-Test folgt diesem Zyklus:

1. Konstruieren Sie eine Reihe von Testbeispielen und stellen Sie sich vor, das Produkt existiert bereits. Stellen Sie "Was wäre, wenn"-Fragen.

2. Beantworten Sie die Testbeispiele und diskutieren Sie die Antworten mit allen Interessenten bis zur Übereinstimmung.

3. Bei der Suche nach Übereinstimmung ergeben sich neue "Was wäre, wenn"-Fragen. Ergänzen Sie damit Ihre Liste und wiederholen Sie den Prozeß bis zu seiner Stabilisierung.

4. Untersuchen Sie die Liste mit einem Team, bestehend aus Designern und professionellen Autoren, sobald sie einigermaßen stabil ist. Diese Gruppe soll speziell zu starke Einschränkungen aufspüren. Revidieren Sie die Einschränkungen unter Berücksichtigung der größtmöglichen Designfreiheit.

5. Wenn die Überprüfungen beendet sind, dokumentieren Sie diese Vorgänge, damit sie als Basis für den System- und Akzeptanztest verwendet werden können.

Wer?
Jeder, der etwas mit der Benutzung, der Akzeptanz und mit der Ablehnung des Produktes zu tun hat, sollte bei der Erstellung von Testbeispielen und bei der Beantwortung von Fragen mitwirken. Designer und professionelle Autoren können beim Aufschreiben der Antworten und dem Vermeiden von zu starken Einschränkungen behilflich sein.

23

Studieren bestehender Produkte

Beinahe jedes gute Buch über die Systemanalyse rät dem Leser, Informationen über bereits existierende Produkte als Startschuß[29] für den Anforderungsprozeß zu verwerten. Anstatt also bereits geleistete Arbeit zu duplizieren, wollen wir den Nutzen eines bestehenden Produkts beschreiben. In diesem Kapitel besprechen wir, wie wir mit Hilfe eines existierenden Produktes die Zulänglichkeit unserer Anforderungsarbeit testen können.

23.1 Ein vorhandenes Produkt als Norm

Aristoteles sagte einmal: "Es gibt die gleiche Idee nicht nur einmal oder zweimal auf der Welt, sondern mehrmals." Wie damals sind auch heute die wenigsten "neuen Produkte" tatsächlich neu und beinahe jedes Produkt, das Sie entwerfen, ist mit einem bereits vorhandenen vergleichbar. Die Meßkriterien richten sich dabei in der Regel nach dem Vorhandensein eines bestehenden Produkts.

Alexander Graham Bell mag das Telefon erfunden haben, er mußte sich aber endlose Vergleiche mit der Telegraphie gefallen lassen. Heute sind die Vorteile des Telefons für jeden erkennbar, aber damals war das noch nicht so. Der Standard für den Vergleich mit der Telegraphie war die Anzahl der "durch einen Telegraphisten korrekt empfangenen Wörter pro Minute". Wahrhaftig konnten erfahrene Telegraphisten Wörter in der gleichen Geschwindigkeit fehlerfrei senden und empfangen, wie sie über ein primitives Telefon gehört und aufgeschrieben werden konnten.

Bell war sich glücklicherweise bewußt darüber, daß seine Erfindung durch unfaire Vergleiche gestoppt werden sollte, und er verwendete einen großen Teil seiner Energie für die Suche nach anderen Vergleichsmöglichkeiten. Sein Kollege Watson war ein talentierter Tenor, und Bell bat ihn, ins Telefon zu singen, um potentielle Investoren zu beeindrucken. Gesang konnte unmöglich über den Telegraphen übermittelt werden. Watson sang bekannte Lieder; niemandem fiel dabei auf, daß nicht alle Wörter gut zu hören waren.

---

[29] Siehe auch Stephen M. McMenamin und John F. Palmer, *Essential Systems Analysis* (Englewood Cliffs, N.J.: Prentice-Hall, 1984).

Abbildung 23-1. Neue Produkte werden an den Kriterien bereits vorhandener Produkte gemessen und nicht an ihren eigenen.

Ob Sie nun Ihren Anforderungsprozeß mit Blick auf vorhandene Produkte beginnen oder beenden, Ihr neues Produkt kann nur im Vergleich mit dem Bestehenden überleben. Vorhandene Produkte werden als Norm herangezogen, egal ob sie dazu tauglich sind oder nicht. Sie werden benötigt, um die Anforderungen zu testen.

23.2 Interviews

Nur weil Sie bestimmte Benutzer von Anfang an in die Anforderungsarbeit miteinbezogen haben, heißt das nicht, sie nicht auch für den Test Ihres Anforderungsentwurfs einzubinden. Dies trifft besonders dann zu, wenn Sie mit Benutzerrepräsentanten sprechen, die ihrerseits Teilnehmer für Ihren Test auswählen werden. Sie können somit auch testen, wie gut die Auswahl Ihrer Repräsentanten war. Aber auch wenn Sie immer die gleichen Personen befragen, gibt es hierzu eine Reihe von nützlichen Tests, die Sie durchführen können, wie wir im weiteren Verlauf beschreiben werden.

23.2.1 Was fehlt am neuen Produkt?

In der Praxis fallen den meisten Leuten bei neuen Produkten zuerst Dinge auf, die sie zwar erwarten, die aber nicht vorhanden sind. Einige Tage nachdem uns unser Kollege Stiles Roberts seine Kritik an einem frühen Entwurf unseres Buches zusandte, rief er uns an und sagte: "Ich erinnere mich nicht mehr daran, ob es bei dem Fahrstuhlinformationssystem eine Anforderung gab, die anzeigen soll, ob der Fahrstuhl aufwärts oder abwärts fährt." Beim Lesen des Manuskripts ist ihm dieses Versäumnis nicht aufgefallen. Erst als er später einen normalen Fahrstuhl benutzte, wurde ihm diese Tatsache bewußt.

Wir folgen dem gleichen Schema, wenn wir eine Wohnung mieten wollen. Die neue Wohnung muß alle die Vorzüge haben, welche die alte auch hatte; fehlen sie, werden wir sie vermissen. Weil es unwahrscheinlich ist, die gleiche Wohnung noch ein zweites Mal zu finden, sind wir bereit, auch für neue Vorteile zu bezahlen. Diese Vorzüge nehmen wir dann als Anforderung für unsere nächste Wohnung auf.

Deshalb ist der erste Anforderungstest, bei dem wir vorhandene Produkte miteinbeziehen, *die Frage nach den fehlenden Funktionen.* Nicht alle fehlenden Funktion müssen auch Bestandteil des neuen Produkts sein. Wir wollen aber zumindest in der Lage sein, zu erklären, warum bestimmte Funktionen nicht vorhanden sind, und wie die *Benutzer ohne sie zurechtkommen.* Wenn wir darauf nicht vorbereitet sind, werden sich die Benutzer darüber beklagen und das neue Produkt ablehnen, ohne die Vorteile je gewürdigt zu haben.

23.2.2 Warum fehlt etwas?

Natürlich werden wir einige Dinge finden, die wir in unsere Anforderungsbeschreibung mitaufnehmen wollen. Wenn wir aber zu viel übersehen haben, müssen wir uns fragen, was in unserem Anforderungsprozeß dazu führte und welche anderen Probleme sich eventuell daraus ergeben?

Vor einigen Jahren gab ein Verleger ein neues Informationssystem in Auftrag, das die Bezahlung der Autorenhonorare verwalten sollte. Nachdem das Anforderungsteam der Meinung war, ihre Arbeit beendet zu haben, riefen sie Jerry an und baten ihn, ihre Beschreibung zu überprüfen. Er lud sechs Sachbearbeiter ein, die schon mit dem vorhandenen System arbeiteten, mit der Bitte, die Dokumentation im Hinblick auf ihre jetzige Tätigkeit hin zu überprüfen. Das erste, was sie bemerkten, waren nicht die wundervollen neuen Eigenschaften, sondern das Fehlen einer Fehlerprozedur.

Der Systemanalytiker, der die Anforderungen zusammengestellt hatte, erklärte, daß das neue System keine Fehler verursachen würde und deshalb eine Fehlerprozedur nicht notwendig sei. Der Sachbearbeiter führte daraufhin aus, daß nur wenige Fehler auf ihre eigene Arbeit zurückzuführen seien. Die meisten Probleme entstehen durch fehlerhafte Daten, die von den Buchhandlungen zur Verfügung gestellt werden und aus Fehlinterpretationen der Provisionsberechnungen.

Jerry fragte nach, warum der Analytiker keine Fehlerprozedur vorgesehen hätte. Die Antwort lautete, daß nur die Verbindung zu einer Buchhandlungen überprüft worden war, die auch noch vom Verlag selbst betrieben wurde, und daß keine ernsthaften Gespräche mit anderen Autoren stattgefunden hätten. Der Anforderungsprozeß wurde wieder aufgenommen und eine Fehlerprozedur hinzugefügt. Vielleicht als wichtiger aber stellten sich die Ergebnisse heraus, die sich aus den Gesprächen mit einigen Autoren ergaben. So wurde der Bericht über die Honorare zur Zufriedenheit aller Beteiligten umgestaltet.

In diesem Beispiel brachte der Vergleich mit einem vorhandenen Produkt dadurch ein Problem ans Tageslicht, weil die Benutzer miteinbezogen wurden. Auch wenn die Beteiligung der Benutzer sorgfältiger durchgeführt worden wäre, hätten Funktionen sehr leicht übersehen werden können. Auf der einen Seite können die Befragten nicht immer alle Aspekte im Auge haben. Auf der anderen Seite messen die Fragesteller zu Beginn eines Projektes den Antworten nicht immer die richtige Bedeutung bei.
Nehmen Sie vorsichtshalber immer an, etwas außer acht gelassen zu haben und planen Sie am Ende einen Test ein.

23.2.3 Was fehlt am alten Produkt?

Benutzer sind sich über bestimmte störende Nachteile eines Produkts im klaren. Solche Informationen können Sie durch folgende direkte Fragen erhalten:

- *Was funktioniert nicht an dem vorhandenen Produkt?*
- *Wer hat Probleme mit dem vorhandenen Produkt?*

Wird ein Produkt über einen längeren Zeitraum benutzt, so gewöhnt man sich daran an und erkennt nicht mehr, was eigentlich fehlt. Folgende Fragen können auch vergessene Sachverhalte ans Tageslicht bringen:

- *Wieviel Zeit verwenden Sie mit den verschiedenen Teilen des Produkts?*
- *Wieviel Geld geben Sie für die verschiedenen Teile des Produkts aus?*

23.2.4 Was fehlt in den alten Anforderungen?

Es ist natürlich einfacher herauszufinden, welche Mängel ein vorhandenes Produkt besitzt. *Schauen Sie in die Anforderungen für das vorhandene Produkt und vergleichen Sie sie mit dem Produkt selbst.* Beim Vergleichen werden Sie einiges über den Prozeß lernen, bei dem Anforderungen in Produkte umgesetzt werden. Es gibt einen Grund für jede fehlende Anforderung und auch einen Grund für jede Funktion des Produkts, die nicht in den Anforderungen definiert ist. Wenn Sie diesen Gründen nachgehen, lernen Sie einiges über die Notwendigkeit für Ihre gegenwärtigen Anforderungen.

Ziemlich am Ende des Anforderungsprozesses für ein elektronisches Postsystem entdeckten wir eine Kopie der Anforderungen für das existierende System. Eine Anforderung, die offensichtlich fehlte, bestand in einer Verteilerfunktion, die es dem Benutzer ermöglichte, eine Nachricht an jeden anderen Benutzer des Systems zu schicken. Der neue Entwurf enthielt eine ähnliche Funktion, weil einige Benutzer danach verlangt hatten. Wir fragten einen älteren Systembenutzer, warum diese Funktion nicht schon im alten System implementiert worden war.

"Oh, es wurde implementiert", erzählte er uns. "Aber irgend jemand verbreitete kurz darauf eine technische Frage über das System selbst."

"Das hört sich so an wie das, was wir einführen wollen", sagten wir.

"Gut, ungefähr zwanzig Leute schickten eine Antwort auf die Frage. Dann gab es weitere zwanzig Personen, die mit den Antworten nicht übereinstimmten und dann gab es noch diejenigen, die mit den Ablehnungen nicht übereinstimmten. Später stellte sich heraus, daß ungefähr einhunderttausend Nachrichten aufgrund dieser einen Nachricht verschickt wurden."

"So haben Sie diese Funktion wieder entfernt?"

"Wir haben es uns nicht so leicht gemacht. Sie können immer noch Nachrichten verschicken, aber Sie haben jede Person in eine spezielle Verteilerliste aufzunehmen, was eine Überschwemmung des Systems verhindert."

Dieses kleine Interview hat uns davor bewahrt, den gleichen kostspieligen Fehler noch einmal zu begehen, aber wir wären nicht in der Lage gewesen, die richtigen Fragen zu stellen, wenn wir nicht auf dieses alte Dokument aufmerksam geworden wären. Anforderungsdokumente für Produkte, die noch existieren, sollten grundsätzlich aufbewahrt werden. Manchmal müssen Sie jedoch noch kreativer sein, um an solche Informationen heranzukommen. Hier sind einige Quellen, die wir in der Vergangenheit erfolgreich angezapft haben:

1. "Sammler" haben höchstwahrscheinlich nicht offizielle Kopien von alten Anforderungen. Fragen Sie die Leute, wer noch altes Material aufgehoben hat, um auf Sammler aufmerksam zu werden. Jerry fand so eine dreiundzwanzig Jahre alte Dokumentation.

2. Alte Zeitschriften, Artikel oder interne Firmenbroschüren beinhalten häufig Listen mit Eigenschaften. Sie können normalerweise in Firmenbibliotheken gefunden werden, die sich als wahre Fundgruben erweisen.

3. Alte Werbematerialien und Marketingliteratur für Produkte können auch als Quellen herangezogen werden. Die ersten Ausgaben basieren häufig eher auf Anforderungen als auf den eigentlichen Produkten. Versuchen Sie, die Unterschiede herauszufinden.

4. Sprechen Sie mit älteren Mitarbeitern, auch wenn deren Informationen nicht immer sehr zuverlässig sind. Fragen Sie, ob sie sich an Dinge erinnern können, die versprochen aber nie so abgeliefert wurden? Ob es etwas im neuen System gab, das später wieder eliminiert wurde?

23.3 Das Ersetzen von Eigenschaften durch Funktionen

Das Betrachten vorhandener Systeme entspricht dem Öffnen einer Dose mit Würmern. Im schlimmsten Fall werden Sie eher versuchen, Eigenschaften hinzuzufügen, als die Funktionen, die Sie tatsächlich brauchen. Diese Tendenz wird sehr deutlich, wenn sich Marketingleute mit Konkurrenzanalysen in den Anforderungsprozeß einschalten - mit einer Liste aller möglichen Eigenschaften für alle möglichen Konkurrenzprodukte. Sie möchten, daß alle Eigenschaften Bestandteil der Anforderungen für das neue Produkt werden. Wenn Ihre Verkaufsmannschaft sagen kann, daß Ihr Produkt alle Eigenschaften des Konkurrenzprodukts aufweist, dann werden Sie es gut verkaufen können. Das hört sich vernünftig an. Es sollte einfach sein, einen Rolls Royce zum Preis eines Volkswagens zu verkaufen (siehe Abbildung 23-2).

Abbildung 23-2. Es ist sehr einfach, einen Rolls Royce mit dem Benzinverbrauch und dem Preis eines Volkswagens zu verkaufen, aber können Sie ihn auch zu diesen Kosten herstellen?

Können Sie aber ein solches Auto herstellen und dabei noch einen Gewinn erzielen? Jedesmal, wenn Sie eine Eigenschaft hinzufügen, addieren Sie gleichzeitig eine Einschränkung zu den anderen Attributen. Ein Messer mit zehntausend Klingen könnte ein Konkurrenzprodukt zum Schweizer Armeemesser sein, wenn es unter fünf Kilogramm wiegen würde und der Preis unter einhundert Dollar läge.

Wie können Sie also vermeiden, daß Ihr Produkt ein Schweizer Armeeprodukt wird? Anstatt auf der Ebene von Eigenschaften zu konkurrieren, versuchen Sie die Funktionen zu identifizieren, die für Ihre Konkurrenzfähigkeit notwendig sind, und entwickeln Sie dann die Eigenschaften, die für diese Funktionen benötigt werden.

Nehmen Sie an, Sie würden ein neues Auto herstellen und die Konkurrenzanalyse sagt Ihnen, daß andere Autos dieser Klasse mit goldenen Monogrammen auf dem Lenkrad ausgestattet sind. Wenn Ihre Marketingleute versuchen, "goldene Monogramme auf dem Lenkrad" in die Anforderungen aufzunehmen, fragen Sie, für welche Funktion das notwendig sei.

Meistens erhalten Sie darauf die Antwort: "Es erfüllt keine Funktion, aber die Konkurrenz bietet es auch an."

"In diesem Fall", sagen Sie, "muß die Funktion konkurrenzfähig sein und was sonst wollen wir der Konkurrenz nachempfinden?"

"Ihre Pizza! Ihren Verkaufsstil!"

"Gut, wir stellen also fest, daß die Funktion, die wir wollen, der Verkaufsstil der Konkurrenz ist."

"Sicher, aber wie wollen wir das erreichen?"

"Möglicherweise mit einem goldenen Monogramm auf dem Lenkrad, aber möglicherweise auch nicht. Vielleicht entwirft uns der Designer ein Monogramm aus Platin auf das Armaturenbrett. Vielleicht gibt es aber auch eine Kombination aus Preis, Leistung und Pizza. Das muß der Designer entscheiden. Unsere Aufgabe ist es, ihm unsere Anforderungen mitzuteilen."

23.4 Hilfreiche Hinweise

- Ein hilfreicher Test besteht darin, Personen zu befragen, die in der Anfangszeit vom vorherigen Produkt dabei waren. Nehmen wir an, daß sich das Umfeld nicht zu stark verändert hat, dann geben uns ihre Erinnerungen Hinweise auf die Eigenschaften, die das Produkt in jeder Umgebung akzeptabel erscheinen läßt.

- Gehen Sie ähnlich vor, um herauszufinden, ob ein Produkt gänzlich fehlt. Wenn wir zum ersten Mal mit Organisationen zusammenarbeiten, fragen wir zunächst nach Projekten, die nie beendet wurden oder fertigen Produkten, die aus dem Verkehr gezogen wurden. Die Untersuchung dieser Hinweise ist häufig sehr ergiebig.

- Das modifzieren vorhandener Produkte führt zur Produktion von Schweizer Armeemesser-Systemen. Um die existierenden Benutzer zufriedenzustellen, müssen Sie zusätzlich zu den neuen Eigenschaften alle vorhandenen Eigenschaften beibehalten. Um neue Benutzer zu gewinnen, muß Ihr Produkt einfach und preisgünstig sein, aber diese Eigenschaften werden oft durch die Schweizer Armeemesser-Eigenschaften zerstört. Zu diesem Zeitpunkt wäre es am besten, Ihr Produkt in zwei unterschiedliche Produkte aufzuteilen. In ein einfaches, unbelastetes, das den Anfänger anspricht und in ein anspruchsvolles, für den übersättigten Oldtimer. Es ist eine große Kunst, den richtigen Zeitpunkt für die Aufspaltung des Anforderungsprozesses zu finden. Sie sollten diese Möglichkeit aber immer im Auge behalten, vor allen Dingen, wenn die Liste mit den Eigenschaften schwerfällig zu werden droht.

23.5 Zusammenfassung

Warum?
Nehmen Sie vorhandene Produkte zum Testen Ihrer Anforderungen, weil Sie hier eine andere Informationsquelle für Kundenwünsche anzapfen können.

Wann?
Führen Sie diesen Test durch, wenn der erste Entwurf fertiggestellt ist. Der Test von Teilbereichen kann natürlich während der gesamten Anforderungsphase durchgeführt werden. Solange das alte Produkt noch täglich in Gebrauch ist, wird es schwierig sein, daran vorbeizukommen. Glauben Sie aber nicht, daß Sie damit die Umfrage am Ende des Prozesses vernachlässigen können.

Wie?
Tun Sie folgendes:

1. Vergleichen Sie die Produkte und entwickeln Sie eine Liste der Funktionen, die in den neuen Anforderungen fehlen.

2. Befragen Sie die Benutzer des alten Produkts und entwickeln Sie eine Liste fehlender

2. Befragen Sie die Benutzer des alten Produkts und entwickeln Sie eine Liste fehlender Funktionen.

3. Vergleichen Sie das alte Produkt mit seinen Anforderungen und stellen Sie eine Liste mit potentiellen Problemen zusammen. Achten Sie besonders auf Anforderungen, die nicht implementiert wurden, oder die implementiert und später wieder eliminiert wurden.

4. Widerstehen Sie dem Versuch, aus jedem Produkt ein Schweizer Armeemesser zu fertigen. Achten Sie darauf, daß Eigenschaften nicht unkontrolliert am Anforderungsprozeß vorbeilaufen.

Wer?
Versuchen Sie Benutzer zu finden, die nicht bei der ersten Umfrage beteiligt waren. Wenn nicht anders möglich, befragen Sie die gleichen Benutzer. Die Antworten können dennoch von einigem Wert für Sie sein. Versuchen Sie auch Personen zu finden, die das vorhandene Produkt nicht benutzen und fragen Sie nach dem Grund dafür.

24

Vereinbarungen

Wie schon vorher besprochen, stellt der Entscheidungsbaum das Design als eine Untersuchung entlang den Ästen der Möglichkeiten dar. Die Untersuchung fängt an der Wurzel mit der ersten vagen Problemaussage an und endet in einem Blatt mit der Entwicklung einer speziellen Lösung. Die Untersuchung basiert auf Entscheidungen, die von den Ästen repräsentiert werden. Wenn wir uns für eine Abzweigung entscheiden, reduzieren wir die Mehrdeutigkeiten des Problems und kommen unserer Lösung näher. Diese Entscheidungen sind aber nur Träume, die in Vereinbarungen umgewandelt werden müssen. Hierüber wollen wir in diesem Kapitel reden.

24.1 Wie werden Entscheidungen getroffen?

Der Schwerpunkt dieses Buches liegt bei den Entscheidungen, die nahe an der Wurzel des Baumes liegen - sie sollten sich zumindest in der Nähe der Wurzel befinden. Wenn diese Entscheidungen getroffen wurden, können wir uns mit Vertrauen und Effizienz an das Design eines Produktes heranwagen, das unseren Anforderungen entspricht. Trifft dieser Fall nicht zu, müssen wir wieder zu einem früheren Ast zurückkehren oder uns auf eine weniger ideale Lösung einstellen. Wir könnten sagen, der Sinn der Anforderungsarbeit liegt darin, den richtigen Ast zu finden, der uns davor bewahrt, immer wieder zurückgehen zu müssen.

24.1.1 Selektionen, Annahmen und Auflagen

Wenn wir die Arbeit an den Anforderungen beenden, haben wir Hunderte oder Tausende Entscheidungen getroffen. Wir haben viele von ihnen direkt und bewußt gefällt. Das verstehen wir unter der *Selektionen.* Aber nicht alle Entscheidungen wurden aufgrund von Selektionen getroffen. Einige wurden unbewußt, durch Vorgaben, Vorurteile, Fehler und fehlende Informationen, getroffen. Diese Entscheidungen nennen wir *Annahmen.*

Andere Entscheidungen wurden uns aufgezwungen - möglicherweise durch das Gesetz, den Kunden oder andere Autoritäten - oder sie schlichen sich in das Projekt ein, ohne von uns bemerkt zu werden. Diese Entscheidungen wurden jedenfalls von anderen für uns getroffen.

Wir bezeichnen sie als *Auflagen*. Lassen Sie uns sehen, wie wir diese Kenntnisse für unser Fahrstuhlbeispiel anwenden können.

Abbildung 24-1. Die Anforderungsarbeit etabliert eine starke Struktur starker Äste, auf denen das Design, die Implementierung und das Produkt wachsen können. Ohne die Anforderungsarbeit besitzen wir zwar alle Informationen, aber sie werden bearbeitet wie ein Haufen unbehauenes Holz.

24.1.2 Entscheidungsbeispiele für das Fahrstuhldesign

Hier sind einige Beispiele aus dem Design für das Fahrstuhlinformationssystem. Jedes kann eine Selektion, eine Annahme oder Auflage sein:

1. Es gibt nur eine Kontroll- und Anzeigetafel pro Fahrstuhl.
2. Der Fahrstuhl bewegt sich nur in vertikaler Richtung.
3. Es darf nicht geraucht werden und das System muß so designed werden, daß dieses Verbot auch durchgesetzt werden kann.
4. Während eines Feuers im Gebäude kann der Fahrstuhl nur vom Rettungspersonal betreten werden.
5. Die einzigen Energiequellen bei einem Stromausfall sind die Notstromaggregate, die vom Fahrstuhlinformationssystem automatisch eingeschaltet werden.

6. Der Notstrom wird aus Batterien gespeist. Er wird nicht generiert.

7. Der Notstrom muß für den Betrieb aller Funktionen des Informationssystems für eine Dauer von mindestens vier Stunden ausreichen.

8. Der Fahrstuhl hat eine Standardgröße für große Gebäude, im Stockwerkbereich von 2,40 m auf 2,40 m bis 3,60 m auf 4,50 m. Die Deckenhöhe liegt zwischen 2,40 m und 3,60 m.

9. Während des Normalbetriebs besitzt der Fahrstuhl eine rechteckige Form mit flachen horizontalen Fußböden und Decken.

10. Der Fahrstuhl muß zu jeder Zeit sicher sein.

11. Die Temperatur im Fahrstuhl kann zwischen 20° und 25° Celsius variieren.

12. Mindestens eine Seite des Fahrstuhls und der Fußboden stehen für die Kontrolle, die Anzeigen und das Informationssystem zur Verfügung.

13. Man kann den Fahrstuhl durch die Vorder- und die Hintertür durch Teleskoptüren betreten und verlassen.

14. Die Zuladebegrenzungen werden vom Personal überwacht. Es gibt kein Schieben, Drücken oder Stoßen.

15. Die Fahrstuhlgeschwindigkeit wird auf 50 m pro Minute begrenzt. Die Beschleunigung beträgt 1,20 m pro Sekunde.

16. Das Fahrstuhlinformationssystem befindet sich vollständig im Fahrstuhl - ein System pro Fahrstuhl.

17. Alle Informationen, die vom System erzeugt werden, sind im Fahrstuhl selbst verfügbar. Für die Informationsübermittlungsfunktionen sind andere zuständig.

18. Der Fahrstuhl ist zu jeder Zeit beleuchtet, ausgenommen nach vier Stunden Notstromversorgung.

19. Personen, die das System mißbräuchlich benutzen wollen (wie Computer-Hacker), werden ignoriert.

20. Kein Teil ragt mehr als 1cm in den Fahrstuhl hinein.

24.1.3 Das Schreiben nachvollziehbarer Anforderungen

Sogar anhand dieser Liste können Sie beobachten, welche Streitfragen vermieden werden können, wenn die Zuständigkeit für jede Selektion eindeutig geklärt wird. Nehmen wir zum Beispiel folgende Anforderung:

2. Der Fahrstuhl bewegt sich nur in vertikaler Richtung.

Diese Anforderung könnte auch eine Annahme sein - wir haben bisher über einen Fahrstuhl, der sich in horizontaler Richtung bewegt, nicht nachgedacht. Wenn wir uns keine Gedanken darüber machen, könnten wir den Markt für unser Kontrollsystem unnötig einschränken, weil die Entscheidung über die "vertikale" Richtung immer fester im System verdrahtet wird.

Natürlich ist nicht jede Anforderung auch eine Annahme. Das ist ein guter Grund, warum wir alle Selektionen in schriftliche Vereinbarungen ummünzen müssen, denn alles, was nicht schriftlich niedergeschrieben wird, ist offen für weitere Diskussionen oder einseitige Entscheidungen.

Wenn jemand die vertikale Restriktion bemerkt, könnte die Diskussion über den Grund sehr hitzig werden. Es könnte aber eine gesetzliche Auflage vorliegen oder aber eine Selektion, wenn uns der Markt für horizontale Fahrstühle für diesen zusätzlichen Aufwand zu klein erscheint. Für den Designer ist es wichtig, die Ursache zu kennen, deshalb sollten Anforderungen immer nachvollziehbar sein.

Wenn die Anforderung aufgrund gesetzlicher Bestimmungen zustande gekommen wäre, könnte die Restriktion wie folgt abgeändert werden.

2. Der Fahrstuhl bewegt sich nur in vertikaler Richtung, *weil Fahrstühle für horizontale Richtungen gesetzlich nicht zugelassen sind.*

Diese Einschränkung informiert den Designer, unter welchen Bedingungen es sich lohnt, Fragen zu stellen, und er kann besser einschätzen, ob es sich auszahlt, eine horizontale Erweiterung für die Zukunft zu planen.

Wenn die Restriktion aufgrund einer Selektion zustande gekommen wäre, könnte die Anforderung folgendermaßen aussehen:

2. Der Fahrstuhl bewegt sich nur in vertikaler Richtung, *weil wir im Moment keine guten Marktchancen für horizontale Fahrstühle erkennen können.*

Nun hat der Designer unterschiedliche Informationen über das, was sich in Zukunft ereignen könnte.

24.2 Wie falsche Annahmen entstehen

Im Entscheidungsbaummodell ist der Anforderungsprozeß ein geordneter, zuverlässiger Weg für das Entwerfen eines Stammes mit den ersten größeren Ästen, an welchen die Design- und Implementationszweige und letztlich die Produktblätter wachsen können. Sind Ihre Annahmen nicht zuverlässig, dann werden sie keinen zuverlässigen Stamm für den Designprozeß formen können.

24.2.1 Mangel an zuverlässigen Informationen

Einige Annahmen sind von Beginn an falsch, obwohl wir uns darüber nicht bewußt sind. Unter der Annahme, daß der menschliche Körper gegen Asbest immun ist, wurden Asbestrohre verwendet, und Asbest als Isolierungsmittel an Wände gesprüht. Diese Annahme kostete Tausenden das Leben.

24.2.2 Der Wandel von Wertigkeiten

Verschiedene Annahmen können im Moment richtig sein, werden aber mit der Zeit falsch. Als das Telefonsystem für die USA entworfen wurde, ging man von der Annahme aus, Anrufe würden mehr oder weniger unabhängig voneinander getätigt. Das Telefonsystem wurde aber entworfen, bevor das Radio populärer wurde und langsam aber sicher besaßen alle Leute im Land einen Radioanschluß. Am 12. April 1945 wurde der Tod von Franklin Delano Roosevelt über das Radio bekanntgegeben. Viele Menschen hörten diese Nachricht zur selben Zeit und nahmen den Telefonhörer auf, um Freunde und Verwandte davon zu unterrichten. Das gesamte Telefonsystem wurde von Anrufen überschwemmt und brach an diesem Tag zusammen, genauso wie die Annahme von der Unabhängigkeit von Telefonanrufen.

24.2.3 Der Schlagbaum-Effekt

Volkswirtschaftler treffen Annahmen auf der Basis eines "vollkommenen Marktes". In einem perfekten Markt beeinflußt der Verkauf eines Produktes nicht die Größe oder die Qualität des übrigen Marktes. Im Leben gibt es natürlich viele "unvollkommene" Märkte und einige Annahmen stellen sich als falsch heraus, wenn das Produkt erst einmal benutzt wird.

Zum Beispiel werden beim Design eines Computers bestimmte Auslastungsfaktoren angenommen, und das System wird unter der Berücksichtigung gebaut, maximale Kapazitäten abdecken zu können. Die geringe Kapazität des alten Systems verursachte schlechte Antwortzeiten und hielt die Auslastung in Grenzen. Die höhere Kapazität des neuen Systems räumt diese Beschränkungen aus dem Wege und die Auslastung erhöht sich. Häufig verändert sich die Auslastung so stark, daß das neue System auch überschwemmt wird, allerdings mit einer höheren Anzahl von Transaktionen. Wir bezeichnen diesen Vorgang als "Schlagbaum-Effekt" oder auch "Parkplatz-Effekt", basierend auf zwei weiteren alltäglichen Begebenheiten des gleichen Phänomens (Abbildung 24-2).

24.2.4 Durchsickern neuer Anforderungen

Annahmen können auch durch das Durchsickern neuer Anforderungen ungültig werden. Wann immer ein Produkt benutzt wird, werden neue Anforderungen geboren. Es kann sich dabei um Anforderungen für größere Kapazitäten handeln, wie beim Schlagbaum-Effekt, oder Anforderungen zur Lösung von Problemen, die durch Fehler in den Anforderungen, beim Design, bei der Implementierung oder beim Training verursacht wurden. Es könnten auch Anforderungen für neue Funktionen sein. Der Benutzer meistert die existierenden Funktionen und möchte dorthin gehen, wo vorher noch niemand war. Schauen Sie sich ein Produkt ein Jahr, nachdem es eingeführt wurde, an und Sie können sicher sein, Hunderte von neuen Anforderungen sind durchgesickert.

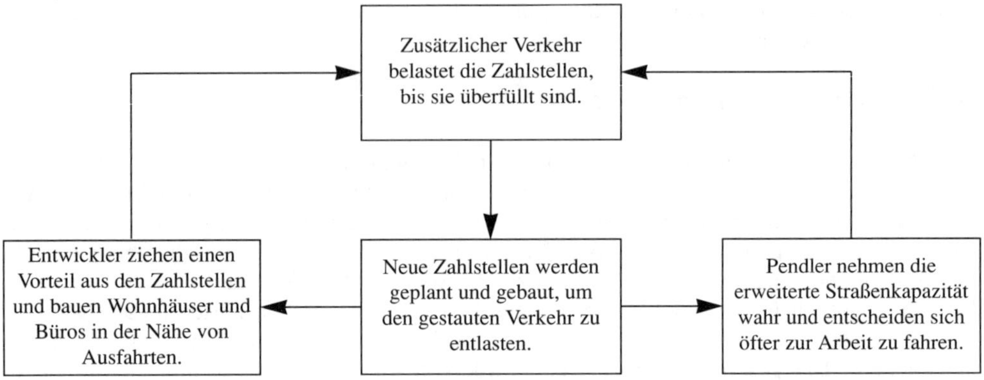

Abbildung 24-2. Der "Schlagbaum-Effekt" oder "Parkplatz-Effekt" tritt ein, wenn durch die Einführung neuer Möglichkeiten mit größeren Kapazitäten letztlich höhere Auslastungen auftreten.

24.3 Das Umwandeln von Entscheidungen in Vereinbarungen

Der Zweck der Anforderungsarbeit besteht darin, den Weg für zukünftige Produktentwicklungen zu weisen. Auch wenn wir alle Entscheidungen richtig getroffen haben, könnte es nicht ausreichen, zukünftige Tätigkeiten richtig durchzuführen. Aus Annahmen und Auflagen ergeben sich zuweilen Umstände, die der Entwickler nicht direkt unter seiner Kontrolle hat. Bedingungen, die über den Erfolg oder Mißerfolg eines Produkts entscheiden. Diese Annahmen und Auflagen stellen den termingerechten und effizienten Abschluß des Projekts in Frage.

Weil Auflagen häufig als Einmischung angesehen werden, reagieren viele darauf mit Unmut oder stimmen mit ihnen nicht überein. Sie lehnen die Auflagen ab und erkennen nicht, daß sie sich damit vom richtigen Zweig des Entscheidungsbaumes entfernen.

Annahmen können implizit sein und werden deshalb von vielen Leuten nicht richtig verstanden. Andere wiederum verstehen Selektionen falsch, die ausgeführt, aber nicht kommuniziert wurden. Wenn Selektionen nicht kommuniziert wurden, werden einige von ihrer Existenz nichts wissen. Selbst wenn die Absichten einiger Teilnehmer ohne Tadel sind, könnten Sie aufgrund ihrer Unkenntnis vom richtigen Ast fallen.

Die Anforderungsarbeit wird gegenstandslos, wenn Selektionen, Auflagen und Annahmen nicht von allen verstanden und akzeptiert werden. Bevor Sie also den Anforderungsprozeß verlassen und sich dem Designprozeß zuwenden, müssen alle Beteiligten ihre Verantwortung verstehen und akzeptiert haben. Sonst werden die Kunden enttäuscht sein, wenn das Produkt ausgeliefert wird. Um sicherzustellen, daß Verständnis und Akzeptanz erreicht wurden, müssen Sie versuchen, jede Selektion, jede Auflage und jede Annahme in einer Vereinbarung zu dokumentieren.

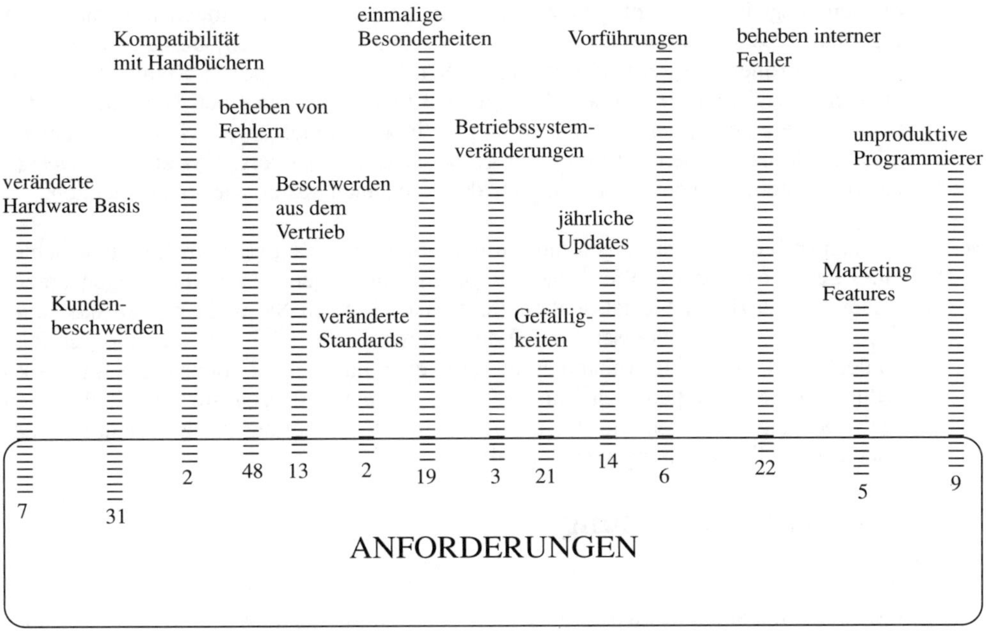

Abbildung 24-3. Das Durchsickern von Anforderungen geschieht, wenn neue Anforderungen nicht über den offiziellen Anforderungsprozeß eingebracht werden. In einer Softwareorganisation wurden 202 solcher Vorfälle für ein einziges Produkt in 6 Wochen und aus 14 verschiedenen Quellen festgestellt.

24.4 Hilfreiche Hinweise

- Die Beteiligten sollten ihre Unterschrift unter die Vereinbarung setzen. Viele Leute lehnen diese Vorgehensweise als zu formell ab, aber wir haben festgestellt, daß wir ohne die Unterschriften nur ein Stück Papier mehr haben, das wertlos ist. Die Unterschrift wertet das Dokument auf.

- Sollten sich die Beteiligten weigern zu unterschreiben, dann üben Sie keinen Druck auf sie aus. Versuchen Sie herauszufinden, was sie daran hindert. Sie finden dann meistens eine zusätzliche Annahme, die es Wert ist, dokumentiert zu werden.

- Einige Annahmen können nur vom Designer, Hersteller oder Kunden getroffen werden. Was Sie in diesem Fall tun können, ist zu dokumentieren, *daß bestimmte Annahmen anderen überlassen werden müssen.*

- Eine Möglichkeit zu dokumentieren, daß bestimmte Annahmen anderen vorbehalten bleiben, liegt in dem Einfügen von Sicherheitsfaktoren. Traditionell hört man vom Ingenieur: "Wir wissen nicht, was wir hier annehmen können; deshalb lassen wir hier eine größere Fehlerbandbreite zu - für die Fehler in unserer Kenntnis der Annahmen." Beziehen Sie sich auf die Ingenieure und sehen Sie einen Sicherheitsfaktor in Ihren Vereinbarungen vor. Sagen Sie: "Wir wissen nicht, was wir hier annehmen müssen, deshalb gehen wir von einer größeren Bandbreite aus. Das kann im Design zu weit gehen; denken Sie also daran, die Annahmen später wieder einzuengen."

- Versuchen Sie Vereinbarungen mit Hilfe des Sicherheitsfaktors zu treffen, ungeachtet eines gewissen Risikos. Wenn Sie versuchen, Annahmen in Vereinbarungen umzuwandeln, reduzieren Sie tatsächlich Ihr Risiko. Denken Sie nicht nur an das reine Beschreiben, wenn Sie diesen Prozeß durchlaufen. Idealerweise werden Sie Bereiche entdecken, in denen Sie Annahmen in Tätigkeiten umwandeln können, die Ihr Risiko reduzieren. Sie einigen sich zum Beispiel auf einen Prozeß für die Suche nach fehlenden Eigenschaften oder für den Kauf einer Versicherung für auftretende Fehler oder für die Einbeziehung von Spezialisten.

24.5 Zusammenfassung

Warum?
Bringen Sie alle Annahmen in Ihr Bewußtsein so behalten Sie die notwendige Kontrolle über den Entwicklungsprozeß.

Wann?
Wenn Sie glauben, Sie hätten Ihre Arbeit beendet, testen Sie Ihre Annahmen, indem Sie schriftliche Vereinbarungen treffen.

Wie?
Um zu einer Vereinbarung zu kommen, unternehmen Sie folgende Schritte:

1. Notieren Sie alle Annahmen.

2. Verfolgen Sie jede Annahme bis zu ihrem Ursprung. Basiert sie auf einer Selektion, einer Auflage oder einer Vereinbarung?

3. Fügen Sie die Informationen über die Quellen hinzu.

4. Lassen Sie die Dokumente von allen Teilnehmern unterschreiben.

5. Suchen Sie nach Gelegenheiten für Vereinbarungen, die das Risiko aus den Annahmen reduzieren.

Wer?
Jeder, der nicht in der Phase der Vereinbarungen berücksichtigt wurde, kommt später zurück und verursacht Ärger. Also beteiligen Sie alle, deren spätere Ablehnungen Probleme hervorrufen können.

25

Das Ende

Das Buch des Lebens beginnt in einem Garten, mit einem Mann und einer Frau. Es endet mit der Offenbarung.

- Oscar Wilde, *Eine Frau ohne Bedeutung*

25.1 Die Furcht vor dem Ende

Der Anforderungsprozeß beginnt mit Mehrdeutigkeiten. Er endet nicht mit Offenbarungen, aber mit Vereinbarungen.

Aber *wie* endet er? Zuweilen verläuft der Anforderungsprozeß so wie bei Oscar Wilde, als er bemerkte: "Ich habe den ganzen Morgen über meinen Gedichten gesessen und ein Komma entfernt. Am Nachmittag habe ich es wieder eingefügt."

Ein bestimmter Prozentsatz an Entwicklungsarbeit, und zwar ein viel zu großer, spielt sich außerhalb der Anforderungsphase ab. Nach zwei, fünf oder auch zehn Jahren werfen Sie einen Blick in einen Anforderungsprozeß und stellen fest, daß am Morgen ein Komma entfernt und am Nachmittag wieder eingefügt wird. Es ist besser, sie werden während der Anforderungen eliminiert, als daß sie einen schleichenden Tod sterben.

Paradoxerweise ist es der Versuch, die Anforderungsarbeit zu beenden, der diesen schleichenden Tod verursacht. Die Anforderungsphase wird mit einer Vereinbarung abgeschlossen, aber die Anforderungsarbeit endet erst, wenn das Produkt fertiggestellt ist. Irgendwann kommt dann der Moment, in dem Sie genügend Vereinbarungen getroffen haben und das Risiko auf sich nehmen, den Schritt in die Designphase zu wagen.

25.2 Den Mut haben, das Ende zu finden

Niemand kann Ihnen sagen, wann Sie von der Klippe springen sollen. Es ist eine Frage des Mutes. Wann immer Mut erforderlich ist, können Sie sicher sein, daß versucht wird, Wege zu finden, um auf die notwendige Courage verzichten zu können. Der Anforderungsprozeß stellt da keine Ausnahme dar, und es existieren unterschiedliche Möglichkeiten, den Mut für den Abschluß zu reduzieren.

25.2.1 Automatisierte Entwicklung

Eine der hartnäckigsten Erfindungen, um Ersatz für den Mut zu finden, liegt in einer bestimmten Form von automatisiertem Design oder automatisierter Entwicklung.

Im Falle einer automatisierten Entwicklung werden die abgeschlossenen Anforderungen als Eingabe für einen automatischen Prozeß verwendet. Die Ausgabe ist das fertige Produkt. Heutzutage gibt es einige wenige, einfache Produkte, die auf diese Art und Weise produziert werden können. Zum Beispiel können optische Linsen, ausgehend von einer Problemaussage, so automatisch hergestellt werden.

Bezogen auf den Entscheidungsbaum stellt die automatisierte Entwicklung einen Baum ohne Äste mit nur einem einzigen Blatt (Abbildung 25-1) dar. Mit diesem System ist das Beenden von Anforderungen kein Problem. Wenn Sie glauben, Sie wären fertig, drücken Sie auf die Taste und schauen sich das Produkt, das herauskommt, an. Sollte es nicht in Ordnung sein, dann war der Anforderungsprozeß noch nicht beendet.

Abbildung 25-1. Automatisierte Entwicklung ist wie ein Baum ohne Äste, mit einem einzigen Blatt.

Es wundert nicht, daß dieser Traum immer wiederkehrt. Er gleicht der uralten Geschichte vom Flaschengeist, in der Wünsche unbegrenzt erfüllt werden. Für Produkte, für die ein derartiger Prozeß existiert, besteht der einzige Vorteil eines sorgfältig durchgeführten Anforderungsprozesses darin, daß durch weniger Versuche, Zeit und Geld gespart werden kann. Wenn Versuchsprodukte billig sind, müssen wir uns über die Beendigung der Anforderungsarbeit keine großen Sorgen bereiten.

25.2.2 Probieren

Die automatische Entwicklung ist tatsächlich nichts anderes als Anforderungsarbeit. Auf der anderen Seite des Spektrums gibt es das Probieren Entwicklungsarbeit ohne explizite Anforderungsarbeit. Wir stellen etwas her, probieren es aus, modifizieren es und probieren es wieder. Wenn das Resultat unseren Vorstellungen entspricht, hören wir auf. In Bezug auf das Entscheidungsbaummodell ist das Probieren kein Baum, sondern ein Busch, mit vielen Ästen, aber ohne Stamm (Abbildung 25-2).

Abbildung 25-2. Probieren ist kein Baum sondern ein Busch ohne Stamm, aber mit vielen Ästen.

Das reine Probieren eliminiert das Problem, einen Abschluß zu finden, weil es keine Anforderungsarbeit gibt. Andererseits könnten wir das Probieren als Anforderungsarbeit verstehen - jeder Versuch führt uns unserem Ziel näher.

Beinahe jedes Projekt, egal ob es gut oder schlecht geführt wird, kommt nicht ganz ohne Probieren aus, weil das Leben unsere Annahmen immer wieder beeinflußt. Leute, die vor der Idee des Probierens zurückschrecken, können versuchen einen perfekten Anforderungsprozeß auf die Beine zu stellen. Dies sind die Leute, die einen Anforderungsprozeß im Sinne von einer "lebendigen Leiche" durchführen.

25.2.3 *Eingefrorene Anforderungen*

Paradoxerweise verfolgen die automatische Entwicklung und das Probieren genau den gleichen Anforderungsprozeß. Anforderungsarbeit wird in diesem Fall nicht von der Entwicklung getrennt. Die meisten realen Entwicklungsprojekte liegen zwischen reinem Probieren und automatischer Entwicklung, und darum kämpfen wir mit dem Problem, ein Ende zu finden.

Selbst wenn wir alle Anforderungen in Form von Vereinbarungen niedergeschrieben haben, können wir den Anforderungsprozeß noch nicht als beendet betrachten. Wir wissen, daß sich die Vereinbarungen verändern müssen, weil sich in der Realität die Annahmen verändern. Einige Leute haben versucht, gegen ihre Furcht anzukämpfen und haben die Anforderungen eingefroren. Sie gehen in die Designphase mit der Ankündigung, *Veränderungen an den Anforderungen sind nicht mehr erlaubt.*

Diejenigen, die die Welt verstehen, begreifen schnell, warum das Einfrieren nicht funktionieren kann. Wir kennen nur eine Produktentwicklung, in der das Einfrieren notwendig war. In diesem Fall bekam eine Softwarefirma den Auftrag, ein Bestandsführungssystem für einen Hersteller zu entwickeln. Die Anforderungen wurden eingefroren und waren Teil des Vertrages, nach achtzehn Monaten wurde die Applikation ausgeliefert. Obwohl alle Anforderungen berücksichtigt waren, wurde die Applikation abgelehnt.

Das eingefrorene Produkt stellt sich als völlig unbrauchbar heraus, weil sich innerhalb der achtzehn Monate die Anforderungen völlig verändert hatten. Der Kunde wollte nicht bezahlen und die Softwarefirma drohte mit rechtlichen Schritten. Der Kunde führte aus, wie peinlich es doch für die Softwarefirma wäre, wenn ihre "eingefrorenen Phantasien" im Gerichtssaal publik werden würden. Letztlich setzten sich beide Parteien wieder zusammen und verhandelten, mit dem Resultat, daß der Kunde fünfundzwanzig Prozent der Kosten übernahm. Am Ende dieser kriegerischen Auseinandersetzung stellte jemand fest, daß die Anforderungen während dieser Zeit mit einem weitaus geringeren Aufwand hätten überarbeitet werden können, und beide Parteien wären zufrieden gewesen.

25.2.4 *Die Wiederaufnahme von Verhandlungen*

Die Idee des Einfrierens ist nur eine Phantasie, die uns bei unserer Furcht vor dem Abschluß helfen soll. Wir können die Anforderungsphase aber nicht ohne Furcht beenden, wenn wir nicht wissen, ob eine Wiederaufnahme der Verhandlungen möglich ist. Die Vereinbarung über die Wiederaufnahme ist deshalb der letzte Schritt in unserem Anforderungsprozeß.

Das Ausarbeiten des Prozesses zur Wiederaufnahme ist auch gleichzeitig der letzte Test für den Anforderungsprozeß. Wenn der Anforderungsprozeß gut gelungen ist, dient er als Grundlage für die Wiederaufnahme von Verhandlungen. Alle Beteiligten sind identifiziert und sie wissen, wie sie gut zusammenarbeiten können. Sie haben alle Techniken, die benötigt werden, gemeistert, weil es die gleichen Methoden sind, die für die ursprüngliche Vereinbarung verwendet wurden.

25.2.5 *Die Furcht, Annahmen zu explizieren*

Die Vereinbarung über die Wiederaufnahme muß auch schriftlich festgelegt werden und diese Tatsache allein erzeugt Furcht in einigen Herzen. Eine andere Möglichkeit, Anforderungen nicht abzuschließen, ist das Umgehen schriftlicher Vereinbarungen am Ende der

Anforderungsphase. Designer haben häufig Angst davor, die Anforderungen abzuschließen, weil explizite Vereinbarungen auch bestimmte Annahmen explizit machen. Ein Beispiel versucht diese überraschende Beobachtung zu verdeutlichen.

Während der Arbeit mit der Abteilung für Straßenbau in einem bestimmten Land stießen wir zufällig auf das Problem einer gefährlichen Landstraßenkurve (siehe Abbildung 25-3). In jedem Jahr verloren etwa sechs Fahrer in der Kurve die Gewalt über ihr Fahrzeug und stürzten über die Klippe zu Tode. Weil die Straße eine wunderschöne Aussicht bot, war es nicht wünschenswert, die Kurve zu entschärfen, aber es wurde angeregt, eine stabilere Leitplanke zu installieren.

Abbildung 25-3. Was sollte bei einer gefährlichen Kurve verändert werden?

Das Verstärken der Leitplanke war eine offensichtliche Entscheidung, aber es galt noch einen anderen Faktor zu berücksichtigen. Vielleicht einmal in drei Jahren würde ein Fahrzeug von der Leitplanke abprallen und mit einem entgegenkommenden Fahrzeug zusammenstoßen. Der Zusammenstoß wäre fatal für alle Beteiligten.

Mit verstärkter Leitplanke würde die Anzahl der getöteten Personen um ein Fünftel geringer sein als ohne Leitplanke, aber die Straßenbauingenieure mußten noch einen anderen Faktor berücksichtigen. Wenn ein einzelner Fahrer über die Klippe stürzte, würden die Zeitungen den Fahrer selbst dafür zur Verantwortung ziehen. Was wäre aber, wenn ein betrunkener Fahrer von der Leitplanke abprallte und eine Familie mit sieben Personen tötete, die zur falschen Zeit am falschen Ort wäre? Die Schlagzeilen würden sich darüber auslassen, daß die Leitplanke Schuld am Tod von unschuldigen Menschen sei und die Zeitungsleute würden fordern, daß in der Abteilung für Straßenbau Köpfe rollen.

So ist es kein Wunder, daß die Straßenbauingenieure ihre Entscheidung für das "Nein" zu der verstärkten Leitplanke nicht dokumentiert sehen wollten. Sie trafen Entscheidungen über Leben und Tod, indem sie sich abzusichern versuchten, um die Position, "Ich habe niemals daran gedacht, und ich bin nicht dafür verantwortlich" einnehmen zu können. Wenn es niemals aufgeschrieben worden wäre, wer hätte sagen können, sie hätten darüber nachgedacht?

25.3 Den Mut haben, unangemessen zu sein

Die meisten Ingenieure und Designer reagieren auf die Geschichte mit ähnlichen Erlebnissen, die beweisen sollen, daß es besser sein kann, solche Entscheidungen nicht zu dokumentieren. Wir glauben aber, daß dies ein Vorwand für den Mißbrauch von Macht darstellt, ein Mißbrauch, der nicht notwendig ist, wenn wir an die Rolle des Anforderungsprozesses denken.

Es ist nicht die Aufgabe des Designers zu entscheiden, was der Kunde wünscht. Er sollte ihm nur bei der Suche nach seinen Wünschen helfen. Die Straßenbaudesigner hätten beide Seiten des Problems dokumentieren sollen und die gewählten Vertreter bitten müssen, eine Lösung für diese offene Frage zu finden. Mit Hilfe der verantwortlichen Stellen hätten sie eine vernünftige Lösung definieren können.

Aber nehmen wir an, die Politiker hätten folgende Anforderung gestellt:

> *Die Kurve muß so verändert werden, daß es innerhalb von fünf Jahren keinen Unfall mehr geben kann.*

In diesem Fall würden die Designer auf ihre Kunden zurückkommen und behaupten, es gäbe keine Lösung für dieses Problem, es sei denn, eine Barrikade würde die Autofahrer daran hindern, diese Straße zu benutzen. Sie könnten dabei sogar ihre Stellung verlieren, aber das ist es, was man unter Professionalität versteht - niemals etwas zu versprechen, was nicht auch gehalten werden kann.

Der Zweck der Anforderungsarbeit liegt darin, Fehler zu vermeiden. Am Ende jedoch können Sie nicht alle Fehler vermeiden, denn Sie sind nicht allwissend. Wenn Sie nicht riskieren können, falsch zu liegen oder wenn Sie nicht riskieren können, unangemessen zu sein, dann werden Sie die Anforderungsarbeit niemals erfolgreich beenden können. Für eine Auszeichnung müssen Sie auch einmal etwas wagen.

25.4 Hilfreiche Hinweise

- Wenn Sie ein professioneller Designer sein wollen, fragen Sie sich, ob Sie den Mut aufbringen können, sich auch professionell zu verhalten. Verbringen Sie nicht nur Ihre Zeit damit, an den technischen Aspekten zu arbeiten oder am Verhalten anderer. Verbringen Sie mindestens die Hälfte Ihrer Zeit damit, an sich selbst zu arbeiten.[30]

---

[30] Weitere Hinweise zur Erweiterung Ihrer Kenntnisse über die Leitung von technischen Projekten finden Sie in Gerald M. Weinbergs *Becoming a Technical Leader* (New York: Dorset House Publishing, 1986).

25.5 Zusammenfassung

Warum?
Achten Sie auf den Abschluß des Anforderungsprozesses, weil die Furcht vor Ihrer eigenen Unzulänglichkeit in einen endlosen Kreislauf führt.

Wann?
Sie wissen, Sie haben das Ende erreicht, wenn Sie alle notwendigen Vereinbarungen in der Hand haben. Die Furcht vor dem Abschluß hat nichts mit der Definition des Endes zu tun, ausgenommen Sie erreichen niemals das Ende, weil Sie Ihre Furcht nicht kennen.

Wer?
Alle Beteiligten müssen übereinstimmen, den Abschluß erreicht zu haben, sonst werden Sie nie aufhören, Änderungen durchzuführen. Sie wissen, daß sie übereinstimmen, wenn sie sich auf eine Wiederaufnahme der Verhandlungen eingelassen haben.

Wie?
Das Beenden der Anforderungsarbeit gleicht dem Beenden eines Buches - insbesondere wenn es sich um ein Buch handelt, das so offen wie die Anforderungsdefinition ist. Es kommt der Moment, wo Sie eigentlich noch mehr sagen wollen, aber Sie merken dabei, daß Sie die Kommas am Morgen entfernen und am Nachmittag wieder einfügen. Zu diesem Zeitpunkt akzeptieren Sie das Risiko, daß einige Ideen unvollständig bleiben werden und einige Erkenntnisse nicht sichtbar geworden sind. Sie prüfen noch einmal Ihre Unterlagen, nehmen all Ihren Mut zusammen und hören auf.

Bibliographie

Alexander, Christopher. *Notes on the Synthesis of Form.* Cambridge, Mass.: Harvard University Press, 1979.

Design wird als typische Aktivität eines mehr oder weniger sicheren, zusammenhängenden Ganzes, durchleuchtet. Der Designprozeß wird als ein Versuch gesehen, eine Relation zwischen der Form der Frage und ihrem Kontext zu finden.

Ashby, W. Ross. *An Introduction to Cybernetics.* London: Chapman and Hall, 1964.

Beinhaltet den Rahmen für Kybernetik oder Rückmeldesysteme; sehr nützlich für den Designprozeß. Ein Rückmeldesystem mit Kunden und Designern als Informationskanälen.

Boehm, Barry W. *Software Engineering Economics.* Englewood Cliffs, N.J.: Prentice--Hall, 1981.

Stellt Informationen aus einer großen Anzahl von Softwareprojekten zur Verfügung und schlägt verschiedene Meßsysteme vor.

Brooks, Frederick P. *The Mythical Man-Month.* Reading, Mass.: Addison-Wesley, 1982

Ein sehr informativer Bericht über das Design und die Entwicklung eines der komplexesten Systeme, das je entworfen wurde - OS/360. Hier finden Sie viele Beispiele über das Design von kleinen und großen Systemen.

Buzan, Tony. *Using Both Sides of Your Brain.* New York: E.P. Dutton, 1976.

Das Original, und wahrscheinlich immer noch die beste Referenz zu dem Thema "mind maps".

Carroll, Lewis, and Martin Gardner. *The Annotated Snark.* New York: Simon and Schuster, 1962.

Dies ist Lewis Carrolls "Hunting of the Snark", mit ausführlichen Anmerkungen von Martin Gardner. Don meint, daß dieses Buch eigentlich nichts mit Design zu tun hat (oder doch?). Er glaubt aber, daß es von jedem gelesen werden sollte. Jerry ist der Ansicht, daß dieses Buch von Projekten handelt, die ohne verständliche Anforderungen abgewickelt wurden.

Case, Albert F., Jr. *Information Systems Development: Principles of Computer-Aided Software Engineering.* Englewood Cliffs, N.J.: Prentice-Hall, 1986.

Ein hervorragender Überblick über CASE bis zum Jahre 1986. Eine gute Einführung in die Ideen, Computer als Hilfsmittel für die Entwicklung von Softwareprojekten einzusetzen.

Conte, S.D., H.E. Dunsmore, and V.Y. Shen, *Software Engineering Metrics and Models.* Menlo Park, Calif.: Benjamin/Cummings Publishing Company, 1986.

Eine formale statistische Abhandlung über das Messen von Softwareentwicklungsaktivitäten. Nützlich für die Einschätzung von Softwarekomplexität, Produktivität und Kosten.

Curtis, Bill, ed. *Tutorial: Human Factors in Software Development.* Los Angeles: IEEE Computer Society, 1981.

Eine wertvolle Sammlung, die einen Nachdruck von Weinberg and Schulman enthält, sowie andere Artikel über Softwareentwicklung im allgemeinen und Anforderungen im besonderen.

DeMarco, Tom. *Structured Analysis and System Specification.* Englewood Cliffs, N.J.: Prentice-Hall, 1978.

Das klassische Buch über die Verwendung von strukturiertem Englisch für die Spezifizierung von Anforderungen für Softwareentwicklungsprojekte. Es ist gut geschrieben und es lohnt sich hineinzuschauen.

_______. *Controlling Software Projects.* Englewood Cliffs, N.J.: Prentice-Hall, 1982.

Enthält nützliche Informationen für Manager und Entwickler, die für die Planung, die Organisation und für die Zeit- und Kostenschätzung großer Softwareentwicklungsprojekte zuständig sind.

Deming, W. Edwards. *Out of the Crisis.* Cambridge, Mass.: MIT Center for Advanced Engineering Study, 1986.

Deming hat viele bei ihrer Anforderungsarbeit in Bezug auf Qualität beeinflußt; unter anderem in der Meßbarkeit von Präferenzen.

Doyle, Michael, and David Strauss. *How to Make Meetings Work: The New Interaction Method.* Chicago: Playboy Press, 1977.

Ein kleines, leicht zu lesendes Buch für Leute, die nicht viel Erfahrung mit produktiven Besprechungen haben.

Edwards, Betty. *Drawing on the Artist Within.* New York: Simon and Schuster, 1986.

Basierend auf neuesten Forschungen der Gehirnfunktionen gibt diese Arbeit Hinweise darüber, wie die Kreativität verbessert werden kann und nimmt den Leser mit auf eine Reise durch visuelle Erfahrungen und andere Übungen mit der rechten Gehirnhälfte.

Freedman, Daniel P., and Gerald M. Weinberg. *Handbook of Walkthroughs, Inspections, and Technical Reviews*, 3rd ed. Chicago: Scott, Foresman and Co., 1983.

Enthält eine Fülle von Informationen über die technische Rückschau; eingeschlossen sind Testbeispiele, gefährliche Wörter, auf die geachtet werden sollte, Methoden für Inspektionsanleitungen und eine ausführliche Checkliste zur Überprüfung von Anforderungen. Die Informationen werden in einer Frage- und Antwortform präsentiert.

Donald C. Gause, and Gerald M. Weinberg. *Are Your Lights On?: How to Know What the Problem Really Is.* Chicago: Scott, Foresman and Co., 1982.

In diesem Buch werden die Schwierigkeiten bei der Problemdefinition beschrieben. Das Buch dient als Katalysator zwischen Systemdesignern und Problemlösern - Kunden und Benutzern - den Leuten mit Problemen.

Glegg, G.L. *The Design of Design.* Cambridge, England: Cambridge University Press, 1969.

______. *The Science of Design.* Cambridge, England: Cambridge University Press, 1973.

______. *The Selection of Design.* Cambridge, England: Cambridge University Press, 1973.

______. *The Development of Design.* Cambridge, England: Cambridge University Press, 1981.

Gregory, S.A., ed. *The Design Method.* London: Butterworths, 1966.

Die vier Bücher von Glegg und dieses hier, herausgegeben von Gregory, handeln von Methoden zur Problemlösung, im Hinblick auf das Design von komplexen Systemen.

Halprin, Lawrence. *The RSVP Cycles: Creative Processes in the Human Environment.* New York: George Braziller, Inc., 1969.

Der Autor, ein Umweltdesigner und professioneller Planer, stellt ein Designmodell für die kreative Erstellung von Kunstwerken vor. Er weitet diesen Ansatz auf die Bereiche traditionellen Designs aus.

Hanks, Kurt, Larry Belliston, and Dave Edwards. *Design Yourself.* Los Altos, Calif.: William Kaufmann, Inc., 1977.

Dieses Buch gibt dem Leser auf spielerische Weise einen Eindruck davon, wie kreative Lösungen erzielt werden können.

Hatley, Derek J., and Imtiaz A. Pirbhai. *Strategies for Real-Time System Specification.* New York: Dorset House Publishing, 1987; dt.: *Strategien für die Echtzeitprogrammierung.* München: Carl Hanser Verlag, 1993.

Nur der Titel des Buches ist mehrdeutig. Es geht nicht darum, ein Echtzeitsystem zu spezifizieren, sondern um ein System, das Echtzeit-Anforderungen hat. Sorgfältig werden die formellen Teile des Prozesses behandelt. Eine hervorragende Ergänzung zu "Software Requirements" und der menschlichen Orientierung.

Jones, J. Christopher. *Design Methods.* New York: Wiley-Interscience, 1980.

Diskutiert viele spezielle Lösungen für Designprobleme.

Jones, David E.H. *The Inventions of Daedalus.* Oxford: W.H. Freeman and Company, 1982.

Enthält 102 Abbildungen, hervorragende Ideen für Produkte. Geschrieben von einem britischen Wissenschaftler, ist es ein exzellenter Beginn für jedes Designprojekt, für das viel Innovation notwendig ist.

Keirsey, David, and Marilyn Bates. *Please Understand Me*: Character and Temperament Types, 4th ed. Del Mar, Calif.: Prometheus Nemesis Book Co., 1984.

Immer noch die beste Referenz für den Myers-Briggs Temperament-Indikator, eine Methode die darstellt, wie man erfolgreich mit verschiedenen Persönlichkeiten im Leben und während der Anforderungsarbeit umgeht.

Koberg, Don, and Jim Bagnall. *The Revised All New Universal Traveller.* Los Altos, Calif.: William Kaufmann, Inc., 1981.

Der Autor wird zitiert, "Design ist der Prozeß, der Träume wahr werden läßt". Phantasie, Vorstellungskraft und Kreativität werden als wichtige Komponenten im Design- und Problemlösungsprozeß dargestellt.

Marca, David A., and Charles L. McGowan. *SADT™ Structured Analysis and Design Technique.* New York: McGraw-Hill, 1988.

Maßgebliche Arbeit über das Thema "Systemanalyse", basierend auf den Methoden von Doug Ross, der auch das Vorwort schrieb.

Martin, James, and Carma McClure, *Diagramming Techniques for Analysis and Programming.* Englewood Cliffs: N.J.: Prentice-Hall, 1985.

Ein vollständiger Überblick über die Bezeichnungen in Systemanalyse und Design eingeschlossen werden Entscheidungsbäume, Tabellen, Flußdiagramme, HIPO (hierarchic-input-process-output), Jackson Diagramme, Nassi-Shneiderman Diagramme, Struktur Diagramme und Warnier-Orr Diagramme.

McKim, Robert H. *Thinking Visually.* Belmont, Calif.: Wadsworth, Inc., 1980.

Hier werden Methoden diskutiert, die dem Problemlöser dabei helfen sollen, Probleme auf nicht-traditionelle und visuell orientierte Weise zu lösen. Konzepte, die beidseitiges Denken, entspannte Aufmerksamkeit, Suche auf der Basis von Mustern, unabhängige Bildsprache und Ideenentwürfe beinhalten.

McMenamin, Stephen M., and John F. Palmer. *Essential Systems Analysis.* Englewood Cliffs, N.J.: Prentice-Hall, 1984; dt.: *Moderne Systemanalyse.* München: Carl Hanser Verlag, 1988.

Eine exzellente, allgemeine Einführung in die Systemanalyse, speziell für die Analyse bestehender Systeme geeignet.

Osgood, Charles E., George J. Suci, and Percy H. Tannenbaum. *The Measurement of Meaning.* Urbana, Il.: University of Illinois Press, 1957.

Die Quelle dieser Idee ist die semantische Unterscheidung, dem Vorfahren für unseren Zufriedenheitstest für Benutzer.

Perry, William E. *A Structured Approach to Systems Testing.* Wellesley, Mass.: QED Information Sciences, 1983.

Ein umfassendes Buch über das Testen von Informationssystemen, das einige nützliche Kapitel über das Testen während der Anforderungsphase enthält.

Petroski, Henry. *To Engineer is Human.* New York: St. Martin's Press, 1985.

Handelt hauptsächlich von mechanischen und strukturellen Systemen und gibt hervorragende Beispiele über Systemprobleme durch Fehlinformationen und den Mangel an Informationen.

Satir, Virginia. *Making Contact.* Berkeley, Calif.: Celestial Arts, 1976.

Virginia Satir wußte mehr über die Zusammenarbeit von Menschen, als wir uns vorstellen können. In diesem kleinen Buch geht es darum, wie Sie mit Belastungen umgehen können und wie Sie sich anderen gegenüber präsentieren. Es ist ein guter Einstieg, um sich selbst und seine Arbeit näher kennenzulernen.

Spradley, James P. *Participant Observation.* New York: Holt, Reinhart and Winston, 1980.

Eine hervorragende Einführung in die Beobachtung von Teilnehmern - ein Buch, das keine Hintergrundinformationen der Sozialwissenschaften benötigt.

Weinberg, G.M., and E.L. Schulman. *Goals and Performance in Computer Programming, Human Factors,* Vol. 16, No. 1 (1974), pp. 70-77.

______. *The Secrets of Consulting.* New York: Dorset House Publishing, 1985.

Ein Führer für alle, die Beratungen verkaufen wollen. Es enthält neben anderen Themen eine vollständige Erklärung vom Orangensafttest.

______. *Becoming a Technical Leader.* New York: Dorset House Publishing, 1986.

Viele Ideen über die eigene Entwicklung als technische Führungskraft, einschließlich der Beschreibung, wie Produktentwicklungen geleitet werden sollen.

______, and Daniela Weinberg. *General Principles of System Design.* New York: Dorset House, 1988.

Zeigt viele Prinzipien aus dem Systemdesign und kann von der Notwendigkeit zum Überleben abgeleitet werden.

______. *Rethinking Systems Analysis & Design.* New York: Dorset House Publishing, 1988.

Fängt dort an, wo Einführungen über die Systemanalyse aufhören. Es enthält Informationen über die Black Box, über die Optimitis und ihre Heilung, eine vollständige Darstellung vom Eisenbahnparadox, eine Diskussion über Wiggle-Charts, und viele praktische Ideen.

Williams, C. *Craftsmen of Necessity.* New York: Random House, 1972.

Viele Beispiele über bodenständiges Design werden vorgestellt. Dieser unbefangene Designprozeß bezieht Benutzer und Designer mit ein. Das Design und die Einführung, nicht voneinander zu unterscheiden, werden durch einen Trial-and-error Prozeß vorangetrieben. Das resultierende Produkt, enthält eine Unmenge von Umweltinformationen.

Sachwortverzeichnis

C

D

E

F

M

N

O

P

R

S

T

U

V

W

Y

Z